사랑은 노동

사랑은 노동

산업혁명부터 데이팅 앱까지,
데이트의 사회문화사

Labor of Love

The Invention of
Dating

모이라 와이글 지음
김현지 옮김

arte

일러두기

— 이 책은 Moira Weigel의 *Labor of Love: The Invention of Dating*(Farrar, Straus and Giroux, 2016)을 우리말로 완역한 것이다.
— 외국 인명 및 지명 표기는 국립국어원의 외래어표기법을 따르되, 일부 예외는 통용되는 표기를 따랐다.
— 본문 중 [ ] 안의 내용은 저자가, 〔 〕 안의 내용은 역자가 덧붙였다.
— 모든 주석은 역주이며, 각주 형식으로 별표(*)를 붙여 표시했다.
— 원서에서 이탤릭으로 강조된 부분은 굵은 글씨로 표시했고, 모두 대문자로 쓰인 부분은 밑줄을 그었다.
— 도서는 『 』, 논문 등 짧은 글은 「 」, 간행물은 《 》, 영화·음악·방송프로그램 등은 〈 〉로, 기사는 ' '로 묶었다.
— 본문에 언급된 책이나 영화 등의 제목은 최초 언급 시에만 원제를 병기하고 모두 우리말로 표기했다. 이때 우리나라에 번역된 것은 해당 번역 제목을 사용했고, 번역되지 않은 것은 역자가 원제를 적절히 번역했다.

내게 사랑에 관해 가르쳐 준 모든 사람,

누구보다도 맬과 벤을 위해

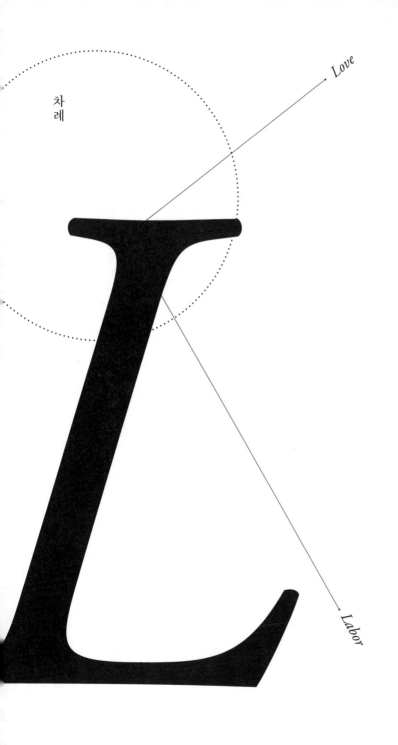

데이트
Dates

속임수가 들통났군. 아니, 조만간 들통나겠는걸. 내가 20대 중반에 느꼈던 기분은 바로 그런 거였다. 내가 누구를 속이고 있는지, 왜 그렇게 하고 있는지, 혹은 정확히 어떻게 어리석은 실수를 해서 발각되는지 잘 몰랐다. 자기계발서는, 그리고 아일랜드계 가톨릭교도인 내 어머니는 나이 든 독신녀의 삶이 코앞까지 닥쳐오는 소리가 내 귀에 둥둥 울리는 거라고 했다. 사랑도 없이 쓸쓸한 미래를 바라지는 않았다. 누군들 그렇겠는가? 그런데 내가 두려웠던 건 그런 미래가 아니었다.

나는 내가 **어떻게** 원해야 하는지 모른다는 걸 처음으로 깨닫고 있었다.

첫 징후는 내가 스물여섯 살이던 초여름, 늪에 빠진 듯 질척거리는 뉴욕의 어느 저녁에 찾아왔다. 나는 당시에 만나던 한 남자와 나란히 첼시 주변을 걷고 있었고, 우리는 결국 로맨틱코미디 영화의 배우들처럼 하이라인 공원에 다다랐다. 관광객과 억만장자 들에 둘러싸인 채 뉴저지주 호보컨 뒤로 석양이 지는 걸 우리는 바라봤다.

그는 나보다 나이가 많고 잘생겼으며 (내 생각에) 어쩌면 천재일지도 몰랐다. 또한 그는 이기적이었는데, 의도하지 않은 방식으로 그랬기 때문에 훨씬 더 파괴적이었다. 몇 주 동안 그는 전전 여자친구를 다시 여자친구라 호명하면서, 그 사람과 더 장기적으로 만나는 데 집중하려고 우리 관계를 정리하려다 다시 마음을 고쳐먹고 있었다. 그는 자기 생각의 흐름을 저 혼자만 아니라 내게도 계속 알려 주고 싶어 했다.

그가 장기간 지속되는 낭만적 사랑은 이데올로기적으로 수상쩍은 특성이 있다나 뭐라나 하고 있을 때, 내가 회피하고 있던 물음이 나를 바짝 쫓아왔다. 그 발걸음이 빨라졌다.

나는 뭘 원해야 하지?

당시 나는 '어쩌면 천재'와 내가 엄청나게 상투적이라는 자각, 그리고 그 상투성이 상투적임을 아는 게 나를 지켜 주지 못한다는, 똑같이 날카로운 자각 사이에서 번민하며 갈등하고 있었다. 그 사람 때문에 마음이 아팠다. 하지만 많은 여성이 그렇듯, 나는 남들이 원하는 것에 집중하도록 잘 훈련돼 있었다. 남들을 행복하게 해 주는 것까지는 아니더라도 최소한 나 스스로 호감 가는 사람이 되기 위해서 말이다. 그리하여 내 감정을 말할 때조차 **당연히 해야 한다**should가 딸려 왔다. **당연히 해야 한다**는 반사 동작이 돼 있었다.

얼마간 시간이 지난 뒤 '어쩌면 천재'가 지하철역으로 바래다줬을 때, "난 뭘 원하면 되는 거야?"라고 그에게 물었다. 아무렇지 않게 들리도록 애쓴 효과가 있었는지 그가 너털웃음을 터뜨렸다.

"다들 그저 행복하게 살고 싶은 게 아닐까?"

나는 움찔했다. 그가 어쩌면 나를 퇴짜 놓은 뒤 남은 밤을 전전 여자친구와 보내러 갈 것 같아서만은 아니었다. 그의 대답이 너무나 진부해서였다. 그가 나보다 더 잘 알고 있는 게 아니었나? 그는 자신이 뭔가를 원할 권리가 있다고 너무나 굳게 믿는 나머지 망설이고 싶을 때조차 확신에 차 있었다. 나도 원하고 싶었다. 하지만 무엇을?

난 왜 늘 어떤 남자한테 물어봤을까?

그렇게 하는 걸 나는 데이트를 통해 배웠다. '나'라고 했지만, '나'는 내가 아는 많은 여성 가운데 아무라도 될 수 있다. 내가 속한 세대는, 우리 여자아이들은 뭐든 할 수 있다는 말을 들으며 자랐다. 하지만 여러 면에서 우리는 우리 자신의 욕망을 빼앗긴 채 성장했다. 학교 교과서에서는 페미니즘이 이미 지나간 일이라 했다. 열심히 노력하면 같은 반 남자아이들이 열망한 것과 같

들어가는 말 ——— 데이트

은 것을 이제 우리도 열망할 수 있다고 말이다. 데이트는 우리에게, 우리가 남들에게 원해지길 원한다면 어떻게 해야 하는지 가르쳐 줬다.

우리는 어릴 때부터 낭만적 사랑이야말로 우리에게 일어날 가장 중요한 일일 거라는 말을 들었다. 사랑은 최종 성적표나 다름없었다. 다른 무엇을 성취했든 사랑이 없으면 무의미할 터였다. 데이트를 통해 사랑을 찾아야 함을 우리는 알고 있었다. 하지만 그 외에는 뚜렷한 규칙이 없었다. 데이트가 뭔지 아는 사람조차 없는 듯했다.

성인이 된 내 친구들 대부분은 데이트가 실험극처럼 느껴졌다고 입을 모았다. 매일 밤 여러분과 상대방은 각기 다르고 서로 충돌하는 대본을 들고 나타났다. 그리고 할 만큼 했다. 우리는 남성을 찾는 여성이었고, 우리가 어떻게 해야 하느냐에 관한 정보는 넘쳐 났다. 책과 영화, 티브이쇼와 잡지, 블로그 게시글과 광고가 온통 우리에게 어떻게 행동해야 하는지 말해 줬다.

분홍빛 표지, 장식적으로 꼬부라진 글씨체에다, 향수 견본 사이에 끼어 있다는 사실이 또렷하게 알리고 있었다. 그와 같은 지침들은 하찮은 일에 관한 게 틀림없다고. **이봐,** 분홍색과 꼬불꼬불한 글자와 향수는 말했다. **데이트는 심각한 게 아니야.** 하지만 여러분의 삶을 실현하는 하나의 수단이자, 여러분이 속한 사회가 그 스스로를 재생산하는 주요한 수단이라고들 하는 활동보다 심각한 게 있을까?

생각할수록 점점 더 어떤 음모에 빠진 것 같은 기분이 들었다. **사랑받고 싶으면, 즉 뭐든 가치 있는 존재가 되고 싶으면 내 말대로 하면 돼.** 조언은 말했다.

이제 아무것도 묻지 마.

여성의 욕망은 하찮은 주제가 아니다. 행복도 마찬가지다. 내가 당연히 뭘 원해야 하고 어떻게 행동해야 맞는지에 대한 수없는 가정들이 데이트에서 비롯함을 알게 되자, 데이트 자체가 어디서 왔는지 알고 싶어졌다. 그러려면 현재를 조사하는 것만으로는 충분치 않을 것이다. 친구들과 내가 지킨 혼란스러울 정도로 많은 신념은, 수백 년은 아니더라도 수십 년에 걸쳐 서서히 축적됐다. 그래서 나는 과거를 살펴보기 시작했다.

첫 구글 검색 결과는 나쁜 소식이었다.

데이트는 죽었다.

2013년 1월 11일에 《뉴욕타임스The New York Times》가 공식화했다. '구애의 종말?' 한 머리기사가 그렇게 묻고 있었다. 이 '기록의 신문'이자 '정론지'는 몇몇 동부 연안 도시 출신 20~30대 여성과 나눈 대화를 인용해 "훅업hookup"*과 "행아웃hangout"**이 데이트라는 의식을 대체했다고 공개적으로 밝혔다.

"'데이트'라는 말은 사실상 사전에서 삭제해야 한다!"라고 한 취재원은 외쳤다.

기사의 필자는 젊은 싱글 여성이라면 누구나 듣고 싶어 할 거라 상상한 듯한 일련의 질문을 던진 다음 사정없이 기를 꺾었다.

"새로 개업한 낭만적인 식당에서 저녁을? 꿈도 꾸지 마라."

"호화로운 저녁이라고? 한잔 얻어 마시면 운 좋은 거다."

"더는 아무도 데이트하지 않아요!" 내가 데이트에 관해 책을 쓰고 있다고 하면 자녀가 고등학생이나 대학생인 부모들은 종종 이렇게 항의한다. 그런 한편, 전국에서 매일 셀 수 없이 많은 싱글이 온라인 중매 서비스에 가입한다.

온 나라의 레스토랑에는 밤마다 낯선 사람들이 쌍쌍으로 앉아 있고 한 사람 한 사람이 다 자신의 상대가 운명의 사람이길, 아니면 적어도 같이 살아갈 **누군가**이길 간절히 바란다. 상대에 관해 주위 모은 정보가 흘러넘칠 것 같은 두 사람이 자리에 앉는다. 둘은 살짝 뻣뻣하게 서로에게 질문하기 시작한다.

저들이 잘하고 있는 걸까?

한 사람이 너무 크게 깔깔대는데.

"첫 온라인 데이팅이야." 내 친구가 눈을 굴린다. "딱 보면 알아." 친구는 홍보 분야에서 일자리를 잃은 뒤 식당 종업원으로

* '연결, 만남'이라는 뜻으로, 데이트 문화의 맥락에서 'hookup'은 두 사람이 짧고 가벼운, 즉 감정적 헌신이나 관계 발전에 대한 상호 기약이 없는 만남을, 특히 성적 목적에서 가지는 것을 뜻한다.

** '어울리다, 놀다'라는 뜻으로, 데이트 문화의 맥락에서 'hangout'도 짧고 가벼우며 감정적 헌신이나 관계 발전에 대한 상호 기약이 없는 만남을 가지는 것을 뜻하나, 'hookup'과 달리 성적인 의미는 없이 커피 마시기, 대화, 영화 관람, 게임 등 여러 방법으로 함께 즐거운 시간을 보내는 데 초점이 있다.

일하고 있는데, 그와 같은 데이트인dater*을 매주 수십 명 본다고 한다. 오케이큐피드OkCupid에서 만났는지, 매치닷컴Match.com에서 만났는지 친구는 구별한다. 제이데이트JDate에서 만난 사람들과 힌지Hinge에서 만난 사람들이 미묘하게 달라서 구분된다고 한다.

만약 데이트가 죽었다면, 앱 그리고 레스토랑 소유주들은 외쳐야 하리라. **데이트여, 영원하여라!**

데이트의 죽음에 관한 보도가 크게 과장된 걸까?

모든 인간 사회와 많은 동물 사회에는 늘 구애 의식이 있었지만, 데이트가 어디에나 존재한 것은 아니다. 수컷 푸른발얼가니새는 초라한 짝짓기 춤을 추지만 데이트는 하지 않는다. 1900년 무렵까지는 미국인도 마찬가지였다. 그 이후로 전문가들은 끊임없이 데이트가 죽었거나 죽어 가고 있다고 선언했다. 이유는 단순하다. 사람들이 데이트하는 방식이 경제와 나란히 변화하기 때문이다. 데이트란 한 사회 내 구애 형태로서, 자유시장 안에서 일어난다고 할 수 있다.

---

* '데이터dater'는 동사 'date'에 '……하는 사람'이라는 의미의 접미사 '-er'을 붙인 조어로, 데이트 상대가 실제 있든 없든 데이트 문화에 참여했거나 참여하거나 참여할, 혹은 참여하려는 사람을 아울러 뜻한다. 자연스러운 우리말로는 '데이트하는 사람' 정도로 옮길 수 있겠으나, 이 책 내내 저자는 해당 단어를 위와 같이 좀 더 포괄적인 의미로 쓰고 있다. 따라서 앞으로 해당 단어는 모두 '데이트인'으로 옮긴다.

데이트 이야기는 여성이 자기 집이나 남의 집에서 노예와 하인으로 노역하기를 그만두고 도시로 이주해 남성과 섞이는 일자리를 구하면서 시작됐다. 이전에는 젊은이들이 감시받지 않고 만날 길이 없었고, 마을에서 누구를 마주치든 이미 아는 사람일 가능성이 컸다.

제인 오스틴Jane Austen의 소설에서 못 보던 싱글이 나타나면 그게 얼마나 큰일인지 생각해 보라. 그다음 1910년대에 로드앤테일러Lord & Taylor 백화점에서 일하는 한 여성 판매원Shopgirl이 매일 얼마나 많은 남성을 만났을지 생각해 보라. 대도시의 출근길이 불러일으키는 낭만적 가능성이라는 감각을 알아차릴 수 있을 것이다.

사람들이 일하는 방식은 언제나 사람들이 데이트하는 방식을 형성해 왔다. **여섯 시에 데리러 갈게**는 대부분 고정된 시간에 일하던 시절에나 말이 됐다. 요즘은 **자니?**라고 문자를 보내면 기본적으로 그와 동일한 의미일 것이다. 그런데 데이트는 일에 영향을 받기만 하는 게 아니다. 데이트가 곧 일**이다.** 그 일의 일부분은 육체적이다. 예컨대 화려한 대중잡지가 이성애자 여성에게 기본적으로 반드시 해야만 데이트에 나갈 수 있다고 제시하는 것을 죄다 들어 보라. 호감이 갈 만한 옷가지를 사들이라, 그 옷에 딱 들어맞도록 운동하라, 잘 먹으라, 그리고 몸치장을 잘하라. 손톱은 반짝반짝하게 손질하고, 몸 구석구석 털을 제거하고, 얼굴은 화장하고, 머리 모양은 연출하고, 등등. 그리고 직장에서 일을 하고 돈을 벌어 그 비용을 대라. 데이트인이라면 다들 온라인 데이팅 프로필을 만들어 주시하면서 소셜미디어상에서 사람의 마음을 끌어당기도록 존재감을 유지하는 게 좋다. 그들의 노력은 여기서 끝나지 않는다.

데이트라는 일은 육체적이기만 한 게 아니라 감정적이기도 하다. 내 옛 룸메이트인 트래비스는 첫 데이트 루틴을 종종 "트래비스 쇼"라 부르고는 쇼 중간중간 빈정대듯 손을 쫙 펴 손가락을 화려하게 놀렸다. 하지만 낯선 사람의 마음을 사로잡을 만한 자신의 모습을 연기하려면 정말로 노력해야 한다. 힘들이지 않고 해낸 듯 보이도록 만드는 게 가장 힘든 부분이리라.

데이트가 일이라는 사실이 반드시 나쁜 건 아니다. 우리는 노동함으로써 우리를 둘러싼 세계를 형성한다. 욕망은 우리 각자가 태어나면서부터 갖는 가능성이다. 우리는 욕망을 기회 삼아 스스로를 타인들과 결속하고, 우리가 공유하는 세계를 새로이 만들어 간다. 데이트에 관한 글은 대부분 특정한 사람들, 요컨대 도시에 거주하는 이성애자 백인 중산층 청(소)년이나 대학생들만 다룬다. 나는 데이트 문화를 깊이 들여다보고 싶고, 데이트 문화는 그러한 사람들을 대상으로 생산되고 판매되기 때문에 그들에 관해서도 많이 언급할 것이다. 하지만 그들의 이야기가 어떻게 다른 사람들의 이야기와 교차하는지 또한 보여 주고자 한다.

끌림과 애정은 정체성에 따라 놓이는 경계들을 뛰어넘을 수 있다. 지난 백 년에 걸쳐 데이트는 사람들에게 새롭고 짜릿한 자유를 선사했다. 데이트인들은 밖으로 나가 싸워 사랑을 찾을 권리, 즉 형사 고발을 당할 위험을 무릅쓰지 않고도 인종 간 사랑, 동성애와 이성애 그리고 둘 다이거나 둘 다 아닌 사랑, 독점적이거나 비독점적인 사랑을 할 권리를 얻어 냈다. 두려움 없이 그렇게 하는 것을 상상하는 일이 가능해졌다.

사랑을 위해 노력하는labor* 삶보다 더 나은 삶은 없다. 우리는, 노력해야만 해서가 아니라 스스로가 가치 있는 것을 생겨나게 한다고 믿으므로, 또 그것이 존재하기를 바라므로 온 힘을 다한다. 하지만 우리 문화는 노동과 사랑의 본질을 잘못 이해하는 경향이 있다. 그리하여 우리는 노동도 사랑도 평가절하한다.

데이트인들 다수가 여전히 희망하는 장기 계약직이 결혼이라면, 데이트 자체는 흔히 현시대 노동 가운데 최악의, 가장 위태로운(불안정한)precarious 노동 형태인 무급 인턴십 같다. 여러분은 상황이 어떻게 될지 알 수 없지만 그럼에도 경험을 얻으려 몸부림친다. 좋은 인상을 남긴다면 공짜 점심 한 끼쯤은 얻어 낼 수 있을지도 모른다.

* 동사 'labor'는 '노력하다, 애쓰다'라는 뜻과 '일하다, 노동하다'라는 뜻을 모두 지닌다. 저자는 이 점을 활용하여 자신의 논지를 재치 있게 표현하고 있다.

Love

Labor

속임수

데이트의 탄생, 혹은 모호한 거래

Tricks

L

공짜 점심은 비즈니스 관계나 쾌락을 추구하는 관계에서 갈수록 얻어 내기 힘들어지고 있다. '데이트'를 뭐라 정의하겠느냐고 사람들에게 물으면, 그들은 보통 다른 사람을 초대해 외식을 하거나 기타 유흥을 소비하는 것이라 답한다. 그런 뒤 향수에 잠기며 이것이 얼마나 드문 일이 됐느냐고 덧붙인다. 데이트의 죽음을 애통해하는 기사들은 연애가 쇠퇴했다는 증거로, 그런 바깥나들이를 더는 찾아볼 수 없다는 점을 자주 든다. 하지만 데이트가 이제 막 생기기 시작할 무렵엔 남자가 여자를 어딘가로 데려가 뭔가를 사 준다는 발상은 충격적이었다.

이전에는 사랑을 찾는 것이 공공장소에 나가거나 돈을 쓰는 것과 관련이 없었다. 따라서 1900년경, 젊은이들이 도시의 길거리에서 만나고 같이 외출하는 것을 눈치챈 경찰은 걱정스러웠다. 초기 데이트인 다수는—아무튼, 여성은—이 일로 체포됐다. 당국의 눈에는 남자에게 먹고 마실 것, 혹은 선물과 입장권을 사도록 하는 여자는 성매매 여성으로 보였고 데이트를 하는 것은 성매매를 하는turn a trick* 것과 같았다.

'데이트'라는 말이 요즘 우리가 사용하는 의미로 지면에 처음 등장한 때는 1896년이었다. 조지 에이드George Ade라는 작가가 《시카고레코드The Chicago Record》에 기고한 주간 칼럼에서 무심코 이 단어를 썼다. 칼럼 제목은 '거리와 마을 이야기Stories of the Streets and Town'였다. 그 칼럼은 중산층 독자에게 노동계층의 생활상을 엿보게 해 주겠다고 자신 있게 말했다.

칼럼의 주인공은 아티라는 이름의 젊은 점원이다. 자신의 여자친구가 다른 사람들을 만나고 다니고 자신에겐 흥미가 떨어졌다는 의심이 들자 아티는 여자친구에게 정면으로 따진다. "다른 녀석이 내 데이트 날짜**를 다 채우고 있는 것 같군?"

이보다 3년 뒤에 게재된 한 회차에서는 아티가 또 다른 젊은 여성의 인기몰이를 지켜보며 넋이 빠져 있다. "그 여자의 데이트 장부는 복식부기로 기록해야 했다."

아티 같은 젊은 남성이 데이트했을 젊은 여성은 완전히 새로운 유형이었다. 시카고에서는 그들을 "떠돌아다니는 여자들"이라 불렀다.

---

* 'turn a trick'은 문자 그대로의 의미로는 '속임수trick를 쓰다'라는 뜻이나, 더 일반적으로는 관용구로서 '돈을 받고 성을 팔다'라는 의미로 쓰인다.

** 'date'의 또 다른 뜻인 '날, 날짜'는 애초 이 단어의 기본 의미였다. 이것이 '낭만적 관계 상대와의 만남'이라는 의미로 확장되어 쓰이게 된 것은 만날 날을 정해 놓는, 혹은 만날 날이 정해져 있는 것과 관련 있다. 즉 이 단어 자체에 이미 데이트의 탄생기 당시 사람들의 시간성이 깃들어 있는 것이다. 이에 관해서는 이 책의 뒤쪽, 9장의 초반부 (352쪽)에도 언급된다.

1880년대부터 농장이나 작은 마을 출신 여성이 점점 더 많이 집을, 고향을 떠나 도시로 일자리를 찾으러 가기 시작했다. 도시에 당도한 뒤에는 먼 친척네 집에서 지내거나 값싼 하숙방을 구했다. 경제 상황이 바뀌면서 점차 더 많은 기회가 그들에게 생겨나고 있었다. 여성은 공장에서 의류 및 기타 소비재 생산직으로 일하거나, 백화점 판매원이 되거나, 부잣집 가정부로 출퇴근할 수도 있었다. 속기를 배워 사무실 비서가 되거나 세탁소, 레스토랑, 카바레에서 일할 수도 있었다.

아프리카계 미국인 여성은 집 밖에서 일자리를 찾고 있을 가능성이 백인 여성보다 훨씬 더 높았다. 남북전쟁 이후, 전에는 노예 신분이었던 어마어마한 인구가 일자리를 구하려 했다. 인종차별 때문에 흑인 남성 다수가 생계비를 벌지 못했고 도시에 사는 흑인 여성은 결국 아무도 원하지 않는 직종에 갇혀 꼼짝달싹도 못 하기 일쑤였다. 1900년에 흑인 여성의 44퍼센트가 가사 서비스업에 종사했다. 대부분은 필사적으로 그런 직종을 벗어나려 했다. 백인 가정집에서 일하는 흑인 여성은 육체적, 정서적, 성적 학대에 여전히 취약한 상태였다. 많은 사람이 '주간 근무'로 전환하려 했고 어떤 이들은 심지어 중노동을 택했다.

1890년대에 주식시장이 곤두박질치면서 미국 역사상 최악의 경제위기를 가져왔다. 이 때문에 싱글 여성이 더욱 빠르게 도시로 밀려들어 왔다. 동시에 이탈리아와 동유럽 출신 이민자가 물밀듯 밀어닥쳐, 먼저 도착해 살고 있던 아일랜드계 이민자와 함께 빈민가 다세대주택마다 빽빽이 들어찼다. 이들 가구의 여성 구성원도 구직 대열에 합류했다.

1960년대에 제2세대 페미니즘 운동은 베티 프리던Betty Friedan 이 『여성성의 신화The Feminine Mystique』에서 호소한 내용을 떠받들었다. 프리던은 주부들에게 교외에서 탈출해 지불 노동을 하라고 고했다. 그래서 요즘은 1900년에 이르러 이미 미국 여성 절반 이상이 집 밖에서 일하고 있었음을 쉽게 잊어버린다. 그 가운데 많은 이가 결혼하지 않은 상태였다. 그들은 일터에서나 일터를 오가는 길에서 남성과 마주쳤다. 이와 같은 싱글 가운데 일부가 서로를 유혹하고 관계를 발전시키는 데 관심이 있었음은 별반 새삼스럽지 않다. 그리고 그들은 으레 공공장소에서 그렇게 했다. 달리 어디가 있었겠는가?

유대교 율법학자의 아들인 새뮤얼 쇼치노프Samuel Chotzinoff 는 열일곱 살 때 가족과 함께 러시아의 비텝스크〔현재는 벨라루스에 속함〕에서 뉴욕으로 왔다. 그들은 맨해튼 남동부에 있는, 저소득층을 위한 공영주택에 살았다. 쇼치노프는 성장해 유명한 음악평론가가 됐는데, 회고록에서 스탠턴가街 정착지에 있던 자신의 집을 묘사했다.

"보통 아파트는 방이 세 개였다. 부엌 하나, 응접실 하나, 그리고 그 사이에 문도 창도 없는 침실 하나."

"구애의 예법은 엄격했다"라고 그는 덧붙였다.

어느 젊은이가 누나를 만나러 오면 그 둘은 부엌에서 바짝 붙어 설 수밖에 없었다. 부모는 외출할 때 쇼치노프에게 집에 있으면서 누나를, 그리고 불쑥 나타나는 구애자를 감시하게 했다.

"집 안에서 사생활이란 사실상 낯선 것이었다"라고 성인이 된 쇼치노프는 회상했다. "사생활은 밖에서만 가질 수 있었다."

물론 전통적인 부모는 가족구성원이나 중매인을 통해 자식에게 만남을 주선하는 편을 선호했을 것이다. 고향에서는 가족과 지역사회가 구애를 통제했었다. 많은 민족 및 종교 집단은 자식들이 만나는 장이 되리라 기대하며 정치 및 연극 사교 모임에 자금을 지원했다. 하지만 엄한 부모도 자식이 밖에서 지나치게 제멋대로 행동하지는 않을 거라 믿는 경향이 있었다. 많은 연인이 같이 산책하고 음악회, 무도회, 연극에 함께 참석할 수 있었다. 집 근처 공원으로 나간 어린 새뮤얼은 사방에서 젊은 남녀를 봤다. 그들은 손잡고 걷고, 벤치에 서로 꼭 붙어 앉았다. 나무 사이에 쏙 들어가 몰래 서로 입 맞추고 어루만졌다. 영어, 러시아어, 이디시어*가 대기를 떠돌았다.

젊은 여자는 주로 세탁소와 섬유 공장에서, 젊은 남자는 착취적으로 중노동을 시키는 작업장들에서 일했다. 그들은 퇴근 기록부 카드를 찍자마자 만났다. 땅거미가 내려앉자 거리는 하나

---

* 동유럽 지역에 정착해 살던 유대인들이 사용하던 언어. 중세 독일어 계통의 언어에 히브리어와 슬라브어가 섞여 있다. 19세기 말, 20세기 초에 들어 이디시어 사용자로서 슬라브어권의 동유럽에서 서유럽 및 미국으로 이주하는 사람들이 점점 더 많아졌다.

의 거대한 파티장으로 변하고, 캄캄해지는 구석으로 연인들은 미끄러져 들어갔다. 누군가가 당신을 알아볼 수도 있지만 아무도 그럴 가능성은 없었다. 위험을 감수하는 것은 결속의 일환이 됐다. 이는 서로서로 나눠 가진 어떤 비밀이었다.

여유 있는 사람들의 경우에는 그 외에도 데이트할 만한 곳이 점점 더 많아졌다. 전국 도시에 설룬saloon*, 레스토랑, 댄스홀, 놀이공원이 속속 생겨나 새내기 도시인들을 맞이했다.

데이트하러 나가는 사람이 많아질수록 골라야 할 행선지도 증가했다. 별별 동전 투입식 오락 기계를 갖춘 '페니 아케이드 penny arcade'가 있었다. 영화 상영시간이 길어지고 품질도 향상되면서, 이와 같은 시설의 소유주는 영사기를 추가 설치하고 입장료로 5센트를 받기 시작했다. 1908년에는 전국에 이와 같은 '니켈로디언nickelodeon'이 1만 곳에 달했다.**

젊은 여성들은 돈을 벌게 되자 자신이 누구와 어디로 갈지 전과 달리 어느 정도 자유롭게 결정했다. 하지만 여성의 임금은 그

---

* 술을 파는, 또한 술을 마실 수 있는 (보통은) 넓은 공간을 가진 가게. '바bar'나 '펍 pub' 등 '술집'을 이르는 다른 영어 단어들과 유의어 관계다.

** 미국에서 '페니penny'는 1센트짜리 동전을, '니켈nickel'은 5센트짜리 동전을 말하며 'penny arcade'는 동전 투입식 오락기를 즐비하게 갖춰 놓은, 흔히 지붕이 덮인 통로 구조의 놀이시설을 말하고, 'nickelodeon'은 입장료로 5센트를 받던 초기 영화관을 말한다.

리 대단치 않았다. 기록적인 수의 여성이 노동인구로 진출했지만, 여성은 스스로를 부양하기 위해서가 아니라 아버지나 남편의 벌이에 보태기 위해서만 일한다는 믿음이 여전히 만연했다. 고용주는 이 같은 그릇된 생각을 핑계 삼아 여성에게 남성보다 임금을 훨씬 적게 지급했다. 1900년에 평균 여성 노동자는 동일한 가치의 직무에 종사하는 남성 노동자가 받는 액수의 절반도 받지 못했다. 이는 '떠돌아다니는 여자들'이 유흥비는커녕 입에 풀칠할 만큼도 벌지 못했음을 뜻한다.

"내가 매 끼니를 다 해결해야 한다면, **절대** 생활할 수 없을 거예요." 1915년에 맨해튼 서부 헬스키친 구역의 하숙집에 거주하던 한 젊은 여성이 어느 사회복지사에게 한 말이다. 에스터 패커드Esther Packard라는 그 사회복지사는 인근 여성 및 아동의 생활에 관한 일련의 보고서를 준비하고 있었다.

"남자친구가 나를 데리고 나가지 않으면 도대체 어떻게 나갈 수 있겠어요?"라고 또 다른 여성은 물었다.

패커드는 이 여성이 무슨 말을 하는지 알아듣고 사례 파일에 다음과 같이 적었다. "젊은 여성이 '공짜 대접'을 받아들이지 않는 한 보통은 놀러 나갈 수 없다는 점을 안다면, 그 여성이 거의 모든 초대에 응한다는 사실은 따로 해명이 필요 없다."

중산층 구경꾼들(즉, 데이트 문화에 참여하지 않고 지켜보기만 하는 이들)은 대부분 덜 동정적이었다. 그들에게는 나름의 구애 체계가 있었다. "방문calling"이라 부르는 이 체계는 1900년경에도 여전히 정교한 규칙을 따랐다. 여자아이가 특정 연령, 보통 열여섯 살쯤 되면 구혼자를 받을 자격이 생겼다. 첫해 동안은 그 여성의 어머니가, 일주일 중 딸과 같이 집에 있는 어느 요일들 가운데 하루를 지정해서 남성을 초대해, 지정한 날 오후에 딸을 방문하도록 했다. 그 후 여성이 참석한 사교 모임 가운데 한 곳에서 마음에 드는 남성을 만나면, 여성이 직접 남성을 집으로 초대할 수 있었다.

남성은 흠모하는 젊은 여성의 집에 그저 불쑥 찾아갈 수도 있었다. 하지만 이 경우, 예법에 따라 문을 연 하인에게 방문 카드〔방문자의 이름 및 방문 목적 등이 적힌 작은 종이〕를 제시해야 했다. 제1차세계대전 발발 전에는 소득수준이 평균인 가구도 하인 한 명을 고용하는 일이 흔했다. 하인은 아가씨가 '안'에 있는지 확인하는 동안 남성에게 기다려 달라고 부탁했다.

여성이 방문자를 만나고 싶지 않으면 하인을 시켜 자신이 집에 없다고 말하면 됐다. 여성이 방문자를 만나고 싶을 경우에 남성은 여성의 응접실에 들어올 수 있었다. 그곳에서 둘은 여성의 어머니, 그 외의 친지, 친구를 동반한 채 대화를 나누거나 노래를 부르고 피아노포르테〔초기 피아노〕를 연주할 수 있었다.

오늘날 '방문'이라 함은 어색한 면담 비슷한 것처럼 들린다. 하지만 '방문'은 그 행위를 하는 사람들에게 명확한 관습이라는 편익, 그리고 그와 같은 관습을 수행하는 동안 지켜볼 공동체를 제공했다. '방문'은 여성과 남성의 제자리에 대한 일련의 강력한 믿음을 더욱 공고히 하기도 했다. '방문' 의례는 남성을 쫓아다니는 행위자로, 여성은 욕망의 대상으로 만들었다.

어떤 사람들은 이를 "영역 분리의 교리"라 명명했다. 이 교리가 주장하는 바에 따르면, 여성은 집에 머물며 가족을 다정하게 보살피고, 반대로 남성은 서로 경쟁하며 공적으로 돈을 벌어야 한다. 오늘날 정치적 보수주의자들은 이와 같은 젠더 역할을 '전통적'이라 부르면서 진화적 관점에서 우리가 그런 역할을 타고난다고 주장한다. 하지만 젠더 역할에서 시간을 초월하는 건 아무것도 없다. 사실 여성과 남성이 근본적으로 아주 다르다는 생각은 불과 몇백 년 전 사람들에게도 납득이 되지 않았을 것이다.

산업혁명 이전 유럽인과 미국인은 대부분 대가족 구성원과 더불어 소규모 농장이나 자영업을 운영해 생계를 유지했다. 여성과 남성은 각기 다른 책임을 맡았다. 남성은 밭을 갈고 여성은 닭을 잡았다. 여성이 버터를 만들면 남성은 장에 내다 팔았다. 그러나 분명 양쪽 다 같은 일에 종사했다. 자식 키우기도 마찬가지였다. 영어로 출산을 그저 우연히 '노동labor'이라 부르는 게 아니다. 임신과 출산이라는 육체적 짐을 지고 나면, 먹이고 돌보기, 자식이 제 앞가림을 하고 남들과도 잘 지낼 정도가 되도록 교육하기와 같은 일이 모조리 따라온다. 자식을 낳는 이유는 자식이 일을 돕고 노후를 돌봐 주리라 기대하기 때문이었다. 이러한 방식으로 노동의 목표와 사랑의 목표가 딱 들어맞았다.

사람들이 대거 농장을 떠나 공장으로, 가업을 떠나 큰 회사로 가기 시작하자, 여성이 아이를 낳아 기르고 남편을 돌보는 일이 쉽 없이 경제적 가치를 창출했다. 여성은 노동력을 유지하고 보충하며, 소비에 동력을 제공했다. 산업화가 진행되고 경공업이 의류나 식품 같은 품목을 대량 생산하기 시작하면서, 이를 사들일 가계—곧, **주부**—의 존재가 지극히 중요해졌다. 그러나 임금을 받고 일하는 것이 표준 관행이 되면서 주부가 경제에 기여한다는 현실은 눈으로 확인하기 더 힘들어졌다. 일이란 다른 사람에게서 돈을 받고 하는 것이라는 생각이 생겨났다. 돈을 받지 않고 하는 것은 일이 아니었다. 일은 남성이 공적으로 하는 것이며, 여성이 집에서 하는 것은 일이 아니었다.

이 같은 이론에 따르면 여성은 보상을 바라지 않았다. 여성이 하는 일은 모조리 본능적으로 하는 것이었다. 우리 여성은 소가 풀을 뜯듯, 혹은 풀이 자라나듯 자연스레 우리의 시간과 기력을 남들에게 준다. 우리가 하는 돌봄은 천연자원이다. 이러한 세계관의 결과로 여성의 노동은 계산에 반영되지 않았다. 여성은 무상으로 일해야 마땅하다. 많은 여성은 심지어 사랑을 위해 뭐든 하는 것이 순전히 자신의 본성이라 믿게 됐다.

'방문 계층'에게는, 여성이 집 안에 갇혀서 주변 남성들에게 관심과 애정을 주는 것을 끔찍이도 소중하게 여긴다는 개념에 많은 것이 걸려 있었다. 그래서 그들은 "공적 여성public women"*

1 ——— 속임수

에게 혐오감을 느끼면서도 동시에 매료됐다. 성매매 여성은 밖으로 나가, 아내가 공짜로 줘야 하던 것에 대해 돈을 달라 요구했다. 성매매 여성의 존재는 중산층이 여성의 본성에 관해 믿었던 모든 것에 도전했다.

성매매는 '세상에서 가장 오래된 직업'이라 불려 왔다. 하지만 많은 직업이 그랬듯, 성매매는 20세기에 접어들며 극적으로 변화하고 있었다. 1800년대 말, 갈수록 많은 여성이 산업 경제에서 살아남으려 발버둥 치면서 성노동에 몸담았다. 성매매 여성 개개인은 한때 장인, 소규모 자영업자, 혹은 자유계약freelance 자문업에 잠깐 손대는 주부 비슷하게 일했다. 하지만 도시가 성장하면서 성매매 업소가 기업 단위로 조직되기 시작했고, 사장은 남성이었다. 1890년대까지 몇몇 도시에는 크고, 체계적이며, 공식적으로 허용된 성매매 집결지가 있었다. 뉴올리언스에서는 풍기문란죄vice**가 관리 차원에서 어느 정도 묵인되었던 비행 지역인 스토리빌에 소재한 성매매 업소들의 상호, 제공 행위, 각각의 통상 요금을 나열한 소책자를 시 당국이 발행했다. 샌프란

---

* 'public women'은 문자 그대로는 '공적 여성'이라는 뜻이나, 동시에 성매매 여성을 지칭하는 은어다.

** 'vice'는 부도덕하거나 사회 기강을 어지럽힌다고 간주되어 불법으로 규정하는 행위들, 예를 들어 성매매나 공연음란죄, 마약, 도박, 혹은 이와 관련된 조직범죄 등을 통칭하는 말이다. 미국 금주법 시기(1920~1933)에는 음주도 이에 포함되었다. 이 책에서는 해당 단어가 나올 때마다 '풍기문란죄'로 옮기고자 한다.

시스코의 텐더로인 지구에서는 성매매 업소들이 층층이 조명을 밝히며 영업을 했다.

이와 같은 장소에 경악한 논객들은 여성이 그런 곳에서 자발적으로 일한다니 말도 안 된다고 했다. 취약한 여자아이들이 납치돼 "백인 노예"로 팔리고 있다는 믿음이 널리 퍼지게 됐다. 미연방수사국Federal Bureau of Investigation, FBI의 전신인 미수사국Bureau of Investigation, BOI이 이제 막 설립된 1910년 여름, 전국 성매매 업소 조사가 개시됐다. 요원들은 여성에게 낯선 사람과 데이트하면 불명예, 질병, 죽음에 이르는 위험한 비탈길로 굴러떨어질 수 있다고 경고했다.

백인 노예 히스테리가 상황에 맞지 않는 것 같다는 지적은 무정부주의자 에마 골드먼Emma Goldman처럼 매서운 성격의 여성이라야 할 수 있었다. 골드먼은 성매매에 대한 대중의 집착을 가차 없이 비판한 한 기사에서, 유명한 영국의 성 과학자 해블록 엘리스Havelock Ellis를 인용했다. "성매매 여성에 비하면, 돈 때문에 결혼한 아내는 진정한 파업 파괴자다. 아내는 더 적은 임금을 받고 그 대가로 훨씬 더 많은 노동과 돌봄을 제공하며 전적으로 주인에게 얽매여 있다."

우리 문화는 모든 걸 다 주는 아내이자 어머니, 그리고 그 쌍둥이인 성매매 여성이라는 신화에 아직껏 사로잡혀 있다. 〈진짜 주부들The Real Housewives〉 시리즈 같은 부류의 저질 연예 프로그램이 시청자에게 호소력이 있는 정확한 까닭은, 사랑과 돈은

1 ——— 속임수

섞이면 안 된다는 소중한 신념에 편승하면서도 동시에 그 둘이 종종 명백하게 섞인다는 사실을 묵인하기 때문이다.

〔위 시리즈 중 하나인〕〈베벌리힐스의 진짜 주부들The Real Housewives of Beverly Hills〉에서 악명을 떨친 한 회를 보면, 주부 가운데 한 명인 욜란다가 최근 새로 고친 부엌에서 친구들을 접대한다. 화이트와인을 마시며 담소하던 중, 욜란다는 결혼 생활에서 성욕 유지하기의 중요성을 단도직입적으로 말한다.

"툭 까놓고 말하자고." 욜란다가 말한다. "남자는 미녀를 좋아하고, 미녀는 부유한 남자를 좋아해. 그런 여자들은 샤넬 가방을 받으려고 당신 남편과 섹스할걸." 그게 바로 애초에 남편과 성관계를 해야만 하는 이유라고, 욜란다는 말하고 있는 듯하다.

"진정한 사랑을 찾았다면 순조로울 거야."

욜란다에 따르면 '진정한 사랑'은, 여러분이 어떤 남자를 부유하다고 생각하는 만큼 그 남자가 여러분을 성적으로 매력 있다고 생각할 때 둘이 공유하는 것이다. 그래서 성관계를 그와 같이 재정적 안정, 소비자로서의 쾌락, 사회적 지위와 순조롭게 맞바꿀 수 있다. 이는 일도 아니다.

물론 〈진짜 주부들〉에 등장하는 주부들이, 그 프로그램에 출연함으로써 모두 **전문**professional 주부가 된다는 점은 역설적이다. 그들은 스스로를 연기함으로써 전업주부라는 신분을 지렛대 삼아 자문가나 여성 사업가처럼 돈벌이가 되는 일을 할 자격을 얻는다. 그와 같은 능력으로 그들은 주부의 삶을 풍요롭게 할 제품, 즉 '스키니걸 마가리타'*같은 것을 판다.

〈진짜 주부들〉이 그토록 인기가 많은 것도 당연하다. 사랑하는 일을 하라고, 그리고 열정을 가지고 직업을 대하라고 말하는 시대에 우리는 살고 있다. 욜란다는 감정을 자산으로 바꿔 부자가 되기를 신봉하는 시대에 어울리는 여주인공이다.

보호자를 동반한 구애와 방문이라는 구습은 여성과 남성의 세계를 명확하게 갈라 경계를 그었다. 데이트는 그 경계를 지웠다. 데이트는 구애를 사적 영역에서 끄집어내 공공장소로 데려갔다. 구애 과정에 관한 통제권을 기성세대에서 젊은 세대로, 집단에서 개인으로, 여성에서 남성으로 이양했다.

당국은 이 모든 게 대단히 의심스러워 보였다. 1900년대 초, 전국의 풍기문란죄 단속 위원회는 경찰과 위장 수사관을 파견해 사람들이 데이트하러 가는 곳을 살피게 했다. 일찍이 1905년에 뉴욕에서는 한 혁신주의적 사회 개혁가 집단에 고용된 사설탐정들이 뭔가를 기록하고 있었다. 그들이 메모하고 있던 것이 전위前衛적인 데이트 행위임을 이제는 알 수 있다.

시내 중심가 스트랜드 호텔Strand Hotel에서 찰리 브리그스 Charlie Briggs라는 한 요원은, 정확히 성매매 여성 같아 보이지는

---

* 〈진짜 주부들〉 시리즈의 출연자 중 특히 날씬한 몸매를 자랑하던 한 주부가 방송에서 늘 마시던 저칼로리 레시피의 칵테일로, 그 여성이 자신의 레시피를 주류 회사에 판매해 상품화되었다.

않지만 틀림없이 수상한 여성을 상당수 목격했다. 대다수는 "상점 직원, 전화 교환원, 속기사 등"이었다.

"그들은 도덕적으로 해이하다"라고 브리그스는 썼다. "또한 물어볼 필요도 없이 남성 동료들과 성적으로 친밀한 사이다."

몇 달 뒤, 내털리 소닉슨Natalie Sonnichsen이라는 한 여성 수사관과, 그의 남성 동료 T. W. 베네스T. W. Veness가 '할렘 리버 카지노Harlem River Casino'라는, 맨해튼 도심 밖 허름한 술집에 갔을 때, 그들은 바닥이 너무 좁고 "점잖게 춤추기에는 대단히 붐빈다"라고 생각했다. 소닉슨은 여성들의 옷차림에 기겁했다.

"젊은 여성 둘이 아주 딱 붙는 바지를 입고 있었다"라고 그는 적었다. 또 다른 여성은 "사실상 소매도 속바지도 없이 목둘레와 가슴께가 매우 깊게 파인 의상을 걸치고, 매우 짧고 몸이 많이 드러나는 바지를 입었다".

젊은 여성이 밖으로 나가 맘껏 즐기고—또 어쩌면 성관계도 하고—싶어 할 수 있다는 점은 '방문 계층'이 자기 것으로 만들기에는 너무 버거운 발상이었다.

1910년대에 스탠더드오일Standard Oil 창립자의 아들인 존 D. 록펠러 주니어John D. Rockefeller Jr.는 미국 도시 십여 곳을 대상으로 상업화한 비행 산업을 조사하는 데 자금을 지원했다. 그들이 만든 보고서에는 젊은이들의 데이트 일화가 가득하다.

시카고 위원회는 많은 젊은 여성이 흔히 자신의 매력을 해변 유흥가와 놀이공원의 종일 이용권으로 여긴다는 점을 알게 됐다. "어떤 젊은 여성들은 정기적으로 이와 같은 공원에 간다. 입장료와 차비는 가져오되 유흥을 위한 돈은 없으므로, 다른 사람이 비용을 내게 하고 논다."

뉴욕 관련 글에서는 1912년 8월에 뉴욕시와 뉴헤이븐 사이를 오간 한 크루즈 여행을 묘사했다. 두 젊은 여성이 어머니로 보이는 한 여성과 같이 와 선실을 빌려 하루 종일 머무르는 동안 서로 다른 남성들이 방문했다. 여행 중 언젠가부터 "그 젊은 여성이 수사관과 친해져 '데이트'하자고 제안했다". 수사관이 승낙했는지는 보고서에 나와 있지 않다.

초기 데이트 속어는 모종의 거래가 일어나고 있음을 강조했다. '픽업pick up'*은 데이트를 마치 가벼운 구매처럼 들리게 했다. 그 외의 용어들은 데이트를 선물 교환으로 낭만화했다. 가령 명사이자 동사인 '트리팅treating'**은 데이트를, 혹은 누군가를 데이트에 데려가는 행동을 묘사하는 데 흔히 사용됐다. 여성이

---

* 원래 '집어 올리다'라는 뜻이나 '물건을 골라 사다' '(차로) 데리고 오다' 등의 다의적 의미로 확장되었으며, 데이트 문화의 맥락에서는 댄스홀, 거리, 바 등 공공장소 혹은 사회적 상황에서 상대방과 낭만적 관계 혹은 성적 관계를 맺을 목적으로 상대방에게 대화 등을 시도하는 것을 뜻한다.

** 한국어로 '대우(하다), 대접(하다)' 정도로 옮길 수 있을 'treat'는, 오락적 활동을 위한 외출이나 선물 및 금전적 가치가 있는 것들을 대가로 하여 여성이 남성에게 파트너적 관계와 친밀한 활동을 제공하는 것을 말한다. 특히 젊은 노동계층 여성들이 많이 참여했다.

남성의 '트리트'를 받아들였을 때, 그 여성은 나중에 동성 친구들에게 '남자가 트리트했다'라고 자랑할 수 있었다.

이처럼 트리팅하는 여성을 '자선 소녀Charity Girls'***라 불렀다. 어느 1916년 판 『성 용어 사전Sexual Dictionary』에는 "자선 컨트Charity cunt****, 명사. 대가 없이 호의를 뿌리고 다니는 여자"가 올라 있다. 대가라 함은 데이트의 값을 의미한다. 1920년대 뉴욕 스트랜드 호텔의 성매매 여성들은 자선 소녀들 때문에 폐업하게 생겼다고 못마땅해했다.

자선 소녀와 성매매 여성을 구분하는—또 아직도 법적으로 애인 대행escort과 성매매를 구분하는—가장 중요한 사실은 자선 소녀가 현금을 받지 않았다는 점이다. 위장 수사관들은 바와 댄스홀에서 많은 여성이 돈을 입에 올리기를 거부했다고 보고했다. 대신 수사관은 여성이 원하는 것을 가져다줬다.

뉴욕에서 한 수사관이 밤늦게 한 여성과 바를 나서기 위해 조건 협상에 들어가자, 여성이 담배 한 갑과 위스키 한 병을 사 달라고 했다. 수사관이 그렇게 하는 동안에는 정육점에 같이 가 외상값을 갚아 줄 수 있느냐고 했다(조사 대상 여성이 남성의 정

*** 원래 '자선 학교에 다니는 여학생'이라는 뜻이지만 트리팅에 참여하는 여성들, 그 중에서도 특히 성적으로 호의적인 행동까지 제공하는 여성들을 지칭했던 속어로 쓰였다.

**** 'cunt'는 여성의 성기를 지칭하는 비속어로서, 여성 자체를 비하적으로 지칭하는 데도 쓰인다.

체를 알아차리고 장난치기로 마음먹었을 수도 있단 생각은 전혀 하지 않은 모양이다).

"지금은 정육점이 다 문을 닫았다고 말해 줬다"라고 수사관은 적었다. "그리고 이 가게 저 가게 돌아다닐 마음이 없었다. 여자는 화가 나 쩨쩨한 노름꾼이라면서 꺼지라고 했다."

먹을 것이나 마실 것, 심지어 옷가지를 선물로 받는 것은 별개였다. 하지만 자기가 한 서비스의 대가로 돈을 제안받았을 때, 많은 여성은 멈칫했다. **대체 나를 뭐라 생각했기에?**

1910년대에 데이트했다는 이유로 체포된 많은 여성은 잘못 고발당했다고 항변했다.

베드퍼드 감화원Bedford Reformatory은 뉴욕주 북부에 있는 여성 비행 청소년 교화 시설이었는데, 여기서 한 아일랜드계 여성이 간수에게 "남자한테 절대 돈을 받은 적이 없다"라고 거듭 말했다. 대신 남자들은 그 여성을 "코니아일랜드〔뉴욕 브루클린 남부에 위치한 유원지 구역〕에 데려가 춤과 영화를 보여 줬다".

한 아프리카계 미국인 수용자는 "각기 다른 친구 세 명과 성관계했다"라고 인정했지만, "아무한테서도 돈을 받지 않았다"라고 맹세했다. 그 여성이 말하길, 친구들은 대신 "선물을 보내왔고 종종 저녁을 대접하고 극장에 데려갔다"는 것이다.

세월이 흐르면서 풍기문란죄 단속반은 인정할 수밖에 없었다. 데이트인들은 이와 같은 교환을 저속한 게 아니라 낭만적이라고 생각했다.

데이트는 여전히 성매매 콤플렉스 비슷한 것 때문에 쩔쩔맨다. 저녁 외출에 대한 답례로 누군가에게 '어떤 것', 즉 육체적으로 친밀한 어떤 행위로 '갚아야 할 빚을 졌는지 아닌지'에 관한 논쟁을 나는 수없이 들어 왔다. 이런 말을 하는 사람들은 보통 자신이 자기 시간 혹은 몸에 접근할 수 있는 권리에 대한 가격을 협상하고 있다고 생각하지는 않는 듯하다. 그런데 '남자가 저녁을 사 줬다는 이유로 그와 잔다'와 '그 저녁에 해당하는 돈을 줬다는 이유로 그와 잔다'가 정확히 어떻게 다른지 콕 집어 말하기는 어려울 것이다. 동시에 데이트는 돈과 성관계를 맞바꾸는 거래와 다르다고들 할 때의 바로 그 모호함이 사람들을 불안하게 한다. **그 남자는 날 좋아하는 걸까? 그 여자는 단지 날 이용하는 걸까? 상대가 정말로는 뭘 위해 데이트할까?** 궁금해한 적 없는 사람은 없을 것이다.

미국 영어에는 데이트를 거래로 묘사하는 비속어가 여전히 엄청나게 많다. 비록 '파손 제품damaged goods' 같은 표현이 점잖은 사람들 사이에서 더는 받아들여지지 않고, 내가 아는 한 어째서 남자가 '우유를 얼마든지 공짜로 얻을 수 있는데 젖소를 사겠느냐고' 의아해하는 사람도 거의 없지만, 우리는 여자나 남자나 여기저기 둘러보고 따져 보며 가장 나은 것을 건져야 한다고 실제로 말한다. 누군가를 정말로 좋아한다면 비싸게 굴어야 한다. 상대방이 거저먹도록 내버려 두면 스스로를 제값보다 못하게 팔아넘길 위험이 있다. 여자나 남자나 그저 거래를 성사시키고 싶은 건지도 모르겠다. 성관계하는 이성 친구 사이friends with benefits[문자 그대로는 '이득 얻는 친구 사이']는 안정감을 주지만, 얻는 게 있으면 잃는 것도 있는 법이다. 너무 오래 기다리다가는 그 상태에 정착해야 할 수도 있다. 여러분이 시장에 나와 있는 한은 관계에 비용을 쓰는 편이 더 현명하다.

데이트를 이런 식으로 이야기하는 일들은, 심지어 우리가 의식적으로 경제학 개념을 빌려와 데이트 이야기를 하는 게 흔해지기 전부터도 있었다. 그리고 오늘날 데이트를 경제학처럼 이야기하는 방식은 점점 더 보편화되고 있다. 이제 사람들은 연애의 '비용-편익 분석'을 수행하고 가벼운 성관계의 '낮은 위험부담과 낮은 투자비용'을 운운한다. '스스로를 포지셔닝해' 낭만적 관계의 선택지를 '최적화하려고' 씨름한다.

자기계발 산업은 대체로 사람들에게 사업 전략을 갖춰 연애에 접근하라고 부추긴다. 2003년에 레이철 그린월드Rachel Greenwald라는 데이트 코치는 "열다섯 단계 실행 프로그램"인 『서른다섯 살 이후에 남편을 찾아라—하버드 경영대학원의 가르침 활용하기Find a Husband After 35: Using What I Learned at Harvard Business School』를 펴냈다. 그린월드는 데이트인들 중 일정 연령대 사람들에게 "남편 찾기라는 문제를 마케터의 눈으로 바라볼 수 있게" 가르친다고 약속한다. 온라인 데이팅 관련 블로그들은 '투자수익률return on investment'의 약어인 ROI에 강박적으로 매달린다.

데이트를 묘사하는 데 쓰는 풍부한 은유의 무리가 하나 더 있다. 이와 같은 비유들은 데이트가 운동경기와 같다고 암시한다. 우리는 단지 일루타나 이루타가 아니라 장타를 친다. 패자는 목표를 너무 높게 잡다가 삼진을 당한다. **선수를 미워하지 말고 경기를 미워할지어다!** 여러분이 친구에게, 윙맨 역할을 해 달라고〔바람잡이가 되어 달라고〕, 혹은 경쟁 상대의 공격을 방어하고 길을 터 달라고 부탁하면, 그 친구는 팀을 위해 받아들여야 한다. 친구끼리는 친구의 슈팅이 블록당하게 get cock blocked〔여성과의 관계 진전 시도가 막히게〕* 놔두지 않는다. 친구는 친구가 득점하도록〔여성과 성관계하는 데 성공하도록〕 돕는다.

이와 같은 표현을 반쯤 농담 삼아 쓸지도 모르겠다. 하지만 그런 표현이 아직 그토록 많이 남아 있다는 사실은 우리 문화가 여전히 데이트를 일과 놀이 사이의 불확실한 영역에서 발생하는 어떤 거래로 바라본다는 점을 시사한다. 또한 여전히 많은 데이트인이 수행에 부담을 느끼는 젠더 역할에 관해서도 알려 준다.

지금 말하는 은유의 두 갈래는 이론적으로는 기회균등을 반영한다고 할 수 있다. 이제는 많은 사회집단에서 젊은 여성이 자칭 '볼러baller'**라며 사람들이 자신의 말뜻을 알아듣겠거니 여길 수 있다. 젊은 남성이 말장난으로 자신이 '비싸게 구는 중'이라며

---

* 'cock'은 남성 성기(특히 음경)를 지칭하는 비속어로, 'cock block'은 한 남성이 다른 남성의 (여성을 상대로 하는) 성적 시도를 방해 혹은 차단한다는 뜻이다.

마찬가지로 사람들이 그 말을 이해하리라 기대할 수도 있다. 그런데 젖소, 우유, 고환의 암시에서 분명히 드러나듯, 우리는 이처럼 사랑과 섹스를 대하는 상반된 태도들을 여전히 한 젠더, 혹은 다른 젠더와 더 '자연스럽게' 관련짓는다. 여자 '선수player'는 남자 '잡것slut'과 다를 바 없이 스스로를 그렇게 부름으로써 일종의 드래그drag*** 같은 태도를 취하고 있는 것이다.

달리 말해, 우리가 쓰는 비속어는 우리가 여전히 데이트를 여성에게는 일, 남성에게는 유흥이라 생각함을 시사한다.

지난 수십 년간 디지털 혁명이 데이트를 눈에 띄게 어지럽히고 있는 세태를 흔히 볼 수 있게 됐다. 그런데 신종 사이트와 앱이 큰 혼란을 초래하고 있는 풍조를 보면 애초에 무엇이 변화함으로써 데이트가 출현하게 됐는지 되새기게 된다. 어느 바에서 바깥에 세워 둔 입간판에 말장난으로 "3D 틴더Tinder"가 있다고 써 놓은 걸 본 적이 있다. 한 인기 데이팅 앱의 "삼차원" 모형을 내온다는 말로 바 주인이 전하려는 의도가 무엇인지, 바로 잠시

** 'baller'는 구기종목의 일류 프로선수, 특히 농구선수를 지칭하는 속어로, 여기서 파생되어 '호화롭게 사는 부유하고 성공한 사람'이라는 뜻도 있다. 또한, 'ball'은 원래 뜻인 '공' '농구를 하다' 외에도 비속어로서 '고환' '성교를 하다'로도 쓰인다.

*** 크로스드레싱(자신의 성별이 아닌 성별의 복장으로 꾸밈)의 일종으로, 일반적으로 오락 등의 목적으로 자신과 다른 성별인 사람으로 가장하여 그들의 성별 표현을 과장되게 보여 주는 퍼포먼스 행위. 예를 들어 '드래그 퀸'은 보통 남성으로서 여성을 표현하고 '드래그 킹'은 보통 여성으로서 남성을 표현한다.

뒤 눈치챌 수 있었다. 그건 그저 바 안에 사람들이 있다는 뜻일 뿐이었다.

노동계층이 도시로 밀려들어 오면서 최초로 생겨난 허름한 바와 댄스홀은 틴더와 마찬가지로 소셜미디어의 기능을 했다. 바는 지금도 데이팅 테크놀로지다. 그곳은 낯선 사람들을 한데 모으고 서로 잇는다. 또한 사람들이 상호작용할 수 있는 방식을 조직화한다. 최초의 데이트인들이 살았던 북적북적한 다세대주택 주변 거리는 인터넷이 그렇듯 하나의 플랫폼이었다.

그와 같은 곳들은 제멋대로였다는 점에서 초기 월드와이드웹을 닮았다. 1990년대에 크레이그리스트Craigslist의 "성인용 서비스" 그리고 백페이지Backpage는 성을 구매하려는 사람이 성을 판매하는 사람을 쉽게 찾을 수 있도록 해 주는 것으로 악명이 높았다.**** 법 집행기관이 결국 이와 같은 페이지들을 폐쇄했다. 하지만 새로운 디지털 기술이 계속 신종 성애적 거래를 창출한다. 거기에 종사하는 많은 성노동자가 고객과의 만남, 그리고 고객 자체를 여전히 '데이트'라 칭한다.

2008년 금융위기 직후, 대학을 졸업하고 첫 직장을 구한 해에 내가 듣기로 사람들이 가장 많이 낄낄댄 세태는 "핀돔findoms" 이었다. 웹카메라 너머로 자칭 "돈 주는 돼지pay pigs"라는 남성

**** 'Craiglist'와 'Backpage'는 모두 웹사이트 이름이다. 두 곳 모두 원래는 각종 물품을 개인이 온라인에서 판매할 수 있도록 광고를 싣는 사이트였으나 시간이 지나며 성매매 알선 사이트로 악용되었다.

이 여성을 고용해, 여성에게 "재정적으로 지배당하는" 대가로 돈을 지불했다. 남성은 대부분 언어적으로 학대당하고 선물을 내놓으라는 소리를 듣고 싶어 하는 듯했다.

그 후 몇 년 동안 스마트폰과 모바일 데이팅 앱의 보급으로 성노동자가 고객을 직접 찾기가 더 쉬워졌고, 따라서 경찰의 감시와 괴롭힘을 비롯해 거리 배회에 따른 위험을 피할 수 있었다.

내가 대화를 나눈 어떤 남성은 그와 함께 술 마시거나 저녁 먹으러 갈 여성을 물색하는 것과 같은 방법으로 여성을 섭외해 돈을 주고 아파트로 오게 한다. 바로 이때 틴더를 사용한다. 돈을 지불하는 데이트인지 그렇지 않은 데이트인지 알 수 있게 해 주는 유일한 점은 여성의 프로필사진에 보이는 조심스러운 링크다. 링크를 클릭하면 여성의 간략한 이력과 현지 전화번호가 적힌 어떤 웹사이트로 이동해 있다는 게 그의 설명이다. 그 번호로 문자를 보내면 30분 안에 누군가가 나타난다. 그날 밤 일을 끝마치면 여성은 계정을 비활성화할 것이다.

"그 여자들은 굳이 임시 휴대전화burners을 쓰려고 하지도 않아요"라며 그는 으쓱한다.

최근 "슈거 데이팅sugar dating"을 용이하게 하는 휴대전화 앱이 대중의 음란한 상상력을 사로잡았다. 가장 악명 높은 것은 시킹어레인지먼트Seeking Arrangement다. 개념은 간단하다. 시킹어레인지먼트는 "슈거 베이비"와 "슈거 대디"가 서로를 찾을 수 있는 플랫폼을 제공한다. 사이트를 보면 슈거 대디란, "여성, 남성 할 것 없이 자신이 원하는 것을 아는 성공한 사람으로서 ……
매력적인 사람들과 가까이 교제하기를 즐긴다". 슈거 베이비란
"인생에서 더 훌륭한 것을 찾는 매력적인 사람들"이다.

시킹어레인지먼트는 주로 돈을 원하는 젊은 여성과 성관계를
원하는 나이 든 남성을 연결해 준다. 계정 개설과 프로필 설정은
무료다. 베이비와 대디 모두 사진, 키·몸무게·인종과 같은 개인
프로필 정보, 사람을 사로잡을 만한 자기소개 문구를 게시한다.
그런 다음 자신의 "기대", 즉 대디는 얼마를 흔쾌히 지불할 것이
며 베이비는 얼마를 요구하는지 표시한다. 다음과 같이 펼쳐지
는 하위 메뉴 중에서 고르면 된다.

지원 수준을 선택하시오:
협상 가능
최소한으로
실질적으로
적정하게
상당하게
최고로

이에 덧붙여 대디는 순자산과 연간 소득을 열거한다.
슈거 데이팅을 진지하게 생각한다면 프리미엄 멤버십으로 업
그레이드하고 싶을 것이다. 현재 프리미엄 멤버십은 약정 기간

에 따라 월 15.95달러에서 29.95달러 사이 요금으로 운영된다. 일단 업그레이드하면 프로필이 우선적으로 검색돼 사람들이 더 많이 찾아오게 된다. 또한, 신원 조사를 실시해 대디가 스스로 누구라고 밝힌 그 사람이 맞는지, 그리고 스스로 주장한 만큼 돈이 있는지 베이비가 검증할 수 있게 해 준다.

지난 2년간, 시킹어레인지먼트는 대학생을 대상으로 삼는 방식 때문에 점점 더 언론의 이목을 끌었다. 사이트의 한 부문인 "대학생 슈거 베이비"는 빚 없이 졸업할 수 있도록 지원해 주는 대디가 있는 것의 이점을 설명한다. 대학 이메일 계정으로 가입 시 무료 프리미엄 멤버십을 제공한다.

시킹어레인지먼트의 대표이사인 브랜던 웨이드Brandon Wade는 자신의 회사가 제공하는 기능에 자부심을 느낀다고 말한다. 2015년 초 그는 전해에 대학생 약 140만 명이 시킹어레인지먼트를 이용해 돈을 벌었고, 이는 2013년 이후 42퍼센트 증가한 수치라고 발표했다. 그는 이제 매해 "가장 빠르게 성장하는 슈거 베이비 대학" 상위 10위까지의 목록을 공개한다. 전부 여러분이 들어 본 학교로, 여러분이 사는 도시에도 있을지 모른다.

내가 샌프란시스코에서 만난 슈거 베이비는 프린스턴을 졸업했다. 그는 몇 년간 슈거 데이팅을 하면서 거의 모든 낭만적 관계엔 거래적 속성이 있음을 알게 됐다고 한다. "사람들은 늘 서로에게서 뭔가를 얻어 내고 있어요."

그의 시킹어레인지먼트 프로필은 "절반이 히스패닉계인 매우 다정한 양성애자이자, 메탈을 좋아하는 영계chick"라 되어 있다. 그가 왜 허슬hustle*(이는 그가 선택한 표현이다)에 능한지 알 것 같았다. 그의 존재는 사람을 끌어당기는 힘이 있었다. 그는 5년 전 졸업한 후로 각기 다른 도시에서 이런저런 사이트를 들락날락했다. 한동안 뮤추얼어레인지먼트Mutual Arragement라는 레즈비언 슈거 마미 사이트에 있었지만 잘되지 않았다. 당시 그는 플로리다에서 부모와 같이 살고 있었는데, 운전해서 갈 수 있는 거리에 마미들이 충분치 않았다.

그는 여러 도시에서 슈거 데이팅을 시도했지만 샌프란시스코가 제일 낫다고 말한다. 9개월 전 이곳으로 이주한 후, 스트로우클럽StrawClub이라는 앱을 사용해 타지에서 온 몇몇 사업가와 유료 저녁 식사 데이트를 했다. 하지만 단골은 대부분 시킹어레인지먼트에서 찾은 기혼 슈거 대디들이다. 그 남자들을 한두 달 만난다. 보통 대디가 빌린 호텔 방에서 몇 시간 동안 만나 일하고 집으로 돌아간다. 회당 200달러 정도인 고정 요금을 받는다.

"이 남자들은 그저 관심받고 싶어 해요"라고 그는 말한다. "이

---

* 'hustle'은 '돈을 벌기 위해 부단히 노력하다' 또는 '개인이 수단과 방법을 가리지 않고 목표를 이루기 위해 전력을 다하다'라는 뜻이다. 운동경기에서 선수가 몸을 아끼지 않고 공격적으로 뛰는 것을 '허슬 플레이hustle play', 그런 선수를 '허슬러 hustler'라고 한다. 성공이나 성취를 좇아 쉬지 않고 일하는 풍조인 '허슬 컬처hustle culture'에 대한 논의들이 최근 수년간 미국에서 부상하기도 했다.

남자들이 날 좋아하는 이유는 자기들이 중요한 사람이라도 되는 양 느끼게 해 주기 때문이죠." 그가 유부남을 좋아하는 까닭은 돈을 후하게 주기 때문이다. 그렇게 하면 "인센티브와 과업 목표가 일치한다"고 안심할 수 있다. 남자들은 슈거 베이비가 씩씩대며 아내에게 달려가지 않을 것임을 확인하고 싶어 한다.

시킹어레인지먼트의 광고 문구는 절대 슈거 대디에게 홀딱 빠지면 안 된다고 슈거 베이비에게 주의를 준다. 하지만 내가 만난, 이러한 종류의—누군가를 정기적으로 만나 사귀고 "여자친구 경험"은 물론 성관계를 제공하는—일을 해 본 여성들이 말하길, 실제 상황은 거의 항상 그 반대였다.

이제는 40대에 접어든 교수인 한 여성이, 자신이 대학원 시절에 어느 은밀한 "던전dungeon"*에서 도미나트릭스dominatrix**로 일하는 동안 만난 어느 고객 이야기를 들려줬다. 그 남자는 일주일에 한 번씩 책과 극장표를 들고 찾아왔다. 그는 실수로 남자에게 실명을 말해 버렸는데, 그런 뒤 어느 날 남자가 직접 쓴 실험극을 들고 나타났다. 그 실험극은 그 여자가 너덜너덜한 웨딩드레스를 입고 텅 빈 방을 빙그르르 도는 장면으로 끝났다. 여자가 곧 다른 도시로 이주하자 남자가 추적해 왔다. 소포가 여자의 아

* 본래 중세 성들에 있던 지하 감옥을 뜻하나, BDSM(속박, 규율, 지배, 복종 등의 관계 역학을 상정하고 즐기는 광범위한 성적 관행) 하위문화의 은어로는 그러한 활동을 위해 마련된 공간을 의미한다.

** BDSM에서 지배 역할을 하는 여성을 지칭하는 은어다.

파트에 속속 도착했다. 남자는 심지어 여자가 일하는 대학에 전화를 걸어 와 돌아오라고 애원했다.

그래서 놀랐느냐고 나는 물었다.

그는 고개를 절레절레했다. "고객 대부분에게 나는 유일한 사람이었고, 그들은 보통 저와 바람을 피우고 있었어요. 그러니 그들의 삶에서 나라는 사람은 아주 난리법석을 떨 정도로 중요했죠. 나는 그런 고객을 한 주에 열두 명도 만났고요."

프린스턴 슈거 베이비는 그가 장기간 만난 슈거 대디 거의 전원이 감정이 생겨 안 되겠다며 만남을 종료했다고 한다.

그는 빙긋 웃었다. "난 일을 너무 잘하는 것 같아요."

데이트의 발명 이래로 성노동과 '합법적' 데이트 사이에 경계를 긋기는 지금도 어려우며, 경찰이 그렇게 하기란 불가능했다. 제1차세계대전이 끝날 무렵, 시류를 막겠다고 맹세했던 개혁가들은 그렇게 할 수 없음을 받아들이기 시작했다. 데이트는 풍기문란죄가 묵인되는 비행지역으로 알려진 곳을 넘어 널리 퍼져있었다. 데이트했다는 이유로 체포된 한 식당 종업원 여성은, 일하는 도중 데이트의 덫에 빠지기가 얼마나 쉬운지 일리노이주 법원에 해명했다.

"어떤 남자 손님을 시중들고 있는데 그 남자가 저한테 미소지어요. 팁을 받을 수 있겠구나 싶어 미소로 답하죠. 다음 날 그남자가 또 오고, 어느 때보다 더 열심히 그의 비위를 맞춰요. 그러면 그는 곧바로 데이트하고 싶어 하고, 그의 좋은 친구가 돼 같이 외출하면 돈과 선물을 주고 싶어 해요." 여성이 이런 식으로—**미소를 띠고서** 어느 때보다 열심히 고객의 기분을 맞추다가—성노동에 빠져드는 것이라면, 성을 대가로 돈 받기는 여성이 직업 수행의 일부로서 하는 일일 뿐이다.

한 슈거 베이비가 자신의 시킹어레인지먼트 계정에 로그인해 주고받은 메시지를 봐 달라고 했을 때, 인상적이었던 것은 메시지 내용이 아니었다. 사실 메시지 내용은 다분히 일상적인 온라인 데이팅 이야깃거리 같아 보였다.

한가할 때 뭐 해요?

글을 써요. 주말에는 하이킹을 하고요.

뭘 쓰는데요?

주로 SF와 판타지예요. 당신은요?

요트 타기를 좋아해요.

늘 배우고 싶었는데! 어쩌면 나한테 가르쳐 줄 수 있겠군요.

내가 충격받았던 건 이 회사가 극히 평범한 기업의 언어를 사용해 스스로를 일종의 직업훈련소로 선전한다는 점이었다.

모든 유료 데이팅 사이트는 완곡어법으로 뒤덮여 있다. 그런 사이트들은 그럴 수밖에 없다. 그래야만 (합법적) 애인 대행 서비스와 (불법적) 성매매를 가르는 경계에서 의로운 쪽에 계속

남을 수 있다. 하지만 시킹어레인지먼트는 슈거 데이팅이 사회 생활을 대비해 준다는 발상을 홍보하려고 뭐든 다 한다.

전직 도미나트릭스 여성은 실제로는 없는 "밧줄과 바늘 기술" 이 있는 양 넌지시 내비치며 허풍을 떨어 몇몇 구직 면접을 무사히 통과했다고 한다. 그런데 그와 같은 기술 보유 여부는 중요하지 않았다. 채용 담당자들이 신경 쓰는 것은 체형의 특성이 전부였다. 말하자면 백인·아시아계·아프리카계·히스패닉계 중 어디에 속하는지, 키가 큰지 작은지, 통통한지 말랐는지 따졌다. 일단 고용되자, 고객의 성기를 직접 만지지 않고도 흥분시켜 오르가슴을 느끼게 하는 방법을 쉬는 시간에 동료들이 가르쳐 줬다. 던전은 직원이 이와 같은 종류의 실무 교육을 받거나 고객이 나타나기를 기다리는 데 쓴 시간에 대해 임금을 지급하지 않았다. 우버 운전기사와 다를 바 없이 "여자아이들"은 의상과 화장, 정기적으로 하는 제모와 손발톱 손질 비용을 선불로 부담하고, 수입 일부를 납부함으로써 일할 기회를 얻었다.

시킹어레인지먼트는 베이비들이 사이트를 개인이 발전할 기회의 원천으로 생각하도록 조장하고, 대디의 역할을 "멘토링"으로 묘사한다. 주요 슈거 베이비 대학 근처에서 모임을 주최하고 여성들을 초대해 커피와 초콜릿 퐁듀를 들며 슈거 데이팅이 재정적 역량 강화로 가는 길이라고 이야기한다. 내가 마지막으로 사이트에 로그인했을 때 사이트 블로그의 가장 최근 게시글 제목은 '귀하의 지원은 실패했습니다'였다.

"새 직원을 채용하려는 고용주의 입장을 고려하라"라고 익명의 필자는 운을 뗀다. "이는 기본적으로 잠재적 슈거 대디를 만나는 과정과 같다." 프로필을 거르게 만드는 일곱 가지 실수에는 "의사소통 기술 부족" "발표 능력 미숙" "어긋난 질문" "감탄할 만한 요소 없음"이 들어간다. 즉, 취업 면접을 망치는 이유와 같다.

20세기의 첫 10년이 지나 두 번째 10년으로 접어들면서 중산층은 점차 데이트를 합법적 구애 형태로 받아들였다. 1914년, 미국 내 발행 부수가 최대이며 독자가 백만 명이 넘는 잡지 《레이디스홈저널Ladies' Home Journal》은 여자 대학생 친목회 회원인 한 여성과 그 여성의 연애사에 관한 단편을 실었다. 필자는 '데이트'라는 말에 주의 환기용 인용부호를 붙였지만, 더 설명할 필요는 없다고 봤다. 1920년대 초에 이르면 대학생들이 밖으로 나가 저녁을 먹고 춤추고 보드빌vaudeville* 쇼와 영화관에 가는 이야기가 널리 퍼져 있었다.

이내 아무도 이와 같은 활동이 한때 수상쩍어 보였음을 기억

* 19세기 말부터 20세기 초까지 미국에서 인기를 누린, 오락을 위한 버라이어티 쇼 형태의 희극 장르. 일반적으로 하나의 보드빌 공연은 마술사, 곡예사, 희극배우, 가수, 무용수, 광대 등이 각각 등장하는, 서로 별개인 일련의 쇼들 열두 개 내외로 구성되어 있었다. 1930년대 이후 영화와 텔레비전이 등장하면서 쇠퇴했지만, 현재까지도 텔레비전 쇼 프로그램의 구성에 보드빌의 흔적이 남아 있을 정도로 미국 대중문화사에서 중요한 의미를 지닌다.

하지 못하는 듯했다. 오늘날 《뉴욕타임스》와 같은 권위자들은 이와 같은 활동을 대번에 "인습적"이라 말한다. 저녁 식사 데이트는 또 다른 형태의 성노동일 뿐이라며 한때 풍기문란죄 단속반의 애를 태우게 한 그 모호함을 미국인은 극복한 듯하다. 하지만 다른 모호함이 남는다. '시장에서' 거래하고 있는 것이 무엇인지 데이트인 스스로도 종종 확신할 수 없다면, 데이트의 의의에 관해서도 큰 불확실성이 존재한다.

데이트는 뭘 위한 걸까?

방문이라는 의례는 뚜렷한 목적, 즉 결혼에 부합했다. 방문 과정을 감독한 부모와 친지에게는 구애를 통해 새롭게 한 쌍이 형성돼 새 가정을 꾸리고 후손을 생산할 것임을 확실히 한다는 뚜렷한 동기가 있었다. 이렇게 함으로써 자식의 행복만이 아니라 가산의 증식을 이룰 터였다.

최초로 데이트 플랫폼을 만든 기업가들에게는 다른 동기가 있었다. 레스토랑, 바, 놀이공원의 성공은 그곳에서 데이트하고 결혼까지 해 얼마나 잘 사느냐에 달려 있지 않았다. 데이트인들이 얼마나 많이 오가느냐에 달려 있었다. 여러분의 어머니와 달리 바텐더는 여러분이 같이 온 남자와 끝내 아이를 낳았느냐는 상관하지 않았다. 사실 아무도 정착하지 않는 게 바텐더에겐 가장 좋을 것이다.

구애를 집 밖으로 끌어내 시장으로 가져옴으로써 데이트는 수익성 좋은 사업이 됐다. 데이트라는 관행은 결코 채울 수 없는, 성, 관심, 애정에 대한 인간의 기본 욕구를 잠재적으로 무한한 수요의 동력으로 전환할 수 있게 했다.

인류 역사상 최초로 데이트는 잠재적 애인을 만나기 위해 물건을 구매해야 하도록 만들었다. 오늘날도 여전히 그렇다. 비록 비용 없이 앱을 내려받아 데이트 상대를 찾더라도, 계정을 만들고 정보를 최신 상태로 유지하는 데 소요하는 우리의 시간으로 그 대가를 지불한다. 앱 소유주가 광고주에게 팔아넘기는 우리의 관심으로 그 대가를 지불한다. 데이트는 최초로 일과 놀이를 혼동하게 만들었다. 데이트로 일을 하는 중인지 유흥을 즐기는 중인지 우리가 말하기 어려운 것은 그와 같은 혼돈의 증상인지도 모른다. 오케이큐피드 프로필을 최신 상태로 유지하는 행위는 둘 다인 듯도, 둘 다 아닌 듯도 하다.

오케이큐피드 입장에서 볼 때, 이용자들이 앱을 떠나게 할 수도 있는 연애를 하도록 만드는 것은 기껏해야 부차적인 목표다. 최우선 순위는 우리의 욕망을 동력 삼아 그들의 이익을 늘리는 것이다. 이와 같은 맥락에서 보면 비록 비용을 지불하더라도, 또 즐기고 있을 뿐이라 생각하더라도, 모든 데이트인은 여전히 자선 소녀나 다름없다. 이것이야말로 데이트가 오늘날 우리 모두에게 부리는 속임수다.

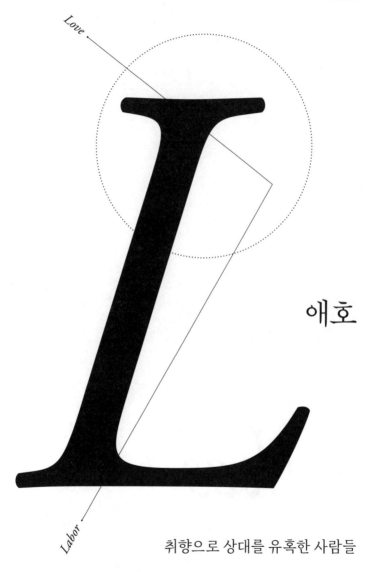

Love

Labor

애호

취향으로 상대를 유혹한 사람들

Likes

L

데이트는 구애를 가정에서 시장으로 옮겨 놓았다. 여러분의 짝을 물색하는 것이 가능해짐에 따라, 여러분 스스로를 판매하는 것도 필요하게 됐다. 취향은 데이트인이 자신의 브랜드를 창조할 수 있는 핵심 방법이 됐다.

"정말로 중요한 것은 당신이 **어떤 사람이냐**가 아니라 뭘 좋아하느냐다."

영화 〈하이 피델리티High Fidelity〉에서 존 큐잭John Cusack은 카메라를 정면으로 응시하고 말한다. 그가 연기한 인물은 30대 정도의 음반 가게 점원으로, 고전적인 폴리스Police의 음반보다 최근에 나온 스팅Sting의 음악을 선호하는 여성과는 잠자리할 생각이 꿈에도 없다. 2004년에 개봉한 로맨틱코미디 독립영화 〈가든 스테이트Garden State〉에서 주연 커플이 유대감을 쌓는 계기가 된 밴드는 더 신스The Shins다. 5년이 지나 〈500일의 썸머 500 Days of Summer〉가 뒤를 이을 즈음에는 1980년대 향수에 젖어 있을 때여서, 인연의 다리가 되는 밴드는 더 스미스The Smiths로 바뀌어 있다.

"걸온걸girl-on-girl" 블로그인 오토스트래들Autostraddle* 편집진은 큐잭의 대사에 맞장구친다.

"관건은 여러분이 어떤 사람이냐가 아니라 뭘 좋아하느냐다"라고 그들은 2012년 발렌타인데이의 한 게시글에 썼다. "확신이 들 때까지 시간이 좀 걸리겠지만, 어느 날 상대 여성에게 여러분이 가지고 있는 『아메리카의 조류Birds of America』를 빌려준 다음 그 여성이 그 책을 좋아하는지 숨죽이고 기다려야 할 때가 됐음을 딱 알 수 있다." 상대는 그 책의 진가를 '알아보거나' 그렇지 않을 것이다. 여러분의 여자친구가 **여러분**을 '알아보거나' 그렇지 않듯.

킴 카다시안Kim Kardashian과 카녜이 웨스트Kanye West처럼 유명 인사 커플들은 서로 잘 통한다고 공개적으로 선언한다.

"카녜이는 온 세상에서 가장 감탄할 만한 취향을 갖고 있어요." 카다시안이 최근 〈엑스트라Extra〉의 한 기자에게 야단스럽게 떠들어 댔다.

그의 남편도 같은 생각이었다. "결국 가장 중요한 것은 얼마나 쩌느냐dope예요."

데이트하는 일반인들도 자신의 (감탄스러운) 취향을 공유할

---

* 'girl-on-girl'은 여성끼리의 성적 접촉 및 성애를 의미하는 어구다. '오토스트래들'은 2009년 미국에서 레즈비언과 트렌스젠더 여성, 그리고 모든 성별 스펙트럼의 논바이너리 퀴어를 위해 만들어진 온라인 저널 및 사회관계망 사이트로서, 정치적 진보 성향의 퀴어 페미니즘 인터넷 매체를 표방한다.

사람을 찾기를 꿈꾼다. 최소한 그 취향을 적극적으로 거스르지는 않는 사람을 만나고 싶어 한다. 한 젊은 여성이 친구에게, 어떤 남자와 하룻밤을 같이 보내고 아침이 됐는데 남자가 노트북으로 림프 비즈킷Limp Bizkit의 음악을 틀었다며 못마땅해하는 것을 기차에서 우연히 들은 적이 있다. 나는 씁쓸하게 미소 지으며 인정할 수밖에 없었다. 비록 섹스가 좋았더라도 그 여성이 상대 남성에게 전화번호를 알려 줄 리는 만무하다.

"내가 좋아하는 남자가 내가 좋아하는 것을 좋아하면 좋겠어"라며 여성은 한숨지었다.

내가 〈하이 피델리티〉의 대사를 인용하면 내 친구는 "아, **그거**"라며 신음한다. "얼마나 많은 남자가 그 대사를 오케이큐피드 프로필에 넣는지 상상도 못할걸."

지난 10년간 온라인 데이팅이 부상하면서 구애에서 '애호likes'가 갈수록 중심 역할을 하게 됐다. 각기 다른 사이트와 앱은 여러분이 좋아하는 것을 서로 다른 방식으로 검토한다. 하지만 잠재적 애인이 여러분의 프로필을 살펴볼 때 취향 정보가 제일 눈에 띄도록 배치한다는 점은 동일하다.

매치닷컴은 사용자에게 '관심사' '즐겨 찾는 명소' '가장 좋아하는 것들'을 공유하도록 요구한다. 심지어 유명 인사도 그 요구에 충실하게 답한다. 2013년 마사 스튜어트Martha Stewart**는 (매치닷컴에) 가입하면서 관심사 칸에 "요리, 외식, 낚시/사냥,

정원 가꾸기/조경, 영화/비디오 감상, 박물관과 예술 감상, 쇼핑/골동품 수집, 여행/관광"을 나열했다. 즐겨 찾는 명소로 "야스다초밥"이라는 곳을 들었다. 가장 좋아하는 것들은 "영국과 미국의 티브이 시리즈물 〈하우스 오브 카드House of Cards〉 〈홈랜드Homeland〉, 모든 음식, 교향곡, 오페라, 그리고 랩"이다.

스튜어트의 프로필은 자기현시와 포착 불가능을 적절히 조합해 능숙하게 배치한다. 우연히 그의 프로필을 본 사람은 누구든 그가 "모든 음식"을 만끽했다는 사실은 이미 아는 상태일 것이다. 하지만 힙합을 좋아하는지는 누가 알았을까? 애호는 익명성을 유지하면서도 온라인 데이팅 서비스를 이용하고 싶은 유명인사에게 특히 중요할 수도 있다.

매력적이고 출세한 40대 전문직 여성이 몇몇 앱을 사용해 뉴욕에서 데이트하던 중 자신과 같은 책을 좋아하는 어떤 사람이 오케이큐피드에서 접근해 왔던 일을 내게 들려줬다. 접근해 온 남자는 프로필사진이 없었다. 여자가 왜냐고 물으니 남자는 "매우 그럴 만한 이유"가 있다며 믿어 달라고 간청했다. 역사 논픽션에 관해 몇 주간 메시지를 주고받다가 남자가 여자에게 만나자고 했다. 여자는 최악의 상황을 각오하고 카페에 들어섰다. 알

** 미국의 여성 기업인 · 방송인(1941~). 1980~1990년대에 살림 전반에 대한 자신의 노하우를 제시한 저서가 베스트셀러가 되면서 '라이프 코디네이터'로서 큰 인기를 얻었고, '마사 스튜어트 리빙 옴니미디어Martha Stewart Living Omnimedia'라는 기업을 설립해 운영하고 있다.

고 보니 여자의 채팅 상대는 코미디언 릭 머래니스Rick Moranis
였다!

사실상 모든 데이팅 사이트는 사용자에게 좋아하는 것에 관
한 정보를 제공하도록 요청한다. 차별화된 서비스를 제공하는
사이트 수십 곳은 한 단계 더 나아가, 아이튠즈에 비슷한 파일이
있거나 비슷한 농담에 깔깔대는 사람과 연결해 준다고 큰소리
친다. 인스타그램 계정을 보고 호감을 느끼는 유형이라면 글림
스Glimpse라는 앱도 있다. 앱은 연령·젠더·성적 지향과 같은 가
장 기본적인 정보만 입력하도록 한다. 그런 다음 여러분의 인스
타그램 프로필에서 일련의 사진을 선택해 가져오게 하고, 그 외
의 어떤 식별 정보도 없이 다른 사용자의 사진을 훑어보게 한다.

어떤 사람이 어떻게 브런치 요리나 욕실 셀피를 찍느냐를 보
면 필요한 것은 다 알 수 있다는 발상의 논리적 결말은, 무엇을
좋아하느냐를 통해 **어떤 사람이냐**가 드러난다는 것이다. 이는 필
터를 고르고 짧은 설명을 쓰는 것과 같은 심미적 선택이 말로 설
명하는 것보다 성격을 더 효과적으로 포착할 수 있음을 암시한
다. 어떻게 가장 사소해 보이는 심미적 결정이, 누가 여러분을
좋아하느냐를 결국 정하게 되는지를 보여 주기도 한다.

좋아하는 책과 밴드가 언제나 구애를 인도한 것은 아니다. 원
숭이는 상대 원숭이도 자기처럼 바나나를 좋아한다고 놀라워하
지 않는다. 아담은 이브에게 쭈뼛쭈뼛 다가가 솔로Solo 컵에 음

료를 한 잔 더 부어 주며 이브 역시 펑크 밴드 허스커 두Hüsker Dü를 좋아하느냐고 묻지 않았다.

인류 역사를 통틀어 한 소비재를 다른 소비재보다 선호하는 것이 두 사람의 연애 궁합에서 예측 변수 역할을 할 수 있다는 생각은 전혀 말이 되지 않았을 것이다. 우선, 고를 수 있는 비필수품이 많지 않았다. 구애를 인도하는 기준은 가족·종교적 배경·사회계층 등으로 훨씬 더 제한적이었다. 애호는 오늘날과 달리 별로 중요하지 않았다.

18세기 말에 상황이 변하기 시작했다. 20년 새 미국독립혁명과 프랑스혁명이 발발했다. 곧이어 라틴아메리카에서 반식민주의 혁명이 뒤따랐다. 이 같은 격변에 산업화의 시작이 합쳐지면서 신흥 중산층이 형성되는 것을 도왔다. 중산층은 권력을 장악하자 한때 왕족의 전유물이었던 고급문화를 자신들의 것으로 주장했다. 파리에서 루이 14세를 참수한 혁명가들은 왕실 미술 소장품을 압수하고 왕의 궁전인 루브르를 공공박물관으로 바꾸는 상징적 행위를 했다.

바로 이러한 환경에서 예술 및 문학 철학자와 비평가가 구스토gusto, 구goût, 게쉬마크Geschmack, 혹은 테이스트taste*라고 자기들이 일컬은 것에 관해 엄청나게 이야기하기 시작했다. 이마

---

* 각각 순서대로 이탈리아어, 프랑스어, 독일어, 그리고 영어에서 '맛, 취향'이라는 뜻의 단어다.

누엘 칸트Immanuel Kant 같은 이론가들은 취향에 대한 판단이 객관적이며 이성에서 비롯한다고 주장했다. 비록 특정인이 어떤 대상 앞에서 경험하는 반응은 그 대상이 그 사람에게 개인적으로 불러일으키는 쾌감이나 불쾌감에 달려 있지만, 칸트는 이러한 평가에 "보편적 타당성"이 있어야 한다고 말했다. 다시 말해 누구에게나 해당해야 한다는 것이다. 돌이켜 보면 취향에 대한 집착은, 사회계층에 따라 사람을 구분하는 도구인 속물근성snobbery과 아주 많이 닮았다. 취향은 정치적 힘이 쇠퇴해 가는 귀족이 우월한 문화자본을 주장하는 한 방식이었다. 19세기가 진행됨에 따라 신흥 졸부의 저속한 취향을 비판하는 것은 최초의 중산층 구성원이 자신의 지위를 지키는 한 방법이 됐다.

"취향은 계급을 나누고, 계급 나누는 사람의 계급을 나눈다"라고 프랑스 사회학자 피에르 부르디외Pierre Bourdieu는 말했다. 계급 정보는 데이트 시장에서 여전히 유용하다.

우리 대부분이 더는 가족에 의지해 사회적 배경이 같은 배우자를 고르거나 연애 상대가 "매년 몇 파운드를" 독신 삼촌에게서 물려받을 예정인지 떠벌리지 않는 시대에, 취향을 알아내는 것은 '올바른' 배경을 가진 사람을 고르는 한 방법이다. 어떤 사람이 오페라를 사랑한다고 드러내 알리면, 그는 자신이 오페라 표를 살 만큼 부유하다거나 적어도 입석 관람을 알 만큼 세련됐다고 말하는 것이다. 주문한 보르도 와인의 이름을 정확하게 발음하거나 그 와인의 떼루아terroir가 어떤지 계속 늘어놓으면, 프랑스나 프랑스어에 관해 꽤 안다고, 아니면 적어도 마지막 알파벳을 발음하지 않을 만큼은 안다고 말하는 것이다.

평생에 걸친 사회화로 인해, 우리 다수는 계급적 배경과 관련된 이러한 종류의 신호를 계급적 배경에 대해 딱히 생각하지 않고도 주고받는다. 요령 있는 사람은 이와 같은 신호를 활용해 사회적 지위를 무심코 드러낼 수 있다. 그리고 이 같은 취향의 규칙을 잘 이해하면, 이를 조작해 자기보다 사회적 지위가 더 높은 사람과 데이트할 수 있다. 이것이 바로 최초의 여성 데이트인들이 시도한 일이었다.

20세기 초에 백화점, 레스토랑, 그리고 기타 사업체에 일하러 간 여성들은 종종 자기가 시중드는 남성 가운데 한 명을 낚아채고 싶어 했다. 직장에서 남자를 유혹하는 것은 그와 같은 여성 다수가 행복한 미래, 아니면 적어도 재정적으로 안정된 미래를 누릴 절호의 기회였다.

상점 판매원이나 식당 종업원과 같은 단기 일자리gig는 젊은 여성을 대중 앞에 전시해 매일 수없이 많은 배우자감과 접촉하게 했다. 운이 좋다면 그 남성들 중 몇몇은 부자일지도 몰랐다. 당시로부터 10여 년 전만 해도 젊은 노동계층 여성은 백만장자와 말을 주고받기는커녕 그의 눈에 띄기도 거의 불가능했다. 이제는 데이트 신청을 받을 정도로 오랫동안 가까이 지낼 수 있었다. 어쩌면 남자가 사랑에 빠지도록 만들 수도 있었다.

작가 오 헨리O. Henry는, 그가 텍사스주에서 뉴욕으로 갓 이주해 단편소설을 집필하며 본격적으로 활동하기 시작할 무렵 「젊은 여성 판매원들의 은밀한 삶The Secret Life of Shop Girls」의 초고를 발표했다. 이는 1906년에 오 헨리가 《뉴욕월드선데이매거진New York World Sunday Magazine》에 기고한 주간 칼럼에 게재됐다. "집에서는 먹을 것이 넉넉히 다 돌아가지 않아 일자리를 찾으러 대도시에 온" 두 명의 "동무" 이야기였다.

낸시는 열아홉 살, 루는 스무 살이라고 첫머리에 간략히 나온다. 둘 다 "예쁘고 활발한 시골 여자아이들로, 배우가 되리라는 야망을 품고 있었다". 하지만 둘 다 서비스직을 구했다. 둘은 대본을 외우는 대신, 데이트하고 싶은 남자 부류와 용케 그런 남자를 차지한 아내 부류를 연구하며 시간 대부분을 보냈다.

낸시는 고급 백화점의 손수건 판매대에서 점원으로 일한다. 동료들은 데이트하러 가고 "상류층 신사 친구들"의 돈으로 먹고 마시지만 순결을 잃지 않는다. 아니면 적어도 순결을 잃었음을 밝히지 않거나. 낸시는 주급으로 고작 8달러를 벌지만 사람들 눈에 띈다는 점이야말로 자기 직무의 진가임을 알고 있다.

"나한테 얼마나 큰 기회가 있는지 봐!" 낸시는 외친다. "얼마 전 우리 장갑 판매원 한 명이 피츠버그 출신—철강 제조업자인가 대장장이인가 뭐 그런—백만장자와 결혼했잖니."

루는 세탁소에서 다림질 일을 한다. 첫 주급으로 18.50달러를 벌긴 하지만, 구애에 관한 한 낸시만큼 야심만만하지 않다. 루는 백만장자와 결혼한다는 낸시의 계획을 비웃는다. 하지만 루 역시 직업을 이용해 남자를 만나려고 한다. 루가 직장에서 데이트 신청을 받자, 낸시는 의심스러워한다.

"세탁소에서 젊은 여자가 보여 줄 만한 게 뭐가 있다니?" 알고 보니 세탁소 **전면**에 노출이 꽤 될 만한 탐나는 자리가 있다.

"그 남자가 주일용 셔츠와 칼라를 가지러 들어와 내가 첫 번째 판자에서 다림질하는 모습을 본 거야"라고 루는 말한다. "우린 전부 첫 번째 판자 자리를 잡으려고 기를 쓴다고."

오 헨리가 이와 같은 이야기를 지어낸 게 아니다. 시카고대학교 출신 사회학자 프랜시스 도너번Frances Donovan은 1920년대에 시카고 남부 칼루멧고등학교에서 교사로 일하며 졸업을 앞둔 여학생 대상으로 그들의 졸업 이후 계획에 관해 인터뷰했다.

"속기사가 되고 싶어요"라고 한 명이 말했다. "간부급 비서가 돼서 사장과 결혼할 거예요."

도너번은 1929년에 출간한 『여성 판매원The Saleslady』을 위한 연구 조사차 시카고의 한 백화점에서 판매원으로 일하며 두 번의 여름을 보낸 뒤 자신의 학생도 그곳에서 충분히 잘할 수 있겠다고 믿게 되었다.

"경제적 수준으로 볼 때 여성이 자신보다 훨씬 더 상위에 있는 남성과 결혼한 사례를 여럿 목격했고, 전해 들은 바는 그보다 훨씬 더 많았다"라고 도너번은 보고했다. 용케 "결혼 잘한" 동료를 도너번의 연구 대상들은 노골적으로 부러워했다. "그 남자는 캔자스시티 출신 백만장자야. 그 애, 패커드〔당시 유명했던 고급 자동차 브랜드〕를 타더라. 그리고 그 애 왼손에 반짝이는 거 봤어? 운이 좋은 애지 뭐야! 우리는 당장 일해야 하는데."

자신들과 같은 자리에서 일하다 부자와 결혼한 젊은 여성의 전설은 수많은 서비스 노동자에게 백일몽을 부채질했다. 영국의 연간 잡지《물망초Forget-Me-Not》는 독자에게 "여성 판매원이 부자 남편을 차지하는 방법"을 공개하겠다고 큰소리쳤다. 백화점 지배인들마저 장난질에 가담했다. 뉴욕 메이시스Macy's 백화점 직원들이 보는 사내 소식지《불꽃Sparks》은 매장의 뒷소문을 정기적으로 요약해 실었다.

"가죽 장화를 신은 한 신사가 홀라한 양이 일하는 판매대에 매일 들러 은방울꽃을 두고 가는 걸 눈치챘는가? 행운을 빌어, 아이디Ide〔여자 이름〕!"

취직은 시작에 불과했다. 자신의 위치를 최대한 활용하기 위해 여성 판매원은 판매하는 상품류에 정통한 소비자가 돼야 했다. 남자들이 잘 가꾼 외모, 구매하는 상품류를 통해 보내오는 신호를 읽는 법을 터득했다.

오 헨리의 단편에서 낸시는 고객이 실제로 부자인지 아닌지 알 수 있는 암시를 찾는 법을 익힌다. 낸시는 고객이 자동차를 타고 내리는 모습을 염탐한다. "12마력짜리 자동차에 아일랜드계 기사라니!" 이와 같은 결정적 증거를 보자 낸시는 냉소한다.

"진짜를 내놓을 게 아니면 아무것도 내놓지 말라고, 제발."

고객을 세심히 살펴보는 것 외에도 서비스업 여성은 스스로 적절한 메시지를 보내려고 노력했다. 그러기 위해 여성 고객들을, 즉 자신도 애호를 잘 흉내 내면 그들같이 될 수 있을지 모른다고 꿈꾼 대상인 부유한 주부들을 연구했다. 세련되게 차려입음으로써 호감 가는 남성의 주목을 끌고, 자신이 현재 위치보다 더 나은 것을 가질 만한 자격이 있음을 드러내 보이려고 했다.

지금 하는 일이 아니라 앞으로 하고 싶은 일에 어울리는 옷을 입으라. 오늘날 진로 상담가들은 말한다. 여성 판매원은 출신이 아니라 옷차림에 따라 얼마나 높이 올라갈 수 있느냐가 결정됨을 제일 먼저 깨달았다.

이전 시대에는 출신이 보잘것없는 젊은 여성이 백만장자의 아내나 딸처럼 하고 다닐 수 없었다. 하지만 백화점이나 세탁소 일은 누구에게나 부富의 기호에 능통할 기회를 줬다. 따지고 보면 여성 판매원과 세탁부는 손수건을 팔고 커머번드〔남성 정장 안에 두르는 넓은 비단 띠〕를 다림질해 부자들을 더욱 부유해 보이도록 만드는 사람이었다. 저가 패션 브랜드가 점점 더 많아지는 추세는 그들이 고객을 모방하는 데 도움이 됐다. 미용 제품도 마찬가지였다.

화장품 산업은 1920년대에 폭발적으로 성장했다. 이전에는 성매매 여성과 여자 배우만 "얼굴을 칠했다". 빅토리아시대 사람들은 "자연스러운" 외적 아름다움을 순결한 생활의 표시로 여겼다. 그런데 1900년경 갈수록 많은 여성이 화장품을 바르기 시작했다. 1912년에 《더볼티모어선The Baltimore Sun》은 고상한 사교계 여성조차 "얼굴을 칠한 채 우리가 이용하는 거리나 부유층이 모이는 산책로에 나타나는 것을 볼 수 있다"라고 보도했다.

화장품 업계는 한때 그들의 제품이 연상시키는 온통 부정적인 것들에서 제품을 해방시키려고 '메이크업'이라는 새 용어를 만들어 냈다. 스스로를 '메이크업'하는 것은 그저 허용할 만한 일 그 이상이었다. 이내 광고주들은 메이크업이 정말로 미덕이라 주장했다. 여성은 스스로를 메이크업함으로써 자신의 여성성을 중요시하며 외모에 기꺼이 시간과 돈을 쓸 의사가 있음을 드러냈다. 그 결과는 단지 외모가 예뻐 보이기만 하는 게 아니었다. 고용주는 물론이고 고객, 그리고 잠재적 애인이 원하는 종류의 어떤 훌륭한 태도를 지녔음을 보일 수 있었다.

낭만적 야망은 물론이고 불안에도 사로잡힌 채, 여성 판매원은 군비경쟁 비슷한 것을 벌였다. 더욱 효과적으로 패션과 미용 문화를 고객에게 판매할수록, 그와 같은 문화에 더욱 의무적으로 가담해야 했다. 이는 바로 경제에 필요한 일이었다.

19세기 말에 이르러 미국은 소비자 사회가 돼 있었다. 신기술과 노동 관행으로 신발과 셔츠블라우스 생산이 전례 없이 수월해졌다. 공장에서 새 신발과 셔츠블라우스를 대량으로 찍어 내는 속도만큼 빨리빨리 구입하는 인구만 있으면 됐다.

1925년에 최초로 개인의 비필수품 소비가 미국 국내총생산을 주되게 차지했다. 경제학자들은 제조 능력이 아니라 대중의 구매력과 구매욕에 따라 성장과 건강을 측정하기 시작했다. 필요하지 않은 물건에 대해 끊임없이 새로운 애호를 개발하도록 소비자에게 요구하는 시장에서, 여성 판매원의 일이란 없어서는 안 되는 것이었다. 여성 판매원은 근무시간에는 남들이 소비하도록 돕고, 근무시간 외에는 스스로도 계속 최신 정보를 갖추며 소비 활동을 이어 갔다.

1912년에 에드나 퍼버Edna Ferber가 발표한 단편소설 「개구리와 웅덩이The Frog and the Puddle」는 이와 같은 일이 사람을 얼마나 지치게 하는지 묘사했다. 여주인공 거티는 시카고의 한 백화점 내 남성용 장갑 판매대에서 일한다. 거티의 지배인은 머리카락과 손톱에 대해 까다롭게 군다. "머릿결과 손톱을 신의 섭리에 맡길 수는 없다. 억센 솔과 오렌지우드 막대기로 구슬려야 한다"라는 것을 거티는 재빨리 터득한다. 매일 밤 하숙집으로 돌아오면 지쳐 쓰러질 지경이지만, 일이 끝나려면 아직 멀었음을 알고 있다. 손톱을 손질하고, 속옷을 수선하고, 얼굴에 콜드크림을 바르며, 규정에 따라 뻣뻣한 솔로 머리를 백 번 빗어야 한다.

"지배인은 제멋대로 뛰노는 듯한 머리칼이나 어긋난 걸단추를 용납하지 않을 거야"라고 거티는 이유를 든다. "때로는 너무 기진맥진해서 솔을 허공에 든 채 잠든다니까."

직업적으로 필요한 외양을 유지하느라 지칠 줄 모르고 노력하는 여성 판매원은 외모 이상의 것을 성취하려고 분투하고 있기도 했다. 『여성 판매원』에서 프랜시스 도너번은 연구 대상인 동료들에게 옷차림이 그토록 중요한 이유를 밝혔다. "예쁜 옷이 없으면 여자아이는 자신의 개성personality을 실현할 수 없다."

여러분의 개성이 부분적으로 여러분을 호감 가는 사람으로 만들어 줄 수 있다는 발상은 새로운 것이었다. 19세기에 미국인은 '품성character'과 '미덕virtue' 같은 개념을 이용해 스스로를 묘사했다. 이와 같은 용어에는 도덕적 가치가 결부되어 있었다. 사람은 친절한 행동, 진실한 우정, 확고한 신념을 통해 품성을 드러냈다. 19세기 조언 서적은 여성에게, 신사 방문객을 받을 때 가장 좋은 인상을 남기기 위해 어둡고 수수하며 특징 없는 옷을 입어야 한다고 설교했다. 어떤 피상적인 것이 주의를 딴 데로 돌려 내면의 영혼을 보지 못하도록 해선 안 된다.

'개성'은 이와 달리 겉으로 드러나는 것이었다. 이 단어는 가면을 뜻하는 라틴어, 페르소나persona에서 유래했다. 개성은 '화장하기', 즉 남성의 관심을 끌려고 여성이 스스로를 치장하는 어떤 방식과 같은 결에 있었다. 세기 전환기의 심리학자들은 정신 이상 환자를 '성격장애personality disorder'로 진단했다. 하지만 1920년대를 기점으로 전문가들은 건강한 개인도 성격(즉, 개성)이 있음을 인정하기 시작했다. 갑작스럽게 이 단어가 대중언론을 온통 도배했다.

연애소설 작가들은 겉으로 드러나는 표현과 행동을 가리킬 때 이 단어를 썼다. 데이트 맥락에서는 '성격 좋다', 혹은 순전히 '개성 있다'는 것이 카리스마가 있다는 뜻이었다. 이는 손수건을 판매하든 자기 자신을 판매하든 어떤 자산이었다. 하지만 그것이 정확히 뭔지는 포착하기 어려웠다.

대중소설 작가 엘리너 글린Elinor Glyn은 이를 단순히 "잇It"이라 표현했다. 1926년, 잡지 《코스모폴리탄Cosmopolitan》에 실린 단편 2부작에서 글린은 "잇"을 신비스러운 동물적 매력 비슷한 것이라고 정의했다. "'잇'이 있으면 여성일 경우에는 남성을 싹 다, 또 남성일 경우에는 여성을 싹 다 차지한다"라고 글린은 썼다.

글린의 단편은 이듬해에 동명의 영화로 각색됐다. 클라라 보Clara Bow가 '잇'을 지니고 지배인인 사이러스에게 눈독을 들이는 여성 판매원을 연기한다. 사이러스는 보가 일하는 백화점 소유주의 아들이다. 사이러스는 언젠가 백화점을 물려받을 테고, 보는 사이러스와 결혼하기로 결심한다. "잇 걸It Girl"은 "잇"을 통화처럼 사용해, 살 수 있는 최고의 남자를 손에 넣으려 한다. 글린은 잇 걸이 무엇보다도, 힘들이지 않는다고 주장했다.

"스스로를 의식하지 않기, 자신감 지니기, 호감을 사고 있는지 아닌지 개의치 않기, 그리고 뭔가 내면은 결코 냉담하지 않다는 인상을 주기. 바로 그와 같은 것들이 '잇'을 구성한다"라고 글린은 썼다.

이는 '잇'이란 습득할 수 있는 것이 아님을 암시했다. 하지만 개성이 외적인 것이라는 사실은, 노력을 통해 개선 가능함을 의미했다. 1910년에서 1930년에 걸쳐 데이트 조언 서적이 점점 더 많이 나오면서 젊은 여성들에게 그 방법을 알려 준다고 큰소리쳤다.

1915년, 《뉴욕타임스》는 『아름다움은 의무Beauty a Duty』를 쓴 베스트셀러 작가 수재나 코크로프트Susanna Cocroft가 뉴욕 애스터 극장Astor Theater에서 진행한 한 강의에 관해 보도했다. 코크로프트는 신작 『언제 뭘 먹을까What to Eat and When』를 홍보하는 중이었으나, 빼곡히 들어찬 청중에게 식단보다는 "자세"가 더욱 효과적일 수 있다고 말하고 말았다.

코크로프트는 추종자들이 패션모델의 겉모습을 연구하고 흉내 냄으로써 자세를 더 좋게 만들 것을 독려했다.

"아름다운 인물상을 벽에 걸어 놓고 여러분의 몸매와 비교하세요"라고 코크로프트는 지시했다. "벽에 걸린 그림 속 이상형처럼 여러분의 이상적인 몸매를 표현해 보세요."

"아름다움은 더는 허영이 아니라 이점이에요"라고 코크로프트는 말했다. 식당의 여성 종업원이나 상점의 여성 판매원은, 사장이 보기에 더 예쁜 사람이 나타나 기존 직원의 자리를 요구한다는 이유만으로 언제든 해고될 수 있었다.

건강·위생·예법 관련 글을 쓴 19세기 작가들은 여성에게 구애와 결혼에 관해 많은 지혜를 제공했다. 그러나 남성의 감정을 조종함으로써 그 남성을 차지하고 계속 자기 것으로 만드는 **전**

략은 가르치지 않았다. 그들은 그렇게 계산적으로 연애에 접근하는 것은 교태스럽다고 강하게 비난했기 때문이다. 하지만 개성의 시대에 전문가들은 여성이 애인을 차지하기 위해 **노력하는** 것이 전적으로 받아들일 만하고, 아닌 게 아니라 절대적으로 필요하다고 밝혔다. 단지 힘들이지 않고 하는 듯 보여야 했다. 그렇지 않으면 취향이 지배하는 시대의 대죄 하나를 범할 위험이 있었다. 요컨대 너무 아등바등하는 것처럼 보일 터였다.

클라라 보와 같은 여성 판매원의 연애에 도움이 된 기술은 직장에서도 대단히 쓸모가 있었다. 개성은 거리에서는 물론이고 매장에서도 어떤 자산이었다. 직원이 자기가 판매하는 것에 대한 욕망을 불러일으키기를 사장은 바랐다.

로드앤테일러 백화점 회장인 새뮤얼 레이번Samuel Reyburn은 여성 판매원이 "매일 건물 안 고객을 관찰하는" 것만으로 개성을 향상할 수 있다고 주장했다. 매장에서 시간을 충분히 보내고 나면, "여성 판매원은 어조를 더 낮추고, 태도를 차분히 하고, 옷을 고르는 취향이 더 나아지며, 남을 더 배려하게 될 것이다". 레이번은 이와 같은 과정이 마치 무의식적으로 일어나는 당연한 일인 양 말했다.

여성 판매원들 스스로가 더 잘 알고 있었다. 여성 판매원은 자신의 애호와 행동을 통해 드러내는 개성이 타고난 것이 아님을 알고 있었다. 개성은 스스로 열심히 노력해서 만들어 내야 하는 무수한 결과로 이뤄져 있었다. 온라인 데이팅을 시도하는 사람은 누구나 이와 같은 가르침을 다시 배운다. 사진과 애호와 그 외의 몸짓을 통해 자기 상像을 구성하려면 많은 수고가 들고, 또 끊임없이 조금씩 조금씩 고쳐 가며 계속해서 다듬어 나가야 그와 같은 상을 유지할 수 있다.

"내 친구 데릭의 말에 따르면, 오케이큐피드에서 가장 좋아하는 영화로 〈잠자는 숲속의 미녀Sleeping Beauty〉를 꼽으면 소름 끼치는 사람들, 괴상한 사람들의 관심을 끌 것이다"라고 잡지 《뉴욕New York》의 한 필자가 자신의 데이트 프로필에 관해 말했다. "데릭은 이어 말했다. 예컨대 가장 좋아하는 티브이프로그램으로 〈길모어 걸스Gilmore Girls〉를 꼽는 건 괜찮지만, 〈소프라노스Sopranos〉와 같이 좀 더 과격한 것을 지목해서 균형을 맞춰야 한다. 가장 좋아하는 음식으로는 그냥 '파이'와 '잼'이 아니라 풍미 있는 것이 들어가야 한다."

오 헨리의 단편에서 낸시는 유명 상표를 도용한 자신의 싸구려 옷을 꿰매듯 자신의 개성을 교묘하게 꾸민다. 고객의 습관을 연구해 "각각에게서 가장 좋은 것을" 골라 취한다. "한 고객한테서는 몸짓, 또 다른 고객한테서는 눈썹을 능수능란하게 치켜올리는 방식, 그 외의 고객한테서는 걸음걸이, 지갑 드는 방식, 미소 짓기, 친구에게 인사하는 방식, '신분이 열등한 사람을' 대하는 방식을 똑같이 따라 하며 생활화했다."

프랜시스 도너번의 『여성 판매원』 연구를 보면, 한 동료 백화점 직원이 카리스마를 발휘해 프록[서양식 남자 예복 상의의 일종]을 판매할 때의 짜릿함을 묘사했다. "내가 너무 친절하게 대해서 고객이 황송해하는 게 정말 좋아. 대번에 시키는 대로 고분고분 따르게 만들었지."

직장에서 개발한 기술은 데이트를 더 잘하게 해 줬고, 그 반대도 마찬가지였다. 알고 보니 손수건을 팔 때와 자기 자신을 팔 때, 젊은 여성은 똑같은 일을 많이 해야 했다. 가장 능숙한 여성들은 둘을 동시에 할 수 있었다.

1930년대에 저명한 사회학자 C. 라이트 밀스C. Wright Mills는 연구의 일환으로 여성 판매원 수십 명을 인터뷰했는데, 이 연구는 훗날 밀스의 저서, 『화이트칼라White Collar』가 됐다. 밀스가 만들어 낸 유형 가운데 "홀리는 사람Charmers"이라는 여성 판매원 부류가 있었는데, 판매하면서 유혹하고 유혹함으로써 판매하는 기술에 능수능란했다.

"날씬한 몸과 환한 미소로 이 세상에서 할 수 있는 일이란 정말 놀라워요"라고 한 '홀리는 사람'이 밀스에게 말했다. "사람들, 특히 남자들은 내가 천천히 미소 지으며 속눈썹 너머로 올려다보면 내가 원하는 걸 해 줘요. 그렇다는 걸 아주 오래전에 간파했죠."

이 여성이 데이트 상대를 유혹하는 걸 말하는지 호객하는 걸 말하는지, 요컨대 남성들한테서 원하는 "것"이 정확히 뭔지 알기 어렵다. 이 여성이 호감을 사고자 하는 욕망은 되먹임 순환구조를 만들어 낸다. "내 장점을 빠짐없이 돋보이게 하는 옷에다 급여를 거의 다 써요"라고 여성은 실토한다. "따지고 보면 젊은 여성은 자기가 가진 것을 자본화해야 해요, 그렇지 않나요? 내가 매주 받는 수수료를 보면 알 수 있죠."

오늘날 '성이 팔린다'는 것은 대수롭지 않은 일이다. 여성 판매원은 성욕을 활성화해 소비자가 뭐든 다—어떤 특정 제품이 성과 관련 있든 없든—사고 싶게 만드는 관행을 개척했다. 여성 판매원은 1950년대에 스포츠카 옆에서 비키니 차림으로 자세를 취하는 모델, 그리고 1960년대에 버지니아슬림Virginia Slims〔담배 상표〕광고에서 **참으로 먼 길을 왔구나, 자기야**라면서 건방지게 담배를 문 채 눈짓하는 여성의 전신前身이었다. 여성 판매원이 매장에서 남성을 유혹한 행동이 먼저 길을 열어 줌으로써, 여성이 샴푸 향에 오르가슴을 느껴 울부짖는 허브 에센스 광고, 또 관능적인 벌레스크burlesque* 스타였던 디타 본 티즈Dita Von Teese가 가슴에 탄산수를 들이붓는 페리에Perrier 토막 광고가 출현했다.

여성은 판매원으로 일하게 되면서 원초적 매력과 새로운 구애 의식을 동원해 쇼핑 습관에 동력을 제공했다. 후일 등장할,

---

* 쇼 장르의 일종으로, 1860년대 후반부터 미국에서 인기를 끌었으며 저속하거나 음란한 코미디와 여성의 신체 노출을 특징으로 한다. 1940년대부터 점차 인기를 잃었으나 1990년대에 복고 열풍이 불면서 재조명되었다.

더 잘 차려입은 마이더스Midas들과 마찬가지로 여성 판매원은 낭만적 갈망을 소비재에 대한 갈망으로 바꿔 놓았다. 여성 판매원은 이와 같은 마술을 고객에게, 또 스스로에게도 부렸다.

물건을 사고파는 경제 활동이 성애화함에 따라, 성애적, 낭만적 생활도 더 많은 일을 요구하는 듯했다. 여성 판매원의 일과 데이트, 양쪽 다 같은 종류의 노력이 필요했다.

여성 판매원은 고생해서 번 돈으로 옷과 제품을 사고, 엄격한 식단과 정교한 미용법을 유지하기만 한 게 아니었다. 감정에 관해서도 노력해야 했다. 여성이 식당 종업원이나 상점 판매원으로 하는 일에서 가장 중요한 부분은, 어떤 특정 방식으로 **보이는** 것이었다. 이는 어떤 감정은 드러내면서도 다른 감정은 억누름을 뜻했다. 기분이 우울할 때도 방글방글할 수 있음을, 모든 고객에게 친근하게 굴면서도 어느 고객과도 정말 친구가 되지 않음을 의미했다. 그리고 고객이 나쁘게 행동할 때 화내지 않는다는 의미였다.

데이트할 때 그렇듯, 일할 때도 너무 즉흥적으로 행동하지 않는 것이 극히 중요했다. "많은 여성 판매원은 자신이 고객을 정말로 어떻게 생각하느냐와 고객을 어떻게 대해야 하느냐 사이의 차이를 잘 알고 있다"라고 밀스는 썼다. "판매대 뒤의 미소는 상업화한 미끼다. …… '진정성'은 일할 때 해롭다."

1980년대에 사회학자 앨리 혹실드Arlie Hochschild는 젊은 여성 판매원들이 판매장 곳곳에서 천천히 미소 지으며 속눈썹을

깜빡거릴 때 하는 수고 비슷한 것을 일컫는 용어를 만들었다. 바로 "감정노동emotional labor"이다. 혹실드는 감정노동을, 노동자가 자신의 감정을 관리함으로써 특수한 정서를 전시해야 하는 노동이라 정의했다. 우리는 '미소로 서비스한다'라고 말하지만, 많은 직장에서 미소는 곧 서비스**이거나** 적어도 서비스의 가장 중요한 부분**이다.** 오늘날 우리 중에는 이와 같은 종류의 감정을 판매하는 사람이 점점 더 많아지고 있다. 고객에게 주식을 과대 광고하는 증권 중개인부터 고객을 달래 운동하게 만드는 일대일 트레이너까지, 고객을 진정시키는 콜센터 접수원부터 고객을 공포에 떨게 하는 수금 대행업자까지, 바리스타부터 브랜드 매니저까지. 뭔가를 직접 만들어 생계를 유지하는 미국인은 극소수인 시대에, 데이트는 우리가 사회생활에 적응하도록 단련시키며 그 반대도 마찬가지다.

일하고 사랑할 때 우리는, 우리가 팔고 있는 것을 팔기 위해 우리 스스로를 판다. 우리가 보이고 싶은 모습이 되려고 씨름한다. 이제 우리는 모두 여성 판매원이나 다름없다. 우리는 최초의 여성 판매원들이 즐겼던 쾌락을 만끽하고, 그들이 무릅썼던 위험을 감수한다. 요컨대 우리의 노력은 구애보다는 소비를 위해 더 많은 일을 한다. 우리가 **애호하는 그 모든 것**에도 불구하고, 우리에게 돌아오는 사랑은 너무나 보잘것없다.

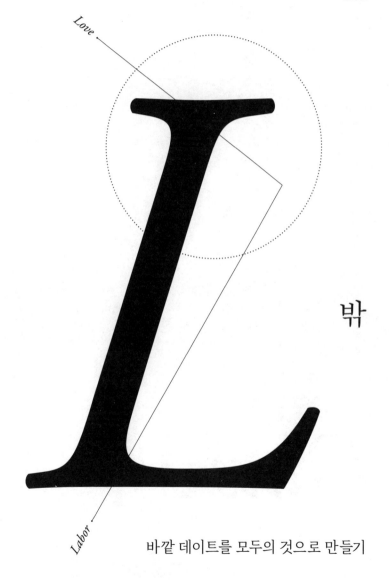

Love

Labor

밖

바깥 데이트를 모두의 것으로 만들기

Outs

L

    여성 판매원은 올바른 옷차림과 말투가 일자리를 얻는 데 보탬이 된다는 것을, 올바른 직업은 남자를 찾는 데 도움이 될 수 있다는 것을 알고 있었다. 당국이 시키는 대로 하고 싶지 않은 사람들도 이와 동일한 전술을 많이 사용했다. 그들도 욕망을 표현하기 위해 옷차림과 몸짓을 골랐다.

    1900년경, 유대계 독일인 내과의사 마그누스 히르슈펠트 Magnus Hirschfeld는 베를린 진료소에서 편지 한 통을 받았다. 히르슈펠트는 "여성의 영혼"을 지닌 남성과 "남성의 영혼"을 지닌 여성의 권리를 옹호함으로써 국제적으로 명성을 얻고 있었다. 편지는 샌프란시스코에서 제니 오Jenny O.가 보낸 것이었다. 법은 제니 오가 남자라 말했지만, 제니 오는 자신이 여자이며 여성복을 입는 편을 선호한다고 했다. 하지만 집에서만 그렇게 했다. 제니 오는 "여성스러운 차림으로 가장한" 죄로 한 번 체포된 적이 있었고, 그와 같은 일이 또 일어날까 봐 두려웠다.

    "경찰의 자의적 행동 때문에 집 밖에서 남자 옷을 입는 것뿐이에요"라고 제니 오는 썼다. "내게 치마는 안식처예요."

히르슈펠트는 "커밍아웃coming out"을 최초로 옹호한 사람 가운데 한 명이었다. 영향력 있는 동성애자 수천 명이 경찰에 존재를 드러내기만 하면, 그들을 범죄자 취급하는 법을 폐지할 길을 열 수 있으리라 히르슈펠트는 주장했다. 여론은 반드시 따라올 터였다.

히르슈펠트는 훗날 미국을 여행하고 제니 오의 사진을 촬영했다. 히르슈펠트의 연구서 『복장도착자—복장 도착의 성애적 욕구Transvestites: The Erotic Drive to Cross-Dress』가 1910년에 출간됐을 때, 옷을 입거나 벌거벗은 제니 오의 이미지 네 장이 실렸다. 이 이미지들은 이제는 자랑스러운 선언처럼 보인다. 하지만 제니 오는 책이 독일어로만 출판된 것을 다행으로 여겼다. "성별에 맞지 않는 옷차림"으로 공공장소에 나타나는 사람은 감옥행이기 일쑤였고 황색언론에 도배됐다.

데이트가 더는 풍기문란죄의 한 유형이 아니라 젊은이들의 연인 찾기 방식으로 인식됨에 따라 도시는 나들이 장소로 가득 찼다. 하지만 데이트의 주류화는 누가 '밖'에 있고 누가 '안'에 있느냐 사이에 경계를 긋기도 했다.

어떤 애호는 다른 애호보다 더 중요했다. 데이트의 법칙을 찬미하는 잡지, 도서, 영화에 따르면 오직 일부 사람들만 데이트에 참여할 수 있었다. 오랫동안 줄곧 그러했다. 비록 최고의 데이트는 주변부에서 이뤄지는 것 같을지라도.

밖이 어쨌다는 말일까?

스마트폰이 셀 수 없이 많은 잠재적 애인을 여러분 주머니에 쏙쏙 넣어 줄 수 있는 오늘날조차 '밖으로 나가기going out'는 우리가 데이트를 어떻게 생각하느냐에서 핵심 역할을 한다. 장기 연애가 끝나면 친구들은 곧 '다시 밖으로 나가라' '너 자신을 다시 밖으로 내보내라'라며 다그친다. 데리고 나가 줄 사람이 없으면 혼자 가라고 한다. 어쩌면 누군가를 만나게 될지 누가 알겠는가? 이미 밖에 있는데도 '밖에 나가자고' 신청받을 수도 있다.

오래 사귄 다음 동거하는 연인들은 지속적으로 일정계획을 세워 친구 무리와 밤 시간을 보내고 또 둘이서만 '밤 데이트'를 하라는 말을 듣는다. 설거지나 라디에이터 수리나 육아와 같은 고되고 단조로운 집안일을 내버려 두고 나옴으로써, 두 사람이 애초에 같이 살고 싶다고 생각하게 된 이유인 불꽃 같은 감정이 되살아날 수도 있다. 2012년, 버지니아대학교의 보수 두뇌집단인 전미결혼계획National Marriage Project, NMP은, 적어도 일주일에 한 번 밤 데이트를 계획하는 것이 결혼 만족도에서 통계적으로 가장 유의미한 예측 변수 가운데 하나임을 보여 주는 연구 결과를 발표했다. 밖으로 나가는 것은 오랜 배우자들이 서로에게 잠시나마 다시 신비감을 느끼도록 해 준다.

그런데 밖으로 나가는 이유가 꼭 동거 관계를 맺거나 끈끈하게 하려고만은 아니다. 밖으로 나가 찾을 수 있는 것들은 무궁무진하다. 새뮤얼 쇼치노프는 1900년경 맨해튼 남동부의 공영주택에서 성장기를 보내면서, 자기 같은 이민자들은 오직 밖에서만 사생활이 있었다고 말했다. 밖에서 낯선 사람들 사이에 있으면 익명성을 느끼게 될 뿐만 아니라 뜻밖의 순간이 생기기도 한다.

1921년 금주법 통과 후 뉴욕과 기타 주요 도시 주변에 우후죽순으로 생겨난 스피크이지speakeasy*는 각계각층의 사람이 법 제재 밖에서 서로 섞일 수 있는 장이 됐다. 분위기는 신났고 또 약간 위험했다. 반드시 신뢰할 수는 없는 낯선 사람들이 주변을 둘러쌌다. 사실 꼭 신뢰해야 할 필요도 없었다.

"한 추잡한 아일랜드계 정치가가 뒷자리에서 어린 금발 여성과 계속 따분하고도 떠들썩하게 놀아난다 한들 무슨 상관일까?"라고 엘린 매카이Ellin Mackay는 1925년에 《뉴요커The New Yorker》에 썼다. "춤추는데 옆에서 플래퍼flapper**와 뚱보 남자친구가 꼼지락꼼지락한다 한들 뭐가 중요할까?"

---

* 미국 금주법 시기에 주류 밀수업자 혹은 밀주 제조업자들의 술을 판매하며 무허가 (불법) 영업을 했던 술집을 이른다. '주류 밀매점'으로 옮길 수 있겠으나, 경찰이나 이웃에게 알려지는 것을 피하고자 이용자들이 조용조용 말을 나눴던 데서 명칭이 유래한 만큼, 해당 시기 특유의 분위기를 살리기 위해 '스피크이지'로 옮긴다. 지금도 '스피크이지 바'를 표방하는 술집들이 있는데, '간판도 없고 출입구도 숨겨져 있으며 홍보도 하지 않아 아는 사람만 갈 수 있는 술집'을 콘셉트로 한다.

** 1920년대, 일명 '재즈 시대'를 전후해 미국을 비롯한 서구에서 출현한, 일군의 젊은 여성들과 그들의 행동 방식에 관련된 하위문화를 지칭한다. '플래퍼' 여성들은 보브 헤어 등의 단발, 무릎 높이의 드레스, 재즈 취향, 음주 및 흡연, 그리고 무엇보다 성적 분방함을 비롯하여 전통 규범에 대한 반항적 태도 등으로 특징화되었다.

매카이는 자기 글에 "어느 기-데뷔탕트A Post-Debutante"***라고 서명했다. 매카이는 상상을 초월하는 광산 부호의 상속인이었다. 열여섯 살 때 부모가 열어 준 "사교계 첫 등장coming out" 무도회를 시작으로 행사는 줄줄이 이어졌고, 매카이는 어머니와 함께 참석했다. 이런 행사에서 만난 젊은 남자들은 모두 배우자 자격이 충분했다. 그 남자들은 모두 사교계 명사 인명록에 오른 사람들이었다. 하지만 다들 지루했다. 매카이는 그들을 "하나같이 똑같은, 안색이 창백한 젊은이 수백 명"이라 표현했다. 그래서 무도회가 끝나면 아버지의 자동차를 타고 기사에게 번화가로 가 달라고 했다.

1925년 이른 봄 어느 날 밤, 매카이는 '지미켈리스Jimmy Kelly's'라는 인기 스피크이지에서 혼자 앉아 있는 한 남자를 보게 됐다. 매카이의 친구가 바텐더에게서 방금 들은 말을 속삭였다. "저기 혼자 앉아 있는 저 남자가 바로 어빙 벌린Irving Berlin이야!"

그때로부터 불과 몇 년 전만 해도 여성 상속인이 인기 작곡가

*** '데뷔탕트debutante'는 서구의 전통적 사교계 용어로, 귀족 혹은 상류층 집안 젊은 여성으로서 성인기가 되어 사교계에 처음 등장하는, 즉 이른바 '데뷔'하는 이를 뜻한다. 집안에서 데뷔탕트를 내보내는 목적은 보통 신랑감을 물색하기 위해서인 경우가 많았고, 데뷔 자리로 무도회가 마련되는 것이 상례였다. 'post-debutante'는 그런 나이대 여성 중 이미 사교계에 '데뷔'한 여성이다. 한편, 영미권에서는 이처럼 데뷔탕트가 사교계에 진입하는 것을 '커밍아웃coming out'이라고도 했는데, 20세기 초중반부터 해당 용어가 성소수자 하위문화 내에서 비유적으로 쓰이기 시작해 현재의 의미로 자리 잡았다.

와 우연히 마주친다는 발상은 말도 안 됐을 것이다. 쇼치노프와 마찬가지로 벌린은 유대계 러시아인 이민자로 공영주택에서 성장했다. 벌린은 팁을 받으려고 중국 식당에서 노래 부르는 일을 시작했다.

그게 바로 엘린 매카이가 마음이 끌린 이유였다. 매카이는 벌린 쪽으로 걸어가 자신을 소개했다. 벌린은 매카이에게 술을 샀다. 회오리바람이 몰아치듯 열광적인 연애의 서막이었다. 1년 안에 둘은 시청사로 애정의 도피 행각을 벌였다. 파파라치가 벌린의 자동차를 바짝 뒤따랐기 때문에 둘은 지하철을 타고 시내로 갔다. 매카이의 가족이 반대한다는 소식이 《뉴욕타임스》 1면을 장식했다. '엘린 매카이, 어빙 벌린과 결혼해 아버지를 깜짝 놀라게 하다.' 하지만 둘은 매카이가 죽을 때까지 예순세 해 동안 함께했다.

그 후로 줄곧 싱글들은 이와 같은 종류의 행운이 찾아오길 바라며 발걸음을 밖으로 향했다.

랠프 베르테르Ralph Werther는 1900년경 의학을 공부하려고 뉴욕으로 왔다. 베르테르는 그 도시의 공공연한 비밀을 발견하고 느낀 놀라움을 자서전에서 묘사했다. 뉴욕에는 베르테르 같은 남자들이 그득그득했다. 그들을 일컬어 "점착질adhesive"의 인격이라고 점착질의 대大시인 월트 휘트먼Walt Whitman*은 표현했다. 베르테르가 살았던 시대의 의학 문헌은 그들을 "성도착자"라 불렀다. 두 용어 다 남성에게 성적으로 끌리는 남성이라는 뜻이었다.

저명한 성 과학자 해블록 엘리스는 1890년대에 직접 집필한 한 교과서에서, 대규모 성도착자 공동체들이 전국에 흩어져 있다고 주장했다. 미국의 여러 대도시에는 그들만의 "'클럽', 즉 실제로 **설룬**에 딸린 댄스홀이 있는데, 책임자인 설룬 소유주 남성도 거의 예외 없이 성도착자이고 남성 종업원과 음악가들도 다를 바 없다"라고 엘리스는 기술했다. 엘리스는 당국이 모른 체하는 경향이 있다고, 혹은 그 이상일 수도 있다고 했다. "클럽에 관해 문의하는 초행자가 경찰의 안내를 받아 찾아오는 일이 드물지 않다"라고 엘리스는 썼다.

베르테르는 뉴욕의 바와 카페에서 게이 남성을 수십 명 만났다. 밤이 깊으면 가장 평범해 보이는 카페가 타블로이드판 신문 《브로드웨이단신Broadway Brevities》의 표현대로 "세 번째 성별을 가진 그 야행성 종족의 모임 장소"로 변했다. 콜럼버스 서

---

* 윌트 휘트먼(1819~1892)은 미국 문학사에서 가장 영향력 있는 시인 중 한 명이었으며, 흔히 자유시의 아버지라고 불린다. 한편 'adhesive'는 본래 '(어딘가에) 들러붙는, 엉겨 붙는, 집착하는, 고착된'이라는 뜻인데, 19세기 중엽 크게 유행한 골상학에서 분류한 사람의 성격 및 심리적 특성 유형 중 한 유형의 이름이기도 했다. '점착질 adhesiveness'은 크게 보아 동성 간 우정에 해당한다. 휘트먼은 여기서 용어를 차용하고 의미를 넓혀 자신의 시어로 사용했다. 휘트먼의 시어로서 '점착질'은 평등에 바탕을 둔 동성 간의 관계를 뜻한다고 볼 수 있으며, 19세기에 새로이 부상하던 동성애 하위문화를 가리키는 독특한 어휘가 됐다. 동성 간 친밀성이라는 주제는 휘트먼의 삶과 문학적 페르소나에 많은 영향을 끼쳤다고 비평가들은 논한다.

클〔맨해튼 북서부에 있는 원형광장〕 부근 24시간 대형 카페인 '차일즈Childs'에 매일 밤 군중이 모였다. 차일즈 같은 업소에서 베르테르는, 얼굴에 분을 바르고 입술연지를 찍은 자칭 "요정 fairies"* 남성, 걷어 올린 셔츠 소맷자락으로 이두박근이 불룩불룩한 건설 노동자, 정장 차림을 한 채 새 문예잡지의 좋은 점에 관해 명랑하게 토론하는 남성을 봤다. 늘 적어도 성매매 여성 한 무리가 탁자 주위에 모여 있었다. 나머지 공간은 여성, 남성 할 것 없이 떠들썩한 보헤미안 일당으로 바글바글했다. 일부는 퀴어 친구와 같이 왔고, 다른 사람들은 순전히 현장을 구경하려고 왔다. 카페를 나서면 "블랙 앤 탠스black and tans"**라고 불리는 설룬들 중 한 군데로 옮겨 갔는데, 그곳에서는 인종이 서로 다른 연인들이 드러내 놓고 신나게 춤추며 놀았다.

누가 누구인지, 뭘 원하는지 알아차리기가 항상 쉽지는 않았다. 카운터에서 조용히 커피를 홀짝이는 남성은 그저 시간을 보내고 있을까, 아니면 픽업당하길 기대하고 있을까? 불확실성은 가슴을 설레게 했지만 위험할 수도 있었다. 처음으로 차일즈에

---

* 태어날 때 남성으로 지정되었고 남성에게 성애를 느끼는 사람들을 아울러 지칭하는 은어다.

** 20세기 초 미국에서 흑인 및 혼혈 인종을 대상으로 서비스를 제공했던 클럽들을 가리키는 말이다. 당시, 백인처럼 자유롭게 갈 만한 곳이 거의 없었던 유색인에게 인기 장소였다. 자유로운 분위기 때문에 온갖 유형의 사람들이 모여들었으며, 최초의 동성애 친화적 시설이기도 했다.

가기 고작 몇 주 전, 베르테르는 일기장에 경찰이 뉴욕 이스트빌리지의 한 바인 '호텔 쾨니그Hotel Koenig'를 불시에 덮쳤다고 적었다. 경찰이 가 보니 한방에서 남자들이 빽빽하게 어울려 춤추며 입 맞추고 있었다. "퇴폐적이고 난잡한 행동"으로 스물세 명이 기소돼 노역소 10일 형을 선고받았다.

무사하기 위해서는 보이지만 안 보이는 법을 터득해야 했다. 여성 판매원이 머리를 손질하고 옷차림을 골라 개성을 드러내어 알리고 배우자감인 고객이나 동료의 관심을 끌었듯, 남성의 마음을 끌고 싶은 남성은 어떤 은밀한 언어를 발달시켰다. 그 비밀스러운 언어로 말하기 위해서 여성 판매원과 마찬가지로 종종 자신의 취향을 이용했다.

베르테르는 자신이 "요정"임을 14번가 노동계층 젊은이들이 알아보게 하려고 흰 키드[새끼염소 가죽] 장갑과 붉은 나비넥타이를 착용한 일을 회상했다. 다른 "성도착자들"은 녹색을 선호한다고 알려졌다. 이와 같은 옷가지는 신분을 확인하는 증표 역할을 했다. 이를 착용하는 것은 이성애자 동료나 지인에게 정체를 드러내지 않은 채 서로를 알아볼 만한 사람들에게 섹슈얼리티를 알리는 한 방법이었다. 베르테르와 같은 남자가 붉은 넥타이를 하고 강의실이나 연구실에 가면 같이 일하는 남자들은 괴상한 패션 감각에 눈썹을 치켜올릴지 모르지만, 그래도 경찰에 신고할 생각은 하지 않을 것이다. 그리고 붉은 넥타이를 맨 채 공원 벤치에 앉아 담배를 피우고 있는 어떤 남자의 모습이 마음에 들면 베르테르는 안심하고 다가가 물어볼 수 있었다. **불 있어요?**Do you have a match?*

베르테르와 같은 남성이 상대를 유혹하기 위해 사용한 신호는 평범한 거리와 공원을 비밀 극장 비슷한 것으로 바꿔 놓았다. 하위문화가 의상과 대본을 제공했다. 이런 색깔을 쓰고 저런 손짓을 하라고 말이다. 1951년에 심리학자 에드워드 새거린Edward Sagarin은 이것이 어떻게 작동하는지 밝혔다. 그가 도널드 웹스터 코리Donald Webster Cory라는 필명으로 펴낸 『미국의 동성애자—한 주관적 접근The Homosexual in America: A Subjective Approach』은 그 이전 10년간 나온 일련의 동성애자 선언 가운데 가장 유명해졌다. 또한 불안해하며 연인을 찾아 정처 없이 돌아다니는 수많은 사람에게 안내서 역할을 했다.

코리는 "게이 거리"가 다른 거리와 다를 바 없어 보일 수 있다고 밝혔다. 여러분이 남성에게 관심 있는 남성이라면 그런 거리에서 대화를 시작하는 경우 세심하게 주의를 기울여야 했다. 상대가 여러분이 바라는 사람이라면 그도 마찬가지로 그렇게 할 것이다. 코리가 쓰길, "말을 주고받으며 각자 어떤 단서를 찾고 있다. 사내답지 못한 것을 아무도 원하지는 않지만, 어조를 부드

* 'match'는 '성냥' 외에도 '짝, 만나는 상대'라는 의미가 있으므로, 말하는 사람의 속뜻이 은근히 드러나는 중의적 표현임을 알 수 있다.

럽게 하고, 말을 과하게 또박또박 발음하며, 손 움직임이나 담배 쥐는 방식을 꾸밈으로써 각자 여성스러움을 다만 넌지시 내비칠 필요가 있다".

원하는 것을 얻으려면, 상대를 알아보면서도 동시에 상대가 알아보게 해야 했다. 따라서 살짝 과장해서 연기했다. 가늘고 높은 목소리를 내거나 머리를 기울이는 것처럼 다른 남자들이 보내는 신호를 보고 흉내 내는 법을 터득했다. 하지만 1940년대나 1950년대에도 커밍아웃하는 것은 여전히 위험했다. 따라서 아슬아슬한 줄타기를 해야 했다.

코리가 말하길, 게이 남성은 "이성에게서, 혹은 좀 더 정확히는 전형적 남성다움에서 벗어나 있어 남성성의 주변부로 소외된 이들에게서 보이는 일정한 방식과 태도를 아주 살짝만 따라함으로써, 이런 행동은 속임수가 아니며 자기에게 좌절이나 심지어 그보다 더 나쁜 결과를 가져올 어리석은 짓도 아니라고 스스로를 안심시키려 했다".

은어 역시 효과가 있었다. 코리가 책을 집필할—또 아마도 연인을 찾아 배회할—당시는, '게이gay'라는 단어를 '동성애자 homosexual'의 동의어로 이제 막 사용하기 시작한 때였다. 대다수 사람에게 게이는 여전히 그저 '밝다' 혹은 '즐겁다'라는 뜻이었다. 어떤 남성이 용기를 내 **여기 좀 더 자주 와, 여기는 즐거운 〔게이한〕 곳이야!** 혹은 **이 바는 즐거워〔게이해〕 보이는데!** 같은 암시를 슬쩍 흘릴 때 미묘하게 손을 젖혔다. 그 남성이 이렇게

말을 건 상대 남성이 **맞아, 과연 즐거워〔게이해〕보여** 같은 말로
대답하면, "그 **단어**가 입 밖으로 나왔다. …… 그 순간부터 그날
밤의 향방은 의심의 여지가 없다"라고 코리는 밝혔다.

이와 같은 각본을 터득하면 역할을 더 자유롭게 선택할 수 있
다는 것은 희망적이었다. 누군가를 만날 수 있을 뿐만 아니라 누
군가가 **될** 수도 있었다. 어쨌든 밖으로 나감으로써 여러분은 누
군가가 될 수도 있다고 상상한다. 동성애자든 이성애자든 혹은
다른 누구든, 모종의 차림을 하지 않은 사람이 있었을까?

스피크이지가 번성하던 시대에 "드래그 무도회drag ball"는
뉴욕의 흑인 게이 남성 사이에 걷잡을 수 없을 만큼 인기를 끌
었다. 그중 가장 유명한 것이 할렘에 있는 해밀턴 로지Hamilton
Lodge(정식 명칭은, 별난친구대결사단 710호 해밀턴 지부
Hamilton Lodge No. 710 of the Grand United Order of Odd Fellows)라
는 홀에서 열렸다. 1920년대 초부터 해밀턴 로지에서는 연례 파
티를 열기 시작했고, 이는 순식간에 할렘 연간 사교 행사의 백
미가 됐다. 공식 명칭은 "가장 시민 무도회Masquerade and Civil
Ball"였다. 하지만 1920년대 말에는 "호모 무도회Faggots Ball"로
널리 알려졌다. 이는 매년 드래그 퀸drag queen 수백 명과 관중
수천 명을 끌어모았다.

그리니치빌리지와 바우어리〔둘 다 뉴욕 맨해튼의 지명〕처럼
할렘은 금주법 시대에 동성애자의 안식처였다. 물론 "체면"의

중요성을 설교한 아프리카계 미국인 지도자들은 참가자들을 비난했다. 하지만 다른 권위자들은 눈을 찡긋하며 지지하고 격려하기까지 했다. 해밀턴 로지 무도회에서는 매년 "퀴어" 수천 명이 공개적으로 박수갈채를 받았다.

"할렘과 시내에서 온 지식인과 사회 지도자들이 이 무도회 위층 특별석에 자리 잡고는 무도회장에 별별 괴상한 모습을 하고 모여 있는 사람들을 내려다보는 것이 유행이었다"라고 위대한 시인 랭스턴 휴스Langston Hughes는 훗날 썼다. 휴스 자신도 약간 퀴어 성향이 있다고 알려졌다. 하지만 애스터 가문이나 밴더빌트 가문 출신으로서 겉으로는 이성애자처럼 보이는 사교계 명사들도 참석했다. 배우 털룰라 뱅크헤드Tallulah Bankhead도 마찬가지였다.

《암스테르담뉴스Amsterdam News》와 같은 대형 흑인 신문들이 해밀턴 무도회를 취재했다. 1931년에 《볼티모어아프로아메리칸Baltimore Afro-American》은 "사교계 신인들이 지역 '팬지pansy'* 무도회에서 고개 숙여 인사하다"라고 실었다. 기사는 해밀턴 무도회를 "밖으로 나와coming out …… 동성애자 사회로 들

---

* 20세기 초반 미국에서 '여성스러운' 남성을 경멸적으로 지칭하던 말이나, 1920년대 게이 남성들이 등장하는 연극, 뮤지컬, 나이트클럽 공연 등이 선풍적 인기를 끄는 현상이 '팬지 열풍pansy craze'으로 불리면서 긍정적으로 전유되었다. '팬지 열풍' 시기는 미국 문화사에서 성소수자가 가시화되고 이후의 더 큰 사회적 변화와 권리 운동을 예비했던 중요한 시기로 간주된다.

어가는 것"으로 묘사했다. 다른 신문들이 그 표현을 받아썼다. 1932년에 타블로이드판 신문 《브로드웨이단신》은 '호모 무도회 폭로―퀴어 남녀가 춤추는 대형 홀에 군중 6000명이 몰리다'라는 머리기사로 독자들을 격분시켰다. 그때쯤에는 "팬지 퍼레이드pansy parades"가 시내 매디슨스퀘어가든과 애스터 호텔Astor Hotel을 비롯해 주류적이고 대중적인 장소에서 열리고 있었다.

드래그 페르소나drag persona를 쓰는 것은 성도착자가 스스로 '밖으로' 끌고 나간 삶을 가족에게 비밀로 유지하는 좋은 방법 중 하나였다. 1930년대에 메이 웨스트Mae West*가 드래그 퀸 사이에 대유행했다. 어떤 남성이 해밀턴 로지에서 만난 사람들에게 자신을 메이 웨스트 혹은 (비백인 메이 웨스트라는 뜻으로) "암갈색 메이 웨스트"로 소개하고, 또 신문에 그렇게 인용되기까지 하고도 여전히 신원이 드러나지 않은 채로 집에 돌아갈 수 있었다. 자신의 '진짜' 삶을 위태롭게 만들지 않고도 밖으로 나가 하고 싶은 것을 할 수 있었다.

진짜 메이 웨스트도 이를 전적으로 지지했다. 1926년에 웨스트는 『더 드래그The Drag』라는 희곡을 집필했는데, 동성애자인 가수와 무용수 수십 명이 등장했다. 집필 준비 과정에서 웨스트

---

* 미국의 여성 배우·극작가·각본가(1893~1980). 1907년 14세 때 보드빌로 무대 경력을 시작했으나 1920년대부터는 뉴욕 브로드웨이에서 활동하며 스타가 되었고 직접 활발하게 극본을 쓰기도 했다. 1930년대부터는 영화배우이자 흥행하는 각본가로서도 활동했다. 동성애자 권리의 초기 옹호자였다.

는 가수와 무용수에게 그들의 거주지인 그리니치빌리지의 아파트에 관해, 또 그들이 즐겨 찾는 바를 경찰이 수시로 불시에 단속하는 것에 관해 물었다. 웨스트는 출연진에게서 끌어낸 소재와 짤막한 농담을 활용해 각본을 구성했다. 『더 드래그』는 동성애자의 삶을 선정적으로 다뤘지만, 그 삶의 어려움에 공감하기도 했다. 제3막에 드래그 쇼가 있는데, 소문에 따르면 한 부유하고 인맥 좋은 상류사회 남성이 하룻밤 드래그 쇼 무대에 서는 기회를 얻으려고 웨스트에게 어마어마한 돈을 줬다고 했다.

상상이 돼요? 코러스 소년들이 가십 삼아 떠들곤 했다. **밴더빌트 가문 남자 혹은 어떤 굉장한 남자가 무대에 있다니!** 그 남자는 여자 옷을 입고 나설 기회를 얻으려고 흔쾌히 거액을 지불했다. 아무도 알아보지 못할 터이므로 그 남자는 자신의 욕망을 대담하게 세상에 선언하면서도 비밀로 할 수 있었다. 코네티컷주와 뉴저지주에서 시범 공연이 있은 뒤 『더 드래그』는 브로드웨이에 올리기에는 너무 외설적이라고 간주됐고 이내 막을 내렸다. 하지만 『더 드래그』에서 영감을 받은 백일몽은 사라지지 않고 남았다. 밖에서는 사생활을 찾을 수 있는 것만이 아니었다. 밖으로 나가 연기함으로써 자신의 새로운 모습들을 찾을 기회를 얻었다.

밖으로 나가 스피크이지나 드래그 무도회에 다님으로써 새로운 종류의 인정을 촉구할 기회가 생겼다. 하지만 불리한 점도 있었다. 지금도 그렇지만 그 당시에도, 여러분의 존재 때문에 멋진 곳이 된 바로 그 장소의 임대료가 너무 올라 정작 여러분이 그곳에서 밀려날 수도 있었다.

1920년대 중반이 되자 할렘 주민 다수는 자기가 사는 동네에서 외출하는 비용을 감당할 수 없었다. 흑인 언론인 월리스 서먼 Wallace Thurman은 1927년, 전설적인 할렘 클럽들이 "세련된 백인, 그리니치빌리지 예술가, 브로드웨이 취객, 지방 통근자가 열심히 순례하는 성지"가 되어 가고 있다고 못마땅해했다. 서먼은 이어서 "사실 백인 단골손님이 애용하면서 수익성이 대단히 좋아 흑인은 저도 모르게 밖으로 밀려나고, 심지어 자기들만 가는 재즈 클럽에 격리됐다"라고 했다.

유명 카바레에 주간 근무를 하는 여성 종업원의 일당으로는 탄산음료 한 개도 살 수 없을 터였다. 그런데 1920년대와 1930년대에 젊은 흑인 여성은 대부분 "가정부"로 일하고 있었다. 상점 판매원과 식당 종업원으로 일하는 여성(거의 백인)과는 달리 가정부로 일하는 여성은, 데이트할 남성을 직장에서 만나지 않았다. 애인을 찾고 싶으면 밖으로 나가 구해야 했다.

운 좋게도 "렌트 파티rent party"*가 값비싼 클럽의 대안을 제공했다. 이와 같은 모임은 개인 자택에서 열렸다. 백인 집주인은

---

* 1920년대에 할렘에서 흑인 세입자가 집세를 마련하기 위해 집에서 사교 행사를 열었던 것을 일컫는 말이다. 이와 같은 파티들은 흑인들이 먹고 마시고 춤추며 일상의 고난과 차별을 벗어날 수 있는 수단이 되기도 했다.

오랫동안 할렘 주민에게 시세보다 높은 임대료를 부과했는데, 인종 분리 정책으로 인해 흑인 세입자가 더 저렴한 동네로 떠나지 못하리라고 굳게 믿었기 때문이다. 임대료가 오르면서 새로운 흐름이 전개됐다. 요컨대 집세를 감당하느라 애를 먹고 있다면, 파티를 열어 입구에서 소액의 입장료를 받으면 된다.

이와 같은 파티는 보통 저렴하지만 좋은 음식과 음료를 내놓았고 때때로 값비싼 재즈 클럽의 음악가들이 근무시간이 끝나고 들러 연주했다. 어떤 사람들은 렌트 파티 주최를 아예 직업으로 삼아 집을 영구 "뷔페 아파트buffet flats"로 바꿨다. 그들은 친구와 친구의 친구에게 초대장을 나눠 줬다.

누런빛 여자, 검은빛 여자, 누르스름한 갈색빛 여자 다 있어요.
좋은 시간 보내실래요? 그래 좋아요!

휘스트 카드 게임 사교 파티
메리 윈스턴 주최
웨스트 145번가 147, 아파트 5
1932년 3월 19일 토요일 저녁
훌륭한 음악과 다과 제공

랭스턴 휴스는 할렘에서 보내는 거의 매주 토요일마다 렌트 파티에 갔다. "아가씨들의 시중을 드는 일을 하는 여성, 트럭 운

전사, 세탁부, 구두닦이 소년, 재봉사와 짐꾼을 만났다"라고 휴스는 썼다. 작가, 지식인, 당대 최고의 일부 음악가와 나란히, 이 노동자들은 렌트 파티에서 만나 서로 유혹했으며 이곳에 데이트 상대를 데려가기도 했다.

휴스가 쓰길, 이 할렘 사람들은 "백인들이 빤히 쳐다보는 것을 좋아하지 않았다". 이와 같은 파티에서 흑인 노동계층 구성원은 "자기들끼리만 모일 수 있었고, 뒤에서 나타나 꺼려 하는 낯선 사람 없이 블랙바텀black-bottom*을 출 수 있었다".

렌트 파티 주최자와 손님들은 밖으로 나가기에 관한 한 중요한 법칙을 발견했다. 공공장소에 대해 모든 사람이 동등한 종류의 접근권을 가진다고 믿을 수 없다는 것이다. 데이트라는 제도는 많은 사람을 배제하기 일쑤였다. 그 후 수십 년간 데이트인들은 반¥-사적인 공간들을 활용해 새로운 사회적 움직임을 만들어 낼 터였다.

제2차세계대전 이후 동성애자 데이트인들은 군데군데 모이기 시작해 서서히 자신들만의 장소를 만들었다. 이러한 움직임은 단지 소수의 도시와 동네에서 비롯됐지만, 여기서 촉발된 힘이 끝내 전국의 법을 바꿀 터였다.

---

* 1910년대 남부 농촌 흑인들 사이에서 생겨난 뒤 차츰 미국 주류 문화로 퍼져나가 1920년대, 곧 '재즈 시대'에 전국적인 열풍을 일으킨 춤이다.

전쟁 중에 군대는 신병 모집에 열을 올렸고, 고향에서 고립감을 느끼던 많은 젊은 레즈비언과 게이는 군복무를 탈출 기회로 여겼다. 1978년에 나온 다큐멘터리 〈비밀이 알려지다Word Is Out〉에서 레즈비언이자 배우인 팻 본드Pat Bond는, 아이오와주 대븐포트에서 10대 시절을 보내며 육군여군단Women's Army Corps, WAC 입대를 결심한 일을 회상했다. "나를 사랑하지 않는 여자를 사랑하고 있었어요"라고 본드는 말했다. "그러니 내가 할 일은 육군여군단에 들어간 다음 거트루드 스타인Gertrude Stein**이 있는 파리에 가는 거였죠."

파리에는 가지 못했지만, 육군여군단에 가 보니 레즈비언을 환영하는 분위기이기는 했다. 그렇다는 것을 다들 알고 있었다. 어린 여성들이 짧게 깎은 머리에 코듀로이 정장 차림을 하고 신병 모집소에 나타났다. 그들은 눈짓을 하며 면접 질문을 무사히 통과했다.

"여성을 사랑한 적이 있습니까?"

눈이 휘둥그레진다. "여성이 뭐죠?"

서류상으로 보면 육군여군단은 동성애를 제지했다. 하지만 실제로는 박해를 저지하기도 했다. 한 훈련 설명서는 장교에게

** 미국의 작가·시인·예술품 수집가(1874~1946). 자신의 레즈비언 정체성을 삶과 작품을 통해 드러냈다. 1903년 파리로 이주했다. 그곳에서 동성 반려자 앨리스 B. 토클라스와 함께 지내면서 살롱 모임을 주최해 작가 헤밍웨이, 피츠제럴드, 화가 피카소, 마티스 등과 교류하며 당시 서구 예술계에 지대한 영향을 끼쳤다.

레즈비언이 "동성과 성적 만족감을 추구하는 데 몰두한다는 점을 제외하고는 여러분이나 나와 똑같다"라고 장담했다. 많은 육군여군단 장교에게 이를 상기할 필요는 없었다. 본드는 자신을 입대시킨 장교가 치마, 스타킹, 하이힐을 착용했음에도 '게이'라는 것을 단번에 알아차렸다.

"그 여성은 내 옛 체육 선생님들과 꼭 닮았더군요." 본드는 소리쳤다. "그저 드래그를 하고 있을 뿐!"

당시는 전시라 군대에 사람이 필요할 때였다. 전쟁이 마무리되자, 군대는 동성애자 남녀 수백 명을 축출하기 시작했다. 도쿄 주둔 육군여군단에서 레즈비언 500명이 쫓겨났다. 대부분 수치스러운 "청색" 제대blue discharge 딱지를 받았는데, 이는 "성적 일탈"을 비롯해 "정신과적 문제"로 제대 명령을 받은 경우에 해당했다. 본드는 샌프란시스코항으로 돌아갔다. 다른 많은 동성애자와 마찬가지로 본드는 다른 곳에 가지 않고 그대로 머물렀다. 이내 새로운 종류의 자유에 관한 소문에 이끌려 다른 사람들도 나타나기 시작했다.

그 가운데 일부는 워싱턴 D.C.에서 왔는데, 이곳에서는 많은 레즈비언과 게이가 국무부에서 일하며 밤 문화를 활짝 꽃피웠다. 1953년 4월 27일 아이젠하워Dwight D. Eisenhower 대통령은 정부에서 근무하는 동성애자에게 전원 퇴출을 요구하는 행정명령에 서명했다. 동성애자의 어둡고 비밀스러운 생활 방식 때문에 공산주의 공작원의 협박에 취약하다는 것이 그것을 정당화하는 사유였다. 비록 상원의원 조지프 매카시Joseph McCarthy가 주도하고 있던 마녀사냥보다는 언론의 이목을 현저히 덜 끌었지만, 표적이 된 사람들에게 "라벤더 공포Lavender Scare"는 적색 공포만큼 파괴적이었다. 정부에서 쫓겨난 많은 여성과 남성은 직업생활이 망가졌음을 깨닫고는 더 우호적인 도시에서 오아시스를 찾았다.

1950년대 샌프란시스코 브로드웨이에는 관리자에게 쫓겨나거나 괴롭힘당하지 않고 여성들이 서로 유혹할 수 있는 바가 적어도 다섯 군데 있었다며 본드는 기억을 더듬었다. 매일 밤, 본드는 다섯 곳을 튀는 공처럼 넘나들며 오랜 친구들한테서 뒷소문을 수집하고, 새로운 얼굴이 있는지 군중을 훑어보았다. 본드는 밤에 절대 일하지 않았으며 집에 있지도 않았다. 밤에 일하거나 집에 있으면 "뭔가를 놓칠지 모른다"라고 했다.

이와 같은 곳들이 전적으로 "레즈비언 바"는 아니었다. 이 시대에 경찰은 각기 다른 많은 종류의 "풍기문란죄"를 여전히 혼동했다. 예컨대 동성애와 드래그를 성노동이나 마약 거래와 비슷하게 취급했다. 해외에서 갓 귀환한 술 취한 병사와 뭍에서 휴가 중인 해군이 이런 바에 우르르 몰려들어 왔다. 이 남자들은 단골손님들을 빤히 쳐다보고 성가시게 굴며 춤추자고 졸랐다. 하지만 여자들은 거절할 힘이 있었다. 1920년대에 엘린 매카이는, 밖으로 나가 스피크이지에 다니는 즐거움 가운데 하나란 호감 가지 않는 사람을 무시할 수 있다는 것이라고 썼었다. 밖으로 나가 공공장소에 있음으로써, 남성에게 관심 없는 여성도 동일한 기회를 가질 수 있었다.

"저리 가, 난 레즈비언이야! 내 인생에서 꺼져!" 이런 남자 가운데 한 명이 접근해 오면 본드는 소리쳤다. 본드는 고소하면서도 동시에 극도로 화가 났다. 바에 있음으로써 받는 보호가 완벽한 것은 아니었다. 때때로 남자들은 본드가 단지 레즈비언 행세를 하는 게 아님을 알고 분노했다. 이따금 남자들은 밖에서 기다렸다가 다이크dyke*들을 두들겨 팼다. 가끔 경찰이 불시에 덮쳤다. 경찰이 불시 단속할 경우, 경찰에게 학대와 모욕을 당한 여성들은 의지할 곳이 거의 없었다.

아무리 최선일지라도 **난 레즈비언이야! 내 인생에서 꺼져!**라고 되뇌어야 한다면 지칠 수밖에 없었다. 하지만 여성과 데이트하고 싶어 하는 여성이 거듭 되풀이해 말하고, 또 넋이 빠져 쳐다보는 사람들에게 호통을 침에 따라, 그 여성들은 서서히 새로운 것을 만들어 내기 시작했다. 요컨대 레즈비언의 공간이라고 공개적으로 인정받는 곳을.

밖으로 나가기의 불확실성은 밖으로 나가기가 지닌 매혹에서 큰 부분을 차지한다. 유혹하기의 즐거움이란 그 유혹이 뭘 의미하는지 결코 확신할 수 없다는 것이다. 우리는 밖에서 사람들을

* 레즈비언, 특히 남성적 스타일의 레즈비언을 비하적으로 지칭하는 말이다.

만나고, 그들의 어떤 점에 이끌려 가까이 다가간다. 그 남자의 머리카락일 수도 있고, 그 여자의 안경일 수도 있고, 아니면 순전히 젠더를 콕 집어 말할 수 없는 아름다운 얼굴일 수도 있다. 흔히 만나는 순간 반짝이는, 형체 없는 어떤 것이다. 어떤 몸짓, 어떤 웃음, 음료를 주문하는 방식처럼. 그 어떤 것 때문에 우리는 더 알고 싶어진다.

여러 면에서 볼 때, 이러한 알기 원함은 밖으로 나가기에서 가장 흥미진진한 부분이다. 여기에는 모험의 감각이 주는 위태로운 즐거움이 있다. 상대가 우리에게 관심 있는지 없는지 알 수 없는 것만이 아니다. 유혹하기 전에는 **우리 스스로도** 얼마나 [상대에게] 관심이 있는지 진정으로 알 수 없다. 우리 스스로가 얼마나 관심 있느냐는 우리가 유혹함으로써 가늠하려 하는 것 가운데 하나다. 방 건너편에서 낯선 여성이 여러분을 보며 빙긋하면 여러분도 자연스레 빙긋하지만, 그 여성의 미소가 마음에 든다는 사실 외에는 그 여성에 관해 아는 바가 거의 없다. 이러한 알지 못함은 매혹적인 변화다. 수없이 많은 소개팅이나 인터넷 데이트 또는 직장 내 은밀한 관계가 주는 의무적인 느낌, 그런 자리에서의 상대와 주고받는 질문 및 대답에서 오는 판에 박힌 느낌에 비하면 말이다.

그럼에도 개중 어떤 위험을 무릅쓰는 것은 전혀 신나지 않는다. 이성애자이고 백인이며 젠더 순응적인 남성이 아니면서 밖으로 나가는 사람들은 거의 다 언젠가는 유혹 때문에 위험한 상황에 빠질까 봐 두려워할 것이다. 매사 걱정하는 것은 마음을 짓누르고 실제로 폭력을 맞닥뜨린 적이 없는 사람이라고 해도 압박감을 준다.

"남자들은 집에 잘 들어갔는지 서로 문자를 주고받지 않아"라고 한 친구가 꼬집는다.

"어느 남자가 그게 어떤 기분인지 알고 싶으면"이라며 다른 친구가 우스갯소리를 한다. "영화 〈치명적 매력Fatal Attraction〉〔한국어판 제목은 '위험한 정사'〕을 한번 보라지. 남은 평생 동안 밖에 나갈 때마다 먼저 그 영화를 보면 돼."

바로 이런 이유로 호세 사리아José Sarria는 '블랙캣카페Black Cat Café'를 게이 바로 만들고 싶었다. 소유주인 솔 스토우맨Sol Stouman은 1950년대 초에 사리아를 카페 종업원으로 고용했다. 당시 블랙캣카페는 비트 세대Beats*와 보헤미안들이 즐겨 찾는 곳으로 이미 유명했다. 이곳을 군기통제위원회Armed Forces Disciplinary Control Board, AFDCB는 군인 출입 금지 업소 목록에

---

* '비트 세대Beat Generation'는 1950년대 미국 문학·문화 운동을 대표하는 그룹이다. 잘 알려진 인물로 소설가 잭 케루악, 시인 앨런 긴즈버그 등이 있으며 주로 뉴욕과 샌프란시스코를 중심으로 활동했다. 전통적 문학 형식에 반기를 들어 비판적이고 실험적이며 즉흥적인 글쓰기를 선호했다. 삶에서도 기성 사회규범과 가치관을 거부하고 개인적 자유와 자아 탐구, 성적 해방을 추구했다. 또한 재즈 등 당시에는 비주류였던 흑인 문화부터 동양 철학까지 다양한 문화적 요소에 관심이 있었다. 이후 1960년대 히피 운동에 영향을 미쳤다.

추가했으며, 앨런 긴즈버그Allen Ginsberg는 "미국 최고의 게이 바"라 선언했다.

하지만 당시 블랙캣카페는 아직 전적으로 "게이"하진 않았다. "매우 미묘했어요"라고 사리아는 회상했다. "이후와는 분위기가 달랐죠."

1950년대에 블랙캣카페는 **그 어떤** 종류의 옷차림과 행동도 허용하는 "활짝 열린" 바였다. 트루먼 커포티Truman Capote와 같은 유명 게이 남성들이 방문했지만, 할리우드 배우인 벳 데이비스Bette Davis와 진 켈리Gene Kelly도 드나들었다.

"모든 사람이" 그곳에 왔다고 긴즈버그는 썼다. "온갖 인물 군상이" 있었고, "동성애자, 이성애자 가릴 것 없었다." "즐겁게 비명을 지르는 퀸" "부두 노동자" 심지어 "잿빛 플란넬 정장 유형의 이성애자"도 있었다. "시인은 싹 다 왔다."

잭 케루악Jack Kerouac은 비트 세대 소설로서 큰 영향력을 미친 자신의 작품 『길 위에서On the Road』의 일부 장면에서 블랙캣카페를 배경으로 삼았다. 블랙캣카페가 나오는 장면들을 보면 긴즈버그가 사랑한 뒤죽박죽 상태가 흥미진진함의 원천일 뿐만 아니라 골칫거리일 수도 있음이 잘 드러난다. 주인공 샐 파라다이스Sal Paradise는 자신을 유혹하는 남자들을 위협함으로써 쾌감을 느낀다고 시인한다.

"샌 프란에 권총을 들고 여러 번 갔는데, 존John 바에서 퀴어 한 명이 다가오길래 권총을 꺼내 '뭐? 뭐라고? 그게 무슨 소리야?'라고 했지. 그 퀴어는 내빼더군." 그런 다음 자랑은 당혹감으로 변한다. "내가 왜 그랬는지 도무지 이해할 수 없어. 온 나라의 퀴어는 다 알고 있었는데."

샐은 자신의 나쁜 행동에 대해 사과한다. 샐 이전에도 이후에도 있던 많은 동성애 혐오자와 다를 바 없이 그는 주장한다. **나도 게이 친구들이 있다고!** 많은 동성애 혐오자가 그랬듯, 또 잭 캐루악이 그랬듯, 샐 역시 남자에게 성적으로 끌리는 게 틀림없다. **그 남자한테 내 성기를, 아니 내 말은, 총을 보여 줄 걸 그랬어!** 이 말의 상징성을 지적하는 데 특별히 숙련된 정신분석가가 필요하지는 않으리라. 샐은 픽업당하길 바라며 블랙캣카페에 간 다음, 자신에게 맨 처음 다가오는 사람에게 으르렁댄다.

사리아는 블랙캣카페 계층구조의 상층부로 빠르게 올라갔다. 사리아는 손님을 맞이하고, 아리아를 부르며, 드디어 클럽의 총 사회자로서 공연하기 시작한다. 1960년대에는 드래그 쇼를 하룻밤에 네 번 했다. 무대에서 집중 조명을 받으며 즉흥적으로 재치를 발휘해, 퀴어 단골손님에게 위협이 될 우려가 있는 사람을 누구든 무장 해제시켰다. 21세기로 넘어올 무렵, 블랙캣카페 역사가들에게 사리아는 자랑했다. "내가 그곳을 게이하게 **만들었어요.** 내가 있기 전에는 게이하지 않았죠." 어떻게 어떤 바를 게이하게 만들까? 입장객 전원을 응당 게이로 간주하는 분위기를 조성한다. 쇼를 하면서 사리아는 정확히 누가 와 있는지 상관없이 게이 청중에게 말을 걸었다.

사리아는 난 남자아이입니다라고 스스로 써 붙여서, 크로스드레서 체포에 자주 사용된 "속이려는 의도로 여장함"이라는 법적 명분을 조롱했다. (이런 꼬리표를 달아야 하는 것은 종종, "성별에 맞지 않는 옷차림으로 가장함" 혐의로 체포된 사람에 대한 처벌의 한 형태이기도 했다.) 사리아는 지저분한 농담을 하고, 게이 공동체의 저명한 구성원들에 관한 뒷말을 폭로하며, 오페라 소절의 가사를 음탕하게 바꿔 불렀다. 때때로 자신의 행동을 노골적으로 정치화해, 목청 높여 신문을 읽고 최근 사건들을 해석했다. 평소 출입하지 않는 곳을 구경하는 것으로 의심되는 사람이 눈에 띄면, 좌중의 시선 속에 또각또각 하이힐 소리를 내며 탁자로 돌진했다. 수년 뒤, 사리아는 한 관광객과 카디건을 입은 그의 아내에게 기습적으로 다가가 그들의 넋을 쏙 빼놓았던 일을 떠올렸다.

"오, **당신!**" 사리아는 외쳤다. "그러니까 당신은 **양성애자군요**, 그렇죠? 내가 또 다른 여자일 뿐인 줄은 몰랐어!"

남자는 발끈하고 아내는 얼굴이 빨개졌다. 하지만 잠시 뒤, 사리아의 말이 맞음을 인정할 수밖에 없었다. 바에 있는 사람은 다 게이이고〔즐겁고〕, 게이는〔즐거운 것은〕 좋은 것이었다. 이성애자들은 오고 싶으면 올 수 있지만, 스스로 외부인임을 받아들여야 할 터였다. 그들은 그게 어떤 기분인지 알 수 있었다.

블랙캣카페 그리고 그 외의 많은 "동성애자 친화적인" 바를 보면 알 수 있듯, 데이트인들은 밖으로 나와 새로운 종류의 공적 공간을 주장했다. 오랫동안 버림받은 기분이었던 사람들은 밖으로 나감으로써 새로운 공동체를 찾거나 만들었다. 이와 같은 곳이 **자기 것**이라는 자신감이 생기고 여럿이 뭉침으로써 나오는 힘을 절감하게 됨에 따라, 오랫동안 자신들을 통제하려고 한 당국에 강력히 맞섰다. 새로운 움직임이 일어나면서 "커밍아웃"은 힘을 결집하는 강력한 외침이 됐다.

동성애자 해방 운동의 가장 유명한 대목들은 많은 경우, 사람들의 사교장에서 즉흥적으로 발생했다. 대중적으로 알려진 역사는 흔히 동성애자 해방 운동의 시초를 1969년 6월 28일 새벽, 이스트빌리지에 있는 '스톤월 인Stonewall Inn'에서 터져 나온 항쟁으로 추정한다. 사복경찰이 바를 불시에 덮쳤을 때, 트랜스젠더 여성과 부치butch* 레즈비언 한 무리가 성별 검사를 위해 화장실에 가기를 거부했다. 다른 손님들은 신분증 검사를 위해 일렬로 서기를 거부하기 시작했다. 이내 바와 거리의 군중이 공개적으로 들고일어났다.

1970년대에 다른 역사가들은 성소수자LGBT 운동이 팽창하게 된 다른 시발점들을 제시한다. 1959년 5월, '쿠퍼도넛Cooper Do-nuts'에서 퀸 한 무리와 거리의 성매매 여성들이 로스앤젤레스

---

* '남성적' 젠더 역할과 표현을 수행하는 레즈비언을 일컫는 말이다. 위의 '다이크'와 달리 '부치'에는 비하적 함의가 크지 않다.

경찰과 충돌한 일, 1966년 8월, 샌프란시스코 텐더로인 지구의 '컴프턴스 카페테리아Compton's cafeteria'에서 트랜스젠더 여성 한 무리가 봉기를 일으켰던 일이 그것이다. 소규모 시위들이 즉각적으로 터져 나오면서 더 폭넓게 대중의 관심을 끌 수 있었다.

밖으로 나감으로써 성소수자 운동의 대의는 활력과 가시성을 얻었다. 그러나 어떤 사람들이 밖으로 나가기를 혁명을 일으킬 기회라 여길 때, 다른 사람들은 상업적 기회로 바라봤다.

1960년대 초에 앨런 스틸먼Alan Stillman이라는 한 젊은 기업가가 뉴욕으로 왔다. 스틸먼은 희망에 부풀어 있었지만 싱글 여성을 만나기가 쉽지 않았다. 하지만 뉴욕에 싱글 여성이 잔뜩 있음은 알고 있었다. 비서와 속기사가 맨해튼 북동부의 공동 아파트를 비집고 들어갔다. 항공 승무원 수백 명은 공항까지 신속히 이동할 수 있다는 점 때문에 59번가 다리 바로 위, "젊은 여성 게토"에 끌렸다. 그런데 전 세계를 날아다니는 바로 그 여성들이, 남자 없이는 현지 대다수 바에 들어갈 수 없었다. 플라자 호텔 Plaza Hotel의 '오크룸Oak Room'은 오후 3시까지는 여성의 출입을 허용하지 않았다. '맥솔리스 올드 에일 하우스McSorley's Old Ale House'는 1970년까지 여성의 출입을 완전히 금지했다. 바 주변에 게시된 표지판에는 다음과 같이 쓰여 있었다. **훌륭한 에일과 생양파 있음. 그리고 여성분들 없음.** 수많은 다른 곳은 "에스코트", 즉 남자의 에스코트를 받는 경우에만 여성의 출입을 허용했다. 그러니 사실상 싱글 여성이 밖으로 나가 남성을 **만날 수**

없었다는 뜻이다. 이미 어떤 남자와 데이트하고 있어야만 이와 같은 장소에 들어갈 수 있었다.

스틸먼은 이런 상황을 바꾸고 싶었다. 어느 날 밤 웨스트빌리지를 걷다가 그에게 한 방법이 번뜩 떠올랐다. 바로 이성애자를 대상으로 '게이한', 즉 즐거운 바를 만드는 것이다. 이는 탁월한 발상이었다. 얼마 지나지 않아 스틸먼은 맨해튼 북동부 1번 대로 63번가에 최초의 티지아이프라이데이T.G.I. Friday's를 개점했다. "싱글 바"가 탄생한 순간이었다. 싱글들이 서로 어울릴 장소를 제공하는 것만으로 스틸먼은 열풍을 일으켰다. 일주일 내내 밤마다 찾아오는 젊은 남녀 인파를 한쪽으로 몰기 위해 정문 밖에 벨벳으로 된 밧줄을 설치해야 했다. 길 건너편에 또 다른 싱글 술집인 '맥스웰스 플럼Maxwell's Plum'이 이내 문을 열었다. 잇따라 두 곳 더 영업을 개시했다. 1965년 여름 무렵에는 경찰이 금요일마다 와서 오후 8시부터 자정까지 거리를 폐쇄해야 했는데, 바에서 바로 오가는 손님이 너무 많아 차량이 지나갈 수 없었기 때문이다.

1967년 무렵《라이프Life》는 싱글 바가 하나의 "관습"이 됐다고 발표했다. "맨해튼 전역과 그 외의 도시에서 젊은 싱글 남녀에게만 서비스를 제공하면서 영구적인 대학 졸업 무도회 구실을 하는 경쾌하고 시끌벅적한 술집들이 점점 더 늘고 있다." 1970년대 초, 스탠퍼드대학교 연구진은 미국 커플의 20~25퍼센트가 바에서 만났다는 사실을 밝혔다.

1971년에 스틸먼이 티지아이프라이데이를 프랜차이즈화하면서 점차 오늘날과 같은 모습, 즉 수십 개국 어디에서나 번화가의 식당가 혹은 거리에 면한 상점가에서 들어갈 수 있는 가족 친화적 레스토랑 체인이 됐다. 어느 한 티지아이프라이데이에서 아침에 눈을 뜬다면, 장식만 봐서는 여기가 도쿄인지 터스컬루사(미국 앨라배마주의 도시)인지 구분하는 데 애를 먹을 것이다. 등받이가 높으며 가죽으로 된 좌석들이 식사하는 사람들을 떨어뜨려 놓는다. 게이 바는 사회 혁명의 시발점이 됐는지 모르지만, 게이 바가 만들어 낸 반문화counterculture가 전유됐을 때 그곳은 지구상에서 가장 섹시하지 않은 레스토랑 체인이 됐다.

디스코 음악도 이와 비슷한 운명을 맞았다. 디스코의 뿌리는 뉴욕 브롱크스의 한 영구 렌트 파티에서 시작됐다. 디제이 데이비드 맨큐소David Mancuso가 1970년부터 자신의 아파트인 "로프트Loft"에서 주최한 "사랑 덕분에 살아가네Love Saves the Day"라는 파티였다.

"대중에게 개방된 바에 자주 갔었죠"라고 맨큐소는 음악사가 테리 윌리엄슨Terry Williamson에게 말했다. "하지만 좀 더 친밀한 분위기에서 편한 사람들과 함께할 수 있는 렌트 파티를 선호했어요."

로프트에서 맨큐소는 사람들에게 입장료로 3달러를 부과하고 무료 다과와 춤을 제공했다. "문 앞에서 섹슈얼리티나 인종

정체성을 확인하는 사람은 아무도 없었어요. 난 단지 각기 다른 사람들을 알고 있었고 …… 흑인 파티나 게이 파티도 아니었어요. 사람들이 뒤섞여 있었을 거예요. 디바인Divine*도 자주 왔어요. 그럼 디바인은 어떤 유형으로 분류하죠?"

디제이였던 네이선 부시Nathan Bush는 맨큐소의 손님 가운데 한 명이었다. 고등학생이었던 부시는 게이 바에 가는 게 두려웠다. **게이 바에 들락날락하는 것을 친구나 친지가 보면 어쩌지?** 부시는 가족과 이웃이 보내는 감시의 시선을 피해 자신의 섹슈얼리티와 예술적 관심사를 탐구할 공간을 원했다.

"로프트는 완전히 다른 세계였어요." 부시는 말했다. "예술가, 음악가, 패션 디자이너, 은행가, 변호사, 의사 등 별별 유형의 사람을 만나죠. 여자냐 남자냐, 동성애자냐 이성애자냐는 중요하지 않았어요."

부시가 래리 르밴Larry Levan을 다시 마주친 것은 로프트에서였다. 르밴은 중학교 때 친구였다. 부시는 항상 르밴이 게이가 아닐지 의심했었다. 부시의 추측은 들어맞았다. 둘은 연애를 하게 되고, 이어서 웨스트빌리지의 한 전설적 클럽인 '파라다이스 개라지Paradise Garage'를 설립했다.

하지만 디스코 열풍이 뉴욕을 휩쓸자 사람들은, 밖으로 나가

---

* 미국의 배우·가수(1945~1988). 주로 1970~1980년대에 활동했으며, 록가수이자 전설적인 드래그 퀸이었다.

다른 경우였다면 만나지 않았을 사람들과 어울리기보다는 자신이 이미 소속된 집단의 구성원 자격을 확인받으려 했다. 파티 사진작가들이 포착한 장면의 일부가 되기 위해 밖으로 나갔다. 훗날 미소 지으며 이렇게 말할 수 있으니까. **나 거기 있었잖아.**

남들 눈에 띄기가 그 자체로 목적이 됨에 따라, 밖으로 나가기는 그 목적을 달성할 수단이 됐다. 가장 인기 있는 디스코텍들은 언론에 오르내리는 화제가 됐다. '스튜디오54Studio54'(1970년대 미국의 전설적인 나이트클럽)에서는 문지기가 유명 인사와 단골손님 한 무리를 내부로 안내한 다음, 나머지 들어가고 싶어 하는 무수한 사람 중 복장과 외모에 따라 입장객을 선별했다. 유명 디스코텍들은 전부 야간 손님 목록을 신중히 엄선해 적절한 환경, 즉 언론의 주목을 더 많이 끄는 분위기를 조성하려 했다.

게이이자 배우인 리처드 브레너Richard Brenner는 '아서Arthur'와 '치타Cheetah' 같은 유명 디스코텍들을 회상했다. "그곳들은 게이 클럽이 아니었어요. 한정된 인원만 받는 할당제 비슷한 것을 실시해 파티 같은 분위기를 더 내려고 했죠."

게이이자 아프리카계 미국인인 디제이들한테서 디스코 음악과 패션을 도용한 기업가들은, 디스코를 개척한 바로 그 부류의 사람들을 결국 번번이 배제했다. TGI프라이데이가 게이 바를 싱글 바로 재포장했듯, '버스터 티 브라운스Buster T. Brown's'같은 디스코텍은 파라다이스 개라지의 음악을 훔쳐 중서부에 갖다 팔았다.

'버스터 티 브라운스'는 1970년대 초에 신시내티에서 유일한 싱글 바였다. 1974년에 이곳은 인종차별로 고소당했다. 비공식적인 이야기에 따르면, 일부 여성 종업원과 단골손님이 언론에 실제 쟁점은 백인 남성의 성적 불안이라 생각한다고 시인했다. 백인 남성이, 자기보다 잘 차려입고 춤도 잘 추는 흑인 남성에게 주눅 들었다는 것이다. 하지만 여성 종업원과 단골손님은 공식적으로는 관리자 측을 옹호했다.

"아, 딱히 흑인을 차별하지는 않아요." 한 여성 종업원이 잡지 《신시내티Cincinnati》의 기자 댄 비쇼프Dan Bischoff에게 말했다. "사람이 너무 많이 와서 자리가 꽉 차면, 비치 보이스Beach Boys 음악을 틀기 시작할 뿐이에요. 그러면 보통은 사람들이 자리를 옮기죠." 데이트인들을 인종적으로 분리하는 법률은 존재하지 않지만, 비공식적 기술을 동원하면 여전히 그렇게 할 수 있다.

공적인 것과 사적인 것 사이의 경계가 사라지고 있다거나, 모바일 디지털 기술이 보편화한 시대에 사생활이란 존재하지 않는다는 말은 진부한 표현이 된 지 오래다. 우리는 우리가 먹는 음식 사진을 찍어 수천 명과 공유한다. 데이트 상대가 화장실에 간 사이 기발한 농담을 트위터(현 '엑스')에 올린다. 스마트폰은 밖으로 나가는 것의 의미를 극적으로 바꿔 놓았다. 인터넷 세상을 통째로 주머니에 넣고 집을 나설 수 있게 됨으로써―우리가 사랑하거나 사랑했거나 언젠가 사랑할 수도 있는 모든 사람의 프로필이 준비돼 있고, 즉시 연락할 수 있게 됨으로써—스마트 폰은 결코 온전히 밖에 있지도, 안에 있지도 않은 상태를 가능하게 했다.

동시에 한때 데이트의 "외부인"이었으나 이제 당당하게 밖으로 나갈 수 있는 사람이 더 많아졌다. 레즈비언, 양성애자, 게이 남성이 더는 경찰을 피해 숨지 않아도 된다. 많은 도시의 많은 지역에서, 이전에는 공개적으로 애정을 드러내면 "타락한 성도착자"로 체포될 위험을 무릅썼을 연인들이 이제는 두려움 없이 그렇게 할 수 있다.

이를 승리라 부를 수도 있다. 그럼에도 우리가 "밖"이라 부르는 공간들은 여전히 모든 사람을 위한 것이 아니다. 지난 몇 년간, 트랜스젠더를 미국 일반 대중이 더욱 크게 수용하고 있다는 징후를 많이 볼 수 있었다. 하지만 트랜스젠더 데이트인들은 적대감과 폭력으로 계속 위협받고 있다. 트랜스젠더 여성은 매력을 느껴 다가오는 바로 그 남성의 표적—그와 같은 매혹이 불러일으킬 수 있는 혼란스러움과 자기혐오의 희생양—이 되기 일쑤다. 아직도 많은 주에서 "트랜스 패닉trans panic"—상대가 예상했던 젠더가 아님을 깨닫고 기겁하는 것—을 정당한 항변 논리로 삼아 살인 혐의를 과실치사로 낮추는 데 적용할 수 있게 명문화하고 있다. 미국에서 유색인 트랜스젠더 여성의 기대수명은 약 35세다.

밖으로 나가기란 언제나 다른 사람들 속에 존재하기의 문제다. 밖으로 나감으로써 두 사람이나 그보다 더 많은 사람 사이에 관계가 생겨난다. 그리고 그와 같은 관계는 늘 잠재적으로 정치적이다. 뜻밖의 만남이나 발견을 기대하며 우리는 밖으로 향한다. 다른 사람이 여러분의 오랜 애인을 바라볼 때 질투를 느껴 살짝 떨리는 것 같은 평범한 일일 수도 있다. 아니면 여러분 스스로 그와 같은 시선을 끌며 희열을 맛보는 순간일 수도 있다. 인정받기 위해 밖으로 나간다는 것이 데이트인의 속마음이다. 비록 상대가 알아본 내가, 나 자신도 아직 잘 모르는 누군가일지라도.

낯선 사람들이 방을 가로질러 서로의 시선과 마주칠 때, 아무리 찰나이더라도 그들은 **우리**가 된다. 어떤 형태의 관계를 맺든, 또 그 관계가 얼마나 오래 지속되든, **우리**가 되고픈 욕망에서 관계는 시작된다. **우리**는 모든 이야기의 첫걸음이다. 그러므로 밖으로 나가는 사람들은 새로운 유형의 공동체들을 만든다. 밖으로 나가 데이트하기, 이는 모든 사람이 욕망할 권리를 세상이 인정하도록 촉구하는 하나의 길이다.

Love

학교

Labor

페팅부터 훅업까지, 대학 데이트의 역사

School

L

게이 바가 최초의 이성애자 싱글 바에 영감을 줬듯, 최초의 "게이, 양성애자, 그리고 호기심 많은" 남성 전용 데이팅 앱이 성공하자 이에 맞먹는 이성애자 전용 앱 개발에 너도나도 앞다투어 뛰어들었다. 2009년에 출시된 그라인더Grindr(성소수자 남성을 위한 데이팅 앱)는 위치 정보 확인 기술을 이용해 회원들에게 근처 다른 회원들을 보여 준다. 서로 정확히 얼마나 떨어져 있는지 알 수 있고, 여럿이 실시간 채팅을 시작할 수 있다. 2012년에 틴더가 출시됐고, 이성애자 데이트인에게 이와 유사한 경험을 하게 해 준다고 큰소리치는 제품들 가운데 단숨에 가장 큰 성공을 거뒀다.

모든 데이팅 앱이 좀 더 이전, 즉 디지털이 나오기 전의 데이트 경험을 재현하는 것이라면, 그라인더는 스피크이지 시대의 짜릿함을 다시 체험하게 해 준다. 옛 "성도착자"처럼 와글거리는 바를 훑어보며 암시를 찾는다. 혹시 **저 남자가**, 여러분이 눈여겨보고 있던 프로필 속 얼굴 없는 매끈한 조각 같은 상체의 주인일까? 혹은 **저** 터질 듯한 셔츠가 그 상체를 감추고 있나? 비록 여러분의 휴대전화는 그 남자가 고작 10피트 거리에 있다고 주저 없이 말하지만, 엉뚱한 낯선 사람에게 다가가 "Sw33tbun이세요?" 하고 물어본다고 생각하면 진땀이 흐른다.

그런데 틴더에서 만나 하룻밤 밖에서 노는 것은, 연인을 찾아 정처 없이 떠도는 느낌보다는 대학 캠퍼스에서 데이트하는 느낌이 더 강하다. 틴더는 대학 캠퍼스 내 정식 데이트를 대체하다시피 한 상호작용 방식, 즉 훅업이 쉬워지게 만든다.

연애가 죽었다고 말하는 사람들은 연애를 죽인 장본인으로 흔히 대학의 "훅업 문화"를 꼽는다. 최초의 데이트인들이 개발한 "트리팅"과 "자선"이라는 용어처럼, "훅업"이라는 용어는 상품 및 서비스의 교환과 친밀한 행위를 뒤섞는다. 언어학자들이 알아보니 아프리카계 미국인 사이에 "훅업"은 여전히 일반적으로 "주다give"나 "준비하다, 마련하다arrange"와 같은 의미였다. **담뱃불 좀 붙여 줄래요?**Can you hook me up with a light? **아무개가 관계자 출입증을 마련해 줬어요**So and so got us the hookup on these backstage passes. 그런데 1990년대에 교외의 백인 아이들이 성적인 만남을 지칭하는 데 이 말을 사용하기 시작했다.

많은 비속어가 흔히 그렇듯, 표현의 힘은 단어의 모호함에 있다. 10대 여자아이가 같은 반 남자아이와 **훅업했다**고 하는 경우, '둘이 영화를 보며 껴안았다'부터 '하우스 파티 중 화장실에서 섹스했다'까지 다 의미할 수 있다. 나는 주로 판단의 자유에 맡긴다는 뜻으로 "훅업"이라는 말을 썼던 기억이 난다. **그래, 우리 훅업했다**는 말은 주말에 어땠는지 계속 꼬치꼬치 캐묻는 친구를 부드럽게 나무라는 한 방법이었다.

훅업에 관해 이야기하면, 어른이 된 듯한, 입맞춤이 어땠는지 속속들이 떠들었던 진실 게임 시절을 마침내 뒤로 하고 훌쩍 커 버린 것 같은 기분이었다. 하지만 이와 같은 모호함을 구실로 삼아, 캐묻기 좋아하는 어른들은 최악의 상황을 상상했다.

2000년에 저명한 세태기록자인 톰 울프Tom Wolfe는 "후킹업Hooking Up"이라는 제목으로 에세이집을 펴냈다. 부제는 "새천년 전환기에 삶의 모습은 어떠했는가What Life Was Like at the Turn of the Second Millennium"였다. 울프에게 훅업은, 규칙 혹은 변치 않을 약속이 존재하지 않는 "광란의 카니발"로 변한 미국을 보여 주는 완벽한 은유였다. 울프는 대세를 제대로 짚고 있던 것이다.

우리는 당시의 현실을 살던 미국인 여자아이들이었다. 그렇다면 한 5학년 학생이 아침 뉴스에 출연해, 그 학생이 학교 운동장에서 팔다가 걸렸다는 "섹스 팔찌"에 관한 다이앤 소여Diane Sawyer의 질문에 대답하는 것을 본 기억이 있을 것이다. 혹은, 오프라 윈프리Oprah Winfrey가 전국 고등학생이 "무지개 파티"를 열고 있다고 부모들에게 경고하는 것을 본 기억이 있을 것이다. 그 파티에 모인 여자아이들이 갖가지 색조 립스틱을 바른 다음 남자아이들에게 구강성교를 하고, 남자아이들은 여러분이 아는 거기에 고리를 색깔별로 다 모으려고 하기 때문에 파티를 그런 이름으로 부른다면서 말이다. 오프라 윈프리는 '블로우잡blow job'이 어떤 행위인지 알까 하고 내가 궁금해했던 기억이 난다. 내 어머니는 그게 뭔지 알고 있다는 분위기를 풍겼기에 난 토할 뻔했다.

"네 또래 여자아이들이 아무한테나 무릎을 꿇는다니!" 어머니는 소리 질렀다. "그런 건 네가 거의 만삭이라 남편이 안쓰러울 때를 대비해 아껴 둬야 하는 것이라고 늘 생각했단다." 곧 집을 떠나 대학에 진학하니 망정이었다. 부모님의 조바심이 거기서 끝나진 않았지만.

룸메이트들과 신입생 기숙사에 들어갈 때쯤, 행실 불량한 대학생들이 잇따라 미국의 티브이 화면과 극장 스크린을 종횡무진 누비며 우리가 기대할 일들이 뭔지 보여 줬다. 티브이에는 〈광란의 여자아이들Girls Gone Wild〉이 방영되고 있었는데, 술에 취한 여자 대학생 친목회* 회원들이 떼로 카메라에 달려들며 울부짖었다. "우리는 미쳐 날뛰고 싶다!" 그들은 〈광란의 여자아이들〉 로고가 박힌 트러커 모자를 받는 대가로 서로 입 맞추고

* 남자 대학생 친목회는 'fraternity'(줄여서 'frat'), 여자 대학생 친목회는 'sorority'라고 불리며, 이처럼 단일 성별로 구성된 친목회는 미국과 캐나다 대학(주로 학부)의 독특한 문화다. 사교 목적의 모임임에도 이러한 친목회 회원들이 학업을 비롯한 대학 생활 전반에서 두각을 나타낸다고 여겨졌지만, 동시에 엘리트주의와 백인 이성애자 중산층 중심성을 강화하는 배타적 조직이라는 비판, 과도한 음주 문화에 대한 비판도 있다.

일렬로 서서 가슴을 드러냈다. MTV의 〈봄방학Spring Break〉은 탄탄한 몸에 비키니 차림을 한 학생들이 캉쿤에서 몸을 서로 비벼 대는 것을 실시간 생중계했다.

극장에서는, 순결 상태에서 벗어나고 싶어 죄다 안달이 난 고등학교 친구 무리의 경거망동을 다룬 영화 〈아메리칸 파이 American Pie〉 첫 편이 개봉해, 박스오피스 대박을 터뜨렸다. 속편에서는 같은 일당이 대학에 진학하고, 피서지 별장과 동창회에서 또 방종하게 구는 것을 볼 수 있었다. 같은 시기 몇몇 할리우드 기자가 "남자 대학생 친목회 패거리frat pack"라 별명 붙인 일군의 배우가, 〈밴 와일더Van Wilder〉와 〈올드 스쿨Old School〉과 같은 대학 배경의 역겨운 코미디물을 제작해 유명세를 얻고 있었다. 누구나 인터넷 연결만 되면 전문, 비전문 할 것 없이 겉보기에는 한없이 다양한 포르노그래피를 접할 수 있었고, 이 포르노그래피들은 "진짜 대학생 잡것"을 보여 준다고 떠들었다.

《코스모폴리탄》 같은 잡지들의 설문 조사에 따르면, 온라인 포르노그래피를 학습하고 대학에 진학한 첫 세대는 항문 성교, 다중 삽입, 걸온걸 행위까지 열심히 파고들었고, 자신들의 이론을 열렬히 실행에 옮기고 싶어 했다. 내 기억에 한 레즈비언 친구는, 그저 남자 구경꾼들한테서 돈을 받으려고 서로 입맞춤하는 이성애자 여자아이가 넘쳐나는 때에 레즈비언으로서 자신의 욕망을 사람들이 진지하게 받아들이도록 하는 게 얼마나 어려운지 아느냐고 투덜댔다. 그 친구가 말하길, "진짜로" 여자를 좋아한다는 것을 증명하고 싶으면, 한 학기 내내 캠퍼스 안 다른 모든 레즈비언과 자야 한다고 했다.

때는 마치 10대 섹스 버블 같았다. 구글 데이터베이스에서 이용 가능한 인쇄물 자료 수백만 개를 검색해 특정 단어나 어구 출현 빈도를 보여 주는 엔진인 구글 엔그램 뷰어Google Ngram Viewer에 "훅업"을 입력해 보라. 그러면 그래프에서 "훅업"의 사용 빈도가 1차 테크 붐tech boom* 즈음에 휘청하고 올라가는 것을 볼 수 있다. 훅업은 부동산과 주식시장 가치만큼 거침없이 상승했다. 훅업 또한 지분을 나눠 가진 어떤 사기 충만한 경제는, 마치 자본주의의 기본 법칙을 반증하는 듯 보였다.

한동안 젊은이들, 적어도 티브이에 등장하는 백인 중상류층 부류 젊은이들은 정말로 계속해서 **더 많이** 가질 수 있을 것만 같았다.

1990년대나 2000년대 초에 대학을 다닌 보통의 미국인은, 신체가 성적 성숙에 도달한 시점과 배우자를 찾아 결혼해 정착한—그렇게 했다면—시점 사이에 약 15년이 있었다. 2010년 기준으로 초혼 중위연령은 여성이 27세 이상, 남성이 29세 이상이며, 결혼 계획이 아예 없는 사람도 갈수록 늘고 있다.

---

* 이른바 '닷컴 버블dotcom bubble'로 더 잘 알려진 시기로, 1995년에서 2000년까지 미국에서 인터넷 관련 기업들이 급성장하고 주식시장에서 과대평가된 시기를 말한다. 2000년대 초반 거품이 붕괴하면서 많은 기업과 투자자들이 손실을 입었다.

20세기 초에 고등학교와 대학 교육이 확산되면서 유년기와 일과 결혼 사이에 모호한 단계가 생겨났는데, 이와 같은 단계에 머무르는—혹은 질문 대상자에 따라서는 오도 가도 못하는—밀레니얼세대 인구가 갈수록 많아지는 것 같다. 1910년에 고등학교 취학은 도시에서 거의 보편적이었고, 1930년에 대학 등록자 수는 1900년의 세 배가 됐다. 고등학교와 대학, 양 기관 모두 심리학자들이 "성인 진입기"라 부르는 단계를 확장했다.

성인으로서의 자유는 다 누리되 아무 책임도 지지 않는 시기란 비꼼을 당하기에 딱 좋았다. 1912년에 출간돼 인기를 끈 대학 캠퍼스 소설 『예일대의 스토버Stover at Yale』의 한 등장인물은 환희에 떨며 어느 유행가의 후렴구를 흥얼거린다. "오, 비용은 아버지와 어머니가 다 내고 우리는 한껏 즐긴답니다!"

그런데 대학 진학은 단지 경솔한 방종이 아니었다. 미국이 산업 경제에서 소비와 서비스 기반 경제로 이행함에 따라, 대학은 새로운 단계의 필수 훈련을 제공했다. 상점 판매원과 식당 종업원으로 일하는 여성들은 직장에서 어떻게 처신해야 성공 가능성을 극대화할 수 있는지 알아내야 했다. 1920년대와 1930년대에 이와 같은 여성들보다 좀 더 특권을 누린 젊은이 집단은 학교에 다니며 똑같은 기술을 연마했다.

20세기에 대학의 부상과 공학共學 교육의 확산은 데이트의 역사를 형성하기도 했다. 4년제 교육기관에 진학해 같이 수업을 듣는 젊은이들은 새로운 방식으로 만나고 어울리기 시작했다.

그리고 구애를 이전과는 다르게 어떤 학습 과정 비슷한 것으로 생각하기 시작했다.

오늘날 친구들은 참을 수 없이 졸음이 쏟아지는 데이트나 세상이 다 끝난 것 같은 이별마저도 가르침을 준다며 우리를 안심시킨다. 여성, 남성 할 것 없이 많은 사람이 여태껏 혼전 성관계에 들러붙었던 오명을 떨쳐냈으므로, 체포나 지탄의 위험을 무릅쓰지 않고도 결혼하지 않을 상대와 "갈 데까지 갈" 수도 있다는 것이 일반화됐다. 배움을 위해서라면, 넘지 말아야 할 선이란 거의 없다.

운 좋게 대학 기숙사에서 4년을 보내는 젊은이들의 경우, 캠퍼스에 있는 동안에는 특히나 그렇다. 외부인의 눈에는 캠퍼스에서 이뤄지는 구애가 무질서 상태처럼 보일지 모른다. 구경꾼 대부분에게 4년제 대학교 학생들은, 그들이 데이트를 하는 이상 내내 그래 보였다. 사실 캠퍼스에서 이뤄지는 구애는 그와 같은 학교들이 제공하는 교육의 연장이었다. 가장 중요한 배움이란 교실 밖에서 일어난다고 소책자에도 나와 있지 않은가. 많은 학생은 '밖으로 나가기[데이트하기]'가 마치 대학 진학의 목적인양 행동한다.

대학에서의 데이트가 그 외의 연령대나 상황에서 할 수 있는 것과는 다름을 학생들은 정확하게 감지한다. 학교의 학생 선발 과정 그리고 상대적으로 동질적이며 예측 가능한 생활 및 학습 환경은, 스피크이지나 활짝 열린 바와는 정반대의 것을 시사한다. 대학이라는 환경은 안전을 약속하는 듯 보인다. 비록 그와 같은 안전이 환상에 지나지 않더라도(가장 최근 통계에 따르면, 대학 재학 중 여성 네 명 중 한 명 꼴로 성폭행을 당한다).

끝나 버린 과거에 대한 기억은 훗날 직업인으로서 수년간 지루하게 근무하는 내내 위안이 될지도 모른다. **어른이 되는 편을 선택해야 했어**, 라며 아쉬워한다. **야성 같은 청춘은 너무 거칠어서 지속될 수 없었으니까.** 하지만 겉보기에 제멋대로 날뛰는 대학의 구애 의식은, 사실 대단히 구체적인 각본을 따르도록 학생을 훈련시킨다. 그와 같은 각본을 숙달하는 것의 요지는, 연애보다는 그 이후 성공하도록 만들어 줄 수도 있는 것과 더욱 관련이 깊다. 상점 판매원과 식당 종업원으로 일하는 여성들은 유혹의 기술을 익혀 직장에서 직업적 성공의 기회를 잡아야 했다. 그 여성들보다 특권을 누린 학생들은 그와 같은 기술을 대학 교정이나 남학생 친목회에서 시간을 들여 갈고 닦았다.

경제위기가 터지기 직전까지 파티를 벌이는 젊은이들로 미국 언론이 공포에 질려 어쩔 줄 몰라 한 것은 새천년 전환기가 처음이 아니었다. 1920년대에 전국 신문과 잡지는 고등학생 및 대학생의 성적 일탈을 대대적으로 보도했다. 혹업 이전에 "페팅 petting"*이 있었고, 페팅을 하지 않는 사람이 없었다.

1940년대와 1950년대에 앨프리드 킨제이Alfred Kinsey는 페팅을 "고의로 허리 위나 아래 신체 부위를 만지는 행위"라 정의했다(따라서 "네킹necking"** 또는 애무하는 동안 지속되는 일반적인 신체 접촉과 구별된다). 야구에 빗대자면 페팅은 일루에서 본루 사이의 모든 것을 망라했다.

"현대 여자아이들이 아들들을 페팅 파티에서 '호린다'며 어머니들이 못마땅해하고 있다"라고 《뉴욕타임스》가 1922년에 선언했다. 미국에서 가장 권위 있는 잡지인 《디애틀랜틱The Atlantic》과 《뉴리퍼블릭The New Republic》은, "이 야성적인 젊은이들"에 관해 "한 당사자가 직접 쓴" 특집 기사들을 정기적으로 실었다.

독자들 가운데 적어도 한 부류는 관심을 가질 게 분명했다. 바로 페팅하는 젊은이들의 부모였다. 1900년에서 1930년 사이 극적인 인구통계학적 변동으로 전국적으로 가족의 역학이 달라졌다. 출생률이 1800년 이래로 떨어져 오고 있었다. 1900년에 평균

---

* '쓰다듬기, 어루만지기'라는 뜻으로, 키스보다 심화된 단계이되 삽입 성교까지는 아닌 성적 접촉, 특히 성감대나 생식기를 자극하는 행위를 의미하는 속어다. 20세기에 들어와 젊은이 문화는 그 이전 빅토리아 시대가 강조했던 섹슈얼리티에 대한 구속에 도전하기 시작했고, 이와 같은 흐름 속에서 일명 '광란의 1920년대'에 '페팅 파티 petting party'가 엄청난 인기를 누리며 '페팅'이라는 용어도 대중화됐다. 관습적인 구애, 그리고 그에 따른 자연스러운 결말로서의 결혼에 반기를 들고서 육체적, 감각적 쾌락만을 추구하는 듯 보이는 문화에 기성세대는 분개했다. 하지만 페팅 파티를 통해 신세대가 섹슈얼리티에 대한 실험, 그리고 명확한 한계 설정을 모두 만족시킬 수 있었다고 평가된다. 삽입 성교까지는 가지 않았기 때문에 혼전 성관계를 피함으로써 당사자의 평판을 지킬 수 있었던 동시에, 이전에는 불가능했던, 드러내 놓고 성적인 표현을 하는 것이 사회적으로 점점 일반화될 수 있었다.

** 특히 성적인 느낌으로 키스하며 어루만지는 행위를 의미하는 속어다. '페팅'과 나란히 쓰이는 경우가 많았는데, '페팅'보다는 정도가 덜한 인상을 준다.

미국 여성의 자식 수는 세 세대 전의 절반에 지나지 않았다. 피임 접근성이 높아짐에 따라 전문직 및 관리직 계층 부부가 둘째나 셋째까지만 낳았다. 9~10명으로 구성된 가정에서 질서를 유지하려면 필요했던 엄한 훈육을, 이런 부모들은 굳이 하지 않아도 됐다.

부모는 자식에게 애정을 아끼지 않고 자식의 관심사를 발견해 개발함으로써 잘 자라게 도우려 했다. 새로운 "정서적" 가족에 관한 조언 문헌의 확산은, 부모들이 이와 같은 기획에 온 힘을 쏟았음을 보여 주는 증거다. 1930년대 중반에는 전문직 가구 여성의 80퍼센트와 관리직 가구 여성의 70퍼센트가 매년 육아 서적을 적어도 한 권 읽었다. 다섯 권을 읽은 경우가 가장 큰 비중을 차지했다. 아버지들도 이와 같은 도서를 구입하고 교사 회의와 같은 행사에 참석하기 시작했다.

이 사람들이 최초의 헬리콥터 부모였다. 그들은 자식이 학교를 더 오랫동안 다니게 했고, 스스로가 누린 것보다도 훨씬 더 많은 유흥을 허용했다. 역설적이게도, 자식에게 더 많이 줄수록 자식에게 미치는 영향력은 줄어들었다. 그와 같은 역할은 자식의 또래가 넘겨받았다. 젊은이들은 가족과 보내는 시간이 줄고 자기들끼리 보내는 시간이 늘어남에 따라 나름의 문화를 만들어 냈다. 페팅은 그와 같은 문화의 일부로서, 부모가 따라잡을 수 없을 만큼 빠르게 변화하는 세상에 아이들이 대비하도록 도왔다.

이와 같은 과정은 고등학교에서 시작됐다. 1920년대에 미국 10대의 4분의 3 이상이 고등학교에 재학했다. 1930년대 초에 백악관이 의뢰한 어느 아동복지 연구에 따르면, 도시의 일반적인 10대는 학교 활동 외에도 주 4일 밤을 감독자 없이 친구와 여가 활동에 참여하며 보내는 것으로 나타났다. 이런 활동에는 데이트가 포함됐는데, 말하자면 보드빌 쇼나 영화를 관람하기, 아이스크림 먹거나 코카콜라 마시러 가기("코킹coking"*), 학교에서 주최하거나 반 친구네 지하실에서 즉흥적으로 열리는 무도회에 가기, 그저 자동차에 우르르 올라타 정처 없이 돌아다니기였다.

부모와 학교는 이런 활동에 지침을 부과하려 했다. 1930년대에 데이트를 한 젊은이였던 내 할아버지께서는, 자신과 반 친구들을 향한 선생님의 훈계를 떠올리셨다. 여자아이들을 무릎에 앉히고 "조이라이딩joyriding"**할 때는 반드시 "무릎에 최소한 잡지 한 권은 올려놓고 앉히라"라는.

스콧 피츠제럴드F. Scott Fitzgerald는 "빅토리아 시대의 어머니는 아무도 …… 딸이 얼마나 아무렇지 않게 입맞춤하는지 짐작조차 못 했다"라고 경고했다. 에밀리 포스트Emily Post가 쓴 『예법Etiquette』의 각종 판본 목차들을 한번 훑어보면 변화가 얼마나 빠르게 일어났는지 알 수 있다. 1922년 판에는 "샤프롱

---

* 코카콜라를 개봉한 뒤 단숨에 마셔 비우는 행동을 의미하는 속어다.

** 장난 삼아 빠르고 위험하게 자동차를 모는 행동을 의미하는 속어다.

chaperon***과 기타 관례"를 다루는 장이 들어 있었다. 1927년에는 "사라지는 샤프롱과 기타 새로운 관례"로, 1937년에는 "사라진 샤프롱과 기타 쇠퇴한 관례"로 장의 제목이 변경됐다.

특정 관례가 사라졌다고 해서 구애가 아귀다툼으로 전락했다는 뜻은 아니었다. 오히려 학교에 모여 있음으로써 젊은이들은 독자적 암호를 발전시키고 있었다. 또래 압력이 부모의 훈육을 대체했다.

1925년에 벤저민 린지Benjamin Lindsey는 태도 변화가 일어나고 있음을 직접 목격하고 이를 설명하려고 했다. 덴버 출신 판사로서 린지는 수십 년을 청소년 사법 제도 분야에서 일한 경력이 있었다. 린지가 『현대 청소년의 반란The Revolt of Modern Youth』에서 묘사하는 많은 사례의 발단은 데이트가 어그러지는 것이다. 예컨대 열다섯 살 헬렌의 경우를 보자. 헬렌은 친구의 친구인 한 남자아이에게, 어느 날 방과 후 그 남자아이의 신상 자동차로 자기를 데리러 와 태워 달라고 할 계획을 세웠다. 비록 헬렌은 그 남자아이에게 "사랑을 나누도록" 허락하지는 않겠다고 명시적으로 밝혔지만, 입맞춤은 해도 된다고 했다.

*** 본래 유럽 귀족 계급에서 유래한 관습의 일부로서, 결혼하지 않은 어린 여성이 사람들 앞에 나오거나 남녀가 동석하거나 사교계에 나갈 때 예법에 따라 동행해 보살피는 사람을 뜻했다. 이 경우 샤프롱은 보통 어린 여성의 어머니, 나이가 더 많은 기혼 여성, 가정교사 여성, 혹은 가족 구성원 중 남성이었다. 1920년대 미국 데이트 문화의 맥락에서는 젊은이들과 사교 행사에 동행해 그들이 적절하게 행동하도록 감독하는 책임을 맡은 어른, 즉 부모나 친지, 교사, 교수를 가리킨다.

"그게 온당한 대가죠"라고 헬렌은 진술했다. 헬렌의 고등학교 교장이 데이트 계획을 가로막자, 헬렌은 자동차를 타고 다니는 그 젊은 남자를 백인 노예 인신매매 미수 혐의로 고소했다. 하지만 판사 린지는 "헬렌이 사는 기이한 플래퍼-플리퍼Flapper-Flipper* 세계의 정력적이면서도 엄격하며 스스로를 부정하는 관습"에 놀라움을 금치 못했다.

수많은 사례를 통해 린지는 헬렌이 새로운 주류에 속함을 알 수 있었다. "파티에 가고, 무도회에 참석하며, 같이 자동차를 타는 모든 청소년 가운데 90퍼센트 이상이 껴안고 입맞춤하는 것에 탐닉한다"라고 린지는 알렸다. "모든 여자아이가 **아무** 남자아이한테나 포옹과 입맞춤을 허락한다는 말이 아니라, **실제 이 순간에도** 안기고 입맞춤 받는다는 뜻이다."

린지는 고교 졸업 무렵이면 "껴안고 입 맞추는 데서 시작한 아이 가운데" 15~25퍼센트가 "'갈 데까지 가고' 만다"라고 결론을 내렸다. 남자아이들 사이의 비율은 19세기 말과 거의 비슷했다. 그러나 이전에 중산층 젊은 남성은 대체로 첫 성 경험을 성매매 집결지에서 한다고 했지만, 이제는 데이트하면서 또래 여성을 페팅했다. 비록 "끝까지 가는 것"은 거절할지라도, "좋은

---

* 'flip'은 '홱 뒤집다'(동사), '갑자기 홱 움직임'(명사)이라는 뜻이다. 상대 남성에게 자신이 원하는 것을 해달라며 성적 호의를 보이는 듯하다가 계획이 틀어지자 돌연 태도를 뒤집는 플래퍼 여성의 행동을, '플래퍼-플리퍼'라는 표현을 사용해 비꼬고 있는 듯하다.

여자아이들"은 더는 상대에게 요구받는다고 해서 모욕감을 느끼지는 않았다.

이와 같은 사실에 비춰 린지는, 부모와 교육자가 "축축한 행주 같은 도덕률"일랑 내다 버리고 아이들과 툭 터놓고 이야기하는 것이 필수라고 힘주어 말했다. 하지만 진짜로 놀랄 만한 일은 학교 자체가 성교육 비슷한 것을 수립했다는 점이었다. 여자아이, 남자아이가 교내에서 어울리는 방식과 그들이 방과 후 발전시킨 데이트 문화는, 학교에서 이뤄지는 학습의 핵심이 됐다. 학교가 제공하는 상대적으로 안전한 분위기에서 학생들은, 자선 소녀들만이 허름한 바 혹은 해변 유흥가에서 무릅쓴 부류의 위험을 흔쾌히 감행했다. 대학에 진학하자 또래의 세계 속으로 들어가, 또래가 하는 의례에 몰두하는 것을 전업으로 삼았다.

공학 대학 교육의 발흥은 데이트의 부상을 이끌었다. 1890년에서 1920년 사이 미국의 대학 재학생 수는 세 배가 됐다. 1927년이 되자 대학 대다수가 공학으로 바뀌기도 했다. 고등교육은 오랫동안 미국인의 관심사였는데, 이는 자기계발에 대한 미국인의 믿음 때문이었다. 여기에 공학은 성적 매력을 살짝 가미했다. 1920년대와 1930년대에 전국적으로 대중매체와 연예 산업이 성장하면서 대학 열풍을 부채질했다. 새롭게 대두한 광고 산업은 부유한 학생 이미지를 활용해 신상품을 홍보했다. 새 의류 브랜드들이 대중 의류 품목을 "대학 스타일"이라며 시장에 내놓았다. 소설, 비소설 가릴 것 없이 더 폭넓은 대중에게 어떻게 대학의 구애 양상을 모방하느냐를 이야기하는 작가군이 나타났다. 이런 작가들은 남자 대학생the College Man과 공학 여학생the Coed이라는, 등장인물의 두 전형을 창조했다.

규율을 중시하는 일부 사람들은 남자 대학생과 공학 여학생을 낡은 기준에 붙잡아 두려 했다. 캠퍼스의 기독교청년회Young Men's Christian Association, YMCA, 기독교여자청년회Young Women's Christian Association, YWCA, 그리고 교회는 정기적으로 "사교의 장"을 제공했다. 학장은 남학생에게 행사에서 만난 여자 동기생을 여자 기숙사 응접실에서 방문하거나 데리고 나가 산책을 하라고 열심히 권했다. 하지만 완고한 전통주의자들조차 승산 없는 싸움을 하고 있음을 인정해야 했다.

남자 대학생과 공학 여학생은 자유롭게 어울렸다. 1922년에 출간된 단편집 『마을과 가운Town and Gown』의 첫머리에서, 시골 출신 피터 워쇼는 앞으로 다니게 될, 이름은 나오지 않는 어느 주립대에 도착한다. 워쇼는 그야말로 얼떨떨해한다.

"스쳐 가고 또 스쳐 가는 학생들의 모습에 현기증이 났다. 모피코트를 입고 볼연지를 찍은 여학생들, 뿔테 안경을 쓴 남자들, 녹색 가방을 손에 들고 서둘러 가는 강사 한둘, 모여 있는 중국인 학생들, 나서지 않고 머뭇머뭇하는 유색인 여학생 둘, 어슬렁거리며 아는 얼굴을 찾아 쾌활하게 주위를 둘러보는 커플들."

이와 같은 환경에 내던져진 시골 출신 학생은, 고향에서보다 훨씬 더 많은 동기와 교류하는 데 적응해야 했다. 또한, 어떤 새롭고 낯선 언어를 갈고 닦아야 했다.

남자 대학생과 공학 여학생이 가볍게 주고받는 용어들은 빠르게 변화했다. 대학을 배경으로 한 소설은 비속어에 많은 부분을 할애했는데, 비속어에 주의 환기용 인용부호를 붙인 채 무심코 썼다. 베스트셀러 데뷔작인 『낙원의 이편This Side of Paradise』에서 젊은 피츠제럴드는 거듭해서 용어의 정의를 제시한다. "페팅"을 다룬 한 장에서는 사랑과 성보다는, 학생들이 페팅에 관해 뭐라고 쑥덕쑥덕하느냐에 비중을 둔다.

"인기녀Popular Daughter" 또는 "P.D."에 대한 악구가〔즉, 소설의 서술이〕 재즈 리프인 양 반복 연주되면, 하나의 사슬처럼 개념들이 죽 줄지어 서고는 흡사 도미노 칩과 같이 우르르 겹쳐 쓰러진다. "'미녀belle'는 '꼬리치는 여자flirt'가 되고, '꼬리치는 여자'는 '어린 요부baby vamp'가 됐다"라고 피츠제럴드는 썼다. 이와 같은 여학생의 천생연분은 "퍼서fusser"* 남학생이었다.

성 경험이 풍부한 상태로 대학에 온 학생이라 하더라도, 그에 대해 능수능란하게 말하는 법을 배우는 것은 그 학생이 경험하는 고등교육에서 핵심을 차지했다. 『마을과 가운』의 주인공 앤

---

* 원래 뜻은 '사소한 것에도 호들갑을 떠는 사람'이라는 뜻이나, 1920년대 미국 데이트 문화의 맥락에서는 젊은 여성에게 구애하는 데 '호들갑스러울 정도로' 열성적이고 상대방과의 상호작용에 세심한 주의를 기울이는 젊은 남성을 뜻했다. '플레이보이' 정도로 이해해도 무방할 듯하다.

디 프로데로는 "주립대의 모든 활동을 경쟁으로 만드는, 퍼서의 일인자"였다. "프로데로는 열네 살 때 여자아이에게 입 맞췄고, 열여섯 살에 '여자아이를 끌어안았다.'" 하지만 주립대에서 첫해를 보내는 동안 어떤 '새로운 '노선''을 개척한다. "그는 '끌어안다' 대신 '페팅하다'를, '스톨stall'* 대신 '퍼스fuss'라는 말을 쓰는 것을 배웠다." 적절하게 옷 입는 법을 배워, "콧수염을 아주 살짝 기르고, 거북이 등껍질 테 안경을 쓰며, 꽉 끼는 잿빛 코트에 비단 장갑을 착용한다."

"안녕, 같은 순 개수작 부리고 있네"라며 프로데로는 벌써 지루하다는 듯 탄식조로 인사말을 건넨다. 『마을과 가운』이 전개되는 동안 프로데로가 이와 똑같은 대사를 여학생 여럿에게 하는 것을 볼 수 있다.

프로데로는 그릭Greek, 즉 남학생 친목회 회원이다. 데이트할 만한 남자 대학생은 누구나 그랬다. 공학에서 예쁜 여학생은 외모를 바탕으로 사회적 사다리를 오를 수 있다는 희망이 있었다. 하지만 야만인barbarian의 줄임말로 그릭이 아닌 사람을 뜻하는 "바브barb"는 그러지 못할 공산이 컸다.

1920년대에 남학생 친목회는 캠퍼스 생활의 중심에 있었다.

---

* 'stall'은 '시간을 벌려고 꾸물거리다'라는 뜻으로, 행동을 미루거나 답변을 회피함으로써 결정을 내릴 시간을 버는 것 혹은 이익을 취하는 것을 의미한다. 젊은이들의 어휘 사용 변화를 통해 연애 상대에 대한 접근과 소통 방식이 달라지고 있음을 짐작하게 한다.

몇십 년간 남학생 친목회는 급속히 늘고 있었다. 1883년에는 전국에 남학생 친목회 지부가 505개, 여학생 친목회 지부가 16개 있었다. 1912년에는 남학생 친목회 지부가 1560개였다. 1930년에는 3900개로 늘어났고, 전체 학부생의 35퍼센트가 그릭이었다. 대학의 남학생 친목회와 여학생 친목회는 캠퍼스 데이트의 출발선이 됐다.

남자 대학생의 생활이 남학생 친목회 구역 중심으로 돌아갔다면, 공학 여학생의 생활은 그곳에서 지내는 남자 대학생을 중심으로 이뤄졌다. 남자 대학생들이 졸업 후 공학 여학생에 관해 쓴 책들에 따르면 적어도 그래야 했다. 이런 책에 나오는 여학생은 그 이전 사람들과는 대단히 달랐다. 1870년대와 1880년대에 대학에 다닌 1세대 미국 여성에게 영감을 받아, 전문가들은 여성이 교육을 받으면 생식기능을 잃을 것이라는 주장을 퍼부어 댔다. (예컨대 심리학자 G. 스탠리 홀G. Stanley Hall은, 여성이 학사 학위를 취득하면 "기능적으로 거세된" 상태가 될 것이라 경고했다.)

아닌 게 아니라 그러한 여성 가운데 독신으로 산 사람이 많았다. 1889년에서 1908년 사이 브린마우어칼리지에서 교육받은 여성의 53퍼센트가 결혼하지 않았다. 웰즐리칼리지와 미시간대학교에서는 그 수치가 43퍼센트와 47퍼센트였다. 여성들은 신경 쓰지 않았을 수도 있다. 마운트홀리오크칼리지 같은 여대는 "특별한 정서적 우정의 온상"으로서, 이곳 여학생들은 "첫눈에 반해"기숙사에서 "스매싱smashing"*하는—서로 껴안고 입 맞추는—데 몰두한다고 묘사됐다. 하지만 새로이 공학에 진학한 많은 여성은 이와는 다른 관심사를 가진 것 같았다.

『마을과 가운』에서 여학생 학장인 독신 여성은 여학생들의 차이점을 예리하게 감지한다. "천박한 옷차림, 노골적인 태도, 담배, 춤사위, 읽는 것, 보는 쇼까지, 학생들의 모든 게 정신 나간 섹스의 소용돌이 같아!" 젊은 여성은 더는 남자냐 학업이냐 중 선택할 필요가 없었다. 공학 여학생은 낭만적 모험을 이수 과정의 중심에 놓음으로써 반항했다. 데이트가 사회생활을 지배했다. 남학생 대여섯에 여학생 하나 꼴로 남자 동기보다 수가 적었던 여학생들은, 매주 남학생 서넛 각각과 데이트할 수 있었다.

대학의 데이트는 어떤 모습이었을까? 자동차를 타고 나가는 것으로 시작할 수도 있다. 1928년에 출간된 『더 캠퍼스The Campus』에서 미시간대학교 교수 로버트 쿨리 에인절Robert Cooley Angell은, "자동차가 이성 관계에 미치는 영향"은 아무리 강조해도 지나치지 않는다고 힘주어 말했다.

---

* 19세기 말, 20세기 초 특히 여자대학을 배경으로 동성 사이에 이뤄지던 구애를 가리켜 '스매싱smashing' 혹은 '크러싱crushing'이라 불렸다. 어떤 두 여성이 특별히 친밀하고 낭만적인 관계를 맺고 있음을 묘사할 때에도 이 단어들을 썼다. 여대 신입생들은 2학년생들에게, 2학년생들은 3학년생들에게 사랑을 표현하는 것이 관례이기도 했다. '스매싱' 또는 '크러싱'은 여대의 학생 생활에서 흔히 볼 수 있는 용인된 행동 양식이자 핵심적인 문화였다.

"자동차가 있음으로써 완벽하게 사생활을 확보할 수 있는 안락함, 그리고 달밤에 속도를 높여 달림으로써 일어나는 무모한 방종의 기운이 합쳐져 전통적으로 존재해 온 장벽을 무너뜨렸다"라고 에인절은 코웃음 쳤다. "속된 말로 '페팅'은, 예외가 아니라 도리어 규칙이다."

자동차가 있는 남자 대학생은 종종 공학 여학생을 **어딘가로** 데려갔다. "지면에 닿을 듯 낮은 경주용 자동차"를 몰고서 퍼서의 일인자 앤디 프로데로는 여성들을 『마을과 가운』에서 가장 인기 있는 데이트 장소, 오르프라는 보드빌 극장으로 데려간다. 남자 대학생과 공학 여학생이 같이 본 유흥거리는 외설적일 수도 있었다. 오르프에서는 몸을 가린 듯 만 듯 입은 여성 판매원, 상반신을 드러낸 "이집트인" 무용수, 불륜을 저지르는 요부가 속속 무대에 오르는 동안, 남성 관객들이 "스위트 파파sweet papa!"** "핫도그hot dog!"*** 같은 성적 야유를 던진다.

쇼가 끝나면 남자 대학생은 공학 여학생을 먹고 마시는 곳으로 데려갔다. 앤디가 선호하는 "축구 사교장football joint"****의 명

** 경제적, 물질적 지원을 해 주는 대가로 젊은 여성을 사귀거나 그 여성과 함께 사는 나이 많은 남성을 의미하는 속어다. '슈거 대디'의 동의어라 할 수 있다.

*** 남성의 성기를 지칭하는 비속어다. '와우' '좋아' '잘 했어' '훌륭해' 등 기쁨이나 만족, 동의의 뜻을 나타내는 표현이기도 하다.

**** 'football joint'는 대학 축구 경기를 중심으로 하여 대학생들의 사교 활동이 이루어지는, 대학생들이 편하게 드나드는 카페, 레스토랑, 바 등을 지칭하던 말이다.

칭은 "넌 들어올 거야You'll Come Inn"다. 그곳은 "나무 탁자, 격자무늬로 된 칸막이 자리, 황산지 갓을 씌운 전등이 있는 지하업소"로, 초콜릿 몰트 두 잔에 50센트다. 프로데로의 한 순진한 데이트 상대는 몰트를 마시고 "황홀해한다." 그보다 좀 더 세련된 여성 동기들은 음식이나 재즈 음악에는 거의 관심을 기울이지 않는 듯하다. "주변 칸막이 자리에 앉은 연인들은 눈을 떼지 않는 지배인이 다른 쪽으로 갈 때마다 페팅했다. 지배인은 행정학장의 명령으로 영업을 하지 못하게 될까 두려워 경계했다."

남자 대학생과 공학 여학생이 할 수 있는 가장 중요한 데이트 유형은 무도회에 가는 것이었다. 남학생 친목회는 보통 운동경기 행사를 중심으로 조직된 정식 무도회를 다수 주최했다. 학장로버트 에인절은 1920년대에 미시간대학교에서 무도회가 해마다 300회 열렸다고 추산했다. 공학·여자대학·남자대학 모두, 학생들은 "외부인imports"을 초대해 축구 경기와 경기 전후 파티에 참석했다. 이와 같은 무도회는 다른 어떤 활동보다도 더 명확하게, 대학 내 데이트를 지배하는 규칙의 정수를 뽑아내 극적으로 보여 줬다.

첫 번째 규칙은 섹스가 젊은이들끼리만 간직하는 어떤 비밀이라는 것이었다. 옛날 구애 방식은 부모가 감독했지만, 이제 데이트는 감시하는 어른들한테서 가능한 한 멀리 떨어져 이뤄졌다. 무도회에 가는 길에 남자 대학생은 샤프롱 또는 '샵'을 마주쳤는데, 샤프롱은 대학 내규에 따라 그곳에 있어야 했다. 남학생 친목회 소속 주최자들은 점점 더 노련하게 샤프롱의 주의를 딴 데로 돌렸다. 1924년에 출간된 퍼시 마크스Percy Marks의 소설,『플라스틱 시대The Plastic Age』에서 주인공 휴 카버는 남학생 친목회 주최 무도회에 처음 다다르자마자 방법을 배운다. "남자 여섯 명을 대표로 뽑아 샤프롱을 도서관에 계속 붙잡아 두고 충분히 즐겁게 해 줬다."

두 번째로, 남학생 친목회 주최 무도회는 또래 사이에 치열한 각축전을 마련했다. 여자, 남자 양쪽 다 좋은 데이트 상대로 "등급 매겨지려고", 혹은 좋은 데이트 상대를 만날 만한 자격을 얻으려고 열심히 노력했다. 샤프롱을 따돌린 남자 대학생은 북적북적한 무도회장 한쪽의, 짝 없는 수사슴 대열stag line*에 합류해 이미 짝지어 춤추고 있는 공학 여학생을 가로챌 기회를 기다렸다. 이와 같은 방식은 구애가 시합이라는 발상을 극적으로 표출했다. 남자 대학생이 공학 여학생을 남학생 친목회 주최 파티에 초대한 경우일지라도 그 남학생은 동기들이 그 여학생과 번갈아 가며 춤추는 것을 허용했다. 아닌 게 아니라 남자가 데려온 여자의 댄스 파트너 대기자 명단이 계속 꽉 차 있다는 것은, **남자의** 사회적 지위가 높다는 표시였다. 공학 여학생이 데이트 상대에게 좋은 인상을 주고 싶으면, 데이트 상대 이외에 가능한 한

* 대학 무도회장에서 여성 파트너 없는 남학생들이 모여 서 있던 자리. 'stag'의 기본 의미는 수사슴이라는 뜻이고, 확장되어 '여성 파트너 없이 무도회에 가는 남성' '남성만 있음' 등의 의미로 쓰여 왔다.

많은 남자를 유혹하는 것이 최선의 전략이었다. 이는 여성 동기들 사이에서 자신의 지위를 굳히는 길이기도 했다.『마을과 가운』에서 냉소적 출세주의자 엘런 프리쳇은, "남자란 여자의 뺨을 찰싹 때릴 때 쓰는 장갑에 불과했다. 결투를 벌인 것은 여자들이었다"라고 곰곰이 생각한다.

마지막으로, 대학 무도회는 명백히 성적인 것이었다. 섹슈얼리티는 이와 같은 경기장에서 승부를 겨루기 위해 지불하는 통화였는데, 이곳에서 젊은이들이 옷가지, 꽃, 자동차, 입장권에 돈을 쓰는 것은 곧 그 젊은이들이 서로를 확연히 소비할 수 있게 하는 셈이었다.

1990년대 아이들이 힙합에 맞춰 "그라인드grind"* 한다는 사실에 내 부모님이 자주 소스라치게 놀랐던 것과 다를 바 없이, 1920년대 어른들은 재즈 음악에 맞춰 춤추는 것이 성적 흥분을 유발하는 효과가 있다는 사실에 겁을 집어먹고 어쩔 줄 몰랐다. "단추 닦는 사람button shiners"(상대에게 바싹 붙어 춤추는 모습이 양복이나 셔츠의 단추를 상대의 옷에 문질러 윤을 내듯이 하는 남자아이들), "크럼펫을 우적우적 씹어 먹는 사람crumpet munchers"**(어느 여자아이가 판사 린지에게 말했듯, "쾌감이 들

---

* 두 사람이 서로 매우 가까이 붙어 몸을 비비거나 부딪쳐 성적인 함의를 암시하는, 대개 여성이 하반신을 남성의 성기 부위에 문지르거나 부딪치는 동작의 춤을 말한다.

** 'crumpet'은 성적 매력이 있는 사람을 뜻하는 비속어로, 춤출 때 상대 여성에게 몸을 밀착시키는 남성의 행동을 '크럼펫을 씹어 먹는다'라고 표현한 것이다.

4 ——— 학교

만큼" 가까이 붙어 춤추는 남자들), "품으로 파고드는 강아지 snuggle pups"***(묻지 말길 바란다)에 대해 노심초사했다. 또, 힙합을 비판하는 이들이 그랬듯, "입에 담지 못할 재즈"를 비판하던 이들은 자신의 두려움을 종종 인종차별적 용어로 표출했다.

"남녀 할 것 없이 젊은이들이 꼭 껴안고—다리를 엮고 몸통을 밀착한 채—어울려도 해로울 게 없다'는 사람은 거짓말쟁이다" 라고《레이디스홈저널》의 한 사설은 선포했다. "이와 같은 자세에 부두교 태생의 저급한 사람들이 감각중추에 직접적으로 호소하는, 끔찍한 재즈 오케스트라의 꿈틀꿈틀하는 움직임과 관능적인 자극을 보태라. 젊은이들이 이와 같은 경험 이후에도 전과 같다고 믿는다면, 신이시여 여러분의 자식을 지켜 주소서."

과음한 채 춤추는 행동은 페팅, 아니 그 이상을 부채질했다. 『플라스틱 시대』에서 처음 파티에 참석한 휴 카버는, 얼마나 많은 여성 초대객이 고주망태가 되는지 보고 충격을 받는다. 춤 진행 도중 카버가 잡아챈 첫 여성은 "위스키 냄새 폴폴 나는" 입김을 내뿜는다. 또 다른 여성은 카버를 격렬하게 붙잡고 춤추면서 "애, 날 좀 잡아 줘. 알딸딸해"라고 속삭인다. 카버는 또 다른 여성을 급히 정원으로 데려가 토하게 해 줘야 한다. 남학생 친목회 동기들이라고 해서 그다지 처신을 더 잘하는 것은 아니다. "남학생 친목회 회원 여럿은 우스꽝스러웠다. 몇몇은 너무 많이

*** 남성이 여성의 가슴에 머리를 묻는 동작을 의미하는 속어다

마셔서 속이 뒤집혔다. 한 명은 '꺼이꺼이 울어 댔다.'" 춤 진행 도중 잡아챈 첫 여성이 위협적으로 다가와 혀 꼬부라진 소리로 "페팅하, 하자"라며 입 맞추자, 카버는 달아난다. 나가는 길에 한 친구의 기숙사 방으로 뛰어들어, 실수로 그곳에 숄을 두고 온 한 샤프롱에게 가져다주려고 그 숄을 줍다가 성관계를 하는 중인 낯선 두 사람에게 발이 걸려 휘청한다.

휴 카버가 이와 같은 장면들을 묘사하는 방식은, 신사라면 공학 여학생이 몸을 가누지 못할 때를 기회로 삼지 않을 것이라 넌지시 내비쳤다. 현실에서 얼마나 많은 남자 대학생이 이와 같은 규칙을 따랐을지 어땠을지 누가 알까? 『플라스틱 시대』의 결말에 이르면 범생이 카버조차 해이해진다. 카버는 친구들의 조언에 따라 "독한 밀주"를 구입해, 여자친구인 신시아와 졸업 무도회에 가기 전에 미리 마신다. 한밤중이 되자 "카버의 머릿속은 신시아의 몸 생각뿐이다". 신시아가 "어딘가로 데, 데려가 줘"라고 부탁하자, 파티 장소에서 가장 가까운 곳에 있는, 융통성 없고 고지식한 친구의 기숙사 방으로 안내한다. 단박에 데우스엑스마키나가 작동한다. 친구가 휴일을 보내고 일찍 돌아와 보니, 양탄자 위에서 두 사람이 페팅하고 있다. 이 우연한 사건만이 연인이 "갈 데까지 가는 것"을 막는다. 카버와 신시아는 스스로의 극단적 행동에 서로 당혹감을 느껴 헤어지고, 때마침 카버는 샌포드(이 소설에 등장하는 가상의 남자대학)를 졸업하게 된다.

대학생들이란 늘 행실이 좋지 못했을지도 모른다. 1752년에 예일대학교 총장 토머스 클랩Thomas Clap은 한 학생을, "자질구레하게 소란을 피우고 버릇없이 구는 죄악"을 저질렀다는 이유로 퇴학시켰다. 그 학생은 맥주에 취해 난동을 부렸었다. 고래고래 소리치고 펄쩍펄쩍 뛰며 개인 지도 강사 연구실의 벽을 부쉈고, 무엇보다 가장 나쁘게도 자신은 쫓겨나도 **상관없다**고 말했다. 하지만 20세기에 여성이 합류함에 따라, 대학 캠퍼스에서 허용되는 행동에 대한 태도가 극적으로 바뀌었다. 한때 샤프롱에 해당했던 권위자나 엄격한 규율 옹호자 부류는 그와 같은 감독 역할을 점점 더 내려놓았다. 그들은 학생들이 독자적 체계를 강구하도록 내버려 뒀다.

오랜 법적 전통은 대학이 '인 로코 파렌티스in loco parentis', 혹은 "부모를 대신해" 학생을 훈육할 권리가 있다고 주장했다. 자발적으로 대학에 입학하거나 혹은 18세 미만일 경우 보호자에 의해 대학에 등록함으로써, 학생은 많은 자유를 양도한다는 사고방식이었다. 1913년에 켄터키주 대법원은, 사립대학인 베레아 칼리지가 학생들을 캠퍼스 건너편 레스토랑에 갔다는 이유로 퇴학시킬 권리가 있음을 분명히 했다. 1928년에 뉴욕 항소법원은, 시러큐스대학교가 한 학생을 "시러큐스 여학생답지" 않다는 이유로 쫓아낼 권리가 있다고 인정했다. 판사 의견은, 공립대학이라도 학생이 "장학의 이상"이나 "도덕적 분위기"를 훼손하면 그 학생은 등록증 형태로 서명한 계약조건을 위반한 것이라 주장했다. 그러므로 대학은 계약을 해지할 권리가 있다는 것이었다.

하지만 1960년대에 일련의 사건이 일어나면서 '인 로코 파렌티스'에 종지부가 찍혔다. 10년이 흐르는 사이, 판사들은 공립대학이 더는 적법한 절차 없이 학생을 퇴학시킬 수 없다고 주장했다. 점점 더 많은 대학생이 민권운동에 적극적으로 참여함에 따라, 법원 또한 학생이 학내에서 의사 표현과 집회의 자유를 가질 권리를 옹호했다.

이러한 결정들은 대학생이 어떻게 연애를 수행하느냐에 지대한 영향을 미쳤다. 1960년대나 1970년대까지는 "교내 기숙사 이성 간 방문 권리에 관한 규정parietal rules"*이 공학·여자대학·남자대학 모두에서 이성 간 상호작용을 엄격하게 지배해, 통금 시간을 부과하고 "문 개방, 바닥에 한 발"과 같은 "상호 방문" 방침을 시행했다. 하지만 1960년대 말을 시작으로 대학은 이러한 규정을 폐지했고, 점점 더 많은 기숙사가 공용으로 바뀌었다.

돌이켜 보면 '인 로코 파렌티스'의 종말은, 대중이 고등교육을 바라보는 방식이 광범위하게 변화하면서 따라온 결과임이 틀림없다. 최초의 미국 대학들은 목회자를 양성하기 위해 설립됐다. 19세기와 20세기에 세워진 종교와 무관한 대학들은 여전히 시

---

* 대학에서 이성 간에 서로의 기숙사 건물이나 기숙사 방을 방문할 때 지키도록 부과했던 일련의 규칙을 말한다. 방문 요일, 시간, 방문 시 행동 규범 등이 포함됐다.

민 생활과 관련한 주된 기능을 수행해 젊은이들이 생산적인 민주시민이 되도록 훈련시키는 곳이라고 생각됐다. 1960년대와 1970년대 학생운동의 전성기 이후 어떤 새로운 공감대가 생겼다. 공립대학을 중요한 도덕적 사명을 띤 사회적 재화로 보기보다는, **돈벌이 사업**처럼 말하는 대중 인사가 점점 더 많아졌다.

21세기에 이르러 기업대학 그리고 재정지원을 받지 못하는 주립대학은, 학생들이 거의 원하는 대로 사생활을 영위하도록 허용했다. 학생이 고객이고, 고객은 항상 옳다는 것이 새로운 철학이었다. 학생도 이를 바랄 터였다. 1970년대 중반 이후 사립대학 등록금은 일반 물가상승률의 세 배 가까이, 공립대학 등록금은 두 배 이상 인상됐다. 그만한 비용을 부담하는 개인이 즐거움을 살짝 누리는 것도 무리는 아닌 듯하다.

그리하여 대학생 신분은 전권 위임과 같아졌다. 세탁실에서 학생회장과 섹스한 다음 실수로 학생신문사 전원에게 그 내용을 이메일로 보냈던 때가 불쑥 떠오르면, 그저 어깨를 으쓱하면 된다. 대낮에 이삿짐용 트럭 꼭대기에서 친구 세 명과 섹스하는 그 사진은? **그건 대학 시절 일이라고!**

2000년대에 학계 사회학자와 대학 행정가들은 학생들의 문란한 성생활에 관한 뉴스 보도 증가에 관심을 기울이기 시작했다. 캠퍼스 데이트 관행이 위태로워졌다는 이야기를 그 학자들과 행정가들 다수가 처음으로 들은 시기였고, 그래서 그들은 일어나고 있는 변화에 대해 일화적 근거 이상을 가지고 이해하고자 했다. 2000년대 중반부터 몇몇 학자가 대학생들이 어떻게 훅업하는지, 또 그에 관해 어떻게 느끼는지, 두 가지를 모두 조사하는 것을 목적으로 최초의 대규모 사회과학 연구에 착수했다. 1920년대의 판사 린지와 마찬가지로 학자들은, 현대 젊은이들의 반란이 무질서를 일으키지 않았음을 알게 됐다. 도리어 그것은 일련의 새로운 관습을 만들어 냈고, 이를 또래 집단이 엄격하게 시행했음을 발견했던 것이다.

구경꾼들은 놀랄지도 모르지만, 2000년대 대학생은 1980년대와 1990년대의 선배보다 실제로 성관계를—질내 삽입 성교라는 학생들의 정의를 받아들인다면—더 적게 했다. (클린턴Bill Clinton 시절에 성장기를 보낸 우리는, 성기 삽입 이외의 활동은 아무리 친밀하다 하더라도 "성관계"를 구성하지 않음을 우리 대통령한테서 배웠다.) 질병통제예방센터Centers for Disease Control and Prevention, CDC에서 실시한 전국 단위의 대표 연구들은, 실제로 지난 20년간 10대의 성관계 비율이 현저하게 감소했음을 밝혔다. 1991년에 질병통제예방센터의 연례 청소년 위험 행동 조사에서는, 15~17세 남자아이의 절반과 여자아이의 37.2퍼센트가 지난 3개월 이내에 성관계했다고 보고했음을 밝혔다. 2010년에 남자아이는 33퍼센트를 밑도는 수치로, 여자아이는 17퍼센트라는 수치로 뚝 떨어졌다. 교수들은 재직하고 있는 캠퍼스로 눈을 돌렸고, 비슷한 양상을 발견했다.

뉴욕대학교 사회학자인 폴라 잉글랜드Paula England는 훅업 문화에 관해 지금껏 가장 철저한 연구를 수행했다. 잉글랜드는 지난 10년간 개별 학생을 인터뷰하고, 표적 집단을 운영하며, 전국의 4년제 기관에서 이성애자 대학생 1만 3000명 이상에게 온라인 설문조사를 실시했다. 결과를 보니 캠퍼스 다수에서 성적으로 유난히 순결한 사람과 성적으로 유난히 방탕한 사람이, 입학과 졸업 사이의 평균 훅업 횟수를 왜곡하는 경향이 있었다. 하지만 졸업반 학생들의 중앙값은 네 번에서 일곱 번 사이로, 특히 이와 같은 훅업의 40퍼센트만이 성기 삽입을 포함한다는 점을 감안하면 충격적인 수치라 할 수는 없다. 만남이 언제나 "무작위로 이뤄지는 것"도 아니었다.

연구진은 연애를 하고 있지 않다고 명시적으로 밝힌 학생들로 연구 표본을 한정했다. 이와 같은 집단의 절반만이, 마지막으로 훅업한 상대와 이전에 한 번도 훅업한 적이 없다고 했으며, 20퍼센트는 "열 번 혹은 그 이상" 훅업한 적이 있다고 했다. 말하자면, "재탕" 혹은 "연속 훅업", 일명 "섹스하는 이성 친구 사이" 혹은 "퍽버디fuck-buddy"다. 전체 대학 내 훅업의 15퍼센트 미만이 서로 모르는 사람들 사이에 이뤄졌다.

간추려 보자. 오늘날 젊은이들은 더 늦게 결혼하기 때문에 사는 동안 부모 세대보다 더 많은 상대와 잠자리할 수도 있다. 하지만 학생들이 갈수록 문란해지고 있다는 인식은 근거가 없다.

혹업 시대에 학생들의 성생활에서 가장 의미심장한 변화는 그들이 어떤 종류의 성관계를 얼마나 많이 하느냐와 관련이 없다. 변한 것은 사회학자들이 "성적 각본"이라 부르는 것, 즉 사람들이 어떤 배역을 맡을 수 있다고 느끼느냐, 또 그와 같은 배역이 무엇을 의미한다고 생각하느냐다.

캐슬린 보글Kathleen Bogle은 사회학자로서 동부 해안의 한 가톨릭계 대학, 그리고 어느 종교와도 무관한 대학 양쪽에서 혹업 문화에 관한 연구를 수행했으며, "데이트 각본"이 대체됐다고 주장한다. 아닌 게 아니라, 데이트 각본은 전도됐다. 보글이 조사한 학생들은 밖으로 나가 정식으로 데이트하기보다는, 남녀 여럿이 어울리는 환경에서 "행아웃"하거나 "파티"를 한다. 보글의 제보자들이 설명하길, 두 학생이 서로 호감이 있으면 "낌새"를 풍긴다. 상대도 그와 같은 낌새를 보이면 둘은 혹업한다. 파티 현장에서, 서로의 기숙사 방 중 한 곳으로 돌아가서, 혹은 그 사이 어딘가에서 할 수도 있다. 연이어 혹업하면서 정서적 애착이 발전하면, 둘은 상황이 "이상해지기" 전에 "대화를 하거나" "관계를 규정해야" 한다.

1920년대부터 적어도 1960년대까지는 연달아 데이트하다 보면 으레 성적 친밀감과 정서적 헌신이 자라날 것이라 여겼던 반면, 오늘날의 학생들은 성적 활동을 우선시하는 경향이 있다. 혹업이 "중요한 것"으로 이어지길 원한다면, 그 사실을 인정하면 안 된다. 따라서 혹업을 규정하는 특성은 어떤 정서적 태도다. 옥시덴털칼리지의 리사 웨이드Lisa Wade와 캐럴라인 헬드먼 Caroline Heldman은 이에 대해 "단순히 가볍다고 하기에는 그 이상의 뭔가가 있다"라고 기술했다.

훅업 문화에 관해 학생 수천 명을 대상으로 설문조사를 한 교수 도나 프레이터스Donna Freitas는 이에 동감한다. "성적으로 친밀해지는 것이 정서적으로는 공허해지는 것을 의미하며, 성관계에 대해 마음의 준비를 하는 동시에 스스로 감정은 쫙 빼 버려야 함을 훅업 문화는 젊은이들에게 가르쳐 준다."

이와 같은 각본 전도는 크게 두 가지 반응을 불러일으켰다.

일부 저술가는 훅업 문화를 결혼과 일부일처제에 대한 그릇된 거부로 서술했다. 수전 패튼Susan Patton은 이와 같은 사고 유형의 가장 퇴행적인 모습을 잘 보여 준다. "프린스턴 엄마"로 더 잘 알려진 패튼은 2013년 봄, 《데일리프린스터니언Daily Princetonian》에 한 공개서한을 게재하면서 하룻밤 사이 인터넷상에서 유명 인사로 떠올랐다. 패튼의 목적은 자신이 낳은 적도 없는 딸들에게 조언하는 것이었다. 엘리트 기관에 다니는 여자 대학생은 남편 찾기에 시간을 다 써야 한다는 게 그의 충고였다.

"여러분에게 걸맞은 남자들이 이토록 집중돼 있는 일은 다시는 없을 것이다"라고 패튼은 가상의 딸들에게 훈계했다. 이어서 티브이 쇼에 잇따라 출연하더니, 1년 뒤 『똑똑하게 결혼하라 Marry Smart』를 출간했다.

예상하다시피 『똑똑하게 결혼하라』는 훅업으로 남편을 찾을

리 만무하다고 주장한다. 패튼은 "땅콩버터 샌드위치보다도 손쉬운 여자나" "드럼세탁기 통보다도 더 많이 **굴러다닌** 여자"와 경쟁하는 것은 불가능하다고 인정한다. 희소식은 "훌륭한" 남자들 역시 그와 같은 여자들과 결혼하고 싶어 하지 않는다는 것이다. 그러므로 훅업 문화라는 장난질에서 빠지는 게 상책이다.

다른 저술가들은 상반된 주장을 펼쳤다. 훅업 문화가 페미니즘이 거둔 승리이자, 여자 대학생이 누구누구 부인이라는 학위 이상을 취득하기를 간절히 바란다면 해야 하는 바로 그 일이라는 것이다.

《디애틀랜틱》기고자 해나 로진Hanna Rosin은 자신이 쓴 『남성의 종말The End of Men』에서, 훅업 문화는 실제로 지난 10년간 또래 남성에 비해 여성의 교육적, 직업적 성취가 향상된 가장 중요한 이유 가운데 하나라 주장했다. "냉철한 마음"이라는 장에서 로진은, 야심 찬 젊은 여성이 앞날에 방해가 안 되게 섹스를 치워 버리고, 향후 진로를 위태롭게 할지도 모르는 연애에 시간을 들이지 않도록 해 준다며 훅업 문화를 치켜세운다.

역시 2013년에 《뉴욕타임스》에 등장해 많은 화제를 낳은 한 기사는, 펜실베이니아대학교에 다니는 젊은 여성들이 자신들의 연애를 노골적으로 경제적이고 기업적인 언어로 합리화하는 모습을 보여 줬다. 기자 케이트 테일러Kate Taylor가 본보기로 인용한 취재원은 여가 시간에 데이트 상대가 아닌 친구와 잠자리한다고 하는데, 훅업의 "낮은 위험부담과 낮은 투자비용"에 대한

"비용-편익" 분석에 따르면 그편이 합리적이기 때문이다. "난 유의미한 연애를 할 수 없게 하는 방식으로 대학에서 스스로의 위치를 설정했어요."

그런데 이와 같은 실용적 입장으로는 많은 문제가 미해결 상태로 남는다.

로진과 테일러가 그리는 유형의 해방된 여성이, 냉철한 마음으로 훅업하다가 결국 그들 대부분이 원하게 되는 정서적으로 유의미한 관계로 어떻게 넘어가야 하는지는 여전히 불분명하다. 구애가 음악이 울리는 침대musical beds* 놀이, 말하자면 여러분이 서른 번째 생일을 맞으면 누군가 음악을 꺼 버리고, 여러분은 누구든 바로 옆에 누운 사람과 결혼해야 하는 게임처럼 진행될까? 친밀성 자체는 아무런 연습도 필요 없을까? 밀레니얼세대의 (80퍼센트가 넘는) 절대다수가 결혼하고 싶어 하는 상황에서 비록 여러분은 그렇지 않더라도, 로진이 서술하는 훅업—어떤 감정적 끌림도 물리치도록 스스로를 단련해 직업적 출세에 집중하는 것—에는 대가가 따른다.

패튼과 로진이 비록, 젊은 여성들이 어떻게 훅업 문화와 상호작용해야 하느냐에 대해 서로 반대되는 결론을 도출하긴 하지만, 둘은 한 가지 관점만큼은 공유한다. 두 사람 다 쾌락이 그 자

---

* 'musical beds'는 '이 사람 저 사람과 잠자리하기', 즉 문란한 성생활, 성적 방종을 이르는 표현이다. 여기서는 훅업, 즉 감정적 헌신 없는, 주로 성적 목적의 만남을 반복한다는 의미로 볼 수 있겠다.

체로 가치 있을 가능성, 또는 제대로 할 경우 혹업이 섹슈얼리티를 탐구할 길을 제공해 줄 가능성을 무시하는 것 같다.

패튼은 공영 티브이 방송에 출연해 데이트 강간이 일어난다는 사실에 반박하고, 성교육 일체를 부모나 성직자에게 맡겨야 한다고(필요에 따라 구글을 참조하고) 주장했다. 패튼은 누가 봐도 논란을 일으켜 이목을 끌고자 하는 게 명백하므로 진지하게 받아들이기 어렵다. 로진과《뉴욕타임스》측이 훨씬 더 타당하다. 하지만 그들 또한 여성 독자에게 성 및 애정과 관련된 자신의 능력을 정말로는 향유할 수 없다고 말하는 듯하다. 그것이 귀중한 시간을 허비한다는 것을 의미한다면.

여러분 스스로를 최고의 남자에게 팔 능력이 되는데, 왜 아무 남자나 붙잡아 부양을 받겠는가? 로진과《뉴욕타임스》가 말하는 여성들은 흔히 자신들이 "남자처럼" 행동하고 있다고 말한다. 그들은 쉴 새 없이 일하도록 프로그램화된 영구 작동 기계에 더 가까워 보인다.

광란하는 1920년대의 남자 대학생과 공학 여학생이 졸업해서 조언 칼럼을 쓰고 편집하는 사람이 되자, 그들은 학교에서 습득했던 태도를 대중화했다. 대학은 이와 같은 필자들에게 데이트를, 개성과 성적 매력을 활용해 또래에게서 받고 싶은 관심과 즐거움을 얻는 유흥의 한 유형으로 대하도록 가르쳤다. 1920년대 대학생은 운 좋게도 풍족한 시절에 데이트했는데, 이 시대에는 남들보다 부유한 부모들이 자식들에게 자동차를 사 주거나 남학생 친목회 회비를 대어 주는 것을 아무렇지 않게 생각했고, 또 손쉽게 시간제 일자리를 구해 엄마 아빠가 눈살을 찌푸릴 수도 있는—쉼 없이 새 옷을 입고, 꽃을 사고, 무도회 우선순위 명단에 들어가며, 영화표를 구하고, 초콜릿 몰트와 독한 밀주에 취하는 데 필요한—부수비용을 충당했다.

"비록 도박에 서툴고 판단력 나쁜 사람이 포커를 친다 해도, '퍼서' 대학생이 작정하고 신나게 놀 때만큼 대학생의 한 달 용돈을 더 심하게 깎아 먹진 않는다." 1921년에 일리노이대학교 학장 토머스 아클 클라크Thomas Arkle Clark, 일명 학장 클라크는 우스갯소리를 했다. 10년이 흐르자 4년제 대학에 다니는 젊은이들조차 사치를 감당할 수 없었다. 그래서 강조점이 이전과는 달라졌다. 대학 내 데이트를 지배하는 법칙은 여전히, 무도회에서 여성 파트너 없는 남성들이 이미 짝지어 춤추는 여성을 가로채는 것과 같은 문화가 전형적으로 보여 주는 규칙, 곧 경쟁의 법칙이었다. 하지만 대공황기 남자 대학생과 공학 여학생은 1920년대 데이트인들이 탐닉했던 것과 같은 과시적 소비를 통해서가 아니라, **데이트** 그 자체라는 통화로 경쟁했다.

1930년대 조언 문헌은 데이트를 활용해 어떻게 인기를 끌어올릴까, 또 그 반대로 할까에 관한 비결로 가득하다. 인기 있는 데이트 상대가 되어 선망을 얻으면, '축구 사교장'에서 큰 금액을 외상으로 마시고 한꺼번에 결제할 수 없거나, 격주로 최신 유행 플래퍼 패션을 맞춰 입지 못해도 조금이나마 위로가 됐다. 경제 상황 악화로 커플들이 결혼해 정착할 수 없었던 만큼, 많은 데이트인은 더 오랫동안 데이트하는 것으로 자족해야 했다.

1930년대 내내 신문과 여성지는 "결혼할 만한 남자"가 고갈됐다며 통곡하고 또 통곡했다. 한 가정을 꾸리는 데 필요하다고 사람들이 생각하는 만큼 수입이 있는 젊은 남자는 거의 없었다. 1928년부터 1932년까지, 18~35세에 혼인하는 여성의 수는 그 이전 5년 동안에 비해 20퍼센트 가까이 감소했다. 당시 학생들은 오늘날의 밀레니얼세대와 아주 유사하게 행동하고 있었다. 데이트를 많이 하는 것이 평판이 떨어지지 않게 하는 한 방법이었기 때문에, 어떤 특정 데이트가 영구 합의로 이어질 성싶지 않음에도 불구하고 데이트 경쟁이 심화됐다.

대학 교정을 내다보던 교수들은 학생들의 행동에 주목하기 시작했다. 1937년에 한 학자가 1920년대의 비속어를 슬쩍 도용해 학문적 이론으로 다듬었다. 윌러드 윌러Willard Waller가 주장하길, 캠퍼스 내 구애는 "등급 매기기 및 데이팅의 복합적 관념"에 좌우됐다.

펜실베이니아대학교에서 박사학위를 취득한 윌러는 데이트를 그다지 좋지 않은 것으로 보는 성향이었을 수도 있다. 윌러가 1930년대에 펜실베이니아주립대에 부임해 강의를 시작했을 때는 이혼한 지 얼마 되지 않았고, 학생들에게 지적 열정이 부족함에 몹시 실망한 상태이던 시기였다. 학생들의 관심사에 눈을 돌린 월러는 자신이 본 것에 고뇌했다.

월러는 자신이 가르치는 중산층 백인 학생 다수가 결혼을 미루는 합당한 이유가 있음을 알아보았다. 그런 학생들은 "계급 상승"을 열망하기 때문에 대학에 진학했다. 정말로 사랑에 빠진다면 그들한테는 엄청난 손실이 될 터였다. 결혼하면 거의 학교를 중퇴하기 마련이었다. 투자에 성공하려면 졸업하고 직장에 들어갈 때까지 기다려야 했다. 그편이 이치에 맞았다. 하지만 월러는 헌신할 의도가 전혀 없는 새로운 데이트 과정이 구애의 기능을 왜곡했다고 생각했다.

"춤추기, 페팅, 네킹, 자동차, 놀이공원, 그리고 포괄적 관습과 관행이, 짜릿함을 추구하는 행동을 허용하거나 용이하게 한다"라고 월러는 썼다. "세상에 나가 일하는 데 써야 할 활기가 짜릿함 속에서 탕진된다."

데이트는 새로운 커플과 가족을 형성하는 중요한 과제에 써야 할 자원을 경박한 유흥으로 돌릴 뿐만 아니라, "착취 관계"가 발전하도록 부채질했다. 특히, 급변하는 구애 행동 규범에서 비롯한 혼란 때문에 젊은이들은 서로를 이용해 먹을 수도 있었다. "오래된 도덕성에 따르자면 입맞춤은 어떤 의미가 있고, 사랑한다는 선언에도 어떤 의미가 있으며, 연달아 일요일 저녁마다 데이트한다는 것은 어떤 의미가 있다"라고 월러는 썼다. "새로운 도덕성 아래에서는 그와 같은 것들이 아무 의미 없을 수도 있다.

······ 그래서 한 사람이 짜릿함을 위해 다른 사람을 착취하는 일이 일어난다."

데이트가 여성에게 미치는 위험에 집착했던 앞 세대의 혁신주의적 사회학자들과 달리, 월러는 데이트가 도처에 도덕적 해악을 끼친다고 생각했다. "여성이 착취자인 경우, 대개 선물과 값비싼 유흥이 목적으로, '남자 돈 우려내기gold-digging'라는 흔한 양상이다. 남성이 착취자인 경우, 보통 여성의 몸에서 짜릿함을 얻는 것이 목적이다. 짜릿함에는 돈, 주로 남자의 돈이 든다는 사실은 종종 연애에 의심과 적대라는 강렬한 요소를 불러오는 작용을 한다."

어떤 의미에서 월러는 자선 소녀들의 시절 이래로 줄곧 데이트를 골치 아프게 한 "성매매 불안"을 표출하고 있었다. 공학 여학생은 실상, 성적 호의를 돈과 교환하지 않았다. 하지만 진정으로 흠모하지 않는 남자의 데이트 신청을 때때로 수락하기는 했다. 남자가 제공하는 칵테일이나 영화표로 즐거운 시간을 보낼 수 있음은 물론, 데이트를 이용해 사회적 선망을 구매하고, 그와 같은 선망을 자본으로 삼아 더 많이 데이트할 수 있었다. 한편 남성은 육체적 "짜릿함"을 가능한 한 많이 취했다. 주식시장과 다름없이, 등급 매기기 및 데이팅의 복합적 관념이란 여성과 남성이 서로 다른 규칙을 가지고 겨루는 어떤 신용 사기였다.

"어떤 젊은 남자가 데이트 상대로서 매력이 있느냐는, 캠퍼스 가치 척도에 근거를 둔 등급 매기기에 따라 결정된다"라고 월러는 평했다. "A등급을 받으려면 더 훌륭한 남학생 친목회 한 곳에 소속돼 있고, 활동에 참여해 눈길을 끌고, 주머니에 돈이 많으며, 잘 차려입고, 태도와 용모가 '반듯하고' '집안이 좋으며', 춤을 잘 추고, 자동차를 몰 수 있어야 한다. …… 젊은 여자에게 중요해 보이는 요소는 훌륭한 옷차림, 반듯한 생김새, 춤 실력, 그리고 **데이트 상대로서의 인기**다."

등급이 있어야 데이트할 수 있고, 데이트함으로써만 등급을 평가받을 수 있었다. 그럼에도 평판이 떨어지지 않도록 하려면 희소가치가 있는 것처럼 보여야 했다. 매력적인 상대가 되기 위해 젊은 여자가 유지해야 할 것으로 가장 주된 요소는, 매력적이라는 평판이었다.

"여느 곳과 다름없이 여기서도 성공만큼 성공을 보장하는 것은 없다."

마거릿 미드Margaret Mead는 대학 캠퍼스에서 이뤄지는 종류의 데이트가 행복한 결혼과 가정을 만드는 데 적합하지 않다는 데 동감했다. 미드는 1920년대와 1930년대를 대체로 남태평양에서 보내며 미국과는 근본적으로 다른 문화의 구애와 짝짓기 관행을 관찰할 기회가 있었다. 1928년에 출간한 『사모아에서 성년이 되다Coming of Age in Samoa』가 베스트셀러가 되면서, 미드는 세계에서 가장 저명한 인류학자 가운데 한 명이 됐다. 그리하여 1946년에 스탠퍼드대학교에서 초청받아 미국의 구애 의식에 관해 일련의 강의를 하게 됐을 때, 미드는 어떤 흔치 않은 관점을 제시했다. 윌러드 월러와 마찬가지로 미드는 데이트를 "일차적으로 어떤 경쟁적 시합"으로 봤다. 하지만 그렇다고 데이트가 역기능적 구애 형태가 된다고 생각하지는 않았다. 그보다는 데이트가 구애와 아무 관련이 없다고 말했다. 미국인은 구애 의식이 아예 없었다.

"데이트에 목마른 남자아이는 여자아이를 간절히 바라는 것이 아니다"라고 미드는 자신의 강의를 고쳐 쓴 『남성과 여성 Male and Female』의 한 장에서 서술했다. "남자아이는 주로 어떤 공개적 상황에서 자신에게 여자가, 그것도 잘 차려입고 주의를 기울이는 딱 맞는 유형의 여자가 있음을 남들에게 보이고 싶은 것이다." 데이트가 젊은이들에게 서로를 사회적 신분의 상징으로 대하도록 가르쳤다고 미드는 주장했다. 어떤 남자아이가 어느 순간에 어떤 여자아이를 원하는 이유는, 그 여자아이가 남자 자신의 이미지를 향상해 가치를 높일 것으로 생각하기 때문이다. "남자아이는 신차를 끌고 나가듯 여자아이를 데리고 나간다. 하지만 후자의 행동이 더욱 특정 개인과 무관한 까닭은, 자동차는 영원히 남자 자신의 소유지만, 여자아이는 저녁 동안만 그렇기 때문이다."

미드는 결별의 상투적인 표현을 가장 먼저 예측한 사람이었는지도 모른다. **너 때문이 아니야**라는 그 말을. 미드는 페팅이 성관계에 관한 것도 아니라고 말했다. 젊은이들은 서로 경쟁하기 위해 "성적으로 준비돼 있음을 흉내 내는 것"을 배웠다. 여러분의 피부와 팔다리와 머리카락과 웃음은 노름판에 쌓아놓은 판돈 역할을 했다. 포상은 사랑이 아니라 인기였다. 대학 내 데이트의 가장 중요한 교훈은, 올바르게 소비하고 스스로를 드러내는 법을 배우는 것이었다. 다시 말해 알맞게 몸단장하고 차려입으며, 딱 맞는 활동을 제안하고, 적절한 순간에 적절한 농담을 하는 것이다. 이와 같은 연습은 구애보다는 직업훈련과 더 관련성이 깊었다.

대학 스스로도 이와 같은 방향으로 우선순위를 전환하고 있었다. 20세기 초에 미국 대학들은 변화하고 있었다. "실행을 통한 학습"을 주창한 존 듀이John Dewey 같은 인물들의 영향으로, 대학 행정가들은 학생이 자치 조직을 발전시키도록 허용하고 심지어 장려하기 시작했다. 캠퍼스에서는 남학생 친목회 이외에도 학생신문, 극단, 대학 대항 운동경기 팀에 이르기까지 활동이 확산됐다. 등급 매기기 및 데이팅과 더불어 이와 같은 동아리는, 학생이 흔히 이 동아리의 닮은꼴인 기업 안에서 성공할 수 있도록 훈련시켰다.

1915년에 예일대학교 영문학 교수 헨리 자이델 캔비Henry Seidel Canby는 이렇게 썼다. "지적 발달을 지향하지 않는 노력은 일체 헛수고라 가정하는 것은 학자연하는 것에 불과하다." 예일대는 "'잘 어울리는 사람들을' 수없이 배출하고 있다"라고 캔비는 말했다.

등급 매기기 및 데이팅 그리고 남학생 친목회 문화와 다를 바 없이, 현시대 훅업은 학생들을 분류한다. '프린스턴 엄마'는 『똑똑하게 결혼하라』에서 데이트에 대해 대놓고 엘리트주의적인 접근 방식을 취해, 젊은 여성들에게 "격에 맞는 남성"을 찾을 곳은 프린스턴 말고는 아무 데도 없을 것이라 말했다. 훅업에 관한 사회과학적 자료 전반은 훅업 관행 역시 백인-이성애자-중상류층 중심적임을 시사한다. 훅업은 《디애틀랜틱》 그리고 《뉴욕타임스》와 같은 지면에서 시사하는 것만큼 그다지 보편적이지 않다. 리사 웨이드의 연구를 보면, 아프리카계 미국인 학생은 자신들을 성욕 과잉이라 비난하고는 이를 이유로 처벌하는 고정관념의 오랜 역사를 아마도 의식해, 백인인 또래보다 훅업에 훨씬 덜 참여하는 경향이 있음을 알 수 있다. 대학에 통학하거나 일을 해서 스스로를 부양하는 학생은, 파티 현장에 참가할 시간이나 가처분소득이 없다. 퀴어 학생은 남학생 친목회를 피하는 나름의 이유가 있으며, 게이 남성은 이성애자인 또래보다 성적으로 더 문란하다는 평판을 받으나 사회학자·상담교사·심리학자들은 이것이 합당한 평판이 아님을 시사했다. 실제로 게이 남성은 관계에서 뭘 원하는지 정의하고 요구하는 데 일반적으로 더 능숙하며, 여기에는 종종 성관계 자제도 포함된다.

대중매체는 왜 훅업에 그토록 많은 관심을 기울일까? 한 가지 면에서 보면 해답은 자명하다. 여성 판매원이 여러분에게 말해줄 수 있었듯, 성이 팔리기 때문이다. 기사를 작성하는 사람과 그것을 읽는 사람도 대부분 백인, 이성애자, 중산층이다. 이러한 사람들은 "주류" 문화로 간주되는 것이 무엇인지에 대한 조건을 정하는 사람들로, 그들이 서술하는 내용이 실제로는 예외적인 경우에도 그러하다. 또 다른 면에서 보면, 혹업에 관한 보도는 온종일 일만 하는 것, 또 남을 무심하게 이용하는 것이 바람직하고 매력적이라는 발상을 퍼뜨린다.

혹업은 어떤 교육을 제공할까? 또, 졸업 후에도 멈추지 않고 혹업의 소양을 추구하는 사람들은 어떻게 될까? 그들은 언젠가 꿈의 위치에 도달할 자격을 그들에게 줄 수 있는 경험에 투자하고 있는 걸까? 아니면, 한 해 한 해 혹업을 지속함으로써 정서적으로는 더 많은 학자금 부채를 지는 것과 같도록 스스로를 몰아넣는 것에 지나지 않을까?

틴더 같은 앱은 도시 곳곳에 흩어진 젊은이들이 대학 시절에서 그리워하는, 바로 그 무한한 성적 가능성이라는 신기루를 제시한다. 사용자는 평균적으로 틴더를 하루에 열 번 실행한다. 하지만 틴더가 중매자로서 썩 효과적인 것 같지는 않다. "플레이 play"라는 동사를 쓰는 데서 알 수 있듯, 많은 사람은 틴더를 비디오게임에 가깝게 취급한다. 틴더가 제공하는 가장 가치 있는 서비스는, 여러분을 흔쾌히 "오른쪽으로 쓸어 넘길"* 싱글이 있

---

* 틴더 앱에서는 사용자에게 다른 사용자들의 프로필을 제시하고 그들이 데이트 상대로 마음에 들면 오른쪽, 마음에 들지 않으면 왼쪽으로 화면을 쓸어 넘기게 한다.

다는 사실―누군가가 어딘가에서 여러분과 훅업할까 고민할 것이라는 사실―을 떠올릴 때 엔도르핀이 솟구친다는 점일지도 모른다.

로스앤젤레스에 거주하는 한 남성 친구는 교통체증 때 시간을 때우려고 틴더를 하는 경우가 대부분이라고 실토한다. "자동차 안에서 하고"―친구는 머뭇머뭇한다―"또 변기에 앉아 있을 때 해." 친구는 중독될 만큼 플레이한 지 18개월 만에 총 세 번 데이트했다. 그럼에도 틴더는 그 친구가 언젠가 자신의 틴더렐라Tinderella를 찾으리라는 믿음을 잃지 않는 데 도움이 된다. 그리고 어쩌면 이런 것―즉 바지를 발목에 뭉친 채 만족스레 혼자 앉아 있는 것, 우리가 (데이트) 기회를 찾는 사이 테크 산업에 무상으로 돈을 벌어다 주는 것―이야말로, 훅업이 우리에게 단련시켜 온 일인지도 모른다.

마거릿 미드는 미국의 구애 의식을 들여다보았다. 그러고는 미국에선 구애와 경쟁을 뒤섞음으로써 젊은이들에게 대단히 혼란스러운 메시지를 보낸다고 여겼다. 여자아이들아, 어서 해. 미국은 말했다. 열심히 노력해서 데이트 상대를 가능한 한 많이 차지해. 그 상대와 밖으로 나가서 페팅해! 하지만 그럼으로써 상대의 충동을 깨우고 그 충동에 여러분도 실제로 **굴복한다면**, 신이시여 여러분을 도와주소서. 이와 같은 사고방식은, 혈기 왕성한 남자아이는 으레 항상 "더 멀리 나가려" 한다고 여겼다. 어떤 여자아이가 입맞춤을 받고서 속 깊이 떨림을 느끼며 다음 "고지"를 훔치고 싶어질 가능성은 용인할 수 없었다. 말하자면 여성이 자신의 욕망을 표현할 길은 말할 것도 없거니와 이해할 길도 제공해 주지 않았다.

1930년대에 성은 여자아이가 잃어야 하는 것이었다. 착한 여자아이는 가급적 무사할 만큼만 줬다. 그러다 여자아이가 결혼하자마자 미국은 태도를 돌연 뒤집었다. 젊은 아내는 성관계해야 할 뿐만 아니라, 많이 해야 하고, 좋아해야 한다고, 미국은 여성에게 말했다. 남편이 좋아하는 만큼 좋아하지 않으면, 여러분의 결혼 생활은 "안정되지" 않을 것이다.

미드는 등급 매기기 및 데이팅이 장기적인 관계를 위한 훌륭한 준비는 아님을 인식했다. 오늘날의 훅업도 다를 바 없다. 페팅이 착한 여자아이로 하여금 의지대로 할 수 없는 경우를 제외하고는 쾌락을 느낄 방법을 남겨 놓지 않는 것이었다면, 훅업은 사람들로 하여금 자신의 감정에 관해 같은 방식으로 느끼도록 가르친다. "훅업"이 거의 모든 단계를 지칭할 수 있다는 사실은, 훅업을 규정하는 특징이 어떤 특정한 일련의 성적 활동은 **아님**을 시사한다. 훅업이라 부르는 모든 친밀한 행위가 공유하는 유일한 점은, 참가자가 상대에게 마음을 쓰거나 기대를 품어서는 안 된다는 것이다. 훅업하는 것은 아무런 약속도 하지 않는 것이다. 그러므로 몇 달 동안 훅업해 온 누군가와 결별하면서 아무런 설명도 하지 않는 이상한 방식이 가능하다.

대학생에게 한없이 적응할 수 있어야 한다고, 어떤 것에도 의지할 수 없는 경제에 대비해야 한다고 말하는 시대에, 대학생이 이런 방식으로 관계를 맺고 졸업 후에도 계속 그렇게 행동하는 것은 당연지사다. 등급 매기기 및 데이팅이 당시 젊은이에게 산업계 우두머리, 성공한 직업여성, 주부가 되라고 가르쳤듯, 훅업은 현시대 경제가 요구하는 유연성을 우리에게 가르쳐 준다.

오늘날 밀레니얼세대는 평균적으로 어떤 직장에서도 3년 이상 머물지 않으며, 또한 노동인구의 30퍼센트 이상이 프리랜서로 일한다. 훅업은 여러분이 이와 같은 역경을 딛고 살아가는 데 필요한 냉철한 마음을 준다. 대중매체 연구 학위와 비슷하게도, 훅업은 한편으로는 그 어떤 대비책도 될 수 있는 동시에, 다른 한편으로는 딱히 아무런 대비책도 될 수 없다.

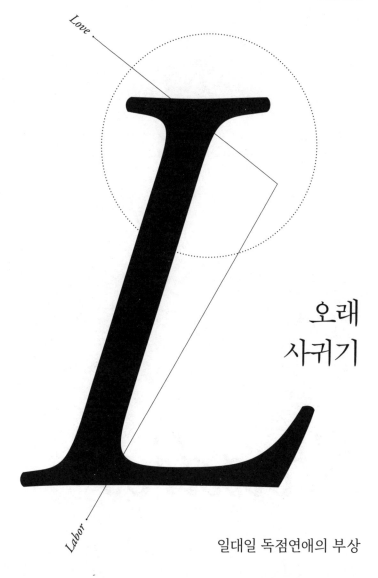

Love

Labor

오래
사귀기

일대일 독점연애의 부상

Steadies

L

시트콤 〈사인펠드Seinfeld〉에서 아홉 시즌 동안 제리 사인펠드Jerry Seinfeld가 연기한 인물에게는, 시즌을 다 합치면 여자친구가 예순여섯 명 있었다. 여자친구들은 한 명 한 명 다 문제가 있었다. 티브이 방송에 나올 만큼 다들 매력적이었지만 각각 치명적 결함이 있었고, 이는 그 여성이 등장하는 회차의 약칭이 됐다.

"두 얼굴" "시끄러운 웃음소리" 같은 식이었다. 이 아무 내용도 아닌 쇼*에서는, 연애를 끝내기에 너무 사소한 이유란 없었다. 한 회차에서는 제리와 사귀는 중인 몹시 화가 난 어떤 금발 여성이, 여성 자신이냐 아니면 여성의 배꼽 밖으로 **안녀어어어엉** 하고 요들을 부른다고 제리가 상상하는 어떤 목소리 흉내 내기냐 중에서 선택할 것을 제리에게 요구했는데 그가 목소리를 고른다. 그러면 안 될 건 뭔가? 직업이 있는 남자는 뉴욕에서 잠

* 〈사인펠드〉의 시즌4 3회에 나오는 등장인물의 대사 문구로, 이 시트콤의 별명 같은 수식어가 되었다.

재적 데이트 상대를 무한히 만날 수 있음을 제리는 추호도 의심하지 않는 듯하다. 심지어 뚱뚱하고 머리가 벗겨졌으며 박복한 조지 코스탠자(이 시트콤의 등장인물)도 외모가 훌륭하고 잠자리할 마음이 있는 여성들을 꼬박꼬박 만나는데.

내가 말을 꺼내자 "당연하지"라며 한 친구가 앓는 소리를 냈다. "1990년대에 조지는 요즘으로 말하면 똥배 나온 힙스터 hipster야." 그와 같은 남자들은 **줄기차게** 여자와 잠자리한다. 그런데 제리나 조지가 본디 성욕이 끓어올라 그런가 하면, 그건 아닌 듯하다. 그들의 방탕함은 이야기의 필요성과 더 관련성이 깊다. 이는 〈사인펠드〉가 계속 진행되기 위해 필요한 것이다.

시트콤이 진행되려면 특정 유형의 데이트가 있어야 한다. 데이트는 본질적으로 반복되는 구성 방식에 참신함을 가져올 수 있다. 하지만 등장인물 수와 줄거리를 형성하는 일련의 사건 수는 시청자가 따라갈 수 있는 이상으로 늘어나서는 안 되며, 어떤 연애도 당초의 전제가 무색할 정도로 진지해져서는 안 된다. 제리와 일레인이 〈사인펠드〉 시작 전에 데이트했었다는 점은 괜찮았다. 그리고 때때로 다시 같이 잠자리에 들어도 문제없었다. 하지만 둘이 [시트콤 내에서] 정말로 연인 사이였다면, 〈사인펠드〉는 알아볼 수 없을 정도로 달라졌을 것이다.

성가신 우체부와 고약한 식료품점 주인은 오래도록 우리네 삶의 배경에서 어정거릴 수 있다. 하지만 일반적으로 여러분이 데이트하는 사람은 갈수록 더 큰 역할을 맡거나, 아니면 화면에서 사라질 것이다. 그래서 〈사인펠드〉에서는 데이트 상대가 차례로 나타났다 사라졌다 한다. 〈프렌즈Friends〉도 다를 바 없다. 〈프렌즈〉의 등장인물들은 제리, 조지, 일레인, 크레이머보다 인간혐오 성향이 덜 노골적이긴 하지만, 연애에 대한 헌신을 역시나 미루는 경향이 있다. **그들이 커플이 될까, 안 될까?** 이는 쇼가 시즌 동안 시청자의 흥미를 유지하기 위해 쓰는 핵심 전략이 됐다. 챈들러와 모니카가 결혼할까? 로스와 레이철은? 〈오피스The Office〉에서 팸과 짐은?

NBC가 우리의 궁금증을 부채질하는 동안 미국인 수백만 명이 티브이를 꼬박꼬박 시청했다. 그런데 제리 사인펠드와 제니퍼 애니스턴Jennifer Aniston〔〈프렌즈〉 레이철 역 배우〕이 수행한 연애 방식은 그들이 처음 만들어 낸 게 아니었다. 제2차세계대전 발발 무렵에 데이트를 시작한 젊은이들이 만들어 낸 것이었다. 오늘날에는 그와 같은 연애 방식을 "연속적 일대일 독점연애serial monogamy"라 부른다. 과거의 젊은이들은 "오래 사귀기 going steady"라 불렀다. 오늘날에는 그들의 은어가 예스럽게 들릴 수 있지만, 그들이 개척한 양식을 많은 싱글이 여전히 따르고 있다.

불길한 징조는 1940년경 고등학교 체육관에서 나타나기 시작했다. 젊은이들이 등급 매기기 및 데이팅을 하기보다는 짝을 짓고 있었다. 고등학생 그리고 심지어 중학생까지 밖으로 나가 춤추고, 영화를 보며, 약국 판매대에서 콜라와 루트비어플로트(달콤쌉싸름한 소다에 아이스크림을 띄운 음료 디저트)를 샀다. 그들은 광란하는 1920년대의 대학생들처럼 자동차를 세워 두고 페팅을 했지만, 상대는 늘 같은 사람이었다. 비록 대체로 실내에 머물더라도, 그 사람과 "밖으로 나간다going out"고 공개적으로 말했다.

오래 사귄다는 표현에서 "오래steady" 부분은 '방문' 시대 Calling Era에서 유래했다. 당시에 "오래 교제한다는 것"은 어떤 진지한 헌신을 의미했다. 꾸준히 단둘이 시간을 보내는 여자아이와 남자아이는 곧 결혼하리라 예상됐다. 오래 사귀기를 하는 커플Steadies은 '방문'의 몇몇 측면을 되살렸다. 커플은 종종 서로의 가족이 있는 집을 방문해 수다를 떨고, 간식을 먹거나 음반을 듣거나 티브이를 보았다. 오래 사귀기를 하는 여성 연인은 스스로를 "톰의 여자"나 "밥의 여자"로 지칭할 수도 있었다. 남성의 경우 "자신의" 여자에게 징표를 주어 둘이 유대감을 공유함을 드러내 보이게 했다. "핀을 받은pinned" 여자의 경우, 남자친구의 남학생 친목회 핀을 블라우스나 스웨터에 달았다. 남자친구가 속한 학급의 반지가 손가락에 꼭 맞도록 테이프나 실을 감기도 했다.

어떤 연인들은 "약혼 전 단계" 반지를 교환했다. 하지만 실제로 결혼을 진지하게 고려하는 사람은 거의 없었다. 우선, 대부분이 너무 어렸다. 1950년대 중반에 중학생 열 명 가운데 한 명은,

열한 살이 되기 전 오래 사귀기를 하는 경우가 적어도 한 번 있었다. 오래 사귀기는 결혼으로 한 발짝 내딛는 것이라기보다는 그 자체로 중요한 성인식이 됐다.

1942년에 모린 데일리Maureen Daly라는 한 젊은 중서부 사람은, 오래 사귀기가 얼마나 흥미진진할 수 있으며 당사자들을 얼마나 극적으로 변화시킬 수 있는지 포착했다. 데일리 가족은 모린이 어렸을 때 북아일랜드에서 미국 중서부로 이민을 왔다. 위스콘신주 폰더랙에서 고등학교를 졸업할 무렵, 모린은 이미 몇몇 단편을 출간해 동년배들에게 권위 있는 인물로 자리 잡아 가고 있었다. 모린 세대를 대중매체는 이제 막 "10대"라 부르기 시작했다.

데뷔작 『열일곱 번째 여름Seventeenth Summer』을 발표했을 때, 데일리는 아직 일리노이주 리버포레스트에 있는 로저리칼리지의 학부생이었다. 책 홍보에서는 소설 내용이 데일리의 자전적 경험에 바탕을 둔 이야기임이 강조됐다. 서평과 함께 공개된 사진에는 역삼각형 얼굴에 이목구비가 오밀조밀하고 진지한 표정을 한 젊은 여성의 모습이 담겨 있다. 짙은 머리는 한쪽으로 가르마를 타 차분한 여학생 단발을 하고 있지만, 눈매는 날카롭고 총명해 보인다. 소설 속 화자인 앤절린 모로의 자리에 데일리를 대입해 그려 보는 것은 어렵지 않다.

『열일곱 번째 여름』은 석 달간의 연애담을 앤지('앤절린'의 애칭)의 관점에서 들려준다. 6월 초, 앤지는 고등학교를 졸업했다. 동네 제빵사의 아들 잭 덜루스가 사람들이 많이 찾는 소다수 판매점에서 데이트하자고 신청하자, 앤지는 심란하다.

"거의 사교계 첫 등장, 뭐 그쯤이라도 되는 기분이었다"라고 앤지는 말한다. "난 이전에 데이트하러 피트네Pete's(소설 속, 앞서 언급된 소다수 판매점)에 간 적이 한 번도 없었고, 우리 동네에서 그건 어떤 중대한 시험이었다."

나중에 앤지는 낙제했다고 확신한다. "난 완전히 잘못 행동했다. …… 생각하자니 속이 뒤틀렸다."

앤지는 서투르기만 한 게 아니라 순진하기도 하다. 피트네 밖에 줄지어 주차된 차량을 보며 앤지는 어리둥절해한다.

"여기 밖에 주차된 차량들만큼 안에 사람이 많은 것 같지는 않아"라고 앤지는 말한다. 잭은 앤지가 농담하는 게 틀림없다고 생각한다. 자동차들은 분명 연인들로 꽉 차 있다. 하지만 사흘이 지나지 않아 앤지는 잭에게 자신을 한 컨트리클럽 무도회장에서 데리고 나가, 어둑어둑한 골프 코스에서 첫 입맞춤을 하도록 재촉하고 있다.

"사랑스러웠던 다음 순간 때문에"라며 앤지는 떠올린다. "나는 내가 한 뼘 더 자랐다고 생각한다."

머지않아 몇몇 교육기관의 교수들이 자신의 학생들 역시 오래 사귀기를 선호한다는 사실을 확인했다. 1948년에 버크넬대학교 연구진은 대학생 484명에게 연애에 관해 물었는데, 그중 105명이 당시 한 명만 독점적으로 만나고 있다고 답했다.

1955년에 사회학자 로버트 허먼Robert Herman은 윌라드 월러의 "캠퍼스 내 등급 매기기의 복합적 관념"이 한물갔다고 선언했다. 대신 어떤 새로운 "오래 사귀기의 복합적 관념"이 자리 잡았다. 허먼이 위스콘신대학교에서 200명 가까운 학생을 대상으로 설문조사를 했을 때, 학생들은 오래 사귀기가 자신과 또래가 데이트하는 가장 일반적인 방식이라 말했다. 답변자 가운데 77퍼센트가 오래 사귀기를 직접 한 적이 있다고 말했다. 또, 오래 사귀기를 한 적 있는 사람들의 과반수가 두 번 이상 해당 경험이 있었다.

"오래 사귀기는 내가 고등학생 때 했던 것이다"라고 허먼의 학생 한 명이 썼다.

"우리 학교의 유행은 오래 사귀기였다"라고 또 다른 학생이 확인해 줬다. "오래 사귀거나 아니면 아예 사귀지 않거나."

내가 고등학교에 다닐 때도 기본적으로 그랬다. 몇 안 되는 여자아이, 남자아이가 어느 한 남자친구나 여자친구에게 충실하지 않고 서로서로 혹업하는 것으로 알려져 있었다. 그들을 제외한 우리는 못마땅해하면서도 매료돼 그들의 연애 사건을 속닥속닥했다. 하지만 내 친구들은 대부분 주기적으로 혼자였다가 연인이 됐다가 다시 혼자가 되고는 했다. 내가 그랬듯 친구들은, 우리가 각자 상대방을 차례로 거치다 어떤 불가사의한 작용에 따라 그 가운데 한 명이 모름지기 운명의 사람이 되리라 생각하는 듯했다. 그런 다음 각자 짝을 지어 나란히 서면 화면은 서서히 어두워질 것이다.

　내가 열다섯 살이었을 때는 그토록 단순한 경로가 자연스러워 보였다. 그렇게 믿었다니, 지금 생각하면 순진했던 것 같다. 그런데 10대가 이와 같은 방식으로 데이트하기 시작했음을 알아차린 최초의 어른들은 10대의 행동을 이상하고 수치스럽다고 생각했다. 연애 관련 사적 조언을 제공하는 칼럼들이 1940년대와 1950년대 미국 신문의 일반적인 특징이 됐고, 전국으로 공급되는 기사를 쓰는 새로운 전문가 계층은 동감하는 것 같았다. 오래 사귀기란 끔찍한 발상이라는 데에 말이다.

　엘리자베스 메리웨더 길머Elizabeth Meriwether Gilmer가 가장 신랄했다. 도러시 딕스Dorothy Dix라는 필명으로 집필 활동을 한 길머는, 미국에서 가장 돈을 많이 받는 여성 언론인 가운데 한 명이 됐다. 인기가 절정이었을 때는 전 세계에 정기 독자가 수백만 명이었다. 그리고 일찍이 1939년에 딕스는 젊은 여성들에게 "'오래 사귀기'라는 제정신이 아닌 어리석은 짓"을 하지 말라고 경고하고 있었다. "해당 관습은 결혼의 가장 나쁜 특징은 다 갖추고 있되 결혼의 이점은 아무것도 없다"라고 딕스는 썼다.

　도리스 블레이크Doris Blake도 그와 의견이 일치했다. 블레이크 역시 앤트와넷 도널리Antoinette Donnelly라는 한 여성의 가명이었다. 블레이크의 칼럼은 전국의 일간지 마흔다섯 곳에 공급됐다. 1942년에 블레이크는, 한때 고등학교와 대학교 무도회에서 젊은 남자들이 여성 파트너를 잡기 위해 끼어들고, 젊은 여자는 댄스 파트너 대기자 명단이 꽉 차는 좋은 시절이 있었다며 애도하는 글을 발표했다.

"우리가 알지 못하는 사이에 그야말로 해로운 습관이 자라나, 16세, 17세, 혹은 18세 연인이 무도회장에 있는 다른 사람들은 다 배제하고 자기 둘만 짝을 짓는 이 우스꽝스러운 관습을 조장했다"라고 블레이크는 씩씩댔다.

미국 최대의 흑인 소유 신문인《볼티모어아프로아메리칸》에 실린 조언은 좀 더 신중했다. 해당 신문은, 단지 "샤프롱"이 서명했다고 돼 있는 '데이트 데이터Date Data'라는 명칭의 주간 칼럼을 고정으로 실었다. 칼럼은 다양한 문제를 겪고 있는 오랜 연인들에게 사려 깊은 조언을 제공했다. 하지만 결국은 젊은이들이 이 사람 저 사람과 데이트하는 게 더 낫다는 데 동감했다.

한 젊은 여성이 남자친구가 군에 입대해서 절망스럽다는 사연을 보내오자, 샤프롱은 다음과 같이 꾸짖었다. "당신이 그 남자와 결혼하지 않았고, 그 남자도 자기 삶을 살아야 한다는 것만 기억하세요."

어느 열네 살 여자아이는 오래 사귀기 상대인 남자아이가 남들에게 "다정하게 말한다"라며 어떻게 해야 연애를 지속할 수 있는지 조언해 달라고 간청했다. 샤프롱은 무뚝뚝하게 말했다. "보아하니 그 남자아이는 이미 당신을 포기한 것 같군요. 그래도 너무 기분 나빠하지 마세요. 당신처럼 젊을 때는 한 사람에게 계속 안주하기보다 많은 이성 친구에게 관심을 갖는 것이 건강하답니다."

회의론자들은 무엇을 그토록 염려했을까? 우선, 오래 사귀기는 젊은이들에게서 구애하고 구애받는 즐거움을 빼앗는 것처럼 보였다. 등급 매기기 및 데이팅의 시대에는, 상대를 만나려면 계획을 세워야 했다. 1920년대에 퍼서가 플래퍼를 데리고 나가고 싶으면, 남자가 여자를 방문해야 한다는 것이 관습이었다. 남자 대학생이 공학 여학생을 만나고 싶으면 캠퍼스를 산책하거나, 조이라이딩을 하거나, 영화를 보러 가는 등 어떤 활동을 제안해야 했다. 오래 사귀기는 이와 같은 관습을 바꿨다. 역사상 최초로 데이트인들이 서로를 당연시하는 게 가능해졌다.

1951년에 알시에이빅터RCA-Victor(미국의 음악 관련 전자제품 제조사)의 교육 부서에서 제작한 단편영화 한 편이, 고등학교 교실에서 학생들에게 배타적 관계에 빠지는 것의 위험성에 관해 가르치는 데 사용됐다. 주인공은 쓸쓸해 보이는 오랜 커플, 제프와 마리였다. 둘은 아이들처럼 보이는데도 벌써 권태롭고 덫에 걸린 기분이다. 첫 장면에서 마리의 어머니는 마리에게 제프가 와서 그날 밤 학교 무도회에 데려갈 것인지 묻는데, 마리는 괴로운 나머지 손을 쥐어튼다.

"오, 어머니, 그게 문제예요. 제프는 제게 묻지도 않고 그냥 나타나요!"

그런 다음 장면은 제프로 바뀐다. 알고 보니 제프도 똑같이 고뇌하고 있다.

"우리는 아무것도 합의하지 않았어"라고 제프는 자신보다 더 생각이 깊은 형에게 한숨을 쉬며 말한다. "오래 사귀는 것에 관해 **이야기조차** 하지 않았다고. 우리는 그저…… 오래 사귀고 있는 거야."

제프는 머뭇머뭇한다. "내가 어쩌다 이렇게 됐을까?"

오래 사귀기에 뛰어들 만큼 어리석었다면, 고등학교라는 공간의 특성상 사생활 없이 누가 뭘 하는지 다 공개되는 탓에 오래 사귀기에서 벗어나기 어려울 수 있었다. 또래들이 공모해 오래 사귀기를 하는 사람의 규약을 집행했다. 『열일곱 번째 여름』에서는 "검사관"이라는 한 무리의 남자아이들이 동네의 가장 인기 있는 데이트 장소 앞에서 저녁마다 어슬렁거린다. "그 남자아이들은 누가 누구와 콜라를 마시고 있는지 지켜보고, 남자친구와 오래 사귀기를 한다는 여자아이들이 위반 행위를 하는지 알린다"라고 화자인 앤지는 서술한다.

대학의 '결혼과 가정' 수업에 활용된 한 유명한 교과서에서는, 젊은이들이 한 사람 이상을 만나고 싶으면 "늦은 데이트"—오래 사귀기를 하는 중인 상대가 집으로 바래다주면, 조금 이따 슬그머니 나가 두 번째 저녁 식사를 하러 또는 콜라나 맥주를 마시러 가는 것—에 의지해야 한다고 주장했다. 이렇게 하면 바람피우는 걸까? 여러분이 한 학기나 여름 한 계절 동안 진실하게 대하겠다고 맹세한 사람을 배신하는 게 가능할까? 죄책감이 들 수도 있다는 것은 확실해 보였다.

오래 사귀기 때문에 결혼 전 즐거움이 줄어들었다면, 권위자들은 오래 사귀기가 결혼 생활의 전망에도 잠재적으로 해를 끼칠 수 있다고 우려했다. 도러시 딕스는 오래 사귀기란 이쪽저쪽 다 패자가 되는 것이라 경고했다. 여자아이는 끝내 자신을 저버릴 남자아이에게 한창때를 허비할 수도 있었다. 더 나쁜 경우, 연인 한 쌍이 결국 타성에 젖은 채 결혼식장 통로로 떠내려가는 결말이 나 버릴 수도 있었다.

딕스는 너무 우아해서 또 다른 가능성을 지적하지는 못했다. 그 가능성이란, 오래 사귀기를 하는 사람들이 저도 모르게 샷건웨딩shotgun wedding을 해야(즉, '속도위반' 식으로 마지못해 급히 결혼식을 올려야) 하는 상황에 처하리라는 점이다. 가톨릭교회는 딕스처럼 너무 우아하지는 않았다. 1957년 '재의 수요일'(예수의 부활 전 고난과 자신의 죄를 생각하는 기독교(특히 천주교) 절기인 사순절의 첫날)에 시카고 대주교인 추기경 새뮤얼 앨폰서스 스트리치Samuel Alphonsus Stritch는, 오래 사귀기 관행이 아이들을 유인해서 성관계를 하게 할 덫이라고 공개적으로 비난했다. "사춘기 여자아이와 남자아이가 지나치게 친밀한 것은 위험하고 불경스럽다"라고 스트리치는 말했다.

그 해에 전국 가톨릭계 학교는 "남들을 다 배제하고 둘만 만나는" 것으로 밝혀진 학생들을 쫓아내기 시작했고, 한 가톨릭

잡지는 독자에게 이렇게 경고했다. "여자아이와 남자아이가 얼마 동안이든 둘이서만 친밀하고 배타적으로 교제하면서도 심각한 죄를 짓지 않기는 불가능하다."

추기경 스트리치는 틀리지 않았다. 미국에서는 오랜 전통에 따라 구애하는 연인들이 삽입 성교까지 가지 않는 한 성행위를 할 수 있도록 암묵적으로 허용했다. 식민지 시대의 한 친숙한 관습으로 "번들링bundling"이 있는데, 이는 때때로 "태링tarrying"이라 불리기도 했다. 두 젊은이가 반쯤 옷을 걸치고 한 침대에 나란히 누워 자거나, 또는 자루 한 짝에 들어가 목 부분을 끈으로 당겨 여민 채 한 침대에서 자는 것을 허락한 것이었다. 가끔은 "번들링 판자"라 부르는 나무 조각을 둘 사이에 놓았다.

벤저민 프랭클린Benjamin Franklin은 자서전에서, 첫 결혼 상대가 될 사람의 부모가 그들의 딸과 노닥거리도록 부추겼던 일을 회상한다. 그들은 프랭클린을 집으로 초대해 그와 딸, 둘만 응접실에 남겨 뒀다. 진지하게 사귀는 연인에게 눈을 찡긋하며 너그러움을 베푸는 별별 방식이 방문 시대 내내 지속됐다.

최초의 데이트인들을 도시의 풍기문란죄 단속반이 해산시키고 있을 무렵, 노동계층 부모 다수는 자식이 잠재적 배우자와 혼전 성관계를 할 것이라는 사실을 받아들였다. 1910년에 뉴욕주에서 아버지 몇 명이, 자신의 딸과 잠자리한 다음 퇴짜 놓은 남자들을 "혼인빙자간음"으로 고소해 승소했다. 법원은 이 아버지들의 손을 들어 줌으로써, 약혼자와 잠자리하는 것은 합당한 일이라는 암묵적 판결을 내렸다.

1940년대에 앨프리드 킨제이는 인디애나대학교에서 인터뷰한 학생 대부분이, 흔히 서로를 흥분시켜 오르가슴을 느끼게 하는 행위를 비롯해 "진한 페팅"을 한다는 점을 알게 됐다. 1950년대에 가정을 꾸린 백인 부부 300쌍을 대상으로 한 켈리 종단연구Kelly Longitudinal Study에서는, 결혼 전에 포옹과 입맞춤만 한 경우는 7~10퍼센트에 불과한 것으로 나타났다. 나머지는 모두 "더 멀리까지 갔다".

그런데 혼전 성관계가 오래 사귀기 시대 훨씬 전부터 일반화됐다면, 오래 사귀기를 하면서 아이들은 결혼할 마음이 없는 상대와 혼전**전** 성관계를 할 공산이 커졌다. 1950년대 내내 실시된 연구들을 보면, 10대는 오래 사귀되 "갈 데까지 가지만" 않으면 가장 진한 페팅도 충분히 고상한 행동이 될 수 있다고 믿는 것으로 거듭 나타났다. 1961년에 사회학자 아이라 레이스Ira Reiss는 새로운 도덕률을 가리키는 어구를 만들어, "애정을 동반한 페팅petting with affection"이라 칭했다.

애정을 동반한 페팅이 나쁘기만 한 것은 아니었다. 한 명의 상대와 정서적으로 친밀해짐으로써 가벼운 데이트나 "페팅 파티"보다 더 안전하다고 느낄 수 있는 탐색 기회가 생겼다. 요즘도 다르지 않다. 내가 고등학생일 때 사귀었던 남자친구와 그의 아파트에서 시간을 보냈던 기억이 떠오른다. 남자친구의 맞벌이 부모님은 저녁 여섯 시나 일곱 시 전에는 절대 집에 오시지 않았기 때문에 우리는 오후 긴 시간을 같이 있을 수 있었다. 뻔한 것들에 진력난 우리는, 몇 시간이고 몸을 더듬으며 성감대가 될 수 없는 신체 부위를 찾았다. 성감대라는 말은 어디서 배웠을까? 그와 같은 몸수색은 놀이가 됐다. 우리가 운동 연습을 하러 나갔다 돌아오면, 서로의 몸은 더욱 짭짤한 맛이 났다. 이름 모를 파티 화장실에서 아무 상대와 몸을 더듬을 수밖에 없었다면, **근본적으로 '바로 그 무엇A Thing'*이 아닌 건 아무것도 없다**는 중요한 교훈은 결코 배우지 못했을 것이다.

특히 젊은 여성들에게 오래 사귀기는 평판에 대한 보호책을 제공했다. 오래 사귀기를 함으로써 여러분은 만나는 상대의 총숫자를 제한하고, 여러분을 아끼는 사람과 "네킹"했다. 상대 남자의 대외 이미지가 여러분의 대외 이미지와 결부돼 있다는 사실 때문에, 신뢰를 저버리는 행동을 할 수 없었다. 남자친구가

---

* 본문에서 강조한 부분의 영어 원문은 "*basically nothing is not A Thing*"이다. 오래 사귀는 사이의 남녀는 애정을 동반한 페팅을 했고, 이는 안전하다고 느낄 수 있는 탐색 기회를 제공했다고 저자는 논하며 자신의 고교 시절 남자친구와의 경험을 예로 들고 있다. 두 사람 간의 친밀하고 안전한 육체적, 성적 탐색은, 자신의 욕망과 타인의 욕망이 만나는 중요한 경험이자 배움이라 할 수 있을 것이다. 이와 같은 경험과 배움을 'nothing is not A Thing'이라는 말로 재치 있게 표현하고 있는 듯하다. 일상 영어에서 꽤 흔히 사용되는 표현인 'a thing'은 맥락에 따라 다양한 의미를 지닐 수 있는데, 그 중 하나로 '중요하고 현재적인 것'이라는 뜻이 있다. 데이트 문화의 맥락에서도 당사자에 따라 다양하게 정의되지만, 보통 두 사람 간에 정확히 규정하기 어려운 '뭔가'가 있다는 뉘앙스를 풍긴다.

있음으로써 원치 않는 접근을 막을 수도 있었다. 1963년에 걸그룹 에인절스The Angels는, 오래 사귀는 사이인 남자가 자신의 여자친구를 흠모해 몹시 추근대는 다른 남자에게 본때를 보여 준다는 노랫말을 의기양양하게 반복했다. **내 남자친구가 돌아왔으니 넌 이제 곤란해질 거야.** 추근댐을 심하게 당한 적이 있다면 누구나 공감할 수 있다. 어떤 경우에는 그렇게 하는 남자를 향해, 남자한테 아예 관심 없다고 무심코 드러내거나 심지어 대놓고 말해도 어림없을 것이다. "B" 폭탄을 떨어뜨려야—실제든 꾸며냈든, 남자친구 이야기를 꺼내야— 물러날 것이다.

그럼에도 애정을 동반한 페팅은 젊은 여성에게 무거운 짐을 지웠다. 그 행위는 여성을 경찰력 비슷한 것으로 징집해 성性을 지키는 임무를 부여했다. 여러 설문조사 및 연구에서 10대는 계속, 착한 여자아이는 갈 데까지 가지 않는다고 공개적으로 말했다. 하지만 남자아이는 대체로 여자친구가 허락하는 데까지 갈 것이라 주장하기도 했다. 결론적으로 여자아이들은 덫에 걸려 지속적으로 스트레스, 자책, 후회에 시달렸다. 그리고 연인들이 자주 쓴 벼랑 끝 전술은 종종 무참히 실패했다.

1950년대에 10대 임신율이 급증했다. 1957년에는 15~19세 여자아이 1000명 가운데 97명이 출산했다(반면 2013년에는 26명이 출산했다), 1944년에서 1955년 사이 혼외 출생자로서 입양된 아기의 수도 80퍼센트까지 늘었다. 어떤 여자아이가 임신하면, 부모는 딸과 딸의 남자친구에게 간단히 결혼반지를 건네기 일쑤였다. 같은 기간 동안 아프리카계 미국인에 관해서는 신뢰할 만한 자료가 없지만, 그 10년이 흐르는 사이 임신한 백인 신부—결혼하고 나서 9개월 이내에 출산한 신부—의 비율은 두 배 이상이 됐다.

1958년에 개봉한 영화 〈오래 사귀기Going Steady〉는 이와 같은 위험성을 코미디 소재로 바꿔 놓았다. 주제가에서 젊은 스타인 몰리 비Molly Bee는 숨소리를 내뱉으며 오래 사귀기와 결혼을 뒤죽박죽 헝클어뜨렸다. **내가 동경하는 꿈, 내가 만나려고 준비해 온 그 남자아이와 결혼할 거야.** 비는 속삭였다. **그리고 우린 앞으로도 늘 곁에 있을 거야**…….

비가 연기한 인물은 명랑한 고등학교 졸업반 학생이다. 비에게는 6주 동안 데이트한 동급생이 있는데, 비의 부모가 어느 "원정" 농구 경기에 그 남자친구와 동행하게 해 주자 둘은 애정의 도피 행각을 벌인다. 둘은 어느 치안판사를 만나고, 때마침 그 치안판사는 여관을 소유하고 있으며, 흔쾌히 몇 시간 후에 결혼시켜 주겠다고 한다. 둘은 학급 반지를 서약의 증표로 쓴다. 둘의 결혼은 기본적으로 오래 사귀기와 같아 보이므로 졸업할 때까지 결혼 사실을 숨길 계획이다. 하지만 결혼식 날 밤 밀회로 비가 임신했음을 알게 되면서 둘의 계획은 예기치 못한 반전을 가져온다. 남자친구가 비의 부모 집으로 들어오고, 둘 다 한 가정을 꾸릴 준비가 얼마나 안 되어 있는지 즉각 깨닫는다. 이어서 폭소 만발.

하지만 실제 삶에서 오래 사귀기를 하는 젊은 연인은 대부분, 꼭 필요한 경우가 아니면 영원히 오래 사귀지는 않는 것으로 끝났다. 대신 연애가 갈 데까지 가도록 내버려 뒀다. 그런 뒤 앞 세대는 상상도 할 수 없었던 또 다른 일을 했다. 바로, 헤어졌던 것이다.

오래 사귀기를 하는 사람들은 이별을 발명했다. 오래 사귀기는 그와 같이 특수한 종류의 상심이 존재할 전제 조건이었다. 1920년대와 1930년대에 남자 대학생은 데이트 신청 목적으로 공학 여학생을 방문하는 것을 그만둘 때 아무런 설명을 하지 않아도 됐다. 그렇더라도 여학생은 다른 데이트 상대들이 줄을 섰을 가능성이 컸다. 여자가 춤 신청을 거절해 남자가 속으로 낙담했다면, 여자가 속한 여학생 친목회의 다른 회원을 제일 먼저 가로챌 기회를 잡으면 그만이었다.

하지만 오래 사귀기를 하는 사람들은 상황이 달랐다. 오래 사귀기 상대는 여러분이 데이트한 어떤 사람보다도 여러분에게 의미가 클 가능성이 있었다. 그리고 고등학교 사교생활의 큰 부분은 둘씩 짝지어 연애하는 일을 중심으로 이뤄졌으므로, 이별은 여자친구나 남자친구를 잃는 것 이상을 의미했다. 요컨대, 이는 소외된다는 뜻이었다. 전 애인을 **잊어야 함을 잊은** 최초의 연인들은 **이별이 힘든 일임**을 알게 됐다.

내가 아는 사람들은 대부분 헤어진 뒤 으레 친구로 지내려 애쓴다. 전 애인을 아는 사람을 마주치면 이렇게 말한다. **오, 아무개는 대학 절친 가운데 한 명이었어요!** 하지만 전 여자친구가 느닷없이 전화를 걸어 와 지금 가정 문제를 겪고 있는데 오직 당신만이 이해해 줄 수 있으니 만나서 저녁 식사를 하겠느냐고 물으면, 그런 저녁 식사는 거북하다고 시인할 수밖에 없을 것이다. 둘이 같이 살던 어떤 거처에서 나와 두 개의 자그마한 거처로 각자 따로 들어간 지 몇 년 만에 전 남자친구가 글을 보내와 자신의 대학 학위증이 혹시 당신한테 있느냐고 물으면, **당연히** 당신 거처에 들러 지하실 창고의 상자를 뒤져도 된다고 말할 것이다. 당신과 전 애인, 둘은 함께 성장했다. 하지만 내 첫사랑이 이렇게 한다면, 과연 그 사람은 내 무엇을 아직도 간직하고 있을지 궁금할 것 같다.

상자를 말하는 게 아니다. 한때 구석구석까지 다 기억하고 있었던 얼굴들을 훑어보며 우리는 깨닫는다. 전 연인들이, 그들과 함께 있었던 시절 우리 자신의 자아를 어딘가에 감춰 버린 게 틀림없다고. "사랑의 기념비는 우리 생의 묘비와 같으니." 1940년대에 젊은 시인 제임스 메릴James Merrill은 비탄에 잠겨 썼다. 옛사랑의 추억을 더듬다 보면, 온전한 모습으로 계속 꿈에 나타나는 어떤 폐허를 헤매는 기분이 든다. 지나간 우리 삶의 장면들이 인터넷을 떠돌아다닌다.

헤어진 뒤 몇 주 동안은 옛날 메시지와 이메일을 다시 읽는다. 그 사람을 처음으로 유혹하면서 지나치게 많이 생각하고 행동했던 것이 떠올라 손발이 오그라들면서도 애틋해진다. 상투적인 말들이 이어지고 점점 서로 편해지다가 친밀감의 소실점에 다다랐을 때, 당신의 흔적들은 사라진다. 컴퓨터 화면을 아래로 내리고 내리다 보면, 이내 불쑥 다툼이 튀어나온다. 그런 다음 기나긴 사과와 논박이 뒤따르고, 그렇게 끝이 시작된다.

오래된 사진들의 태그를 제거해 보지만, 과거를 보호하는 건지, 아니면 미래를 위한 여지를 확보하는 건지 확신이 서지 않는다. 당신은 스스로에게 낯선 사람이 된다. 저런 파티에 같이 가고 방학을 함께 보냈던 저 사람은 누구지? **삭제하고 삭제한다.** 지금의 당신이, 당신에게 남은 전부가 될 때까지.

위험 요소를 감안할 때 데이트 문화가 어떻게 그렇게 많이, 그렇게 빨리 변했는지 구경꾼들은 이해하기 어려웠다. 이는 제2차 세계대전으로 남성이 부족해진 것과 분명 관련이 있었다. 공학여학생들을 중간에 가로채려는 수사슴들이 득실득실하는 대학 무도회장에는 남자가 여자보다 훨씬 더 많았다. 하지만 미군이 병력으로 배치되자 성비는 역전됐다.

'육군 아니면 해군 아니면 그냥 민간인 복장의 군인이라니! 주변에 데이트할 남자가 부족하다'라고 1945년에 《뉴스데이 Newsday》는 외쳤다.

기사를 쓴 "순회 기자"가 점심시간 중인 한 젊은 인사 담당자 여성에게 다가가 남자 부족 문제에 관해 묻자, 여성은 기자의 말을 가로막았다. "민간인이라고요? 어디 가면 찾을 수 있죠?"

이와 같은 환경에서 인기녀는 서로 다른 많은 남성과 데이트함으로써 지위를 다지는 것을 기대할 수 없었다. 대신 여성들은 상대를 붙들어 두려고 경쟁했다. 배를 타고 본국을 떠나가는 애인과의 연애 감정, 그리고 펜팔이 돼 애인 곁에 있고 싶은 욕망역시 여성들이 해외에 있는 군인들에게 충실하도록 격려했다. 심지어 오래 사귀기 반대론자들도 유럽의 전장이나 남태평양에서 온 편지들에 계속 답장하지 않는 것은 비정한 일이 될 터라고인정했다.

이런 설명은 어느 정도 일리가 있었고, 역사가들은 이후 이 해설을 반복했다. 하지만 이는 불완전한 해석이었다. 그럴 수밖에 없었다. 오래 사귀기 관행이 승전과 함께 끝난 게 아니었기 때문이다. 오히려 우리의 남자아이들이 고국으로 돌아온 뒤에야 오래 사귀기는 더 어린 집단 사이에 본격적으로 유행하기 시작했다. 이러한 과정을 보면, 오래 사귀기라는 데이트 방식은 근본적으로 남성 부족과 관련된 문제가 아님이 분명해졌다. 오히려 이전에는 상상할 수 없었던 형태의 풍요와 관련이 깊었다.

제2차세계대전 종식은 미국이 이전이나 이후에도 본 적이 없는 번영의 시기를 열었다. 전시에 미국은 대공황에서 빠르게 회복했지만, 살 수 있는 게 아무것도 없었다. 평화가 도래하자, 사람들은 가진 돈으로 맹렬히 소비하고 싶어 했다. 동시에 정부가—어쨌든 백인에게는—상향 이동을 장려하는 여러 법률을 제정하고 있었다. 지아이 빌G.I. Bill*은 참전군인의 대학 등록금을 지원하고, 저금리 주택 융자를 제공했다. 1945년에서 1960년 사이 1인당 국민소득은 35퍼센트까지 증가했다. 1920년대에는 미국의 31퍼센트만이 중산층이었지만, 1950년대에는 중산층 비율이 두 배가 됐다.

경제 호황은 백인 중산층을 극적으로 확대했지만, 그 외의 모든 사람한테는 영향을 훨씬 덜 미쳤다. 1950년대가 스스로 만들어 낸 낭만적 이야기들은 너무나 현실을 하얗게 칠해서 은폐했던whitewashed 나머지, 〈아버지는 가장 잘 알고 있다Father Knows Best〉에서 (분명 라틴아메리카계 미국인인) 조연 배우 나티비다드 바시오Natividad Vacío가 연기한 정원사 이름이 "프랭크 스미스Frank Smith"일 정도였다. 1945년에서 1960년 사이 멕시코와 푸에르토리코에서 미국으로 건너온 수백만 명은 미국 국내총생산GDP 증가에서 얻는 게 거의 없었고, 미국 토박이 흑인의 경제적 지위는 오히려 악화했다.

북부에서 흑인 가정은, 아메리칸드림의 상징이자 부동산 형태로 부가 축적되는 한 초석이 되고 있었던 교외 지역에서 조직

---

* 1944년 미국에서 제정된 '제대군인 사회복귀 지원법The Servicemen's Readjustment Act of 1944'의 별칭으로, 해당 법안은 제2차세계대전 참전군인의 사회 재적응을 돕기 위해 다양한 혜택을 지원하는 것을 내용으로 한다. 이 혜택 가운데는 교육비 전액 지원도 포함돼 있었다.

적으로 배제됐다. 남부에서는 합법적 인종 분리 정책 외에도 난무하는 폭력에 직면했다.

1955년 8월에 농부이자 민권 운동가인 러마 스미스Lamar Smith는, 흑인 유권자 등록을 하고 있던 미시시피주 브룩헤이븐 카운티 법원 청사 밖에서 대낮에 총에 맞아 사망했다. 열흘 후 인근 머니 마을에서 백인 남성 두 명이, 시카고에서 방문한 열네 살 남자아이가 동네 백인 여성에게 추근댔다는 소문을 들었다. 그 백인 남성들은 에밋 틸Emmett Till을 한밤중에 침대에서 끌어내 몇 시간 동안을 구타하고 고문하다가, 끝내 머리에 총을 쏘고 다리에 74파운드짜리 조면기 팬을 묶어 탤러해치강에 던졌다. 시신이 발견됐을 때는 너무 심하게 훼손된 상태여서, 에밋을 초대해 데리고 있던 삼촌이 에밋의 손가락에 끼워져 있던 반지를 알아보고서야 신원을 확인할 수 있었다.

에밋 틸 사건은, 아마도 그 바탕에 이종혼합miscegenation[백인과 비백인 간 성관계나 혼인 또는 출산]에 대한 백인의 두려움이 있었을, 이루 다 말할 수 없는 흑인 남성 살해 사건 가운데 하나에 불과했다. 비록 대중문화는 아이들이 갈수록 더 어린 나이에 연애를 시작하도록 조장하고 있었지만, 어떤 무고한 짝사랑은—실제든 상상이든 아니면 악의적으로 날조했든—남부의 흑인 10대에게는 치명적일 수 있었다. 하지만 백인 10대는 자신의 부모와 마찬가지로 유복했고, 우리가 이 시대로부터 물려받은 데이트의 이미지들은 그와 같은 백인 10대에 치중돼 있다.

1956년에 주당 평균 소득으로 10.55달러를 버는 10대가 1300만 명이었다. 15년 전에 해당 금액은 평균 가계의 총 가처분소득에 맞먹었을 테고, 집 밖에서 일하는 아이들은 번 돈을 부모에게 넘기리라 예상됐다. 하지만 아이젠하워 대통령 재임 기간에 성인이 된 아이들은 대공황의 기억이 없었고, 저축할 의향도 거의 없었다. 이 아이들은 다 합쳐 연간 70억 달러 이상을 지출했다.

기업은 이 아이들의 취향을 만족시키려 기를 썼다. 대량 판매용 문고판, 45rpm 싱글 레코드판, 값싼 트랜지스터라디오와 같이 전에 없던 진기한 물건들이 나옴으로써, 10대의 생활은 점점 더 그들만의 주파수에 고정됐다. 성장세를 지속하기 위해 기업은 갈수록 나이대가 어린 구매자를 대상으로 한 제품을 만들었다. 연습용 브래지어를 예로 들어 보자. 1940년대 내내 어린 여자아이는 가슴이 충분히 발달해 브래지어가 필요할 때까지 보통 속옷을 착용했다. 그런데 1940년대 말에 메이든폼Maidenform을 비롯한 여성용 속옷 기업들이 9세나 10세 어린 여자아이를 대상으로 "브라렛"이나 "바비 브라"를 내놓기 시작했다. 오래 사귀기는 단지 연애를 연습 삼아 입어 보는 것과 같다고 전문가들은 부모를 안심시켰다.

1920년대와 1930년대에 특권층 학생이 데이트를 어떤 고상한 활동으로 만들었다면, 데이트를 중산층의 것으로 만든 이들은 1950년대에 오래 사귀기를 한 사람들이었다. 이 사람들의 세계에서 데이트는 더는 상품 매장에서, 혹은 무도회장의 파트너 없는 남성들 사이에서 벌어지는 경쟁과 관련이 없었다. 1950년대에 오래 사귀기를 한 사람들은, 모두가 참여할 수 있는 대량생산과 대량소비라는 약속에 바탕을 둔 데이트를 했다. 1920년대와 1930년대의 부유한 퍼서 그리고 인기녀는 서로 경쟁하며 가능한 한 많은 데이트 상대를 평가했다. 하지만 1950년대에 이르자, 춤추거나 햄버거를 먹거나 영화를 보러 밖으로 나갈 형편이 되는 젊은이가 전보다 더 많아졌다. 그리하여 남학생 친목회 주최 무도회장을 지배했던 적자생존 싸움은, 낭만적 관계에서의 완전고용 비슷한 것에 자리를 내줬다.

데이트의 민주화는 경제 호황의 많은 결실 가운데 하나였다. 모두가 데이트를 즐길 것이라면, 남자아이 여섯 명이 여자아이 한 명 한 명을 가로채려고 싸울 수는 없었다. 그들은 짝을 지어야 했다.

권위자들이 데이트를 쇼핑과 얼마나 자주 비교하는지 보면, 오래 사귀기를 하는 사람들의 데이트가 소비주의라는 새로운 문화와 얼마나 밀접하게 연관돼 있었는지 알 수 있다. 1950년대에 쇼핑은 구애를 설명하는 설득력 있는 은유가 됐다.

가족 전문가 E. E. 르매스터스E. E. LeMasters는, 직접 집필한 유명한 교과서인 『현대 구애와 결혼Modern Courtship and Marriage』에서 말했다. "무작위로 이뤄지는 데이트는 미국인의 쇼핑 행태에 가장 잘 비유할 수 있다." 르매스터스는 남자 대학생과 공학 여학생 시대의 가벼운 데이트를 윈도쇼핑에 비유했다. "두 사람은 구매 의무 없이 서로를 피상적으로 바라본다."

1968년에 심리학자 톰 맥기니스Tom McGinnis는 유명세를 떨친 저서 『여자아이를 위한 데이트와 오래 사귀기 안내서A Girl's Guide to Dating and Going Steady』에서, 오래 사귀기가 상대를 시험 삼아 입어 볼 좋은 방법이 될 수 있다고 주장했다. "어떤 종류의 결혼을 원하는지 결정하는 것은 상점에서 옷을 고르는 것과 같다"라고 맥기니스는 썼다. "아마 백 벌을 입어 봤는데 딱 맞는 것 같은 옷은 한 벌 뿐이라고 해서, 나머지 아흔아홉 벌이 만듦새가 형편없거나 스타일이 끔찍하다는 뜻은 아니다. 나머지는 단지 여러분에게 어울리지 않을 뿐이다."

르매스터스나 맥기니스를 기억하는 미국인은 지금은 거의 없을 것이다. 하지만 장담컨대 스모키 로빈슨Smokey Robinson*이 어머니한테서 물려받은 다음 조언은 알고 있으리라. **여기저기 둘러보고 따져 보며 가장 나은 걸 건지는 게 좋을 거야.**

둘러보고 골라 봐shop around, 로빈슨 뒤에서 미러클스가 재잘재잘한다. **구경하고 골라 보렴!**

---

* 미국의 가수·작곡가·음반 제작자(1940~). 소울 및 R&B 음악의 대부로 여겨지며, 보컬 그룹 미러클스The Miracles를 결성해 활동하면서 1961년 발표한 노래 〈Shop Around〉가 현재까지도 널리 알려질 정도로 히트곡이 되었다. 또한 미국 내 흑인 소유 사업체 중 가장 성공한 사례로 손꼽히는, 영향력 있는 음반사 '모타운 레코드Motown Records'의 초기 아티스트이자 경영진 중 한 명이었다.

생각해 보면 어린 시절부터 내 기억 속에 각인된 모타운Motown 음반사 히트곡들은 한 곡 한 곡이 다 연속적 일대일 독점연애에 관한 내용이었다. 그 노래들은 모두 누군가에게 홀딱 반했을 때의 황홀함, 그 사람을 잃었을 때의 고통, 그리고 그 과정을 처음부터 다시 시작하는 설렘을 떠올리게 한다. 템테이션스Temptations는 〈마이 걸My Girl〉로, 포 톱스Four Tops는 〈슈거 파이 허니 번치Sugar Pie Honey Bunch〉로 차트 정상을 차지했다. 두 곡 다 시작부터 주위를 흥겨움에 물들이며 가슴 벅차오르게 한다. 다이애나 로스Diana Ross와 슈프림스Supremes는 슬픈 대목을 노래하는 경향이 있었다. 슈프림스가 애절하게 읊었던, **우리 사랑은 어디로 갔나요?**는 그들의 곡명이다. 〈사랑의 이름으로 멈춰요Stop in the Name of Love〉는 믿음을 저버린 남자를 용서하면서 떠나지 말라고 간청한다. 〈사랑하는 그대Baby Love〉는 이별의 아픔을 슬퍼한다. 하지만 비통해하는 순간에도 모타운 히트곡들은 즐거운 것처럼 들렸다. 〈넋두리예요It's The Same Old Song〉는 연인을 잃은 뒤에 오는 혼란스럽고 공허한 느낌을 악착같이 밝은 음조로 환기한다. 잭슨파이브Jackson 5가 음을 한껏 끌어올릴 때면, 전 애인을 필사적으로 붙잡는 게 참을 수 없이 기쁜 일인 것만 같았다.

이와 같은 곡들이 오래 사귀기 시대의 찬가가 된 것도 당연하다. 그 노래들은 오래 사귀기라는 데이트 양식에 대한 광고 같았다. 모타운 히트곡들은 어떤 건강한 이별 뒤에 오는, 독점적인 격정이라는 힘을 포착했다. 그 노래들을 들은 10대 수백만 명에게 노래의 운율과 리듬은 **헤어지기**, 그런 다음 **화해하기**가 바로 순리라는 인식을 강화했을 것이다.

값싼 라디오와 축음기와 음반을 살 돈이 있는 10대는, 동일한 마침꼴을 따르는 청취 양식을 발전시켰다. 밖에 나가 제일 좋아하는 싱글 음반을 산 다음 지겹도록 들었다. 그 싱글 음반에 질리면 나가서 또 다른 음반을 샀다. 구매할 때마다 사랑에 빠지고, 구매한 것들과 시간을 보내고, 그런 다음 각자의 길을 갔다. 훗날 그것들을 다정하게 회상하며.

이와 같은 주기적 소비 모형은 대단히 특수한 종류의 쇼핑 행위로, 1950년대에는 신선한 것이었다. 이 소비 모형이 발명된 곳 역시 디트로이트였다.*

"역동적 구식화dynamic obsolescence"**라는 표현을 누가 만들었는지는 명확하지 않다. 저서 『1950년대The Fifties』에서 언론인 데이비드 핼버스탬David Halberstam은 할리 얼Harley Earl의 이름

---

* '모타운 레코드'라는 이름은 이 회사가 설립된 도시인 미시간주 디트로이트의 별명에서 따온 것이다. 디트로이트는 중공업, 특히 자동차 공업 도시로 유명하여 'Motor Town'이라는 별명을 얻었고, 이것을 줄여 '모타운'이라고 부른다. 바로 뒤에 나올 포드나 지엠 등 유수의 자동차 회사가 모두 디트로이트에 기반을 두고 있다.

** 기존 제품 혹은 서비스를 진부화하거나 노후화하여, 혹여 물리적으로는 기능하더라도 사용가치적으로는 결국 쓸모가 없어지게 만들기 위한 의도적 설계를 말한다. '계획적 구식화planned obsolescence'라고도 한다.

을 댔다. 얼은 할리우드 출신의 화려한 디자이너로서 할리우드 유명 인사를 위한 맞춤형 자동차 제작으로 경력을 쌓은 뒤, 제너럴모터스General Motors(이하 지엠GM) 최고 경영자 앨프리드 P. 슬론Alfred P. Sloan에게 고용돼 미술 색채 부서를 만들게 된다. 다른 출처에 따르면 슬론 자신이 한 말이라고도 한다. 어쨌든 오래 사귀기 시대에 지엠에 부담이 되고 있던 문제는 자명했다. 자동차 시장은 포화 상태인데, 어떻게 해야 사람들이 이미 가진 어떤 제품의 새로운 버전을 계속 구매하게 할 수 있을까? 역동적 구식화는 슬론과 얼이 생각해 낸 해결책이었다.

누구나 원하는 색상의 포드 자동차를 살 수 있다, 원하는 색상이 검정색이기만 하면. 전쟁 전 사람들은 이렇게 우스갯소리를 했다. 하지만 전쟁이 끝난 뒤 지엠은 다양한 색상의 자동차를 만들기 시작해, 매년 인기 모델의 크기와 형태와 윤곽을 살짝 변경한 새 버전을 출시했다. 일부 협력자와 경쟁자는 〔지엠의〕 이 전략을 비난했다. "계획적 구식화"라며 그들은 조소했다. 하지만 이 전략은 효과가 있었다. 지엠 자동차의 대대적인 광고는 어떤 사람이 타는 자동차가 그 사람의 개성을 드러내는 중요한 기호라는 발상을 만들어 냈다. 여러분이 타는 자동차의 외관은 여러분의 개성과 열망을 나타내야 했다.

오래 사귀기를 하는 사람들은 연애를 시험 삼아 여러 번 갈아입어 봤고, 그런 그들에게 데이트는 위와 유사한 기능을 수행했다. 데이트가 수반하는 쇼핑 행위는 더는 하룻밤 유흥을 찾는 것을 의미하지 않았다. 대신 데이트는 더 장기간에 걸쳐 여러분을 규정할 누군가에게 더 크게 투자하는 일이 됐다. 어떤 연애의 지분을 사들이면서도 궁극적으로는 더 새롭고 더 나은 연애로 갈아탈 수 있었다.

오래 사귀기의 확산을 가능하게 한 것은 풍요라는 약속이었다. 하지만 그 밑바닥에는 불안이 흐르고 있었다. 열광적으로 서로에게 몸을 던지는 10대들에게는 살짝, 겁에 질려 허둥지둥하는 느낌이 있었다. 소다수 판매점과 고등학교 무도회가 등장하는 노먼 록웰Norman Rockwell*의 시대는 또한, 미국인 상당수가 자신들이 살아가는 세상이 곧 종말을 맞을 것이라 믿었던 시대이기도 했다.

1950년대에 저명한 정신과 의사 로버트 제이 리프턴Robert Jay Lifton은, 고요한 스트레스 장애로 온 나라가 안절부절못한다고 썼다. 리프턴은 이를 "핵이 초래한 감각마비 상태nuclear numbing"라 불렀다. 1950년에 미국인의 53퍼센트는 다음번 세계대전 중에 자신의 지역 사회가 폭격당할 가능성이 "충분하다" 혹은 "상당하다"고 믿었다. 1956년에 여론조사 대상의 3분의 2는 또 다른 전쟁이 발발할 경우 러시아가 미국을 상대로 수소 폭탄을 사용할 것이라고 생각했다. 연령을 불문하고 옷가지와 사랑

* 미국의 화가(1894~1978). 20세기 미국의 문화와 일상생활을 따뜻한 화풍으로 담아낸 작품들로 대중적으로 사랑받았다.

을 소비함으로써, 미국인은 원자 시대Atomic Age가 만들어 낸 불안감, 그리고 임박한 재앙의 감각을 보상받으려 했다. 핵무기 공격을 두려워하던 가정들은 마치 방공호인 양 집을 소비재의 담으로 둘러쌌다. 자식들은 이와 같은 모습을 보고 배웠다.

이제 영화표며 콜라며 햄버거를 살 수 있는 10대는 최후 심판의 날에 혼자 죽고 싶지 않았다. 영원히 오래 사귀진 않더라도 현재로서는 오래 사귀기 중인 상대가 있는 게 기분이 좋으며, 따지고 보니 지금이 영원에 가장 가까운지도 모른다면 특히나 그랬다. 폭탄이 떨어지기 직전이라면, 오래 사귀기 상대가 곁에 있기를 누구나 바랄 테니까.

사실 오늘날 우리는 오래 사귀기라는 황금시대가 만들어 낸 세계 자체는 아니더라도, 그 세계 질서의 끝자락에서 살아가고 있다. 우리의 종말은 오래 사귀기를 한 사람들이 두려워한 핵폭발보다는 덜 극적인 느낌이 든다. 평균 기온이 상승하고 만년설이 녹고 있다. 부자는 더 부유해지는 반면 나머지는 모조리 더 가난해져, 경제학자들이 "구조적 장기 침체"라 부르는 기나긴 내리막길로 미끄러지고 있다. 너무나도 많은 것이 불안정하게 느껴지는 시대에 연속적 일대일 독점연애주의자들은 상대에게 매달려 위안을 찾는다. 하지만 우리가 살아가는 종말의 버전에서는, 무엇을 위해 오래 사귀기를 하는지 덜 명확해 보인다. 폭탄은 떨어지지 않았고, 다들 어쨌든 오래 사귀기를 했다. 이제 무엇이 닥쳐오든, 우리가 사랑하는 사람들이 우리를 지켜 줬으면 하는 바람은 어떻게 되는 걸까?

단독주택, 행복한 주부, 정규직 남편이라는 전후의 꿈은 역사에서 한시적으로만 실현 가능했고, 그때에도 제한된 인구 집단만 해당됐다. 1970년대 말 임금 정체 이후, 〈오지와 해리엇의 모험The Adventures of Ozzie and Harriet〉* 유형의 노동계층 가정은 부담을 못 이겨 무너졌다. 그 이후로 결혼하지 않은 채 동거하는 관계와 한부모가정이 표준이 된 지 오래다.

"가족"의 부활을 요구하는 문화적 보수주의자들은—마치 가족이 단 한 종류로만 존재하기라도 했다는 양—많은 사람이 결혼을 두고 하는 선택이 단지 문화적이거나 도덕적인 것만은 아니라는 사실을 무시한다. 결혼에 관한 선택은 돈에도 영향을 받는다. 연구에 따르면 많은 노동계층 구성원은 자신이 도저히 결혼할 형편이 되지 않는다고 생각한다. 결혼식을 할 여유가 없거나, 아니면 결혼의 전제 조건처럼 느껴지는 성인됨의 다른 지표들(학자금 대출 상환, 주택 구입 등)을 감당할 수 없다. 결혼하려는 사람들은 많은 경우, 끝이 보이지 않는 재정적 근심에 쫓기며 사는 것이 가장 효과 좋은 사랑의 묘약은 아님을 고생스럽게 배운다.

* 미국의 방송사 ABC에서 1952년부터 1966년까지 방영된 가족시트콤. 당시에 이미 연예인이었던, 해당 시트콤의 각본가이자 제작자 오지 넬슨과 그의 아내 해리엇, 그리고 그들의 자식들까지 '넬슨 가족'이 실제로 주연을 맡아 가족의 일상을 그렸다.

오늘날 결혼은 중산층의 특권 중 하나가 됐음을 시사하는 증거가 점점 더 늘고 있다. 미국에서 중산층은 빠르게 줄어들고 있다. 2008년 금융위기 이후, 대졸자도 임금 하락, 고용안전성 감소, 수당 삭감에 직면했다. 갈수록 시간제 또는 계약직 일자리에 의존하는 것밖에는 선택지가 없다. 영원히 "안착하기"—아니면 **뭐라도** 영원히 안정되기—라는 꿈은 빠르게 퇴색하고 있다. 갈수록 많은 사람이 미래를 예측할 수 없다고 느낀다.

오늘날 젊은이들은 기회를 잡고 싶으면 움직이기 쉬워야 한다는 말을 듣는다. 취업하려고 하든, 아니면 실직 후 가족과 본래 살던 집으로 다시 들어가려고 하든 온 나라를 가로질러 이동할 준비가 돼 있어야 한다. 승진을 노리면서도 있는 힘껏 프리랜서 '긱' 일자리를 쫓아다녀야 한다. 직업적 압박 때문에 연애에서 힘든 선택을 하는 경우도 자주 있다. 이별의 가능성이 거듭 임박한 듯 느껴질 땐 누군가에게 헌신할 만큼의 확신을 가지기 어려울 수 있다. 그리고 어느 커플이든 두 사람이 제각각 다 일을 해야 하는 추세에서 연애에 헌신할 수 있느냐는 물음에는 늘, 앞으로 어떤 직업적 기회를 기꺼이 포기할 것이냐가 따라온다.

전망이 불확실한 세계에서 연인의 존재는, 오래 사귀기 상대가 그랬듯 기쁨과 격려의 원천이 될 수 있다. 커플의 일원이 되면 안정감과 동지애를 느낄 수 있다. 어쩌면 영원하지 않을 것임을 알지라도 우리를 사랑해 주는 누군가가 있으면 우선은 든든하다. 작은 오아시스가 생기는 것이므로.

1950년대 이후로 여성은 많은 성과를 거뒀음에도, 여성이 성욕에 따라 행동하면 처벌하는 이중 잣대가 여전히 존재한다. 여러분이 그와 같은 잣대를 믿도록 양육된 여성이라면, 연속적 일대일 독점연애는 매력적인 타협처럼 보일 수 있다. 항간에는 이런 괴소문이 떠돈다. 대다수 미국 젊은이가 여전히 그렇듯, 만약 어떤 여성이 결혼하고 싶으면 "총 숫자"—이제껏 연애한 상대의 머릿수를 다 합한 수—가 너무 많아지지 않도록 해야 한다고.

내가 성 경험이 없는 10대였을 때 어느 미용실의 한 너덜너덜한 잡지에서, 여성의 경우 이 "총 숫자"가 통계상 저 바깥쪽 끝에 있어도, 그 최대한도가 다섯 명이라고 통계적으로 입증됐다는 글을 읽은 기억이 있다. 2011년에 애나 패리스Anna Faris가 출연한 로맨틱코미디 영화 〈당신의 총 숫자는 몇인가요?What's Your Number?〉에서는 이 최대한도를 스무 명으로 했다. 평균 미국 여성이 그렇듯 열일곱 살 무렵에 성적으로 왕성해지고, 역시 미국 여성이 그렇다시피 서른 살 가까이 될 때까지 결혼하지 않으면, 오랫동안 무미건조한 독신 생활을 하든, 아니면 오래 사귀기를 하든 해야만 한도를 넘지 않을 것이다.

〈당신의 총 숫자는 몇인가요?〉는 행복한 결말을 보여 준다. 애나 패리스가 연기하는 맹하고 놀기 좋아하는 여성은 엉뚱하게도, 같이 잠자리한 적 있다고 생각되는 남자 스무 명 중 한 명을 설득해 결혼하려고 한다. 과거의 남자들을 한 명 한 명 찾아다닌 끝에, 여성은 결국 사랑에 빠지고 만다. 드디어 여성은 21번 남자와 함께 '그 후로 오래오래 행복하게 잘 살았답니다'를 향해 가는 듯 보인다. 그런데 마지막 장면에서 여성과 여성의 새 남자친구는, 여성이 총 숫자에 넣었던 남자 가운데 한 명에게서 뜻밖의 자동 응답 메시지를 받는다. "메드터코아즈 클럽에서 만난 제이"의 목소리 주인이 코미디언 아지즈 안사리Aziz Ansari임을 팬이라면 단박에 알 수 있다.

"저기, 이봐요……." 제이는 말을 뗀다. "당신 조수한테서 괴상한 메시지를 받았는데, 단지 알려 주고 싶었어요. …… 우리는 섹스한 적이 없어요. 당신이 마라카스를 이용해서 형편없는 스트립쇼를 한 뒤 내게 허접한 손놀림으로 해 줬어요. 당신이 좋아하는 무미건조한 방식, 뭐 그런 것 말이에요. 당신은 내 여행가방에 토한 다음 샤워실에서 기절했어요."

애나 패리스가 맡은 인물은 기뻐서 어쩔 줄 모른다. 어쨌든 운명의 사람이 스무 번째였으니까!

〈당신의 총 숫자는 몇인가요?〉는 상반된 두 입장을 동시에 만족시켜야만 한다. 영화는 경직되고 황당하기 짝이 없는 한마디 충고를 대체로 조롱했다. 하지만 시대착오적으로 들리는 규칙이 결국 유효할 수 있음을 암시하기도 했다. 마치 〈오즈의 마법사Wizard of Oz〉가 여성의 성 해방을 이야기하는 것이나 마찬가지다. 〈오즈의 마법사〉 속 도러시처럼, 영화의 여주인공은 영원히 잃어버린 줄 알았던 비좁지만 단정한 침대에서 깨어난다. 남성들과의 불운이 자꾸만 가시지 않는 것은 단지 꿈일 뿐이었다!

그럼에도 많은 사람이 자신의 "총 숫자"를 진지하게 받아들인다. 2014년에 전미결혼계획의 연구진은, 어떤 여성이 결혼 전에 성관계를 맺은 상대가 많을수록 결혼 생활이 실패할 가능성이 더 크다고 보고했다. 학계 사회학자들은 전미결혼계획의 자료에 문제점이 수두룩하다고 지적했으나, 언론은 이와 같은 보고를 사실로 널리 보도했다.

'결혼 전 이 남자 저 남자와 성관계하고 다니지 않은 여성이 더 행복한 결혼 생활을 하지만, 남성은 여러 여자와 맘껏 놀아나도 걱정할 것이 없음이 연구에서 밝혀졌다.' 영국 신문인《데일리메일Daily Mail》의 머리기사는 이렇게 선언했다. 나는 몇 문단 읽은 후에야, 신문 편집진이 패러디하려는 의도로 이렇게 한 것이 아님을 알 수 있었다.

연속적 일대일 독점연애의 이점에도 불구하고 많은 커플은 결국, 구속받는다거나 권태롭다거나 당연하게 취급받는다고 느낀다. 알시에이빅터사社의 사회 위생social hygiene* 비디오에서

---

* 사회 위생 운동은 미국 혁신주의 시대(1896~1917)에 개혁가들이 성병을 통제하고, 성매매 및 풍기문란 행위를 규제하며, 과학적 연구방법과 현대 매체 기술을 이용해 성교육을 전파하려는 의도로 벌인 활동이다. 전문 직종으로서의 사회 위생은 당대 사회사업 및 공중 보건 관련 운동과 함께 성장했다. 사회 위생은 사회 병폐에 대한 해결책으로서 성적 금욕과 엄격한 자기절제를 강조하면서, 성매매, 마약 사용, 급속한 도시화가 빚어 낸 불법 행위를 추적했다. 이와 같은 운동은 20세기 내내 지속되면서 미국 학교 교육에 편입돼, 월경, 성병, 약물 오남용 및 허용 가능한 성행위를 다루는 영상, 소책자, 포스터, 교재 등의 형태로 보급됐다.

오래 사귀기를 하는 것으로 나오는 제프와 마리처럼, 어떻게 들어갔는지도 알 수 없는 어떤 것에서 벗어나고 싶어 안달 날 수도 있다. 어떤 사람들은 서로 가볍게 만나 어쩌다가 혼전 동거를 하는 것이 내 또래 사이에 표준이 됐다고 말한다. 그들의 화법은 도러시 딕스가 과거 1939년에 오래 사귀기에 관해 썼던 방식과 일맥상통한다. 요컨대 **해당 관습은 결혼의 가장 나쁜 특징을 다 갖추고 있되 결혼의 이점은 아무것도 없다고.**

게다가 이와 같이 이야기하는 사람들은 그와 같은 합의의 위험 요소와 장기적 비용이 여성에게 전가된다고 말한다. 남자친구에게 항복해 "갈 데까지 가고" 싶은 충동을 마땅히 참아 내야 했던 여자아이처럼, 오늘날 연속적 일대일 독점연애를 하는 여성은 신중해야 한다는 말을 듣기 일쑤다. 전문가들은 연애가 어떻게 진행되는지 관리하는 것은 우리 여성의 책임이라 말한다.

오늘날 권위자들은 대부분 여성이 혼전 성관계를 원할 수 있음을 인정한다. 남자는 죄다 성욕에 불타는 침략자이고, 착한 여자는 그런 남자를 막아 내야 한다고 여기지도 않는다. 대중문화는 남성이 조지 코스탄자, 즉 성인이지만 아이 같은 존재라고 더 자주 의심하는 것 같다. 동시에 남성은 한평생 연애를 하고, 또 하면서 더듬더듬 길을 탐색한다는 합의가 존재한다. 하지만 여성은 모름지기 시간이 제한돼 있고, 매력과 생식력이 시들기 전에 상대를 찾아야 한다고 여긴다. 이와 같은 논리에 따르면 여러분이 어쩌다 위험을 감수하고 연속적 일대일 독점연애를 한다면, 이는 여러분의 미덕을 훼손한다기보다 여러분의 가치를 떨어뜨리는 것에 가까웠다.

멋진 남자친구와 같이 행복하게 산 지 이 년 된 한 친구가 있다. 그 친구의 어머니는 딸에게 매일 이렇게 문자 메시지를 보낸다. **손가락에 반지도 없는데 우물쭈물 시간만 보내면 안 돼!** 그 친구의 어머니를 봐서 아는데, 어머니는 농담하고 있는 것이 아니다. 친구는 이제 갓 스물여섯 살이 됐다. 제인 오스틴의 유명한 구절을 뒤집어 말해 보자면, 친구의 어머니가 하고 있는 협박의 전제는 다음과 같다. 분별력 있는 싱글 여성에게는 모름지기 남편이 필요하다는 것. 반대로도 말할 수 있다. 남자는 여자친구와 결혼하고 싶지만, 여자는 계속 탐색하고 싶을 수도 있다는 것. 내가 아는 동성 커플 한 쌍 이상이 비슷한 이유로 헤어졌다. 한쪽은 더 많은 것을 원하는데 다른 쪽은 그렇지 않을 경우, 가슴은 찢어진다. 많은 경우, 아무도 확신할 수 없다는 점이 바로 가장 큰 골칫거리인지도 모른다.

어떤 사람이 결혼에 관심이 없는 데는 여러 이유가 있다. 오래 사귀기를 한 연인들은 그와 같은 이유들을 진작 알아봤을 수도 있다. 오래 사귀기 시대의 대중문화는 가정생활을 이상화했다. 하지만 많은 남편, 그리고 집 안의 아내가 몹시 불행했다는 것은 공공연한 비밀이었다. 전국에서 프로이트 학설을 따르는 정신과 의사는 환자에게 환자 자신의 불만이 질병이라 말했다. 교회는 교구민에게 기도로 권태와 조바심을 없앨 수 있다는 확신을 심어 줌으로써 교세를 늘렸다. 하지만 부모가 고통스러워하는 모습을 많은 아이가 틀림없이 봤을 것이다. 1960년에 잡지《레드북Redbook》의 편집진이 "왜 젊은 어머니들은 덫에 걸린 기분일까"라는 주제로 독자투고를 요청하자 사연이 2만 4000통 왔다. 조언 전문가들은 오래 사귀기를 하는 연인들이 결혼 가능성을 무턱대고 망가뜨리고 있다고 생각했다. 오래 사귀기를 하는 연인들은 단지 결혼을 미루고 있었을지도 모른다.

오늘날 미국인은 결혼에 관해 거의 신경증적인 양가감정을 갖고 있는 듯하다. 한쪽에서는 가당찮은 돈을 결혼식에 쓰고, 〈세이 예스 투 더 드레스Say Yes to the Dress〉 같은 웨딩 관련 리얼리티 쇼 방송분을 몰아 본다. 세금을 감면해 주고, 의료 및 기타 혜택에의 접근성, 그리고 면접교섭권visitation rights*을 결혼 제도에 결부시킴으로써 결혼을 장려하는 법률을 우리는 받아들인다. 이와 동일한 특권을 누리게 된 동성 커플들의 승리를 축하한다. 한 번도 결혼한 적 없는 미국인 가운데 80퍼센트 이상이 여전히 결혼하고 싶다고 말한다. 그럼에도 결혼 제도와 양립 불가능해 보이는 방식으로 사는 사람도 많다. 우리는 너무 오래 일하고, 너무 자주 옮겨 다니며, 일부일처제나 자식에 관해 모순된 태도를 계속 갖기도 한다. 연속적 일대일 독점연애는 결혼을 유

---

* 이혼으로 부모 중 양육권이 없는 측, 즉 자녀와 떨어져 사는 측이 정기적으로 자녀와 만날 수 있는 법적 권리.

예하는 어떤 방식이다. 연속적 일대일 독점연애가 우리 문화의 중심 가치로서 결혼이 차지하는 위상에도 의문을 제기할까?

세상의 종말이 미리 방지됨에 따라, 현시대의 오래 사귀기에 해당하는 관계를 맺는 일은 머뭇거림을 위한 것으로 변하기 쉽다. 우리는 사랑의 열병이 지나간 지 한참 뒤에도 편의상 연애를 지속한다. 이제 결혼이 더는 진지한 관계의 필연적 결론이 아니기에, 평생 함께하고 싶지는 않을 사람들과 삶을 합치면서도 편안하게 느낄 수 있다. 상대를 가족에게 소개하고, 함께 휴가를 가며, 상대의 친구와 직업에 관해 전부 알게 돼도 여전히 확신하지 못한다. 우리는 관계를 들락날락하며 표류한다.

당신은 꼭 누군가와 인생을 함께하고 싶지는 않을 수도 있다고 주장할 것이다. 하지만 잠에서 깨어나 눈을 뜨며 아차, 한다. 이미 그렇게 해 버렸다.

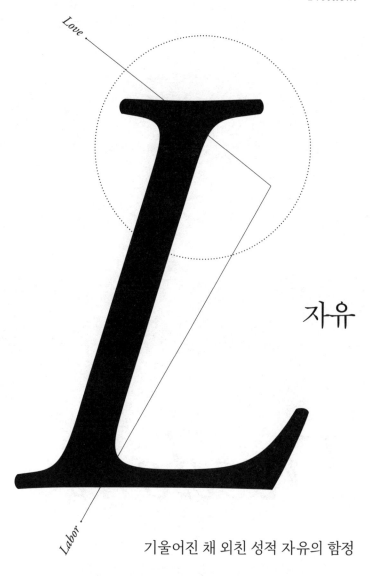

Love

자유

Labor

기울어진 채 외친 성적 자유의 함정

Freedom

L

린다 르클레어Linda LeClair는 섹스 심벌 같지는 않았다. 르클레어는 바너드칼리지 2학년생으로, 뉴햄프셔주 허드슨에서 주일학교에 다니며 성장했다. 스무 살에는 볼품없이 죽 뻗은 지저분한 금발 머리를 귀 뒤로 넘기고 있었다. 언론 사진 촬영 때는 카디건과 무릎까지 오는 파스텔 색상의 시프트드레스를 즐겨 입었다. 르클레어는 리버사이드 드라이브에 있는 한 아파트에서 남자친구인 피터 베어Peter Behr와 약 2년간 동거하고 있었다.

베어는 컬럼비아대학교 3학년생이었다. 두 사람은 어느 세미나에서 만났다. 1968년 3월,《뉴욕타임스》기자와의 인터뷰에 응했을 때, 둘 중 누구도 자신들이 세상을 떠들썩하게 하리라 예상했다고 보기 어렵다. 유행을 보도하는 기사에서 둘을 인용하면서, 르클레어는 하룻밤 사이에 전국적인 유명 인사이자 희생양이 됐다.

'어떤 합의—편익·안전·섹스를 위한 동거'라고 머리기사에 쓰여 있었다. 기사는 피터 베어는 이름으로만, 린다 르클레어는 "수전Susan"이라 칭했다. 하지만 르클레어는 바너드 2학년생이라고 신분을 밝혔었고, 바너드 측은 재빨리 르클레어를 추적했다. 바너드에서 르클레어를 거의 찾아내자마자 총장 마사 피터슨Martha Peterson의 사무실로 전화와 편지가 쇄도하기 시작했다. 일부 남성은 여성이 고등교육을 받음으로써 망가졌음을 보여 주는 산 증거가 바로 르클레어라고 썼다.《뉴욕타임스》의 상속인인 이피진 옥스 설즈버거Iphigene Ochs Sulzberger를 비롯해 바너드의 저명한 동문들은, 르클레어를 당장 쫓아내지 않으면 학교에 기부금을 끊겠다고 위협했다.

공식적으로는, 르클레어가 곤경에 처한 까닭은 주거 형태에 대해 거짓말을 했기 때문이었다. 바너드의 규정에 따르면, 학생은 가족이나 고용주와 함께 사는 경우에만 캠퍼스 밖에서 거주할 수 있었다. 르클레어는 북서부에서 오페어au pair*로 일하고 있다고 주장하며 어느 결혼한 친구의 주소를 댔고, 그 친구는 르클레어를 위해 둘러대 주기로 승낙했었다. 하지만 적개심이 가득한 우편물이 쏟아짐에 따라 르클레어가 더 심각하고 암묵적인 규칙을 위반했음이 분명해졌다.

르클레어에 대한 징계 절차가 시작되고 전국의 대중매체가 이 이야기를 보도하자, 온 나라에서 발신된 편지들이 바너드에 도착했다. 편지들은 르클레어를 "창녀"와 "길고양이alleycat",**

---

* 외국인 가정에서 일정 시간 동안 아이들을 돌보아 주는 대가로 숙식과 소정의 급여를 받으면서 자유시간에는 그 나라 말과 문화를 배우는 프로그램을 뜻한다.

바너드를 "농가 앞마당"***이라 불렀다. 보수 진영 권위자인 윌리엄 F. 버클리William F. Buckley는 여러 대중매체에 널리 실린 자신의 칼럼에서, 이 대학생을 "성관계에 게걸들고 언론의 주목을 탐하는 백수 동거녀"라 맹비난했다.

《라이프》4월호 표지에 실렸을 때 르클레어는 그 반대라 말했다. 르클레어는 그 모든 관심에 지쳐 있었다. "더는 스스로를 사람으로 생각하기 힘든 것 같아요." 르클레어는 고개를 절레절레 흔들었다. "나란 사람은 더는 존재하지 않아요. 나는 린다 르클레어라는 문젯거리일 뿐이에요."

정확히 뭐가 문제였을까? 젊은 여성이 혼전에 성관계를 하고 있다는 사실만으로 문제였을 리는 없었다. 통계에 따르면 오랫동안 젊은 여성은 대부분 그렇게 했다. 르클레어는 어느 모로 보나 "창녀"도 아니었다. 르클레어는 수년간 일대일 독점연애 관계를 맺고 있었다. 다만 르클레어가 그 사실을 숨길 필요가 없다고 느꼈다는 게 〔사람들이〕 화가 나는 지점이었다. 바너드를 향한 증오 서린 우편물들은 "과시하다flaunt"라는 동사를 거듭 사용했다. 르클레어와 베어는 "도덕률을 무시함을 공공연하게 과

** 'alleycat'의 기본적 의미는 '길고양이'이지만, 소위 '헤픈 여자'라는 비속어로 쓰이기도 한다.

*** 칼리지 이름 '바너드'의 철자 'Barnard'와, 기본적 의미는 '농가 앞마당'이지만 '너저분하고 상스러운 상태'라는 뜻도 있는 단어 'Barnyard'의 철자가 유사함을 이용해 해당 대학을 조롱한 것이다.

시하고" 있었다. 둘은 "방종을 과시하고" 있었다.

르클레어와 베어는 르클레어를 지지하도록 학우들을 규합했다. 아파트에 있는 등사기로 소책자와 설문지를 수백 장 인쇄했다. 바너드 학생들 가운데 300명은 익명으로 〔자신들 역시〕 주거 형태에 대해 거짓말을 했다고 인정했다. 또한 60명은 그런 거짓말을 했음이 사실이라고 증언하는 내용을 담은, 이름을 밝혀 서명한 편지를 대학에 발송했다.

르클레어와 옹호자들은 바너드의 규정이 성차별 비슷한 것을 구성한다고 주장했다. 컬럼비아대학교에서는 남학생들에게 그와 동등한 제약을 두지 않았기 때문이었다. 그리고 여성, 남성할 것 없이 모든 학생은 원하는 대로 데이트할 권리가 있다고 주장했다.

"바너드칼리지의 목적은 학생을 가르치는 것입니까, 아니면 학생의 사생활을 통제하는 것입니까?"라고 르클레어는 《타임 Time》의 한 인터뷰 진행자에게 물었다. "나는 전자라고 생각합니다. 바너드는 개인의 행동을 통제할 권리가 없습니다." 총장 피터슨은 이내 르클레어가 중퇴하도록 압박했고, 피터 베어는 연대의 표시로 컬럼비아대학교를 떠났다. 하지만 린다 르클레어와 피터 베어는 효과적으로 자신들의 주장을 펼쳤고, 그들과 관점을 공유하는 사람들이 장기적으로는 승리할 터였다. 이미 승리하고 있었다. 1960년대 말에는 모든 사람이 외부 간섭 없이 사랑할 권리가 있다는 믿음이 널리 퍼지고 있었다.

우리는 모두 성 혁명의 후계자다. 어떤 성적 취향을 가졌든 간에 우리는 이제 성 혁명이 만든 세계에서 살고 데이트하며, 성 혁명이 일어나지 않았을 때보다 배척, 박해, 혹은 원치 않는 임신의 두려움에서 더 자유롭다. 그런데 성 혁명이라는 표현이 너무나 광범위한 현상을 가리키게 되었으므로, 정확히 뭘 의미하는지 파악하기 어려울 수 있다.

1960년대가 성 혁명이 두 번째로 도래한 시기라는 사실도 쉽게 잊히곤 한다. "성 혁명"이라는 용어는 광란하는 1920년대에 플래퍼와 퍼서의 터무니없는 행동을 묘사하는 데 처음으로 사용됐다. 1929년에 《뉴요커》의 두 필진으로서, 당시 젊고 이름이 알려지지 않았던 작가 제임스 서버James Thurber와 E. B. 화이트Elwyn Brooks White가 이 용어를 자신들의 책에서 처음 썼다. 둘이 함께 쓰고 서버가 삽화를 그린 『섹스는 꼭 필요한가?─혹은 당신이 느끼는 대로 느끼는 이유Is Sex Necessary?: Or, Why You Feel the Way You Do』는 그 이전 10년 사이 부쩍 인기가 높아진 조언 소책자 부류를 패러디하여 집필된 책이었는데, 이와 같은 부류는 프로이트 이론의 어휘를 사용해 독자에게 성생활과 심리적 "적응"을 설명했다.

"성 혁명"이라는 제목의 장에서 서버와 화이트는, 권리를 말하는 언어에 변화가 일어나고 있음을 밝혔다. 구체적으로 젊은 여성이 스스로에게 "성적 존재가 될 권리"가 있음을 알게 됐을 때 혁명이 시작됐다고 저자들은 말했다. 또한 그들은 신여성

New Woman의 원형이 대학에 진학하고, 그다음으로 보수를 받는 일자리를 얻자, 여태껏 남성만 했던 많은 일을 여성도 할 수 있음을 처음으로 깨닫게 되었다고 설명했다. 신여성은 직접 아파트를 임대했다. 담배를 피우고 술을 마시며 단발머리를 했다. 때로는 성관계도 **하고 싶어 했다.**

1964년 1월 24일, 《타임》은 "두 번째 성 혁명"이 도래했다고 발표했다. 표지 기사에서는 "10대를 대상으로 한 샴페인 파티, 12세를 위한 뽕브라, 갈수록 어려지는 추세인 '오래 사귀기' 연령"의 결과는 "개방적인 마음가짐으로 성적 방종에 탐닉하는 것"이라 논평했다.

반항아와 난봉꾼은 늘 있었다. 세기 전환기의 여성 판매원과 다이크, 남자 대학생 친목회 회원과 '요정'이, 자신들을 계승한 히피만큼이나 성적으로 문란할 수 있었음을 수많은 통계는 보여 준다. 첫 번째 집단은 종종 자신들만 하는 행동을 부자연스럽다거나 적어도 예외적이라고 설명했다는 점이 달랐다. 그들의 성이 성적으로 매력 있었던 까닭은, 사회 통념에 어긋난다고 느꼈기 때문이다.

이에 반해 두 번째 성 혁명의 병사들은 어떤 욕망도 부자연스러울 수 없다고 선언했다. 규칙은 깨뜨리라고 있는 것이라며 눈을 찡긋한 게 앞 세대라면, [이 세대에서는] 어떤 규칙도 있어서는 안 된다고 믿는 듯한 젊은이가 점점 많아졌다. 젊은이들은 모든 사람이 "성적 존재가 될 권리"가 있다는 플래퍼의 의견에 동감했다. 하지만 그와 같은 권리가 가져다준 평등은 강조하지 않았다. 대신, 성관계는 양도할 수 없는 또 다른 권리를 표현하는 한 방법이라 주장했다. 바로 자유라는 권리였다.

1960년대에 자유를 논한 가장 중요한 철학자는 유대계 마르크스주의자 허버트 마르쿠제Herbert Marcuse였다. 종종 "신좌파의 아버지"로 칭송받는 마르쿠제는 나치 독일을 탈출해 결국 캘리포니아대학교 버클리에서 교수직을 맡게 되는데, 여기서 한 강의와 저술 때문에 급진 성향 학생들의 영웅이 됐다.

마르쿠제가 1955년에 출간한 『에로스와 문명Eros and Civilization』은, 두 번째 성 혁명을 예고하며 기술 진보가 조만간 성 억압을 무용지물로 만들 것이라 말했다. 마르크스의 주장을 따라 마르쿠제는, 자동화의 증가가 노동의 필요성을 없애고 여가 기회를 확대할 것이라 강조했다. 노동에서 해방된 사람들은 곧 마르크스가 "필연의 영역"이라 부른 것에서 벗어나 "자유의 영역"으로 들어갈 것이다. 이는 모두 자신이 원하는 것을 할 시간이 더 많아짐을 의미했고, 사람들이 원하는 것에는 성을 실험하는 일도 포함됐다.

이와 같은 새로운 자유를 최대한 활용하기 위해 마르쿠제는, 그 이전 몇십 년 사이 대단히 인기가 높아진 프로이트주의 심리학을 사람들이 잊어버리기를 원했다. 프로이트에게 성 억압은 인류 문명에 없어서는 안 될 구성 요소였다. 우리가 다들 항상 원하는 만큼 성관계했다면, 우리 인류는 절대 불을 발견하거나 바퀴를 만들거나 식량 재배법, 집 짓기 방법 혹은 의약 개발법을 알아내지 못했을 거라고 프로이트는 말했다.

이는 비록 인류 역사의 초기 단계에서는 사실이었을지도 모르지만, 마르쿠제는 성 억압이 더는 필요하지 않다고 주장했다. 새로운 여가는 섹슈얼리티를 해방할 것이고, 그 과정에서 사회를 탈바꿈시킬 것이다. 성행위를 통제하는 법률은 폐지될 것이다. 결혼과 일부일처제 같은 전통적 제도들은 타도될 것이다.

마르쿠제의 메시지는 두 번째 성 혁명의 열렬한 지지자들에게 반향을 일으켰다. 비트 세대 시인 로런스 립턴Lawrence Lipton이 1965년 펴낸 『에로틱한 혁명The Erotic Revolution』에서 립턴은, 기술과 번영이 조만간 성적 쾌락의 해방을 가져올 것이라면서 반겼다. "'새로운 여가'는 성적 방종의 실천을 통해 생명력을 재충전할 새로운 기회를 이미 제시하고 있다"라고 립턴은 썼다.

반문화를 주장한 다른 인물들과 다름없이, 립턴은 성행위에 대한 법적 제한을 일체 종식할 것을 요구했다. "혼전 성관계를 규제하는 법률과 법령을 죄다 폐지하라. 여성, 남성 할 것 없이 동성애를 불법화하는 법률을 몽땅 철폐하라. …… 이른바 '부자연스러운 행위'에 해당하는 성행위를 불법화하는 법률을 깡그리 없애라."

이와 같은 법률들은 섹슈얼리티를 결혼이라는 관습 안에 포함시키려 했다. 개인이 성적 활력을 오로지 특정 부류의―새로

이 핵가족을 만들고 후손을 생산할—관계에만 쏟게 해야 한다
는 것이었다. 립턴은 이에 동의하지 않았다. 사적 관계는 사유재
산과 같다고 립턴은 말했다. 개인은 어떤 성욕을 갖고 있든, 남
들한테 어떤 성욕을 불러일으키든, 이를 자신이 적합하다고 생
각하는 대로 쓸 수 있어야 한다.

성 혁명가들이 성에 관해 말하는 방식은, 종종 자유시장 옹호
자들이 경제에 관해 말하기 시작한 방식을 메아리치듯 따랐다.
양쪽 다 개인의 자유를 극대화하고 싶어 하고, 자유방임적 접근
이 최선이라는 데 뜻을 같이했다.

마르쿠제가 버클리에서 성 해방을 촉구하는 사이, 경제학자
밀턴 프리드먼Milton Friedman은 시카고에서 시장 자유화를 주
장하고 있었다. 프리드먼은 국가를 축소하고 사회안전망을 대
폭 줄임으로써 시장을 가능한 한 "자유로운" 상태로 만들고 싶
어 했다. 경제 활동에 대한 장벽을 일체 제거하는 것이 부유한
사회를 만드는 지름길이라 믿었다.

성 혁명가들은 섹슈얼리티에 관해 똑같은 말을 했다. 비록 프
리드먼과 마르쿠제는 정치 스펙트럼의 양극단에 있었음에도,
둘은 각자 개인을 외부 규제에서 완전히 해방시키고 싶어 했다.
두 번째 성 혁명은 데이트가 최후를 맞은 시기로 자주 언급되지
만, 데이트는 죽지 않았다. 단지 규제가 완화됐을 뿐이다. "자유
연애Free Love"는 데이팅이라는 만남 시장meet market*을 자유시
장으로 바꿔 놓았다.

자유방임적 사랑의 겉모습은 각양각색이었다. 마르쿠제와 립턴이 에로스와 성적 방종을 통한 생명력에 관해 글을 쓰기 전, 휴 헤프너Hugh Hefner가 잡지 《플레이보이Playboy》를 창간했다. 1953년, 창간호가 신문 가판대에 올랐다. 잡지 정중앙에 접어 넣는 장에는 매릴린 먼로Marilyn Monroe가 등장해, 알몸으로 무릎을 접고 앉아선 한 팔을 머리 뒤로 교차한 채 몸을 뒤로 젖혔다. 진홍빛 천으로 된 벽이 먼로 뒤에 펼쳐져 있다. 먼로의 눈은 감겨 있지만 다홍빛 입술은 벌어져 있다. 입술과 배경의 천이 잘 어울린다.

《플레이보이》는 나체와 더불어 바 용품과 스테레오 기기로 잘 꾸민 "독신남의 안식처" 사진이 가득했다. 《플레이보이》는 독자가 순수한 여가라는 환상적인 생활을 즐길 수 있도록 해 줬는데, 그곳에서 성관계는 칵테일을 마시거나 레코드판을 듣는 것과 꼭 같다. 그런 뒤에는 담배 한 대 피우면서, 제임스 본드James Bond 문고판의 시시콜콜한 내용은 잊어버리듯 재빨리 모든 것을 망각할 수 있다.

《플레이보이》가 약속한 안락한 생활은 남성을 결혼이나 일부일처제의 제약에서 해방시키기만 한 게 아니었다. 여성의 몸을

---

* 'meet market'과 철자와 발음이 유사한 'meat market'의 원래 의미는 '정육점, 육류 시장'이라는 뜻이지만 속어로서는 '성적 파트너를 찾는 장'이라는 뜻이기도 하다. 저자가 이를 활용하여, 서로 만날 상대를 물색하는 데이팅의 장을 수요와 공급이 만나는 시장에 재치 있게 비유한 것이다.

소비 대상으로 바꿈으로써, 잠자리한 여성에게 감정을 가져야 한다는 부담감에서 벗어나게 해 주기도 했다. 편집진은 독자에게, 풍요의 새 시대에는 "여성이 제공해야만 하는 쾌락을 즐기면서도 정서적으로는 관여하지 않을" 수 있다고 큰소리쳤다. 건축과 관련된 두 장짜리 광고 사진은 주저 없이 남성도 자기만의 방을 가질 수 있다고 말했다.

《플레이보이》는 성관계가 이상적인 형태의 유흥이라 말했다. 그와 같은 시각은 확실히 사람들에게 호소력이 있었다. 적어도 어떤 사람들에게는 말이다. 창간호는 2주 만에 매진되고,《플레이보이》는 순식간에 문화적으로 붙박이 같은 존재가 됐다. 1970년대 초까지 발간될 때마다 수백만 부씩 팔려나가고, 미국 남자 대학생 네 명 가운데 한 명이 구독했다. 그즈음에 식품의약국Food and Drug Administration, FDA이 경구피임약 사용을 승인했다. 믿을 수 있는 피임 수단을 이용하게 됨으로써, 남성은 물론 여성도 최소한 성관계를 무해한 놀이처럼 취급하는 백일몽을 꾸게 된 듯했다.

10년간 판매 부수가 저조했던《코스모폴리탄》은 1965년 헬렌 걸리 브라운Helen Gurley Brown을 고용해 브랜드 이미지를 쇄신하면서, 전국에《플레이보이》관점을 설파하는 여성 대변인을 만들어 냈다. 브라운이 편집장을 맡으면서《코스모폴리탄》은 여자아이들을 위한《플레이보이》비슷한 것이 됐다.《플레이보이》가 그렇듯 결국 소비자의 쾌락이 전부였고, 그 가운데서도 성관계가 가장 중요했다. 《플레이보이》와 다름없이 표지에는 벌거벗다시피 한, 판에 박힌 백인 미녀들이 등장했다. 그런데 《플레이보이》가 즐긴 다음 처분할 수 있는 여성 이미지를 독자에게 제시했던 반면, 《코스모폴리탄》은 여성들에게 어떻게 하면 남들이 즐기고 일회용처럼 버릴 수 있는 존재—플레이보이가 욕망하는 부류의 여자아이—가 될 수 있는지 이야기했다.

《코스모폴리탄》은 이상적인 예상 독자를 즐겁고 당당한 여성 Fun Fearless Female이라 칭했다. 즐겁고 당당한 페미니즘은 젊은 여성들에게 성관계를 즐기는 것에 관한 한 남자 형제, 남자친구와 똑같은 자유를 가질 수 있다고 큰소리쳤다. 이 모든 쾌락은 여성이 이제껏 남성의 것이었던 다른 특권을 갑작스럽게 요구함으로써 따라올 것이라 했다. 다른 특권이란 바로 집 밖에서 일할 권리였다.

1960년에 한 인구 조사원이 베티 프리던의 집 정문에 도착했을 때, 프리던은 친구이자 이웃인 거티와 커피를 마시고 있었다. 거티는 조사원이 프리던에게 직업을 묻자 프리던이 "주부"라고 대답하는 것을 옆에서 들었다.

거티가 끼어들었다. "넌 너 스스로를 좀 더 중요하게 생각할 필요가 있어."

프리던은 고쳐 말했다. "사실 난 작가예요."

프리던이 당시 고군분투하며 퇴고하던 『여성성의 신화』를 완성하기까지는 2년이 더 걸렸다. 1963년에 책이 출간됐을 때, 프리던은 이미 인터뷰와 티브이 출연에 익숙해져 있었다. 프리던이 발표했었던 글의 발췌문들이 광범위하게 관심을 모으고 있었기 때문이다. 향후 몇 년간, 프리던은 미국에서 페미니즘 운동의 두 번째 물결이 일어나는 데에 도움을 줬다는 점에서 널리 찬사를 받게 된다.

『여성성의 신화』첫 장은, 프리던 자신이 1940년대와 1950년대에 전업주부로서 티브이, 영화, 여성 잡지에서 이상향으로 제시하는 것과 대단히 흡사하게 생활하고 있었음에도 가슴이 옥죄이고 만족스럽지 못하다고 느꼈음을 묘사한다. 또래들도 고통받고 있었다고 프리던은 증언했다. 프리던은 자신과 또래가 앓고 있는 것을 "이름 없는 문제"라 불렀다. 첫 장 끄트머리에서 프리던은 진단을 내렸다. 주부가 불안과 우울로 끙끙대면서 술로 자가 치료를 하는 것은 전부, 머릿속에서 들려오는 어떤 목소리와 타협하기 위한 발악이었다. 그 목소리는 말했다. "난 남편과 자식과 집, 그 이상을 원해."

『여성성의 신화』는 미국 여성에게 이처럼 남편과 자식과 집이 있는 삶을 원해야 한다고, 그리고 그 속에서 불행하다면 스스로에게 뭔가 잘못이 있다고 확신을 심어 주기 위해 공모하는 세력들을 수백 쪽에 걸쳐 하나하나 파헤친다. 마지막 장에서 프리던은 여성이 스스로를 해방하기 위해 어떤 조치를 취할 수 있는지 제시했다.

여성에게 첫째로 필요한 것은 일이었다. 여성은 "사고하는 분야, 사회적으로 대단히 중요한 일에 …… 평생 전념해야 한다. 그 일을 '인생 계획' '소명' '일생의 목적'이라 불러라. **커리어**라는 말이 독신주의를 너무 많이 함축해서 오염됐다면 말이다"라며 프리던은 농담을 덧붙여 말했다.

프리던은 책의 많은 장을 할애해, 여성이 이와 같은 목표를 달성하도록 도우려면 체계적인 개혁이 중요하다고 말했다. 학업을 지속하고 싶은 여성을 위해 '지아이 빌'과 유사한 국가적 프로그램 마련을 요구했는데, 이를 통해 수업료, 교재비, 여행 경비, 심지어 가사 지원까지 보장함으로써 여성이 더 높은 수준의 학위를 취득해 노동력으로 재편입할 수 있다고 봤다.

운 좋게도 뚫고 나가 최초로 남성의 직업군에 진출한 여성들이 자매들을 도울 것이라고, 프리던은 낙관했다. "충분히 많은 여성이 자신의 진정한 능력에 맞춰 인생을 설계하고, 육아휴직이나 육아 안식년까지도 분명히 요구할 때 …… 결혼과 모성을 희생해야 하는 만큼이나 명예롭게 경쟁하고 〔공적 성취에〕 기여할 권리를 희생하지 않아도 되리라."

하지만 대중 차원에서 여성이 인생 계획을 세워야 한다고 말할 때는, 프리던의 주장에서 구조와 관련된 중대한 요소들이 점차 희미해졌다. 헬렌 걸리 브라운이 《코스모폴리탄》에서 개척한 대중적 페미니즘이 잘 팔린 까닭은, 직업여성이라는 생애 설계를 또 다른 화려한 상품으로 바꿔 놓았기 때문이었다.

브라운은 《코스모폴리탄》을 장악하기 전부터도 『섹스와 싱글 여성Sex and the Single Girl』이라는 조언 서적으로 전국적인 유명 인사가 돼 있었다. 책은 엄청난 성공을 거뒀다. 한 가지 비교하자면, 현재까지 『여성성의 신화』는 300만 부 판매됐는데 『섹스와 싱글 여성』은 첫 출간 3주 만에 200만 부가 판매됐다는 점이겠다. 『섹스와 싱글 여성』은 여성 독자에게, 함께 일하며 데이트하는 남성들과 똑같이 자유롭다고 느끼라고 말했다. 여성은 걱정하며 결혼을 종용하는 친구와 친지들은 싹 무시하고, 가벼운 성관계를 즐기는 동시에 경력에 집중해야 한다.

《플레이보이》와 마찬가지로 헬렌 걸리 브라운은 성관계를 끊임없이 어떤 "놀이"와 "재미"의 형태로 묘사했다. 베스트셀러로 기록된 후속작, 『섹스와 직장Sex and the Office』에서는 자신의 남성 동료들을 "놀이 친구playmate"라 부르기까지 한다. 그런데 어떤 싱글 여성이 플레이보이가 하듯 취미로 애인을 수집할 수 있더라도, 둘 사이에는 큰 차이점이 남아 있었다. 휴 헤프너는 사진에서 거듭 목욕 가운 차림으로 등장했다. 헤프너가 제시하는 《플레이보이》에서의 삶의 전망은 한가로운 생활이었다. 사진 속에 항상 단정하게 맞춘 치마 정장 차림으로 찍혀 있는 헬렌 걸리 브라운은, 자기 글을 읽는 여성들이 헤프너가 제시하는 것과 같은 행운을 기대할 수 없음을 알고 있었다.

"싱글의 행복을 달성하려면 함정이 하나 있는데" 하고 브라운은 경고했다. "상놈처럼 일해야 한다는 것이다."

경쾌하고 산뜻한 문체에도 불구하고, 브라운의 서술을 읽고 있자면 싱글 여성의 삶이 굉장히 피곤하게 느껴진다. "싱글 여성은 어째서 유달리 매력적인 걸까?"라고 브라운은 물음을 던졌다. "스스로에게 더 많은 시간을, 그리고 종종 더 많은 돈을 쓸 수 있기 때문이다. 싱글 여성은 운동할 시간이 매일 20분 더, 데이트를 위해 화장할 시간이 한 시간 더 있다."

데이트의 여명기에 자선 소녀는 남자가 트리팅하도록 했는데, 그렇게 하지 않으면 자신의 쥐꼬리만 한 벌이로는 유흥비를 감당하기는커녕 입에 풀칠하기도 힘들었기 때문이었다. 하지만 헬렌 걸리 브라운의 싱글 여성은 휴식을 갈망하지 않는다.

"여러분이 하는 가장 대단한 일은, **여러분 자신에게** 하는 일일 것이다. 바로 집 안에서"라고 브라운은 알려 줬다. "여러분은 여러분 자신의 단 한 구석이라도 반짝반짝 윤이 나지 않는 상태로 내버려 둘 자격이 없다."

틀림없이 독자들에게 친근한 인상을 주려 했을 여담 부분에서, 브라운은 자신이 나름의 혹독한 미용 루틴을 지키는 데 얼마나 엄격한지 넌지시 내비친다. "결혼하고 분가하면서 6파운드 무게 아령, 경사판, 주름 제거용 전자 기기, 심신을 맑게 하는 혼합 영양제를 만들기 위한 대두 레시틴 분말, 칼슘 분말, 효모-간 농축액 몇 파운드, 그리고 고성능 비타민을 충분히 챙겨 와 걸어 다니는 조각상이 되고자 공들였다"라고 브라운은 말한다.

앞서 노동계층 여성 판매원이 그랬듯, 싱글 여성이 직업을 기회 삼아 남자를 만나도록 브라운은 부추긴다. 하지만 끝을 생각하지 않고 이와 같은 일을 수행하는 게 이상적이라 말한다. 여성 판매원은 자신을 매장에서 구원해 줄 남편을 찾기를 열망했다. 하지만 야심 찬 싱글 여성은 우선순위를 뒤집는다. 남성을 만나고픈 욕망을, 스스로 더 열성껏 일하게 만드는 동력 비슷한 것으로 바라본다.

"연애가 업무 성과를 떨어뜨린다고 생각하는 경영진은 완전히 정신이 나간 것이다"라고 브라운은 외쳤다. "상사를 사랑하는 여성은 일주일 내내 녹초가 되고도 며칠만 더 있었으면 하고 바랄 것이다."

『섹스와 직장』은 일을 최고의 도덕적 미덕이라 찬양하기도 했다. 일을 통해 자신의 몸은 물론 직업적 이미지를 쇄신함으로써, 싱글 여성에게는 자신을 찾아오는 기쁨을 누릴 자격이 생긴다. "여러분의 목표는 여러분에게 놀라운 일들이 일어나는 섹시한 직장생활이다"라고 브라운은 말한다. "그리고 이와 같은 일들은 **민달팽이** 같은 여성들에게는 생기지 않는다."

앞선 시대에 여성 판매원은 안락한 삶이 주는 화려함을 손에 넣기를 열망했다. 브라운은 끝없는 노동을, 상상할 수 있는 가장 화려한 것으로 보이게 만들었다. 이 세계관에서 최상의 목표는 실제 동반자 관계가 아니라 성적 호감이다. 브라운의 글에서 싱글 여성은 열심히 일해 남성의 관심을 마치 통화처럼 모아 늘린다. 남성 자체는 상호 교환 가능한 것처럼 보인다.

"남자들을 이용하라"라고 브라운은 독자에게 촉구한다. "남자들이 여러분을 이용하듯 더할 나위 없이 훌륭한 방식으로."

《플레이보이》는 이에 전적으로 찬성했다. 휴 헤프너가 브라운의 가장 큰 지지자 중 한 명이 되고 말았다. 브라운은 평범한 여자들이 성관계에 관심이 있다고 강조함으로써,《플레이보이》 독자에게 그들이 동경하는 "아름다운 놀이 친구들"이 "별세계"가 아니라고 격려했다. 놀이 친구들은 어디에나 있었다.

"주위를 둘러보면 어디에나 잠재적 놀이 친구가 있다"라고 편집진은 썼다. "사무실의 신입 비서, 어제 점심 때 맞은편에 앉았던 사슴 같은 눈망울을 한 미녀, 단골 가게에서 여러분에게 셔츠와 타이를 파는 젊은 여점원이 모두 놀이 친구다. 우리가 찾고 보니 7월의 '놀이 친구' 양이 판매부에서 잡지 구독, 갱신, 과월호 주문을 처리하고 있었다."

충분히 열심히 일하기만 하면 운 좋게 실세에게 발탁돼 『섹스와 직장』의 궁극적 성공담—온 나라가 알아보는 포르노 스타—이 될 수 있다고 브라운은 장담했다.

어떤 젊은 여성이 고개를 떨군 채 한평생, 침대를 정리하고 샌드위치를 만들고 식료품을 구입하며 저녁이 될 때까지 햇살이 기울어 가는 것을 지켜본 다음 밤마다 같은 남자한테 정상 체위로 삽입당한다면, 그 여성이 왜 헬렌 걸리 브라운이 묘사하는 삶에 매료되는지 쉽게 이해할 수 있다. 하지만 그런 삶은 프리던이 진단했던 문제에 대한 해결책이 되기에는 근시안적이었다.

표면적으로 『여성성의 신화』 그리고 『섹스와 싱글 여성』은 서로 대단히 다른 책처럼 보인다. 하나는 교외, 다른 하나는 도시가 배경이다. 하나는 따분해하는 주부가 화자이고, 다른 하나는 성적으로 해방된 직업여성이 주인공이다. 그럼에도 두 책은 보기보다 공통점이 더 많다. 둘 다 개별 여성이 집 밖에서 지불 노동을 하기만 하면 여성 문제가 모조리 해결될 것이라는 생각을 받아들였다.

두 책은 같은 맹점을 공유하기도 했다. 여성이 일을 하도록 "허용하면" 성별 불평등이 없어지리라 여겼던 것이다.

1960년대에 특정 여성들이 집 밖에서 일하고 돈을 벌 기회를 얻음으로써 선택권이 생기기는 했다. 브라운이 강조했듯, 싱글 여성은 이제 스스로를 부양할 수 있었다. 온갖 것을 살 수 있는 수입이 있었다. 특히나 자식을 갖지 않기로 선택했다면. 하지만 이와 같이 어떻게 시간과 돈을 쓰느냐를 정할 자유가 있다고 해서 성별 불평등이 끝나지는 않았다. 여성은 자신에게 불리하게 돌아가는 어떤 체제 안에서도 이를 타개하도록 더 열심히 일할 기회가 생긴 것뿐이었다.

이런 말이 있다. **진저 로저스**Ginger Rogers**는 프레드 아스테어** Fred Astaire**가 하는 건 다 했다, 다만 하이힐을 신고 뒤로 걸으며 해냈을 뿐.*** 싱글 여성은 플레이보이가 하는 것은 다 하면서도 스스로 놀이 친구가 되라는 말을 들었다.

살짝 다르게 표현하자면, 브라운이 묘사하는 성적으로 해방된 여성은 곤란스럽게도 자신의 가치를 남성이 규정하는 상황에 빠져 있다. 결국 《코스모폴리탄》적 여성은, 오래 사귀는 사이인 남자친구의 자동차 뒷좌석에서 그를 필사적으로 막아 냈던 여성과 별반 다르지 않았다. 한 여성은 남성의 욕망을 물리쳐야 한다는 말을 듣고, 다른 여성은 남성의 욕망을 끊임없이 불러일으켜야 한다는 말을 들었다. 둘 중 어떤 관습도 욕망의 **주체**인 여성이 어떤 모습인지에 대해 아무런 모형을 제시하지 못했다.

흑인 페미니스트와 노동계층 페미니스트들은 백인 중산층 페미니스트들보다 '즐겁고 당당한 페미니즘'의 한계를 훨씬 더 잘 꿰뚫어 보는 경향이 있었다. 아프리카계 미국인 여성은 선조가 노예로 미국에 끌려온 이래 언제나 집 밖에서 일해 왔기 때문에, 일할 "기회"가 여성이 감당해야 하는 문제를 몽땅 해결할 적절한 방안이라고 잘못 판단하지 않았다.

* 진저 로저스(1911~1995)는 할리우드 황금기의 배우·댄서·가수이며, 프레드 아스테어(1899~1987)는 "역사상 가장 위대한 대중음악 댄서"로 칭송받은 미국의 댄서·배우·가수·음악가·안무가였다. 두 사람은 댄스 파트너로서 여러 뮤지컬 영화에 출연하며 엄청난 인기를 누렸다. 저자가 본문에서 강조한 부분은 1982년 시사 풍자만화가 밥 새이브스Bob Thaves가 자신의 연재만화, 〈프랭크와 어니스트Frank and Earnest〉에서 등장인물의 대사로 쓴 것이다. 그 이후로 "하이힐을 신고 뒤로 걸으며backwards and in high heels"는 현대 여성이 처한 모순적 상황을 말할 때 자주 빌려 오는 문구가 됐다. 사회가 전통적으로 여성의 일이라며 떠넘기는 가사, 육아, 돌봄 등을 수행하면서도 직업적 전문성을 발휘해야 하는, 여성의 억압적 현실을 압축적으로 드러낼 수 있는 어구이다.

일하느냐 하지 않느냐는 언제까지나 대단히 제한된 일부 인구에게만 선택 사항이었다. 나머지는 임금을 받는 것이 만능이 아님을 알고 있었다. 실제로 많은 흑인 페미니스트가 인종차별적 세상에서 한숨 돌릴 유일한 곳은 집 **안**이었다고 진술했다.

젊은 흑인 작가 글로리아 왓킨스Gloria Watkins는 1984년에 첫 저서 『페미니즘 이론Feminist Theory』을 벨 훅스bell hooks라는 필명으로 출간하면서, 베티 프리던의 페미니즘 학파가 미국 여성 대다수를 망각했다고 나무랐다.

"프리던의 유명한 구절인 '이름 없는 문제'는 …… 실제로는 대졸 중상류층 기혼 백인 여성, 즉 여가, 가정, 자식, 상품 구매에 질리고 인생에서 더 많은 것을 원하는 주부라는, 선별된 집단의 고충을 가리켰다"라고 벨 훅스는 썼다. "프리던의 책에서 제시하는, 여성의 현실에 대한 일차원적 시각은 당대 페미니즘 운동의 두드러진 특징이 됐다."

브라운이 대대적으로 선전한 새 여성의 신화도 지속됐다. 브리트니 스피어스Britney Spears부터 셰릴 샌드버그Sheryl Sandberg에 이르기까지, 문화 아이콘들은 젊은 여성들에게 여전히 말한다. 젊은 여성의 경우, 좋은 삶의 전제 조건이란 만족할 줄 모르고 노력하고자 하는 욕구라고.

10대 팝 스타 시절 브리트니 스피어스는 가상의 남자친구에게 "한 번만 더 대시해 달라hit her one more time" 애원하고, 자신은 "그 남자의 노예a slave 4 him"라며 헐떡였다. 하지만 결혼하고 자식을 낳고 이혼하고 신경쇠약에 걸린 모습으로 대중에 노출된 다음, 복귀 앨범에서는 싱글 여성의 자립을 노래했다. "넌 일해야지…… 일해야지…… 일해야지…… 일해야지……" 스피어스는 인기곡 〈일해, 이 년아Work, Bitch〉에서 이렇게 읊조렸다. 샌드버그는 『달려들어라Lean In』에서 젊은 여성 전문가들에게 같은 조언을 한다. 상황이 어려워지면 "계속해서 가속 페달을 밟아라". 일하는 것이 소용없으면 더 열심히 일하라. 훌륭한 여성은 언제나 더 줄 것이 남아 있다.

'즐겁고 당당한 페미니즘'이 그토록 많은 여성의 근심 걱정을 해결하지 못했다면, 그것의 성공은 어떻게 설명할 수 있을까? 즐겁고 당당한 페미니즘은 시장 친화적이었다. 이와 같은 페미니즘 브랜드를 이용하면 거의 모든 것을 팔 수 있었다.

1960년대와 1970년대에 버지니아슬림은 페미니즘을 하나의 광고 문구로 바꿔 놓았다. **참으로 먼 길을 왔구나, 자기야**의 의미는 이러했다. 출생하면서부터 지정되는 성별을, 특별한 담배라는 형태로 구매할 수 있을 만큼 멀리까지 왔구나. 기업은 즐겁고 당당한 여성이 버는 돈을 가져가려고 혈안이 됐다. 기업은 즐겁고 당당한 여성에게, 그 여성의 노동을 해방이라며 되팔았다. 오늘날 우리는 기업이 펜에서 딜도, 재생산권에 반대하는 정치 후보에 이르기까지 모든 것을 "역량 강화empowered"로 브랜드화하는 광고를 만드는 데 감사해한다.

《코스모폴리탄》은 선택권이 있는 게 마치 힘이 있는 것과 같다는 양 계속 말한다. 《코스모폴리탄》의 대표적 특징은 목록이다. 매 호마다 여러분의 남자를 만족시킬 방법 수십 개를 늘어놓는다. 동일한 조언을 달마다 살짝 바꿔 싣는다는 점에서 우리는 다음과 같은 조언을 얻어야 한다. 끊임없는 최신 소식이 시사하는 만큼 우리의 선택지가 무한하지 않을 수도 있다는, 그렇게 거듭 최신 소식을 싣는 것은 우리의 욕구를 충족시키기보다는 잡지 판매 부수를 올리려는 저들의 욕구를 채우는 것과 더 관련성이 깊을 수 있다는 조언을 말이다. 한 호만 읽어 보라. 표지를 보고 믿었던 것보다 선택의 여지가 더 적음을 알게 된다. 많은 내용이 거의 하나같이 지난 호의 선택지들을 바꿔 표현한 것이다. 적어도 세 가지는 전립선 압박과 관련된 내용일 테고.

여러분의 쾌락이 목록에 오르는 경우가 좀처럼 없다는 점이 가장 중요하다. 《코스모폴리탄》은 성관계를 즐기는 주요 이유 가운데 하나로, **성관계를 좋아하는 여성을 남성이 좋아한다**는 점을 자주 늘어놓는다.

브라운은 성관계를 긍정적으로 바라봤다는 점에서 진보적인 측면이 있었다. 하지만 여성이 남성에게 유흥을 제공하기 위해 존재한다는 세계관에 도전하지는 않았다. 일을 수월하게 하는 방법 일부는 대상으로서의 여성이라는 친숙한 역할을 수행하는 것이었다. 브라운은 성차별주의를 강제하는 권력구조에 의문을 제기하지 않았다. 오히려 이러한 구조를 받아들이고 자신에게 유리하게 작용하도록 하는 것이 직업적 전략 면에서뿐만 아니라 도덕적으로도 꼭 필요하다고 독자에게 직접적으로 말했다.

"어느 때고 상사를 비난할 정당한 이유는 없다고 생각한다"라고 브라운은 『섹스와 직장』에서 분명하게 말했다. "상사를 미친 듯 사랑해야 한다. 하루 8시간을 함께 보내는 좋은 상사에 대한 사랑과 헌신을 거부하는 것은, 어미 새가 새끼 새에게 벌레 먹이기를 거부하는 것과 같을 것이다."

비록 브라운은 독자에게 성적 자유를 한껏 즐기라 격려하지만 이러한 자유가 그 독자를 독립적인 존재로 만들어 주지는 않는다. 『섹스와 싱글 여성』의 첫 몇 장에서는 이 사실이 뒤틀린 모습으로 드러난다. 책은 시작부터 자랑을 늘어놓는다.

"첫 결혼을 서른일곱 살에 했다"라고 브라운은 쓴다. "**내가** 얼마나 나이가 많은지, **내 남편**이 얼마나 좋은 배우자감인지 고려하면 기적 같은 일이라 볼 **수 있었다.**" 브라운은 이어서 남편이 할리우드의 성공한 제작자이며, 자신은 어떤 부당 이득도 없이 일을 시작했다고 말한다. 눈에 띄게 예쁘지 않았고, 부유한 배경에서 성장하지도 않았으며, 대학에 가지도 않았다.

"그래도 **난** 남편과 결혼한 것을 기적이라 생각하지 않는다. 남편의 상대가 될 자격이 있다고 생각한다! 17년간 남편의 관심을 끌 만한 부류의 여성이 되려고 온 힘을 다했다"라고 브라운은 외친다.

브라운을 안내자 삼아 싱글 여성 되기라는 모험에 나서기 전,

브라운은 자신을 우리가 왜 믿어야 하는지 알길 바란다. 따지고 보면 브라운은 자신의 왕자님을 쟁취했으니까.

집안일, 그리고 상놈처럼 일하기, 둘 중 하나를 골라야 함을 생각하면, 젊은 여성이 왜 "젠장"이라며 발륨(신경 안정제의 하나)과 대두 레시틴을 팽개치고 서부 해안 지역으로 향했는지 쉽게 수긍이 간다.

성 혁명의 두 번째 버전은 《플레이보이》와 《코스모폴리탄》이 발전시켰던 버전보다는 더 급진적이었다. 1960년대 히피들이 스스로를 자유연애주의자로 부른 최초의 미국인은 아니었다. 미국에서는 그처럼 자유연애라는 깃발 아래 반문화 운동 세력이 집결했던 오랜 역사가 있다. 백인으로서 노예제 폐지론자인 프랜시스 라이트Frances Wright는 1825년에 미국 최초로 "자유연애" 코뮌을 설립했다. 라이트는 자유의 몸이 된 노예와 폐지론자들을 초청해 함께 생활하고 일하면서, 결혼도 존재하지 않고, 일부일처제에 대한 기대도 없는 어떤 공동체를 이뤘다.

19세기에 다수의 마르크스주의자, 무정부주의자, 페미니스트는 결혼을 "성 노예제"나 성매매의 한 형태라며 맹비난했다. 그들은 사적이고 낭만적인 계약이라는 발상을 거부하고, 이와 같은 발상 때문에 여성과 남성이 서로를 소유물처럼 대한다고 말했다. 이와 같은 비평가들은 결혼의 기반이 되는 근본적 불평등, 즉 남성에게 지나치게 유리한 경제 관습과 이혼 관련 법률을 인식하고 있었다. 대다수 아내가 집 밖에서 돈을 벌 수단이 없다는 사실은, 남편이 난잡하게 놀아나는 동안 아내는 잠자코 있어야 한다는 뜻이었다. 남자가 상대 여자를 떠나면 그 남자는 여자만 잃은 게 되지만, 여자가 상대 남자를 떠나면 그 여자는 생계가 불투명했다.

1870년대에 활동가 빅토리아 우드홀Victoria Woodhull은 미국 대통령 선거에 출마한 최초의 여성 후보가 됐고, 자유연애 강령을 내세운 선거 운동을 벌였다.

"맞습니다, 난 자유연애주의자입니다"라고 우드홀은 1871년 연설에서 청중에게 말했다. "원하는 사람을, 할 수 있는 만큼 오래 혹은 짧게 사랑하고, 마음만 먹으면 사랑하는 사람을 매일이라도 바꿀 수 있는, 양도할 수 없는, 헌법상의, 천부적 권리가 난 있습니다. 그러한 권리가 있기에 여러분이나 여러분이 고안할 수 있는 어떤 법도 간섭할 권리가 없습니다."

우드홀은 여성이 자유롭게 결혼하고 이혼할 권리를 가져야 한다는 뜻에서 이렇게 말했다. 경제적 필요와 사회적 의무 대신 애정과 선택권이 사랑하는 관계를 다스려야 한다고 우드홀은 주장했다. 하지만 자유연애가 번성하려면, 자유연애를 실천하고자 하는 개인들이 결혼과 가족을 대체할 새로운 제도를 만들어 내야 할 것임을 우드홀은 인식했다.

우드홀은 1871년에 청중에게 자신이 사랑할 권리를 "제약 없이 자유롭게 행사할 수 있도록 요구할 권리"가 있다고 말했다.

"그와 같은 권리를 허용하는 것뿐만 아니라, 한 공동체로서 제가 공동체 안에서 보호받음을 확인하는 것도 여러분의 의무입니다."

미국 남북전쟁 직후의 시기에 많은 미국 젊은이는 제도를 불신했는데, 이와 같은 감정이 베트남전쟁 동안 강렬하게 되살아났다. 다시 한번, 젊은이는 부모의 세상에 불만을 표출하기 위해 자유연애로 돌아섰다. 하지만 우드홀과는 달리, 무엇을 새로이 만들어 내고 싶은지보다는 무엇을 파괴하고 싶은지에 초점을 맞췄다.

뉴욕과 샌프란시스코의 젊은 급진주의자들은 자신들이 당대의 화려한 대중잡지에서 큰소리친 "섹시하고 …… 성공적인 삶"과는 대단히 다른 것을 원함을 알고 있었다. 그들은 자라서《플레이보이》를 뚫어져라 보는 위선적인 아버지, 혹은 집에만 박혀 있으면서 매트리스 밑에 숨겨진 끈적끈적한《플레이보이》다발을 발견하고는 훌쩍거리는 어머니처럼 되고 싶지 않았다. 그들이 성장기를 보냈던 사회의 더 즐겁고 대담한 버전을 원하지 않았다. 완전히 새로운 어떤 세상을 원했다. 다만 그러한 세상이 정확히 어떤 모습이어야 하느냐에 대해서는 확신이 없었다.

가장 영향력 있는 자유연애주의자 가운데 한 명으로 제퍼슨 폴란드Jefferson Poland가 있었다(활동하며 이력을 쌓아가던 시기에 따라 '성교하는 제퍼슨Jefferson Fuck'과 '음핵 핥는 제퍼슨

Jefferson Clitlick'으로 통했다). 폴란드는 게이 활동가 랜디 위커Randy Wicker, 그리고 시인이자 음악가인 툴리 쿠퍼버그Tuli Kupferberg와 함께 뉴욕에서 성적자유연맹Sexual Freedom League, SFL을 창설했다. 회원들은 매주 만나 얼마나 많은 성적 금기를 위반할 수 있을까 토론했다. 젠더 역할을 철폐해야 한다는 데 만장일치로 동의했다. 양성애와 집단 성교는 수용하고, 일부일처제는 거부했다. 수간獸姦, bestiality은 동물이 저항하지 않는 한 괜찮다고 결정했다.

성적자유연맹의 집회 구호는 "강간 금지, 규제 금지"였다. 동의 혹은 동의 부재가 어떤 사람이 원하는 성행위를 하지 못하게 제한해야 할 유일한 요소라 생각했다. 1965년에 폴란드는 샌프란시스코로 이주해 그곳에서 성적자유연맹 지부를 설립했다. 도시의 해변에서 "벌거벗고 마구 뛰어들기" 행사를 개최해 엄청난 화제가 됐고, 하이트애시버리 구역의 활기찬 거리 문화에도 참여했다.

바로 전 학년도에 버클리 캠퍼스를 마비시켰던 학생 시위는 이와 같은 발상을 수용할 수 있는 환경을 조성했다.

심령론자 리처드 손Richard Thorne은 캠퍼스에서 시작된 반체제 신문인 《버클리바브Berkeley Barb》를 플랫폼 삼아, 일부일처제가 존재하지 않았을 때 성교는 "신성한 것"이었다고 주장했다. "이기심, 질투, 소유욕은 삼가야 하지만 성교는 멀리해선 안 된다"라고 손은 썼다.

1967년 초에 젊은이 수천 명이, 비트 세대 시詩, 급진 좌파 연설, 히피 밴드 공연을 선보이는 대중 축제 "휴먼 비인Human Be-In"에 참가하려고 골든게이트 공원Golden Gate Park을 가득 메웠다. 관중이 공개적으로 마약을 복용하고 알몸으로 일광욕하는 것을 기자와 사진작가들은 넋 놓고 바라보며 셔터를 눌러 댔다. 심리학자에서 엘에스디LSD 전도사로 전향한 티머시 리어리Timothy Leary는 관중에게 "들이켜라, 몰입하라, 체제를 거부하라"라고 촉구했다.

이 축제는 자유의 이미지를 보여 줬지만, 어떤 이들은 이것이 오래가지 않으리라 우려했다. 무대에 올라 시를 낭송하기 위해 대기하던 앨런 긴즈버그는 친구 로런스 펄링헤티Lawrence Ferlinghetti에게 몸을 돌리고 숨죽여 물었다. "우리가 틀렸으면 어쩌지?"

샌프란시스코에서 일어난 활동의 이미지를 보고 가출자와 구도자가 계속, 점점 더 많이 모여들었다. 그들 중 다수는 자신이 무엇을 찾고 있는지 전혀 알지 못했다. 찾지 **않는** 것만 알았다.

줄리 앤 슈레이더Julie Ann Schrader는 위스콘신주 교외에서 살던 10대 시절에《라이프》에서 샌프란시스코 사진 몇 장을 본 기억이 있었다. "사람들 한 무리가 환한 미소 말고 다른 것은 거의 걸치지 않은 채 사랑의 모임love-in을 하고 있었어요"라고 슈레이더는 2013년에 한 인터뷰 진행자에게 회상했다. 그는 그 모습을 본 순간, 그곳으로 달아나야 한다는 것을 깨달았다고 했다.

"위스콘신주에 남으면, 대학에서 만난 애인과 결혼하고 주일 학교에서 가르치고 가정을 꾸리며 내 부모가 살았던 것처럼 살 터였다"라고 슈레이더는 썼다. "내 미래는 갇혀 있었다. 그렇게 생각하자 영혼까지 공포가 엄습했다." 슈레이더는 학교를 그만 두고, 중산층으로서의 인생 계획을 내다 버리고, 지나가는 자동 차를 얻어 타 서부로 향했다. 그 외의 많은 사람도 똑같이 했고, 전통적인 결혼이 제공하는 협소한 가능성 바깥에서 열심히 사 랑과 연애를 찾았다.

샌프란시스코에서 연인들은 데이트의 격식을 생략했다. 그들 은 놀라운 속도로 만나고 짝짓기를 하며 멀어졌다. 그들의 연애 에 극적 사건이 없었다는 말은 아니다. 샌프란시스코에서 성관 계란 많은 것을 의미할 수 있었다. 하룻밤 잠자리가 자연스레 사 실혼 관계로 이어질 수도 있었다. 회오리바람이 몰아치듯 열광 적인 연애가 여러분을 마약중독자의 삶에 빠뜨릴지도 몰랐다.

1967년 말에 하이트애시버리 구역은 집을 떠나온 사람들로 넘 쳐났다. 히피들이 만들고자 했던 새로운 세계는 지속되기 어려 웠다. 규범은 깡그리 폐지했지만, 여전히 해야만 하는 것들을 누 가 할 것이냐는 명확히 정해지지 않았다. 계획이 부재할 때 사람 들은 대단히 정형화된 젠더 역할로 뒷걸음치기 일쑤였다.

조앤 디디온Joan Didion은 사랑의 여름Summer of Love*에 대해 쓴 에세이 「베들레헴을 향해 웅크리다Slouching Towards

Bethlehem」에서 "맥스Max"라는 한 청년과의 만남을 서술했다. 맥스는 디디온에게 아무런 책임이나 제약 없이 사랑하는 관계를 맺는 것이 가능하다고 진지하게 주장한다.

"맥스는 어떻게 구닥다리 같은 중산층의 프로이트식 콤플렉스에서 완전히 벗어나 자유롭게 사는지 지껄인다. '이 나이 든 여자와 사귄 지 몇 달 됐어. 그 여자가 저녁 식사를 정성껏 차려 주는데 내가 사흘 내리 밤늦게 들어와 다른 어떤 어린 여자와 섹스했다고 말하는 거야. 글쎄, 그 늙은 여자가 소리를 좀 질러 댈 수도 있지만, 나 알잖아 자기야, 라고 내가 말하면 웃음을 터뜨리며 너답다 맥스, 라고 하는 거지.'"

"맥스는 자신의 삶을 '하지 말아야 할 것'을 초월한 어떤 승리라 여긴다"라고 디디온은 끝맺는다.

맥스는 부모의 삶을 지배한 억압적 법칙을 거부했을지도 모른다. 하지만 맥스와 그가 사귀는 "나이 든 여성" 사이의 관계에서 주목할 만한 것은, 그 관계가 너무나 관습적으로 보인다는 점이다. 맥스는 상대방이 요리를 해 주는 것에 대해 퉁명스럽게 말한다. 으레 상대방이 식사를 차려 주고 무조건적으로 사랑해 줘야 한다고 당연하게 생각한다. 결혼과 가족이라는 제도가 파괴

---

* 1967년 여름 동안 히피 수만 명이 하이트애시버리 구역에 모여든 현상을 말한다. 같은 해 1월 개최된 "휴먼 비인" 축제의 영향을 받아 일어났다. 또한 넓은 의미로는 미국 서부 해안에서부터 뉴욕시에까지 걸쳐 일어난 히피 음악, 환각성 약물, 반전反戰, 자유연애의 장을 일컫기도 한다.

된 다음 상황이 어떻게 다른 방식으로 진행될지는 불분명했다.

무질서가 점점 고조되며 거리를 점령하자, 이에 대응하겠다고 발 벗고 나선 무뢰한 같은 집단이 하이트애시버리 구역에 있기는 했다. 바로 디거스Diggers였다. 디거스는 반쯤 익명인 집단으로 예술가와 급진주의자들로 이뤄져 있었는데, 핵심 구성원들은 샌프란시스코마임극단San Francisco Mime Troupe에서 공연을 하며 만났다. 그들의 길잡이별은 "자유"라는 관념이었다.

디거스는 데이비드 스미스David Smith라는 한 의사와 함께 하이트애시버리무상진료소Haight-Ashbury Free Clinic를 설립해, 사납게 퍼져 나가는 성병과 마약 관련 질환을 치료했다. "무상 상점"을 만들어 기부받은 물품을 채워 넣고 누구든 가져가게 했다. 몇몇 식사 모임eat-in을 열어, 집을 떠나온 사람과 지자체 직원들에게 무상 급식을 제공했다. 밴드 빅 브라더Big Brother와 그레이트풀 데드Grateful Dead의 무료 거리 공연을 지원했고, 영리목적의 상업화한 음악 행사에 전면적으로 항의했다.

"사랑하는 사람들이 공짜로 얻는 것을, 속아 넘어가는 사람들은 돈을 주고 산다"라고 시위 팻말은 분명하게 밝혔다. "마음대로 하라. 춤추고 싶은가? 그러면 거리에서 춤추라."

디거스의 가장 원대한 야망은 개인이 모범을 보임으로써 가르치는 것이었다.

디거스의 창립 회원 가운데 한 명인 배우 피터 카이오티Peter Coyote는 훗날 그들의 철학을 이렇게 설명했다. "자유인으로 존재한다는 것의 구체적 사례를 충분히 노련하게 만들어 낸다면, 그와 같은 사례가 다른 사람들에게도 전파되리라는 것이 우리의 희망이었죠."

그런데 이와 같은 과정이 그들이 기대했듯 그렇게 자연스레 일어난 것은 아니었다. 무상 상점에 들어갈 옷가지 모으기, 요리하기, 음식 나눠 주기 같은 일을 모조리 하다 보면 틀림없이 지겹고 짜증 날 것이다. 그래서 남성들이 구경거리를 기획해 디거스에 세간의 이목을 끄는 사이, 여성들은 일이 돌아가도록 힘들고 지루한 노동을 맡아 했다.

여성들은 이른 아침 다섯 시에 일어나 낡은 트럭을 몰고 식료품점에 가서 고기와 야채를 훔치거나 환심을 사서 얻어 내고, 스튜를 푸짐하게 끓이고, 김이 나는 스튜를 힘들게 날라, 쇠로 된 육중한 우유통을 내밀며 구걸하는 사람들에게 국자로 듬뿍 퍼 줬다. 디거스의 여성 회원 가운데 한 명인 수전 키스Susan Keese 는, 훗날 샌프란시스코 북부의 흑곰공동체Black Bear Ranch* 설립을 도왔다. 키스는 "자유/무상free"이라는 철학을 유지하기 위해 무엇이 필요했는지 회상했다.

---

* "자유인을 위한 자유의 땅"을 표어로 내세우며 1968년 만들어진 히피 공동체. 히피 운동은 기성세대와의 단절을 선언하며 평화나 사랑, 자연의 가치를 지향하는 유토피아적 공동체를 실현하려고 했으나, 정작 공동체 내부의 성별 관계는 기존과 다를 바가 없었다. 공동체의 가사노동은 당연히 여성 공동의 의무였고, 자연 친화적 이념 때문에 전기나 가전제품을 이용할 수도 없었다고 한다.

"우리는 일주일에 며칠을 샌프란시스코 농산물 시장에 가서 공짜로 식재료를 모았어요"라고 키스는 2007년에 한 기자에게 말했다. "시장 사내들은 우리 외모를 보고 식재료를 줬어요. 우리는 외모를 팔았죠." 알고 보니 공짜는 공짜가 아니었다. 1890년대와 1900년대의 자선 소녀와 다름없이, 이 여성 활동가들은 유혹함으로써 먹을 것을 얻어 내야 했다. 그리고 먹을 것을 얻어 내면 남자친구와 낯선 사람들에게 넘겨줬다. 디거스가 고취한 정신은 여성의 수고로움을 부려 먹을 수 있느냐에 달려 있었다.

심지어 정치적으로 가장 급진적인 남성들도 전통적 연애 관계를 좇기 일쑤였다. 활동가이자 학자 앤절라 데이비스Angela Davis는 자서전에서, 흑표당Black Panther Party, BPP*을 조직하며 겪었던 성차별주의 때문에 좌절감과 극도의 피로감을 느꼈다고 표현했다. "나는 특히 남성 회원들에게 …… '남자가 할 일'을 한다고 욕을 많이 먹었다. 여성은 지도자 역할을 해서는 안 된다고 했다. 여자는 남자에게 '영감을 주고' 남자의 자식을 교육해야 한다나."

활동가이자 작가인 토니 케이드 밤바라Toni Cade Bambara는,

---

* '흑표당'은 경찰 폭력으로부터 아프리카계 미국인들을 지키겠다는 기치로 1966년 캘리포니아 오클랜드에서 아프리카계 미국인 대학생 휴이 P. 뉴턴Huey P. Newton과 보비 실Bobby Seale에 의해 창설된 아프리카계 미국인의 정당으로, 마르크스레닌주의 노선을 채택한 공산당이자 혁명적 사회주의 무장단체였다. 미국 내 흑인의 권리와 자치권, 자기방어의 권리를 주장하고 인종차별과 억압에 맞서 투쟁했다. 1970년대에 쇠퇴했지만 이후 여러 흑인 해방 운동 및 사회 운동에 현재까지 영감을 주고 있다.

흑표당 동료 남성들이 인종적 정의 쟁취라는 공동의 야망에 호소함으로써 여성 회원들의 관심사는 무시하는 것을 정당화했다고 전했다. "언제나 어떤 놈이 흑인 여성은 내조하고 인내함으로써 흑인 남성이 남성다움을 되찾을 수 있도록 해야 한다고 지껄이는 게 들린다"라고 밤바라는 회상했다. "그러니 빌어먹을 상황이 계속된다."

밤바라와 함께 일한 "놈들" 다수가 노예제의 유산 때문에 스스로 남성답다고 느끼지 못했다는 것은 납득이 됐다. 구조적 인종차별은 흑인 남성이 섹슈얼리티를 드러내기만 해도 가혹하게 처벌하고, 생계비를 버는 것을 거의 불가능하게 만들었다. 그럼에도 흑표당의 마초 문화가 여성 회원에게 여성 자신의 욕망과 열망을 둘째로 여기라고 했다는 것은 사실이다. 디거스의 여성 회원들, 그리고 맥스의 "나이 든 여성"과 다름없이, 흑표당 여성들은 수고하며 얌전히 기다려야 한다.

블랙 파워 운동Black Power movement** 지도자였던 스토클리 카마이클Stokely Carmichael은 자신의 대의를 도우려 고생하는 자매들에게 무례한 태도를 보인 것으로 유명했다. 1964년에 카

** 1960년대와 1970년대에 걸쳐 미국에서 활발하게 전개된 아프리카계 미국인들의 정치적, 사회적 운동으로, 흑인의 정치적 자치와 권력 강화, 흑인 공동체의 경제적 발전 및 자립, 흑인 문화의 자긍심 고취 및 정체성 확립 등을 목표로 했다. 흑인 민권운동의 연장선상에서 시작되었으나 비폭력 저항보다는 급진적이고 강경한 방법을 추구했다. 맬컴 엑스Malcome X에게 큰 영향을 받았으며, 흑표당 또한 '블랙 파워 운동'의 영향 속에서 창설되었다고 할 수 있다.

마이클은 훗날 자신이 이끌게 되는 민권운동 단체인 학생비폭력조정위원회Student Nonviolent Coordinating Committee, SNCC 내 여성의 역할에 관해 여성 자원 활동가들이 성명서를 배포하고 있다는 소식을 들었다. "위원회에서 여성의 포지션이 뭐냐고?" 카마이클은 이렇게 말장난했다. "위원회에서 여성의 포지션은 엎드린 자세지."*

수많은 "히피 영계"는 "자유/무상"에 대해 물품 구입과 설거지보다 더한 대가를 치르고 말았다. 그들은 만연한 성폭력—강간 혹은 억지로 참은 성관계—이라는 어떤 문화를 견뎠다. "그것이 저들의 특기라면, 저들이 음흉한 눈길을 보내도록 그냥 내버려 둬라"라고 1967년에 《버클리바브》는 여성들에게 조언했다. 태연하지 못한 여성들을 유감스러워하라고.

1967년, 디거스의 한 회원이었던 체스터 앤더슨Chester Anderson은 혐오스러워하며 조직을 탈퇴한 뒤, 대중을 상대로 한 성명을 등사기를 이용해 직접 발행하기 시작했다. 앤더슨이 하이트애시버리 구역 주변에 내붙인 게시문 일부는, 앤더슨 자신이 "분리된 보헤미아segregated bohemia"라 칭한 것의 위선과 인종차별

---

* 여기서 'position'은 기본적 의미인 '위치, 자리'에서 파생된 여러 뜻을 한꺼번에 지닌다. 카마이클은 "여성의 '위치'가 뭐냐"라는 질문에 대한 자신의 답변이 가장 직접적으로는 '체위'로 들리도록 의도해 성희롱적 발언을 한 것이다. 동시에 여성의 '지위'가 비유적으로 '엎드린' 것과 같다는 뉘앙스도 풍길 수 있다.

을 비판했다. 다른 게시문에서는 여성혐오를 비판했다. 한 게시문에서는 거리가 여성들에게 위험한 곳이 됐음을 알렸다.

"작고 예쁘장한 열여섯 살 중산층 출신 영계가 하이트애시버리 구역이 도대체 어떤 곳인가 보러 와, 거리에서 열일곱 살짜리 마약 밀매상의 눈에 띈다. 밀매상은 온종일 그 여성에게 암페타민 같은 각성제를 최고치로 투여하고 또 투여한다. 그런 다음 3000마이크mikes(엘에스디를 마이크로그램microgram으로 나타낸 것. 표준 복용량의 열두 배에 해당)를 먹이고, 일시적 유휴 상태인 그 여성의 몸을 놓고 제비뽑기를 해 하이트애시버리 구역에서 전날 밤 이후로 가장 성대한 윤간을 벌인다. 황홀경의 정치이자 윤리라니. 하이트애시버리 구역에서 강간은 개수작만큼이나 흔하다."

경찰 콜린 바커Colin Barker는 1968년에 골든게이트 공원과 그 주변에서 강간이 너무 흔해 "거의 보고되지도 않았다"라고 주장했다. 시인 에드 샌더스Ed Sanders는 당시 동네를 "상처 입은 코요테들이 하얗고 통통한 토끼 수천 마리를 에워싸고 있는 골짜기"로 묘사했다.

반문화 집단 내 여성은 마약 주입과 "제비뽑기"를 당하고 있지 않을 때도 언제나 성관계를 원해야 한다는 이상에 부응하려고 자주 안간힘을 썼다. 수전 키스는 성 혁명에 반대하는 것처럼 보일 두려움을 회상했다. "가능한 한 많이 성관계하는 것이 좋다는 윤리가 있어서 …… 그렇게 하지 않으면 초조하고 전전긍

긍했다. 어떤 여성들은 편안하게 받아들이는 듯했지만 난 그렇지 않았다."

반문화 내부에서는 어떤 성적 모험이든 대담하게 감행하는 것이 세련됨의 증거로 받아들여졌다. 여성은 "자유연애"라는 신조에 맞게 행동해야 한다는 엄청난 중압감을 느꼈는데, 자신은 그와 다르게 행동하길 원할 때도 그랬다.

"1960년대에는 내적 걸림돌을 힘껏 제거하는 것이 여성 개인의 책임이 됐다"라고 페미니스트 실라 제프리스Sheila Jeffreys는 회고록, 『안티클라이맥스Anticlimax』에서 회상했다. "내적 장애물을 가지고 있다고 남성에게 비난받는 것은 심각한 문제로, 이는 그 여성이 구닥다리이고 편협하며 심리적으로 어떻게든 손상됐음을 암시했다."

이와 같은 논리에 따르면 심리적 건강은 《플레이보이》가 퍼뜨린 것과 흡사한 형태의 섹슈얼리티를 수용해야 함을 의미했다. 즉 성관계는 엄밀히 말해, "정서적으로 관여하지 않는 ……(육체적) 쾌락"으로 이해됐다.

어떤 문화적 걸림돌을 물려받았든 간에 성 혁명이 많은 여성에게 자신이 원하는 것을, 원하는 때에 하도록 용기를 북돋기는 했다. 하지만 자유연애주의자들은 혁명을 **모든** 걸림돌로부터 자유로워지는 것으로 그렸던 까닭에, 개개인이 원하는 만큼 걸림돌을 유지할 자유도 있어야 함은 인정하지 못했다. 우리 대부분은 안전하지 않은 기분일 때 자유롭게 행동할 수 없다고 느낀다. 우리 가운데는 낯선 사람과 함께 있을 때 자유롭게 행동할수 없다고 느끼는 사람이 많다. 상대에게 신뢰나 관심을 잃은 뒤걸림돌과 "심리적 장애"를 돌연 재발견할 수도 있다.

제프리스와 마찬가지로 반문화 내부에서 많은 여성은 스멀스멀 올라오는 꺼림칙하고 공포스러운 감각을 극복하려고 발버둥쳤다. 종종 그렇게 느낄 만한 이유는 충분했다. 여성은 남성보다성폭력을 겪을 가능성이 훨씬 더 높았다. 임신하거나 성병에 걸릴 경우 거의 항상 더 끔찍한 일들을 겪었다. 사랑의 여름이 있었던 때는 여성이 합법적으로 임신중지를 할 수 있게 되기 5년전이었다.

자유연애 옹호자들은 자유롭게 애정을 주고받지 못하도록 가로막는 인습의 장애물을 제거하자고 제안했다. 하지만 어떤 경우, 성 혁명가들은 성 해방은커녕 순전히 착취에 가장 취약한 사람들에게서 성을 취한 것처럼 보인다.

이와 같은 시대는 자유에 큰 희망을 걸었지만, 어떤 사람들이바라던 유토피아는 가져오지 못했다. 불평등한 사회 속에서는형식적인 법적 제약에서 해방된다고 해서 즉각, 개개인이 각자야망을 추구할 수 있는 동등한 자유를 갖게 되는 게 아니다. 예컨대 사업을 시작할 자유는 창업 자본이 없다면 별 쓸모가 없다. 먹을 게 없는 자유는 굶어 죽을 자유에 지나지 않을지도 모른다.

사회 관습에서 개인을 해방하겠다고 큰소리친 자유연애는,

남성의 개인성이라는 대단히 특수한 모형을 당연시했다. 자유연애는《플레이보이》같은 대중매체가 팔아넘기는 남성다움이라는 환상에 기반을 두었다. 성관계에 관해 특정한 방식으로 느끼지 않아도 되는 자유가, 성관계에 관해 아무것도 느끼지 않아야 한다는 명령으로 둔갑했다. 이와 같은 자유로운 사랑이란 사랑으로부터의 해방과 흡사해 보이기까지 한다.

오늘날 보수주의자들은 종종 성 혁명이 여성들을 속여 여성 자신이 실제로 원하지도 않은 자유를 움켜쥐게 했다고 말한다. 진실은 오히려 정반대다. 성 혁명은 상황을 그리 급진적으로 바꾸지 않았다. 충분히 멀리까지 밀고 가지 않았다. 이상주의자들이 큰소리쳤듯 모든 사람이 자유로워지기 위해 필요한 만큼 극적으로 젠더 역할과 낭만적 관계를 변화시키지는 못했다. 성 혁명은 벽을 허물었지만 어떤 신세계를 건설하지는 않았다.

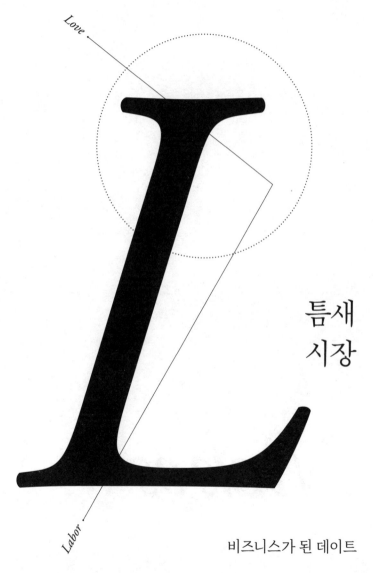

Love

Labor

틈새
시장

비즈니스가 된 데이트

Niches

L

"탐욕은 좋은 것입니다"라고, 전설적인 주식 투자자 아이번 보스키Ivan Boesky는 버클리 경영대학원 졸업반 학생들에게 말했다. "제 생각에 탐욕은 건강한 것입니다. 여러분은 탐욕스러워도 스스로에 대해 뿌듯해할 수 있습니다." 1985년 5월의 일이었다. 20년 전, 시위대가 캠퍼스를 마비시킨 이후로 많은 게 변했다. 1960년대 운동권 학생들은 자신이 적절하다고 생각하는 대로 사생활을 영위할 권리가 있다고 주장했다. 하지만 1980년대에 이르러 버클리 학생들은 응당 원하는 사람과 원하는 때에 잠자리할 수 있다고 여겼다. 그들은 자유연애보다는 거대하고 복잡한 금융거래에 더 관심이 있었다.

올리버 스톤Oliver Stone의 영화 〈월스트리트Wall Street〉의 각본가들은, 반영웅 고든 게코Gordon Gekko의 가장 유명한 대사를 보스키의 버클리 졸업식 연설에서 직접적으로 표절했다. 마이클 더글러스Michael Douglas가 연기한 게코는 어떤 가족 소유의 제지 회사에 대한 적대적 인수를 계획하고 있다.

"달리 표현할 말이 없어 탐욕이라 부른다면, 탐욕은 좋은 것입니다"라고 게코는 한자리에 모인 주주들이 동요하는 것을 보고 말한다. "모든 형태의 탐욕, 즉 삶에 대한, 돈에 대한, 사랑에 대한, 지식에 대한 탐욕은 인류를 급격히 고양시켰습니다."

1987년 12월에 〈월스트리트〉가 개봉할 무렵, 주식시장은 폭락하고 보스키는 내부자거래로 유죄 판결을 받았다. 보스키는 벌금 1억 달러를 물고, 징역 3년 6개월을 선고받으며, 평생 증권업계에서 일할 수 없게 된다. 하지만 보스키의 주문과도 같은 **탐욕은 좋은 것이다**는 미국 영어 어휘에 오래도록 남아 계속 쓰인다. 이보다 더 놀랍게도, 고든 게코가 만든 **사랑에 대한 탐욕**이라는 어구는 그처럼 인기몰이를 한 적이 없지만.

차갑고 빳빳한 현찰이 두둑한 남자야말로 언제나 최고의 이상형이지. 마돈나Madonna가 그랬듯, 데카당스들은 항상 흥얼거리며 살짝 세태를 조롱하는 면이 있었다. 하지만 1970년대 말과 1980년대 초, 미국 경제의 변화로 결혼이 정말 사치품으로 바뀌기 시작했다. 중상류층, 그리고 보다 부유하고 대학 교육을 받은 사람들만이 결혼하고 결혼 생활을 유지할 수 있다는 인식이 데이트의 풍경을 극적으로 바꿨다. 1980년대가 우리에게 물려준, 또 다른 중요한 인식도 다를 바 없었다. 탐욕이 좋은 것이라면, 욕망은 구체적일 때에 가장 잘 통한다.

낭만주의자들은 사랑을 우연과 연관시키는 경향이 있다. 그래서 그들은, 프랑스인이 **첫눈에 반하다**coup de foudre라고 부르는 것, 즉 벼락 맞듯 강렬하게 매혹당하기를 기다린다. 하지만 현실주의자들은 데이트 시장에 대한 전략적 시장 장악cornering 의 이점을 인식한다. 그러려면 여러분은 여러분의 틈새시장 niche을 알아야 한다. 알고리즘 기반 데이팅 서비스는 모두, 충 분한 정보가 있으면 누구든 영혼의 짝과 맺어 줄 수 있다는 전제 에 기댄다. 하지만 이와 같은 서비스들을 효과적으로 이용하려 면 먼저 여러분의 검색어 범위를 좁혀야 한다.

여성 판매원의 시대 이래로, 데이트인이 자신의 개성을 드러 내 보이기 위해 사용하는 "애호"가 크게 증가했고 더 엄밀해졌 다. 최근 한 친구는 마지막 여자친구를, 오케이큐피드에 들어가 뉴욕 지역 W4M〔Women for Men, 여성을 찾는 남성〕 서비스로 앨 리스 먼로Alice Munro를 좋아하는 사람을 검색해 찾았다고 고백 했다. 검색 결과로 나온 다섯 명과 각각 데이트할 계획이었지만 두 번째로 만난 사람과 잘 통했다. 둘은 4년을 만났다. 나는 먼로 로 검색한 결과가 단지 이성애자 여성 다섯 명뿐이라는 사실이 놀라웠다. 어쨌든 먼로는 노벨상 수상자가 아닌가. 친구는 "아, 맞아" 하더니, 시작은 다른 작가들이었는데 검색 결과 자신이 찾는 예상 후보들을 그다지 효과적으로 가려내 주지 못했다고 털어놨다. "난 데이비드 포스터 월리스David Foster Wallace가 좋 아. 하지만 오케이큐피드에 데이비드 포스터 월리스를 입력하 면 결과는 엉망진창이야."

잠재적 애인들의 마음을 끌려면 어디를 봐야 할지 알아야 한다. 딱 맞는 사람들이 여러분을 검색할 수 있도록 스스로를 브랜드화하는 법도 배워야 한다. 데이팅 웹사이트 '우리……할까요 HowAboutWe'는, 여러분의 즉흥적이고 허황된 제안을 마음에 들어 하는 사람이라면 여러분과 잘 어울릴 것이라는 발상에 기댄다. 사용자들이 데이트를 제안하면, 다른 사용자들의 피드에 뜬다. 여러분이 누군가가 제안한 것을 하고 싶으면, 그 사람과 연락하게 해 준다. 이와 같은 웹사이트에서 데이트에 성공하는 사람들은 괴짜 같음과 튀지 않음 사이에서 밀고 당기는 법을 갈고 닦아야 한다. **영화 보러 갈까요?**라고 올리면 호응이 많이 없을 것이다. 하지만 **우리 집에서 마리오 카트 게임을 하면서 에티오피아 식당에서 가져온 먹다 남은 포장 음식을 삼킨 다음 낄낄대며 속이 얼마나 부글거리는지 볼까요?**라고 올려도 마찬가지일 것이다. 딱 맞는 사람과 함께라면 둘 중 뭘 하든 재밌을 것 같지만.

스콧 코마이너스Scott Kominers는 하버드 경영대학원 객원교수로, 시장설계 수업에서 온라인 데이팅에 관해 가르친다. 코마이너스는 싱글들이 데이팅 사이트와 앱을 통해 서로서로 보내는 신호들이 왜 예상을 빗나가는 경향이 있는지 설명한다. 영화제안과 마리오 카트 게임 사이의 밀고 당기기 효과는, 성향들이 서로 경쟁하며 "풀링 균형pooling equilibrium" 그리고 "왜곡하기 skewing" 혹은 "양극화polarization"로 나아간 결과다.*

첫 번째 결과인 풀링 균형은 어째서 그토록 많은 데이팅 프로필이 그렇게나 식상해 보이는지를 설명해 준다. 예를 들어 보자.

7 ────── 틈새 시장

왜 거의 모든 사람이 여행을 좋아한다고 할까?

"통상적이지 않다고 인식되는 어떤 특정 응답을 내놓을 때 치러야 할 비용이 높으면, 사람들은 자신이 보기에 다른 사용자들이 내놓는 대답, 즉 평균적인 대답을 하는 경향이 있을 것"이라고 코마이너스는 말한다. 예컨대 관심사에 "수학으로 랩 하기"라 쓰는 사람은, 그렇게 씀으로써 다른 많은 사용자가 즉각 흥미를 잃게 할 수는 있다.

"내가 이성애자 남성이라고 하자. 난 높은 비용을 치러야 하는 대답 가운데 하나를 나열한다. 내가 관심 있는 여성들이 내 메시지에 그다지 많이 응답하지 않는다. 그러면 난 다른 남자들이 뭐라고 입력했는지 가서 알아내려고 한다. 내가 보니 다른 남자들은 '여행'을 좋아한다고 하고, 수학으로 랩 하기에 버금가는 괴상한 것은 언급하지 않는다. 난 속으로 '흠, 여행 괜찮지. 여행을 **싫어하지는** 않아' 하고 생각한다. 따라서 더 큰 성공을 기대하며 여행을 내 관심사에 추가한다."

* 모두 경제학의 게임이론과 관련된 용어이다. '풀링 균형'은 '신호 게임(정보를 가진 참가자가 다른 참가자에게 신호를 보내는데, 이 신호의 수신자는 상대의 정보를 알 수 없는 채로 신호를 판단하는 상황)'에서 나올 수 있는 결과 가운데 하나로, 발신자들이 모두 같은 유형의 신호를 보내 수신자가 발신자에 대한 정보를 전혀 알 수 없는 상태에서 의사 결정을 하게 되는 결과를 말한다. '왜곡하기'는 참가자들이 자신의 정보를 불완전하게 제공하거나 의도적으로 다른 참가자의 특정 반응을 유도하여 결과가 변경되게 혹은 특정 방향으로 기울어지게 만드는 것을 말한다. '양극화'는 참가자들이 극단적인 전략을 채택하도록 유도되거나, 서로 극단적으로 다른 의사 결정을 하도록 유도되는 상황을 말한다.

하지만 결국 풀링 균형은 정반대 효과를 불러일으킬 수 있다. 사용자들은 저도 모르게 평범한 프로필들 속에서 허우적대거나, 천편일률적인 프로필들을 차별화해 줄 신호를 찾아 바다 한가운데서 헤매는 기분이 된다. 코마이너스에 따르면, "왜곡은 그와 같은 사이트의 한 효과로서, 모든 사람이 똑같아 보인다는 사실의 결과이자 그에 대한 반응이다." 시간이 지남에 따라 이와 같은 과정의 영향으로 파머스온리FarmersOnly처럼 틈새시장을 노린 서비스가 늘어난다.

사람들은 자신만을 위한 맞춤형 반쪽을 찾으리라 오랫동안 꿈꿔 왔다. 로마 신화에서 고독한 조각가 피그말리온은 이상형의 여인을 조각상으로 만들며 나날을 보낸다. 여신 비너스가 마침내 피그말리온을 불쌍히 여겨 피그말리온의 대리석상에 생명을 불어넣는다. 피그말리온과 생명을 얻은 조각상, 둘은 결혼하고 평생 행복하게 산다. 이 이야기의 1980년대 버전은 존 휴스John Hughes의 영화 〈기묘한 과학Weird Science〉〔한국어판 제목은 '신비의 체험'〕으로, 영화에서는 괴짜 고등학생 두 명이 꿈에 그리던 여성을 불러낸다. 그들은 비너스가 아니라 1931년에 나온 영화 〈프랑켄슈타인Frankenstein〉을 케이블 채널에서 보고 영감을 받는다. 돌과 끌을 쓰는 대신, 데스크톱 컴퓨터를 잡지에서 오려 낸 조각들 뭉텅이에 전선으로 연결한다. 그리하여 등장한 프랑켄아가씨는 그 고등학생들에게는 다소 성숙하다. 하지

7 ——— 틈새 시장

만 그 프랑켄아가씨는 허공에서 멋진 자동차를 불러내고 광란의 파티를 열도록 도와줌으로써, 그 고등학생들의 사회적 평판을 높여 귀여운 인간 여자친구들을 차지하게 해 준다.

〈기묘한 과학〉은 오락용 SF영화였다. 하지만 오늘날 인터넷은 여성, 남성 할 것 없이 누구나 실제 이와 같은 일을 하는 게 거의 가능하다는 감질나는 전망을 눈앞에 달랑달랑 흔들어 보인다. 이제 우리는 누구나 피그말리온 2.0이 되는 꿈을 꿀 수 있을 것이다.

표면적으로 틈새시장 시대의 시작은 앞서 자유연애 시대와는 대단히 다르게 보였다. 로널드 레이건Ronald Reagan은 1966년에 캘리포니아주 주지사에 처음 출마해, "버클리 부랑자들"을 없애겠다고 큰소리쳤다. 1980년 첫 대선 캠페인에서는 (레이건 자신의 말에 따르면) "타잔처럼 행동하고 제인처럼 하고 다니며 치타 같은 냄새가 나고" "이루 말할 수 없을 만큼 역겹고도 난잡하게 섹스에 탐닉한다"라며 히피들을 경멸함으로써 보수 성향 지지자들에게서 점수를 땄다.

미국인 대부분은 난장판 같은 성 혁명이 볼 장 다 봤다는 데 동감하는 것 같았다. 레이건은 압승을 거뒀다. 하지만 아무리 강성 보수주의자들이 1950년대의 "전통적" 가치로 회귀하려 해도, 그 이후 일어난 실제 변화들을 간단히 원상태로 되돌릴 수는 없었다. 번창하던 제조업 경제는 무너졌다. 그리하여 수백만 남성

노동자가 집 안의 아내들을 부양하게 해 주고, 오래 사귀기를 하는 자식들이 주유며 밀크셰이크며 무도회에 쓰도록 여분의 현금을 두둑하게 마련해 준 임금도 곤두박질쳤다. 그래서 공교롭게도 레이건 혁명은 반문화의 중심 교리를 지우지는 않았다. 오히려 더 널리 퍼뜨렸다.

언론은 1980년대에 팀을 바꾼 전직 급진주의자들을 즐겨 풍자했다. 흑표당의 공동 설립자로서 1965년 와츠 봉기Watts riots* 당시 티브이에 출연해 "불 질러, 애들아, 다 태워 버려"라고 연호했던 보비 실은, 스스로를 미식 요리사로 다시 브랜드화했다. 제인 폰다Jane Fonda**는 시위 문화의 상징적 인물이 되는 데서, 에어로빅 비디오 기반의 피트니스 제국을 건설하는 데로 넘어갔다.

급진주의자들을 봉기에서 소매업으로 몰고 간 것이 비단 냉소주의나 환멸만은 아니었다. 자유시장 전도사와 자유연애주의

* 1965년 로스앤젤레스의 와츠 지역에서 발생한 대규모 흑인 봉기. 경찰의 과잉 진압과 차별대우로 고조된 인종 간 긴장이라는 배경이 있었다. 봉기는 8월 11일 발발해 8월 16일까지 6일간 지속되었으며, 처음에는 와츠 지역에 국한돼 있었으나 점차 로스앤젤레스 전역으로 확산되었다. 주민 수천 명이 가두시위를 벌이고 상점 약탈과 방화가 일어났다. 이 사건은 이후 흑인 민권운동에 중요한 전환점이 되었으며, 미국사회에 인종차별과 불평등으로 인한 인종 간 갈등 및 경찰 폭력의 심각성을 상기시켰다.

** 미국의 배우·사회운동가(1937~). 1960년 스크린에 데뷔한 이후 여러 히트작에 출연한 인기 배우였으며, 동시에 1960~1970년대 베트남전쟁에 반대하는 반전·반문화 운동가로도 활발히 활동했다. 1980년대에 자신의 이름을 내걸고 직접 동작을 시연한 에어로빅 비디오를 출시하여 엄청난 인기를 끌었고 피트니스의 대중화에 영향을 미쳤다.

자는 복장은 서로 달랐지만 내밀한 곳에서 분명 닮은 구석이 있었다. 로런스 립턴 같은 작가나 티머시 리어리 같은 활동가가 옹호한 개인의 자유라는 철학은, 보스키가 표현했듯 "좋다"는 것이 "건강하다"는 것을, 그리고 "건강하다"는 것이 "스스로를 뿌듯해한다"는 것을 뜻하는 세계관의 토대가 됐다. 이와 같은 관점에서 보면, 자유로운 세계에서 살아가는 목적은 방해받지 않고 여러분이 정의한 대로 행복을 추구하는 것이었다.

앞 시대에 오래 사귀기를 했던 사람들과 마찬가지로, 사랑의 여름 당시 하이트애시버리 구역에 떼 지어 모인 젊은이들은 삶의 목적이란 무사태평이며, 이는 소비를 통해 이룰 수 있다고 믿었다. 차이점은 그들이 살 수 있는 한정된 범위의 상품과 생활양식을 받아들이기를 거부했다는 점이었다. "한 특정 남자아이"와 루트비어플로트를 먹으러 가고 싶은 게 아니었다. 자동차를 세워 놓고 페팅했던 첫 번째 혹은 두 번째 여자아이와 결혼하고 싶은 게 아니었다. 아니면, 그 여자아이가 설거지하며 나이를 먹어 갈 조립식 주택의 융자금을 갚으려고 매일 9시부터 5시까지 일하며 살고 싶은 게 아니었다. 그들은 **경험**을 원했다. 이는 마약을 복용하는 것일 수도, 애인을 만드는 것일 수도, 혹은 둘 다일 수도 있었다.

급진주의자들이 나이가 들어 여피yuppies***가 되면서 예상치 못한 반전을 가져왔다. 결혼 같은 사회 제도가 개인이 느끼는 욕망을 추구하지 못하게 막아서는 안 된다는 게 전부가 아니었다.

경제가 제대로 작동하고 있다면 상상 가능한 모든 부류의 사랑을 내놓을 수 있어야 한다고 생각했다. **탐욕은 좋은 것**이라는 핵심 원칙은 그대로 남아 있었다. 여러분은 여러분이 원하는 것을 원할 자유가 있었다. 그것이 엘에스디 한 알과 하이트애시버리에 있는 여러분의 공동체를 위해 저녁밥을 지어 줄 "나이 든 여성"이든, 아니면 롤렉스시계와 퇴근길에 잠깐 차를 돌려 포장 참치회를 찾아 여러분의 코압co-op****에 가져다주는 로펌 여성 동료 변호사이든. 베를린장벽이 무너지고 소비에트연방이 와해되면서, 속물 여성Material Girls이 옳은 듯 보였다. 욕망에 대한 규제를 완화함으로써 생기는 이점은 서서히 확산될 터였다.

"틈새시장"은 1980년대 초에 재계 유행어가 됐다. 오래 사귀기 시대에 지엠은 "계획적 구식화"를 활용하는 전략을 개척해 이미 포화 상태인 시장에서 수요를 자극했다. 해마다 신차 모형

*** '젊은-도시의-전문직Young Urban Professional'의 약자에 '히피hippies'의 뒷글자를 본떠 만든 말로, 미국에서 현대적 기업 문화가 성립되던 1980년대에 대학 학력을 갖추고 도시권을 거주지 및 직장으로 삼으면서 고소득 지적 노동에 종사하며 신자유주의 지향적이면서도 세련된 스타일의 복식과 탈권위주의 개인주의, 취미활동 등으로 자신을 드러낸, 당시 25~45세 사이의 젊은층을 말한다

**** 'housing cooperative'(혹은 housing co-op)의 줄임말로, 주택협동조합을 가리킨다. 뉴욕시 전체에서 60~65퍼센트 정도를 차지한다. 보통 회사 소유주들이 주식을 사고팔고 갖는 것처럼, 거주자가 주택 소유권을 갖는 게 아니라 점유권을 주식 형태로 사는 방식이다.

을 선보이고 대금 납입 및 차량 임대 계획을 제공해 이전 모형을 교체할 수 있도록 함으로써, 자동차 기업들은 중산층 차주들을 설득해 신차 구입 후에도 계속 새로운 것을 둘러보게 했다.

하지만 1970년대에 마케터들은 이와는 다른 전술을 채택하기 시작했는데, 바로 '분할 후 정복하라'였다. 여러분의 목표가 어떤 신상품을 선보이는 것이든, 아니면 이미 존재하는 것에 대한 수요를 넓히는 것이든, 최상의 전략은 예상 고객층을 좁혀 그들의 마음을 끌도록 제품을 구체화하는 것이었다.

일찍이 1950년대에 일부 마케팅 전문가는 제2차세계대전 이후의 대량 소비 기반 경제 성장이 오래가지 못한다고 인식했다. 1956년에 《마케팅저널Journal of Marketing》에 게재된 한 논문은 다른 곳에 미래가 있다고 제안했다. 바로 경제학자 웬들 스미스 Wendell Smith가 "시장 세분화market segmentation"라 명명한 것이었다. 머지않아 넓은 범위의 소비자 전체를 사로잡으려 하기보다는, 서로 대단히 다른 욕망을 가진 사람들의 마음을 끄는 것이 합리적이라 말하는 관리자들이 점점 늘어났다. 1980년대 초에 이르자 기술 발전에 따라, 어떤 건실한 회사가 자기 시장 부문을 얼마나 세밀하게 분할할 수 있느냐에는 사실상 아무런 한계가 없어 보였다.

1983년에 학술지 《경영연구Management Review》에 실린 한 논문에서는, 컴퓨터 지원 설계CAD와 컴퓨터 지원 제조CAM의 출현으로 머지않아 단일 기업들이 잠재적으로 무한한 수의 틈새

시장을 만족시킬 수 있으리라고 예측했다. "미래의 공장"에서 일하는 로봇은, 인간 노동자에게 동일한 작업을 수행하도록 교육하고 유지하는 데 들어갈 비용의 작은 일부만으로도 상품을 다양하게 변형해 생산하도록 프로그램화할 수 있었다. 단일 바코드 체계가 제조업 전반에 부상함으로써 이를 거들었다. "코드 Code 39"*를 이용해 전 공급망에서 부품에 꼬리표를 붙이고 추적할 수 있게 됨으로써, 소비자는 자신이 원하는 것을 미리 지정할 수 있었다. 올해의 뷰익Buick〔자동차 브랜드의 하나〕을 살 수 있는 것뿐 아니라, 얼마든지 원하는 색상이며 실내장식이며 패널을 갖춘 뷰익을 살 수 있었다.

한편 새로운 대중매체 기술 덕분에 틈새 고객에게 어느 때보다도 효율적으로 광고할 수 있게 됐다. 1980년에 미국에는 티브이 방송국이 5개 있었는데, 4대 방송국인 ABC, CBS, FOX, NBC가 티브이 시청률 90퍼센트를 점유했다. 1990년이 되자 케이블 채널이 수백 개가 되는데, 그 가운데 4대 방송국이 누린 시장 점유율 같은 것을 가진 채널은 없었다. 라디오 방송에서도 비슷한 지각 변동이 일어났고, 인터넷은 이미 영향력을 증폭시키기 시작했다. 머지않아 〈매드맨Mad Men〉 시대의 광고주들이 상상할 수 있었던 것보다 더 많은 소통 채널이 생길 터였다.

* 'code 39'는 글자와 숫자를 모두 사용한 최초의 바코드로, 숫자와 알파벳, 몇 가지 기호를 합쳐 총 43개의 문자를 코드화한 것이다. 자동차 산업에서 가장 흔하게 사용된다.

이 시기에는 데이트 역시 더욱 표적이 됐다. 기업들은 데이트인 가운데 어떤 특정 부류를 끌어들이는 것을 목표로 삼았다. 마돈나와 마찬가지로 기업들은, 데이트인 가운데서도 가장 차갑고 뻣뻣한 현찰을 가진 자들을 원했다.

여피라는 용어를 누가 만들었는지는 분명하지 않지만, 일반적으로 밥 그린Bob Greene에게 공로가 돌아간다. 《시카고트리뷴Chicago Tribune》 칼럼니스트인 그린은 1983년 3월, '제리 루빈의 재계 인맥 쌓기 살롱Jerry Rubin Business Networking Salon'에 관한 한 기사에서 이 용어를 썼다. 지금껏 급진주의자로서 애비 호프먼Abbie Hoffman과 함께 국제청년당Youth International Party, YIP을 이끌고 시카고 8인Chicago Eight**의 한 사람으로서 재판정에 섰던 루빈이, 이제 뉴욕의 전설적인 '스튜디오 54'에서 매주 "인맥 쌓기 세션"을 주최하고 있었다.

"재계에 야망이 있는 사람의 하루는 5시에 끝나지 않아요"라고 루빈은 그린에게 말했다. 루빈이 주최하는 파티는 초대받은

** 1968년 8월 미국 민주당 전당대회 동안, 민주사회학생회Students for Democratic Society, SDS와 국제청년당, 베트남전쟁 종식을 위한 국가동원위원회The MOBE 등 미 전국의 학생운동 및 사회운동 조직들이 연합해 벌인 베트남전쟁 반전 시위로 경찰과의 대규모 충돌이 일어나자 미 법무부가 시위 지도자 8인을 폭동을 모의했다는 혐의로 기소해 재판정에 세웠다. '시카고 8인'이란 최초 기소자 여덟 명을 말하며, 재판 진행 과정에서 흑표당 공동창립자 보비 실에게 재판 무효가 선고되어 나머지 7인에 대해서만 재판이 진행되었다.

손님이어야만 참석할 수 있었다. 손님들은 현관에서 8달러를 내고 명함을 맡겨야 했는데, 그러면 이후 그들을 분류해 인맥 형성 가치 척도에 따라 A부터 D까지 등급을 매겼다. 조명이 계속 켜져 있고, 부드러운 클래식 음악이 흘렀다.

"이곳은 싱글 바가 아니에요"라고 루빈은 강조했다. "사업가들이 서로 만나는 한 방편이자 영업일의 연장이지요." 1983년 3월, 루빈은 이를 서른여섯 개 도시에 프랜차이즈화할 계획이었다. 그린이 참석한 파티에서 어떤 사람이 루빈은 **이피**yippies*의 지도자에서 **여피**—도시의 젊은 전문직 종사자—의 대변인으로 변신했다고 익살을 부렸다. 그 과정에서 루빈은 미국에서 방탕하기로 첫손가락에 드는 데이트 장소를 인맥 형성 공간으로 개조하기도 했다.

여피가 엄청난 기회를 제시한다는 점을 알아본 사람은 루빈만이 아니었다. 1980년대 초, 정치 여론 조사 기관과 시장 조사 기업들은 새로운 인구구조 변동에 집착하게 됐다. 캘리포니아주의 두뇌집단인 에스알아이인터내셔널SRI International이 1984년에 수행한 한 연구는, 25~39세 전문직 혹은 관리직 종사자로서 연봉이 최소 4만 달러인 미국인이 400만 명이라 밝혔다. 1979년에서 1983년 사이에 그 가운데 120만 명이 자신의 부모가 교외로

---

* 국제청년당의 약자인 YIP에 히피의 뒷글자를 본떠 붙인 말로 국제청년당의 당원이나 추종자를 뜻한다.

가려고 빠져나왔던 도시로 옮겨 왔다. 빅토리아풍의 적갈색 사암 주택, 그리고 미국이 탈산업화하면서 퇴락한 공장 및 창고가 당시 개발업자들에 의해 앞다퉈 개조됨으로써 만들어지던 코압을 그들은 사들였다.

100만 명이 조금 넘는 숫자는 전국 단위 정치인들에게 진지하게 주목을 받기에는 충분치 않았다. 하지만 여론조사 기관들이 베이비붐 세대로서 대졸자이며 사무직이나 기술직에 종사하는 사람들을 전부 한데 뭉뚱그리자, 숫자는 2000만이 넘어갔다. 이처럼 시장 부문에서 불어나고 있는 소득을 가져가는 것을 기업들이 목표로 함에 따라, 대중매체는 그 인구 집단에 집착했고, 그들의 독특한 특징에 대한 분류 체계를 만들고 또 만들어 냈다.

여피를 둘러싸고 서서히 자라난 신화의 주된 내용은 그들이 얼마나 많이 사는지가 아니라, **뭘** 사는지와 관련이 있었다. 그들은 신용카드로 무장한 채, 5년 전만 해도 터무니없게 보였을 물건들에 거액을 썼다. 미식가용 겨자. 에스프레소 기계. 헬스클럽 회원권. 전부 다 원하지는 않았다. 대단히 구체적인 것들을 원했다. 삼각근이 아니라 삼두근 단련하기를, 래브라도견이 아니라 아키타견을 원했다.

베스트셀러 풍자서인 『여피 안내서The Yuppie Handbook』가 1984년 1월에 출간됐을 때, 책은 여피의 으뜸가는 특징이 **특정** 제품에 대한 집착임을 확고하게 보여 줬다. 표지에는 백인 한 쌍이 나란히 서 있고 그들이 착용하거나 들고 있는 품목마다 눈에 잘 보이게 상표가 붙어 있는데, 마치 고교 생리학 도해처럼 보인다. 남성은 가는 세로줄 무늬 정장을 입고 상의 주머니에 크로스Cross의 펜을 꽂았다. 롤렉스 시계를 차고, 엘엘빈L. L bean의 헌팅덕부츠를 신고 있다. 구찌 서류가방을 휴대하고, 버버리 트렌치코트를 팔뚝에 느슨하게 걸쳐 들었다. 여성은 랄프로렌 정장을 뽐내면서 까르띠에의 탱크 시계를 차고, 흰 운동화를 신었다. 한쪽 팔에 코치Coach 가방을 메고, 다른 팔로 미식가용 생파스타면이 든 쇼핑백을 들고, 소니 워크맨을 귀에 꽂고 있다.

이름을 확인하는 것은 여피를 진지하게 다룬 글에서 흔히 찾아볼 수 있는 특징이 되기도 했다. 1985년에 출간된 돈 드릴로Don DeLillo의 획기적 소설 『화이트 노이즈White Noise』의 한 장면에서, 화자는 어린 딸이 잠결에 자동차 모델명을 중얼중얼하는 것을 엿듣는다. "딸아이가 뱉은 두 단어를 똑똑히 들었는데, 친숙하면서도 알쏭달쏭했다. 어떤 제의적 의미를 담고 있는 말, 입으로 주문을 외거나 황홀경에 빠져 계속 부르는 말 같았다. **토요타 셀리카**Toyota Celica."

제리 루빈은 상표 붙이기에 혈안이 된 세대에 걸맞은 어떤 상표에 영감을 주기만 한 것이 아니었다. 루빈의 '재계 인맥 쌓기 살롱'은 젊은 전문직 종사자가 직업적 경력에 접근하는 방식에 중요한 변화가 일어났음을 포착하기도 했다. 다들 쉴 새 없이 일해야 한다, 또 쉴 새 없이 일하는 것을 **사랑해야** 한다는 발상의 대두였다. 1920년대의 여성 판매원이 직장에서 유혹하고 데이트까지 하려고 노력했다면, 여피는 사무실이 문을 닫은 한참 뒤에도 계속 '허슬'했다.

월스트리트 은행가와 그들의 변호사들이 날조한 복잡한 금융 수단과 책략들은 많은 말장난에 영감을 줬다. "기업 결합corporate marriage"은 기업 합병—기업들 간의 통합으로 월스트리트에서는 어마어마한 부가 새롭게 창출되고 있었다—을 가리키거나, 아니면 어떤 낭만적 동반자 관계를 맺고 있는 두 사람이 모두 변호사나 은행가로서 너무 바빠 성관계를 많이 하지 못하기 때문에 출장 중 바람피우는 행동에 관대한 경우를 가리킬 수도 있었다. "수평 합병" "이윤 압착" "포지션 한도" "만기 연장 스왑" "부채 상환 연장" "겸임 이사" "공개 매수"가 주는 〔성적 뉘앙스를 풍기는〕 이중적 의미의 가능성을 생각하면, 경영대학원 칵테일파티에서 일어나는 유혹이 어떤 것인지 짐작할 수 있다.

이에 비하면 2005년 스탠퍼드대학교 졸업식에서 스티브 잡스Steve Jobs가 한 유명한 연설은 밋밋했다. 하지만 잡스 역시 대학 졸업생들에게 비즈니스와 쾌락을 결부시킬 것을 열심히 권했다. 잡스가 강조하길, 자신에게 일어난 최고의 일은 스스로 만든 회사에서 1985년에 해고당한 것이며, 그 까닭은 열정이 직업적 성공에서 얼마나 중요한지 배웠기 때문이었다.

"확신하건대 내가 계속할 수 있었던 유일한 이유는 내가 하는 일을 사랑했기 때문입니다." 잡스가 그다음에 말한 내용을 사람들은 널리 옮기고 블로그에 퍼 날랐다. "여러분은 여러분이 사랑하는 것을 찾아야 합니다. 애인을 찾아야 하듯 일도 마찬가지입니다. …… 위대한 일을 할 수 있는 유일한 길은 여러분이 하는 일을 사랑하는 것입니다. 아직 찾지 못했다면 계속 찾으세요. 안주하지 마세요. 마음의 일이 다 그렇듯, 찾으면 알게 됩니다."

사랑하는 일을 하라. 하는 일을 사랑하라. 1990년대에는 이와 같은 버전의 권고를 어디에서나 볼 수 있게 됐다. 그럼에도 많은 미국인의 직업 전망이 점점 더 나빠지고 있다는 사실을 그와 같은 권고로 완전히 은폐할 수는 없었다.

1984년 여피의 해1984 Year of the Yuppie*에 미국조사연구소 Research Institute of America, RIA는 미국 젊은이들이 전반적으로 하향 이동을 경험하고 있다고 밝혔다. 1979년에서 1983년 사이에 25~34세 연령 범위에 있는 가구의 연간 중위 소득이 고정 달러 가치로 14퍼센트 감소했다. 상대적으로 비숙련된 노동자의 경우에는, 노조가 있으며 자동차를 제조하는 시간당 12달러짜리 일자리가 사라지면서 햄버거를 획획 뒤집는 시간당 5달러짜리 긱으로 대체되고 있었다.

오늘날엔 **사랑하는 일을 하면 평생 단 하루도 일하는 것이 아니**

---

* 1984년 12월 31일 자《뉴스위크》에서 그 해를 '여피의 해The Year of the Yuppie'라고 선언한 머리기사를 내보낸 데서 비롯된 문구다. 기사는 여피의 정의, 직업, 급여, 정치 성향 등을 다루면서, 이 베이비붐 세대의 부유한 구성원들이 정치와 시장에서 점점 더 영향력을 키우고 있음에 주목했다.

다라는 말을 들어도 더는 그다지 안심이 되지 않는다. 1970년대 이후 임금 하락은 사랑하든 사랑하지 않든, 모든 사람이 점점 더 많이 일해야 함을 의미했다.

중상류층의 삶을 유지하는 것에 너무도 많은 이해관계가 걸려 있는 상황에서, 어떤 여피가 애써 여피 이외의 사람과 데이트할 생각을 한다면 제정신이 아닐 터였다. 아닌 게 아니라 1980년대 미국에서는 데이트의 여명기 이래 최초로 **선별적 짝짓기**assortative mating 경향이 발생했다.

생물학에서 선별적 짝짓기는 "비非무작위 짝짓기 양상으로서, 비슷한 유전자형 및/또는 표현형을 가진 개체들이 서로 짝짓는 횟수가 무작위 짝짓기 양상에서 예상되는 짝짓기 횟수보다 더 잦은 경우"를 말한다. 교과서적인 예시로 몸집이 비슷한 동물들이 서로 번식하는 경향을 들 수 있다. 비록 이론적으로 가능할 수도 있지만, 요크셔테리어가 그레이트데인을 올라타려고 하거나 그 반대인 경우는 (설마 그런 일 없기를 바라는데) 좀처럼 볼 수 없다.

데이트가 부상하기 전에는 방문과 교회 사교 모임, 혹은 유대인 정착지의 무도회 같은 구애 의식들이 인간 사이에 선별적 짝짓기와 유사한 짝짓기 양상을 장려하고 강요하기까지 했다. 부모와 지역 사회가 협력해 젊은이들이 반드시 비슷한 배경 출신 상대와 짝을 이루도록 했다.

데이트가 이와 같은 오래된 편견과 장벽을 전적으로 무너뜨리지는 못했다. 설룬과 스피크이지를 자주 드나들던 중상류층 남성이, 자신이 트리팅한 자선 소녀와 모두 결혼하지는 않았다. 학교와 같은 기관이 젊은이들을 교육 수준에 따라 분류했고, 교육 수준은 가정환경 그리고 장래의 소득과 밀접한 관련이 있었다. 그럼에도 구애가 가정의 사생활이나 지역 사회 중심부의 폐쇄적 대열에서 빠져나와 데이트인들이 감독을 받지 않고 돌아다니는 공공장소로 옮겨 감으로써, 예측 불가능성이라는 요소를 불러왔다. 사람들은 밖으로 나가 낯선 사람과 어울리면서 실제로 사랑에 빠질 수도 있었다.

더욱이 직장은 서로 다른 계층과 배경의 사람들이 섞일 기회를 제공했다. 적어도 1960년대 초까지만 해도, 전문직에 종사하는 젊은 여성은 보통 자신의 상사인 남성보다 사회경제적으로 더 낮은 계층 출신이었다. 1980년대까지는 남성 관리자가 여성 판매원과, 남성 상사가 여성 비서와, 혹은 남성 의사가 여성 간호사와 결혼하는 경우를 심심치 않게 볼 수 있었다. 하지만 여성이 비서와 속기사만이 아니라 남성의 동료와 동업자로 입사할 기회를 얻음에 따라, 직장 내 데이트 후보군이 커졌다. 비슷한 배경 출신으로 같은 대학과 대학원에 다녔고 하루 열두 시간 넘게 가까이서 같이 일하는 젊은 남녀는 응당 잘 어울릴 터였다.

특정 기간에 어떤 부류의 사람들이 얼마나 많이 데이트했느냐에 대해 신뢰할 만한 정부 자료를 찾기는 어렵다. 하지만 20세기의 마지막 몇십 년간, 고등교육을 받고 기업 내 사다리를 오르는 여성들이 직업적으로 동료인 남성들과 **결혼하기** 시작했다는 점은 분명하다.

2014년에 전미경제연구소National Bureau of Economic Research, NBER가 수행한 한 연구를 보면, 1960년에는 대졸 남성의 25퍼센트만이 대졸 여성과 결혼했지만, 2005년에는 그 비율이 48퍼센트였다. 더욱이, 고소득 여성 대부분은 자신의 일을 사랑했다. 혹은 적어도 직장을 떠나 있을 때마다 막대한 기회비용에 직면했거나. 자식이 생기면 대부분 즉각 직장으로 복귀했다. 선별적 짝짓기 양상은 미국 가계들 사이에 커져 가는 경제적 불평등을 증폭시키면서 스스로 강화됐다.

여피는 다른 여피와 데이트하고 싶어 했다. 문제는 그럴 시간이 있는 사람이 과연 있느냐는 것이었다. 여피는 인류 역사상 최초로, 한시도 여유가 없다는 점을 자기 신분의 표식으로 자랑스럽게 내세운 엘리트 계층이었을지도 모른다. 여피는 자신이 소비하는 여가 상품을, 일하는 데 반드시 필요한 것—쉴 새 없이 일하게 해 주는 편리한 것(예컨대 외식), 혹은 (다이어트처럼) 스스로 평생 노력해야 할 것의 일환—으로 설명했다.

더 나은 사람으로 만들어 줄 것이라 약속하기만 하면 여피들에게는 뭐든 다 팔 수 있다는 점을 마케터들은 곧 알게 됐다.

1982년 뉴욕에서 데피니션즈Definitions라 부르는 일련의 피트니스 스튜디오가 문을 열었다. 데피니션즈는 이미 헬스클럽에 다니지만 좀 더 집중적으로 개인지도를 원하는 젊은 전문직 종사자들에게 월 600달러짜리 회원제를 제안했다. 오늘날에도 여전히 십여 군데 지점 중 어디서나 일대일 트레이너와 하는 스물다섯 가지 패키지 수업을 2800달러에 구매할 수 있다.

여피의 잘 다듬어진 겉면 바로 아래에는 더 열심히, 더 잘, 더 빨리 향상되라고 재촉하는 불안하고 위태위태한 감각이 자리하고 있었다. 1984년, 켈로그Kellogg에서 진행한 광고 캠페인의 구호는 다음과 같았다. **문제는 "그레이프 넛츠가 여러분에게 충분히 만족스러운가?"가 아니라, "여러분이 그레이프 넛츠에게 충분히 만족스러운가?"다.** 퓨마 운동화 광고판은 이렇게 경고했다. **포식자가 아니라면 먹잇감이다.**

사람들이 스트레스를 받은 것도 당연하다! 데이트할 만큼 괜찮은 사람이 누구인지 어떻게 알 수 있을까? 데이트 상대를 어디로 데려가야 여러분이 합당한 사람임을 증명할 수 있을까?

여피들은 데이트할 때 대단히 까다롭게 레스토랑을 골랐다. 1980년대 지역 신문들에는 기고자들이 따라잡을 수도 없이 빠르게 유행하고 사라지는 인기 장소에 대한 평가가 빼곡했다. 《워싱턴포스트Washington Post》 식품 관련 편집자 필리스 리치먼Phyllis Richman은 1984년 《뉴스위크Newsweek》에서, 가는 곳마다 "부득이하게도 똑같은 사람들 무리가 이미 왔다 갔더군요"라고 말했다. 리치먼은 여피가 언제 어떤 장소나 취향을 버릴지 감지할 수도 있다고 했다. 요컨대 기본적으로 서민 사이에 유행하자마자 여피는 그것을 버린다.

"핫 숍Hot Shoppe[1980년대에 쇠퇴 중이었던 미국의 중저가 레스토랑 체인]에서 화이트초콜릿 무스가 나오는 것을 봤을 때 알아챘죠"라고 리치먼은 떠올렸다.

그처럼 빨리 안절부절못하게 되는 데이트인들에게는 다행스럽게도, 여피 자체가 여러 가지 맛이 났다. 언론과 여론조사 기관들은 때때로 야피yappies("젊고 출세 지향적인 전문직 종사자")와 염피yumpies("젊고 상향 이동하는 전문직 종사자")에 관해 떠들었다. 『여피 안내서』는 세 쪽에 걸쳐 버피Buppies("흑인이며 도시에 사는 전문직 종사자"), 후피Huppies("히스패닉계이며 도시에 사는 전문직 종사자"), 구피Guppies("게이이며 도시에 사는 전문직 종사자"), 주피Juppies("일본인이며 도시에 사는 전문직 종사자"), 그리고 퍼피Puppies("임신했으며 도시에 사는 전문직 종사자")의 특징을 열거한다.

하위 부류마다 스스로를 규정하는 고유한 특징이 있었지만, 모두 어떤 단일한 여피 모형에서 선택을 통해 맞춤식으로 만들어 낼 수 있게 제시됐다. 버피의 중요 항목에는 다음과 같은 내용이 들어갔다. **레게 음악에 대단히 친숙함. 맞춤 양복을 선호함. 딸 이름을 레베카Rebecca가 아니라 키샤Keesha라 짓는 경향이 있음. 여성일 경우, 다이아몬드 징이 박힌 피어싱 귀걸이를 한 쌍 더**

하는 것을 선호함. 이와 달리 구피는 **햄프턴스**Hamptons**가 아니라 파이어아일랜드**Fire Islands**에서 여름휴가를 즐기고, 노틸러스** Nautilus **장비가 아니라 프리 웨이트**free weights**를 이용한다**는 차이가 있었다.

이와 같이 운율이 맞아떨어지는 꼬리표들은 데이트담을 싣는 신문과 잡지에서 인기를 끌었다. "여피 사랑yuppie love"*이라는 말장난은 피할 수 없는 것이 됐고, "버피"와 "구피" 역시 좋은 성적을 거뒀다. 운율감 있어 귀에 쏙쏙 박히는, 이런 두문자어들의 청각적 근접성은 레이건 시대에 깊숙이 자리 잡은 신념을 강화했다. 즉 정치는 한물갔고, 모두는 똑같은 출발선에 있으며, 결과가 아니라 기회의 평등이야말로 중요하다는 신념을.

이와 같은 논리에 따라, 여피는 사브Saab-Scania 차량 색상을 파란색이나 황갈색이나 은색으로 고르는 만큼이나 자유롭게 짝을 고를 수도 있다. 아닌 게 아니라 풍자가들은 여피가 연애를 소비자로서나 직업인으로서 그 외의 선택을 할 때와 다름없이 대한다고 묘사했다. 오히려 좀 **덜** 중요하게 대할 뿐이라고.

『여피 안내서』에서 데이트와 결혼을 다루는 부분의 제목은 "개인 간 접속"이다. "여피는 애인을 사랑하지 않는다"라고 글머리에서 운을 뗀다. "여피는 비발디, 새 아파트, 1월에 본 세인

---

* 1980년대 대중언론은 여피에 대해 '낭만적이지 않은 세대' '낭만을 알기에는 너무 영리한 사람들'이라 부르며 비꼬기도 했다. 'Yuppie Love' 역시 '여피'와 '낭만적 사랑'이라는, 어울리지 않는 두 단어를 나란히 사용해 언어유희를 한 것이다.

트토머스[미국령 버진아일랜드의 섬] 앞바다의 빛깔을 사랑한다. 애인과는 **관계**를 맺는다."『여피 안내서』에 따르면, 여피는 관계를 비즈니스 거래처럼 (1) 관심 갖고 관여하기 (2) 영향력 행사하기 (3) 끝내고 떠나기라는 세 단계로 나눴다.

《뉴스위크》는 1984년 여피의 해 호에 "여피 사랑"을 다룬 한 기사를 실으면서 이와 비슷하게 짓궂은 투로 말했다. "언제 어디서든 일어날 수 있는 일입니다. 영업 회의 중에 기막히게 멋진 남자가 일어나 정말 굉장한 발표를 합니다. 그리고 여러분은 갑자기 그 남자를 여러분의 부서에 데려와야 하는 것이죠."

말장난일랑 다 제쳐 두고 보자면, 많은 여피가 절망스러워했다. 1985년, 연합통신사Associated Press, AP는 보스턴시 성인교육센터에서 "배우자 찾기" 무료 강좌를 진행한 한 사회복지사를 인터뷰했다. 10년 전만 해도 수강생 대부분이 싱글 생활을 화려한 것으로 생각했다고 그는 회상했다. 이제 학생들은 온통 불행해 보였다. "도시 생활은 너무 익명적이에요"라고 그는 말했다. "다들 누군가를 어떻게 만날 수 있는지 알고 싶어 죽을 지경이에요."

사무실에서 기나긴 하루를 보내고도 매일 한두 시간을 더 헬스클럽과 운동 개인지도에 쓰는 많은 여피는, 연애에 투자할 자기 자신이 거의 남아 있지 않음을 깨달았다.

여러분이 사랑하는 일을 하는 데 너무 많은 시간과 활기를 빼앗겨 데이트할 겨를도 기운도 없다면 뭘 할 수 있겠는가? 1980년대의 한 데이트 조언 책자는, 눈길을 끄는 품종의 반려견을 구입해 다른 싱글들을 만나라 제안했다. 피트니스 중독자는 조깅하러 갈 때 반려견과 관련된 이야깃거리를 챙겨 가면 일석이조의 효과를 볼 수 있을 것이다.

"그거 아직도 쓰는 방법이야!" 이와 같은 조언을 내가 큰 소리로 읽어 주자, 친구가 소리친다.

훨씬 더 효과적인 접근법은 상대방을 고르기 **전에** 여러분이 상대에게 무엇을 원하는지 파악하는 것이었다. 요리를 하기에는 너무 바쁜 여피, 노 젓기처럼 시간 낭비를 하지 않고도 승모근을 집중적으로 키우고 싶은 여피의 구미에 맞는 사업이 발전했듯, 데이트를 도와준다고 큰소리치는 새로운 서비스들이 늘어났다. 대단히 구체적인 취향이 있다는 것은 유리한 요소였다. 검색 범위를 좁혀 검색 속도를 높이는 데 도움이 됐기 때문이다.

쿠키 실버Cookie Silver는 키가 작았다. 하지만 키 큰 상대를 원했다.

"키 큰 사람이면 좋겠어요"라고 실버는 중매인에게 계속 말했다. "키 작은 남자와 함께 서면 먼치킨[〈오즈의 마법사〉에 등장하는 난쟁이족] 같아 보여요."

"하지만 이 남자는 의사인데요"라고 중매인은 실버에게 유력 후보 한 명을 들며 항의했다. "그 남자가 자기 지갑 위에 올라서면 6피트도 넘어요!"

실버는 1985년 《시카고트리뷴》에 자신의 사연을 자세히 털어놓았다. 그 무렵 실버와, 실버가 끝까지 포기하지 않은 키 큰 남자—하워드 펠드스타인Howard Feldstein이라는 이름의 사업가—는 서로 만나 결혼하고, 자신들을 이어 준 비디오 데이팅 서비스의 지역 프랜차이즈 사업권을 획득했다. 인트로렌즈IntroLens는 빠른 속도로 성장하면서 매월 사용자가 수백 명씩 늘고, 중서부 전역에 신규 사무소를 여럿 개설하고 있었다. 인트로렌즈는 고독한 여피에게 데이팅 서비스를 제공한다며 갑작스레 쏟아져 나온 사업체들 가운데 하나에 지나지 않았다. 자신이 원하는 것을, 자신에게 있는 얼마 안 되는 시간 내에 찾을 수 있도록 도와준다는 것이 이와 같은 서비스의 약속이었다.

데이팅 서비스는 1960년대부터 있었다. 원시적 형태의 컴퓨터 데이팅 서비스가 바로 그 시기에 첫선을 보였다. 페이스북이 그렇듯 하버드생 세 명이 오퍼레이션매치Operation Match를 고안했다. 호기심 많은 싱글들이 몇몇 신상 정보와 원하는 것을 제출하면, 이와 같은 내용을 데이터베이스화해서 상호 참조해 소수의 사람을 추천받을 수 있도록 했다.

1964년, 뉴욕에서 한 회계사와 한 아이비엠IBM 프로그래머가 자칭 프로젝트택트Project TACT("자동궁합검사기술Technical Automated Compatibility Testing")라는 유사한 시제품을 공개했다. 이는 맨해튼 북동부의 싱글을 대상으로 삼았다. 이와 같은 서비스들은 전에 보지 못한 것이었다. 실행 가능한 사업 모형을 개발하기 위한 최초의 "소개 서비스들"은 기술 수준이 낮았다.

일반적으로 전화 통화 후 등록을 하면, 사무실에서 근무하는 "상담사" 한 명과 인터뷰 약속을 잡는다. 상담사는 어린 시절, 연애사, 직장, 취미, 종교적 선호와 같은 사적 질문을 늘어놓고 나서, 일을 성사시키는 데 가입자 스스로 어떤 장애 요인이 있는지를 묻는다. 흡연자와 데이트하시겠습니까? 이혼한 사람과 데이트하시겠습니까? 몇 주 안에 데이트 상대 후보들의 이름과 전화번호가 적힌 카드를 우편으로 받기 시작한다. 회비를 내는 한 카드는 계속 온다. 어떤 사람과 전화 통화 후 마음에 들면 직접 만날 수도 있다. 이 모든 과정은 기본적으로 여러분의 소개팅을 주선하는 오지랖 넓은 친척 아주머니 역할을, 더 큰 대량 명함첩을 가진 낯선 사람에게 외주화하는 것과 비슷했다.

1970년대에 많은 신문과 잡지의 마지막 장에는 개인 광고가 난립하듯 넘쳐났지만, 이는 1980년대 여피 데이트인들에게는 덜 매력적으로 보였다. 초기 투자가 거의 필요치 않은 데이팅 서비스는 일반적으로 수익이 낮다는 의심을 받았다. 더 많은 선택권을 원하는 싱글들에게는 비디오 데이팅 서비스가 한 대안을 제시했다.

1970년대에 비디오카메라, 카세트, 플레이어의 가격이 하락하면서 최초의 비디오 데이팅 서비스들이 나타나기 시작했다. 사업체 대부분은 가입 후 상담사를 배정했다. 인종·연령·교육 수준·직업·종교적 신념과 같은 기본 정보를 포함하는 몇몇 통상적인 질문지 작성 후 상담사가 카메라로 인터뷰하는데, 이때 상담사는 화면 밖에 있어서 보이지 않는다. 인트로렌즈에서 쿠키 실버는 이 부분을 "토크쇼"라 칭했다. 인터뷰를 마친 다음에는 테이프를 시청할 수 있고, 원하면 재촬영과 편집을 요구할 수 있었다. 테이프가 완성되면 인터뷰 대상자 이름 딱지를 붙인 다음 비디오 도서관에 보관했다. 실적 좋은 기업들은 방대한 비디오 도서관을 보유했다.

인터뷰 촬영을 마치면 중매자가 질문지상의 답변을 컴퓨터 데이터베이스에 입력해 잘 어울리는 상대 후보 목록을 생성했다. 예약을 거쳐 이러한 후보 싱글들의 비디오를 꺼내 와 혼자만 들어가는 방에서 틀어 볼 수 있었다. 시청한 내용이 마음에 들면 사업체에 말하고, 사업체는 그 비디오테이프를 찍은 사람과 연락해 여러분의 비디오테이프를 보여 주겠다고 제안했다. 여러분과 상대, 둘 다 호감이 있으면 소개를 받는다. 사업체 대부분은 이와 같은 서비스를 연간 500~1000달러에 운영했다. 일부는 더욱 비싼 "평생" 회원제를 제공하기도 했는데, 이는 여러분이 결혼하지 않은 상태인 한 유효했다.

미국 최초의 비디오 데이팅 회사인 그레이트익스펙테이션즈 Great Expectations는 1975년에 로스앤젤레스에서 어머니 에스텔 Estelle과 아들 제프 울먼Jeff Ullman이 한 팀이 돼 설립했다. 그레이트익스펙테이션즈는 빠르게 세를 확장해, 캘리포니아주와 서부 전역에서 사업을 프랜차이즈화했다. 1990년에 울먼은 그레이트익스펙테이션즈를 통해 결혼 6000건이 성사됐다고 주장했다. (그레이트익스펙테이션즈를 통해 만난 부부들을 대상으로 현재 운영되는 한 페이스북 페이지는 에스텔을 "모든 사람의 유대인 어머니"로 애틋하게 기억한다.) 그러는 사이 수많은 모방 기업이 생겨났다. 최초의 인트로렌즈 사무소가 1979년에 문을 열었다. 1980년에서 1983년 사이에 이와 유사한 서비스들이 전국의 도시에서 급격히 불어나기 시작했다.

마침내 비디오 데이팅 서비스는 거의 모든 가격대와 모든 인구 집단을 만족시켰다. (캘리포니아주 유대계에게는) 소울메이츠언리미티드Soul Mates Unlimited, (매사추세츠주 프레이밍햄이나 그 근방의 아프리카계 미국인에게는) 소울데이트어메이트Soul Date a Mate가 있었다. 보스턴에는 (게이와 레즈비언을 위한) 파트너스Partners, (유대계 싱글을 위한) 메이즐데이팅 Mazel Dating이 있었다. 워싱턴 D.C.에는 투데이포싱글스Today For Singles, Inc.가 헤르페스를 앓는 사람들에게 데이트 서비스를 제공했다.

1988년에 시카고 동물원의 주아크ZooArk라는 한 전시회에서는 심지어 방문객이 멸종 위기에 처한 동물을 대신해 비디오 데이팅 게임을 할 수 있었다. 전시회는 국제종정보체계 International Species Information System─전문 사육사들이 멸종 위기 동물 짝짓기를 위해 활용하는 수단─에 연결된 컴퓨터를 이용해 방문객이 동물원의 "독신남" 하나와 두 "독신녀"의 짝짓기 후보를 검색할 수 있게 했다. 이와 같은 독신 남녀는 하얗거나 검거나 아시아 원산지인 코뿔소들이었다.

개인 광고, 컴퓨터 데이터베이스, 1980년대 비디오 데이팅 테이프를 통해, 현대 온라인 데이팅 기술이 아날로그식 번데기에서 나오려고 꿈틀대고 있음을 볼 수 있다. 여피가 인터넷을 발명하지 않았다면, 여피의 개인 비서가 여피를 위해 인터넷을 발명해야 했을 것이다. 이와 같이 텍스트나 가정용 비디오 방식VHS을 사용한 온라인 데이팅 선구자들이 길을 닦음으로써 오늘날의 우리가 있다. 우선, 온라인 데이팅의 전신들은 바쁜 싱글들에게 자신의 낭만적 기대에 집중하도록, 즉 자신이 무엇을 제공해야 하고 무엇을 찾고 있으며 그것을 어디서 찾을 수 있는지 일일이 설명하도록 가르쳤다.

지면 생활 광고는 데이트인들에게 이와 같이 하도록 벌써부터 요구했다. 지면 생활 광고는 여러분 자신과 자신의 욕망을 효과적인 어구로 압축하고 청중을 파악하도록 했다.《뉴욕리뷰오브북스The New York Review of Books》마지막 장과 잡지《뉴욕》마지막 장의 개인 광고를 읽는 독자들은 서로 다른 사람들일 거라 예상할 수 있었다. 아프리카계 미국인이 보는 신문인《로스앤젤레스센티넬Los Angeles Sentinel》과 근육질 남자가 등장하는 화려한 대중잡지《엑서사이즈포맨온리Exercise for Men Only》의 개인 광고 예상 독자 역시 마찬가지로 같지 않을 것이다. 단 몇

마디 말로 딱 들어맞는 사람의 눈길을 사로잡아야 했다. 그레이트익스펙테이션즈의 설립자인 제프 울먼은 전국을 순회하면서 불안해하는 싱글들에게 동기 부여 강의와 세미나를 제공했다. 내가 콜로라도주 자택에 있는 울먼과 연락이 닿는다고 치자. 울먼은 이런 이야기를 들려줄 것이다. 스스로를 판매하는 것을 부끄러워해서는 안 된다고 참석자들에게 말해 주어 그들의 자신감을 북돋곤 했다는.

"'광고란 뭘까요?'라고 저는 묻곤 했죠. '사전에서 찾아봅시다.'" 그러고는 울먼은 사전을 한 권 꺼낼 것이다.

"**광고**. 어떤 제품이나 서비스를 홍보하는 것.' 그게 바로 여러분이 하고 있는 일이라 생각해요. 여러분은 어떤 제품, 서비스, 물건이에요. 탄소와 물로 이뤄진 어떤 주머니죠. 그리고 여러분이 여기에 있는 까닭은 짝짓고 데이트하고 새끼를 낳고 싶어서예요. 여러분은 한 명 한 명이 다 자신을 광고하고 있어요."

갈수록 많은 데이팅 서비스가 컴퓨터를 사용하기 시작하면서—고객 데이터베이스를 생성하고 교차 목록을 작성하면서—**틈새시장을 공략해야 할** 필요성은 훌륭한 전략에서 기술적 필요 조건으로 바뀐다. 개성을 표현하기 위해서는 **정확하게** 키보드를 두드려야 했다. 데이트인들은 스스로를 부호로 변환하는 법을 재빨리 익혔다.

1980년대 초까지도 데이팅 서비스는 다소 한심하다는 평을 받았다. 비디오 데이팅의 선구자들이 자신의 고객은 한심하지

않다고 얼마나 완강하게 주장했는지 보면 알 수 있다. 그레이트
익스펙테이션즈의 소유주인 제프 울먼은 실제로 캘리포니아
주 남부의 한 지역 은행을 고소했는데, 높은 금리가 고객들에게
"데이팅 서비스보다도 더 많은 무無를" 돌려줬다고 은행 광고
판에서 말장난을 했기 때문이다. "그걸 보고 도로에서 거의 탈
선할 뻔했어요!"라고 울먼은 《로스앤젤레스타임스Los Angeles
Times》에 씩씩댔다.

"알다시피 이 사람들은 낙오자가 아니에요"라고 조앤 헨드
릭슨Joan Hendrickson은 자신이 서비스한 고객들에 대해 《워싱
턴포스트》에서 딱 잘라 말했다. 헨드릭슨은 워싱턴 D.C.에서 상
류층을 대상으로 한 〔비디오 데이팅 서비스〕 조지타운커넥션
Georgetown Connection을 운영했다. "낙오자이기는커녕 자신감
이 넘치고 흔쾌히 위험을 감수하죠."《보스턴글로브The Boston
Globe》는 1981년에서 1983년 사이 피플네트워크People Network와
그 외 몇몇 뉴잉글랜드 기반 비디오 데이팅 회사의 눈부신 성장
을 다룬 한 경제계 기사를 통해 이에 동조했다. "한때 사랑에 패
배한 사람들의 대안으로 보이던 이 기업들이, 특히 바쁜 전문직
싱글들 사이에서 새로이 고상한 이미지를 얻고 있는 것 같다."

여피는 일 자체를 화려한 것으로 만들었다. 그렇게 함으로써
사교 생활이나 연애를 하지 못할 정도로 너무 바쁜 것을 (안타
까운 것이기는커녕) 감탄할 만한 것으로 만들었던 것이다.

사람들이 비디오 데이팅에 관해 말하는 방식에는 구애가 단

지 경제의 또 다른 일부분이라는 발상과 함께 새로운 차원의 편리함이 반영됐다. 오늘날 논쟁의 여지가 있는 데이팅 서비스들은 자신들의 서비스에 대한 수요가 존재한다는 점을 도덕적 정당성으로 내세워 더는 설명이 필요치 않다고 말하기 일쑤다. 부정행위를 하는 배우자를 위한 데이팅 사이트 애슐리매디슨Ashley Madison을 악명 높게 만든 2015년 8월 기초 자료 유출 사건이 있기 전, 설립자인 노엘 비더먼Noel Biderman은 어쨌든 일어날 상호작용을 용이하게 해 줬을 뿐이라며 애슐리매디슨을 옹호했다. 시킹어레인지먼트는 자신들이 중개하는 "슈거 데이팅"을 "여러분을 위한 맞춤 연애"라 묘사한다. 시킹어레인지먼트는 편리하게 "언제 어디서든, 어떤 기기를 이용하든 연애 상대를 찾을 수 있다"라며, "여러분의 요구를 충족시켜 줄 사람과의 솔직하고 정직한 만남"이라는 "이상적 연애"를 광고한다.

물론 시장이 항상 행복을 제공하는 것은 아니다. 신기술이 인간의 욕망을 충족시키는 어떤 완벽한 전달 체계를 만들 수 있다는 발상 때문에 많은 데이트인은 실망을 자초했다. 일부 사람은 비현실적인 기대를 품었다.

유튜브에 아직도 떠돌아다니는 어느 비디오 데이팅 테이프에서는 뮬렛mullet 머리 모양을 한 마른 체형의 남자가 희망 사항을 묘사한다. "섹시한 몸매에 …… 날씬하고 균형 잡힌 훌륭한 다리를 갖고 있으면 좋겠다." 남자는 잠시 멈추고 카메라를 올려다보며 말 그대로 입을 쩝쩝한다. "으음." 이 남자의 문제는 수많은 앱과 서비스를 이용하는 데이트인들이 여전히 당면한 문제였다. 무한한 가능성과 선택이라는 망령이 만든 희망은 몇 번이고 내동댕이쳐질 뿐이며, 탐색은 영원히 끝나지 않는다는 사실 말이다.

기사들은 연이어 비디오 데이팅이 여성에게 얼마나 가혹한지 언급했다. 《시카고트리뷴》의 한 머리기사는 "네 자릿수 요금을 내고 정기적으로 거절당하다"라며 무미건조하게 농담했다. 해당 기사는 매력적인 전문직 종사자로서 약 40대이고 최근 이혼한 한 여성의 고충에 초점을 맞췄다. 그 여성은 꼬임을 당해 1450달러를 내고 회원 가입을 했지만, 단 한 번도 데이트 주선을 받지 못했다. "비디오 데이팅 서비스는 훌륭하다"라고 필자들은 놀렸다. "(a) 35세 미만으로 화려한 경력을 가진 아주 멋진 여성, (b) 65세 미만으로 평범한 직장에 다니는 그저 그렇게 생긴 남성, 둘 가운데 하나에 해당하는 한."

데이팅 서비스 소유주들조차 중년을 넘긴 여성 고객을 돕는 것은 어렵다고 인정했다. "여피"라는 말을 만든 칼럼니스트 밥 그린은, 70세이며 남편을 여읜 낸시라는 여성의 가슴 아픈 사연을 들려줬다. 낸시는 스니크프리뷰스Sneak Previews, Inc.라는 서비스에 가입하려고 시카고 교외인 버원에서 차를 몰고 왔다.

"7년 전에 남편과 사별했어요"라고 낸시는 사주인 조지프 드 바르톨로Joseph De Bartolo에게 말했다. "그런 일이 일어나면 너무 외로워져요. 매년 더 외로워지죠."

낸시의 돈을 받고 싶지는 않았다고 드바르톨로는 그린에게 말했다. 드바르톨로는 그 70대 노인에게 "당신이 적절하게 선택할 만한 사람이 사실 많지 않아요"라고 미리 알렸다.

"괜찮아요"라고 낸시는 대답했다. "오늘 당장 이곳을 나서면서 데이트할 거라 기대하진 않아요." 그린이 몇 달 뒤 어떻게 됐는지 알아보니 낸시는 여전히 홀로 집에 있었다.

이전 시대에 등장했던 바, 스피크이지, 학교 무도회와 마찬가지로 컴퓨터 데이팅 서비스도 플랫폼이었다. 단지 구애의 기술이 향상됐을 뿐이었다. 컴퓨터는 데이트 시장을 합리화해, 여피 싱글이라는 공급이 수요와 만나지 못하게 막는 비효율성을 말끔히 정리하겠다고 큰소리쳤다. 1990년대 중반, 온라인 데이팅 기업들이 급격히 도약하기 시작하면서 갈수록 방대한 데이터베이스가 구축되고 자동 처리 능력이 구현됐다. 온라인에 접속하는 미국인이 더 많아지고 쿠키 실버의 일을 알고리즘과 웹캠에 위임하는 것이 가능해짐에 따라, 적절한 비용으로 사실상 원하는 누구나 데이팅 서비스를 이용할 수 있게 됐다. 동시에 두 곳이나 세 곳에 가입할 수도 있었다. 새천년이 시작되면서 매치닷컴과 플렌티오브피시PlentyOfFish 같은 사이트 회원 수는 수천만 명으로 올라섰다.

2002년, 잡지 《와이어드Wired》에 게재된 한 기사에서 너브닷컴Nerve.com의 설립자인 루퍼스 그리스컴Rufus Griscom은, 온라인 데이팅이 우세해지는 것은 불가피하다고 분명히 선언했다.

"지금으로부터 20년 뒤에는, 사랑을 찾는 사람이 온라인을 이용하지 않으리라는 생각은 어리석은 것이 될 것이다. 이는 '자신에게 꼭 맞는 책은 오로지 우연히 발견하는 것'이라면서 카드로 된 카탈로그를 건너뛰고 서고를 방황하는 것과 흡사하다"라고 그리스컴은 썼다. "우리는 사랑이란 우연한 사건이라는 발상에 어떤 집단 투자를 하고 있는데, 종종 사랑은 우연한 사건이 맞다. 하지만 뜻밖의 발견이란 비효율적인 시장의 전형적 특징이고, 사랑이라는 시장은 좋든 싫든 갈수록 효율적으로 변하고 있다."

우리는 **미래로 돌아온**Back to the Future 걸까?* 데이트의 여명기에 온갖 부류의 사람은 구애가 가정을 벗어나, 돈이 돌고 도는 익명의 공적 세계로 이동하고 있다는 사실을 규탄했다. 경찰은 데이트 행위가 성매매와 맞먹는다고 우려했다. 사랑이란 경제 바깥에 놓여야 했다. 그리고 여성은 오로지 사랑을 거저 주기만 할 수 있었다. 하지만 1980년대와 1990년대에 품위 있는 사람들은 시장이 그러해야 하듯 구애도 합리적으로 이뤄지게 할 가능성을 찬양하고 있었다. "집처럼 편안하고 사생활이 보호된 채 잠재적 데이트 상대들을 비교 쇼핑하게" 해 주는 기술을 통해.

* 이 문장에서 저자는 영화 시리즈 〈백 투 더 퓨처〉(로버트 저메키스Robert Zemeckis 연출, 스티븐 스필버그Steven Spielberg 기획, 1편 1985 / 2편 1989 / 3편 1991)의 제목을 차용하고 있다.

1900년대와 1910년대에 자선 소녀의 뒤를 밟은 풍기문란죄 단속 위장 수사관들은, 그와 같은 여성들이 연애를 거래처럼 대하는 것을 보고 경악을 금치 못했다. 하지만 1980년대 할리우드 코미디 영화라면 다 등장하는 어느 별난 한 쌍의 존재는, 대중이 그때쯤에는 그와 같은 거래적 접근을 받아들였음을 시사한다. 바로 성매매 여성과 사업가라는 한 쌍이었다.

시작은 영화 〈위험한 비즈니스Risky Business〉(1983)〔한국어판 제목은 '위험한 청춘'〕였다.

영화에서 톰 크루즈Tom Cruise가 연기하는 고등학교 3학년생은 부유한 부모가 주말 동안 집을 비워 혼자 있게 되자, 도전 삼아 콜걸 라나에게 전화를 건다. 함께 밤을 보낸 후 돈을 지불하지 못해 라나가 포주에게 빚을 지고, 포주가 크루즈 부모 소유의 멋을 잔뜩 부린 가구를 훔치자, 크루즈는 집안의 가보를 되살 돈을 벌기 위해 라나와 사업을 벌여야 한다. 둘은 한 팀이 돼 하룻밤 동안 크루즈 가족의 집에서 성매매 조직을 운영한다.

"내 이름은 조엘 굿슨이다"라고, 크루즈는 모든 게 해결되고 나자 선언한다. "나는 인간의 성취감을 취급한다. 하룻밤에 8000달러가 넘는 수익을 올렸지." 오늘날에 와서 보자면, 젊은 포주—아니, 차라리 10대 남자 마담—로서의 기업가라는 초상은 선견지명이 있다. 조엘 굿슨이 20년 뒤에 태어났다면 페이스북을 설립했을지도 모른다. 마크 저커버그Mark Zuckerberg처럼 굿슨은 부모의 자본으로 어떤 플랫폼을 만들어 그곳에서 다른 사람들이 관심과 감정을 교환하게 하고, 자신은 잉여 이익을 거둔다.

방문 시대에 집안 안주인이 지키는 응접실은, 공격성 혹은 탐욕이나 정욕과 같은 남성적 성향을 길들이는 일을 맡은 여성적 세계라는 내실이었다. 〈위험한 비즈니스〉 시대에 이르러 그 응접실은 거실이 되고, 그런 다음 반짝 성매매 업소가 됐다. 부모는 집에 없었다.

1980년대와 1990년대 초의 신화는 애인 대행과 기업가를 완벽한 한 쌍으로 미화했는데, 둘 다 흔쾌히 팔지 않을 것이 없었기 때문이다. 〈프리티 우먼Pretty Woman〉에서 리처드 기어 Richard Gere는 이를 직설적으로 표현한다. "당신과 나는 너무나 닮은 존재예요"라고, 기어가 연기한 유쾌한 사업가는 줄리아 로 버츠Julia Roberts가 연기한 성매매 여성에게 말한다. "우리는 모두 사람들을 등쳐먹지."

이 조잡한 말장난에는 많은 것이 내포돼 있었다. 우선, 근본적으로 애인 대행과 기업가가 같은 부류의 일을 한다는 생각이었다. 1970년대 말 미국은 탈산업화가 계속되고 무역 적자에 빠져 있었다. 일본 및 독일과의 경쟁 심화를 따라잡을 수도, 한때 산업 생산의 원동력이었던 석유 가격 상승을 감당할 수도 없었던 미국은 서비스 부문을 성장시켰다. 성매매 여성과 증권 중개인, 둘 다 이 부문에 종사했다.

이러한 맥락에서 보면 리처드 기어의 말은 옳았다. 그들은 그리 다르지 않았다. 그런데 이와 같은 서비스 부문 자체가 계속 두 집단으로 나뉘며 갈수록 불평등해졌다. 한쪽에는 불안정하고 임금이 형편없는 대다수가, 다른 쪽에는 금융 귀족이 있었다. 전자가 하는 부류의 일은 여성적이라 생각되는 경향이 있었다. 청소하기, 음식을 나르며 시중들기, 고객 응대하기 등등. 후자가 하는 부류의 일은 정량화할 수 있고 경쟁적이었다. 어깨가 딱 벌어진 양복 차림의 상징적 인물들엔 남성성이 투영됐다. 따라서 리처드 기어와 줄리아 로버츠라는 이 연인은 닮은 구석이 있었지만 서로 정반대이기도 했다. 둘 다 사람들한테서 돈을 뜯어냈다. 하지만 사람들과 서로 대단히 판이한 권력관계를 맺고, 판이한 보상을 받았다.

〈프리티 우먼〉이 이와 같은 시대에 최고 수익을 거둔 사랑담이 된 까닭은, 미국 중산층의 실종을 한 편의 동화로 둔갑시켰기 때문이었다.

그 외에도 많은 로맨틱코미디 영화가 계급 이동에 관한 이야기를 들려주는데, 여기서는 겸손하고 명예로운 사람들이 결혼을 통해 가까스로 막다른 지경에서 빠져나와 여피의 세계로 들어간다. 1988년에 개봉한 〈워킹 걸Working Girl〉이 대표 사례다. 영화 제목은 또다시 사업가와 성노동자의 근본적 유사성을 가리키며 눈짓한다.* 시작 부분에서 멜라니 그리피스Melanie Griffith가 연기한 "워킹 걸working girl" 비서는, 스태튼아일랜드〔뉴욕시의 자치구 중 하나〕에서 월스트리트 사무실까지 통근하며 시고니 위버Sigourney Weaver가 연기한 정장 바지 차림 왕재수의 개인 조수 일을 해야 한다. 하지만 어떤 일어날 법하지 않은 일련의 사건으로 그리피스는 상사를 사칭하게 되고, 큰 거래를 성사시키고 만다. 상사의 약혼남인 해리슨 포드Harrison Ford를 뺏는 데에도 성공한다.

마지막 장면은 '그 후로 오래오래 행복하게 잘 살았답니다'가 한 여피 가정에서 어떤 모습인지 보여 준다. 출근 준비를 하는 그리피스와 포드는 무언의 발레극을 하듯 복잡하고도 정교한 동작으로 저칼로리 아침 식사를 허겁지겁 먹어 댄다. 그리피스가 포드의 커피를 따르자, 포드는 번쩍이는 토스터에서 구워진 빵을 얼른 꺼내 멜라니의 벌린 입에 집어넣는다.

방문과 옛날식 구애, 응접실의 풍경과 배치는, 사랑이란 경제와 무관하다는 허구를 부채질했다. 부르주아에게 결혼은 저절로 일어나는 영적 친밀감의 문제여야 했다. 그 외의 사람들에게 결혼은 공동체나 혈통을 증식시키는 것이어야 했다. 하지만 사람들이 데이트하기 시작한 지 백 년이 가까워지자 상황은 역전됐다. 데이트는 그저 또 다른 종류의 거래로 여겨지게 되었다. 많은 사람은 효율적으로 살고자 하는 욕망, 그리고 성욕 자체를 느

---

* 'working girl'의 기본적 의미는 '직장에 다니는 여성'이라는 뜻이지만 속어로는 '성매매 여성'을 뜻한다.

끼고자 하는 욕망을 양립시키기 위해 버둥거리며 고군분투했다.

1987년 주식시장 대폭락 직후《뉴스위크》는 여피 인구가 새로운 장애를 앓고 있다고 보도했다. "정신과 의사와 심리학자들은 어떤 환자 비율이 늘어나는 것을 목격한다고 말한다. …… 이와 같은 환자들은 성 혁명에 대해 주로 '오늘 밤은 안 돼, 자기야' 같은 반응을 보였다." 비엔나 출신 정신과 의사인 헬렌 싱어 캐플런Helen Singer Kaplan은 학술적으로 공인된 미국 최초의 성 치료 기관을 뉴욕에서 1970년대에 설립했고, 이와 같은 장애를 진단했다. 캐플런은 이 문제를 "불감증inhibited sexual desire, ISD"라 명명했다. 불감증은 1988년에 『정신질환 진단과 통계 편람 제3판Diagnostic and Statistical Manual of Mental Disorders-Ⅲ, DSM-Ⅲ』에 등재됐다.

"지난 10년간 불감증은 모든 성적 불만 가운데 가장 흔한 것으로 나타났다. 다양한 추정치를 보면, 일반 인구의 20~50퍼센트가 어느 시기에 어느 정도는 이를 경험한다"라고《뉴스위크》는 보도했다. "한 임상의는 이를 '1980년대의 역병'이라 부르기까지 한다." 바로 이러한 배경에서 성노동자는 감정 관리에 정통한 어떤 새로운 여성의 원형처럼 보이기 시작한다. 자신의 감정을 드러내는 것이 유리해지기 전까지는, 타인에게 특정 감정을 불러일으키되 자신의 감정은 억누르는 것이다. 이런 전문성을 발휘해 성노동자 여성은 타인의 욕망을 돈으로 바꿀 수 있었고, 이는 연애하는 여피라면 누구나 가장 원했던 것이었다. 성노동자 여성은 감정을 경제적 관점에서 생산적인 것으로 만들었다.

〈프리티 우먼〉에서 줄리아 로버츠는 정확히 이렇게 함으로써 리처드 기어를 차지한다. 기어는 사랑에 빠질 수 있다고 느껴 본 적 없는, 헌신 공포증에 걸린 남자임을 시인한다. 기어는 로버츠를 어느 경마장에 데려가는데, 여기서 로버츠가 만나는 기어의 친구들을 보면 기어가 다들 원하는 남자임을 똑똑히 알 수 있다. 기어의 자칭 감정 불능 상태가 반사회적 성격장애의 전형에 딱 들어맞는다는 사실에 놀란 사람은 아무도 없는 것 같다.

기어는 잘생긴 데다 훌륭한 배우자감이다. 로버츠는 자신의 몸을 어떤 상품으로 능수능란하게 바꿈으로써 기어를 유혹한다. "내 다리가 엉덩이에서 발끝까지 44인치라 말했던가요?" 영화 초반 한 장면, 로버츠가 베벌리 윌셔 호텔Beverly Wilshire Hotel 내 호화로운 스위트룸 욕조에서 기어를 끌어안으며 묻는다. "따라서 기본적으로 3000달러라는 저렴한 금액에 88인치짜리 치료 요법이 당신을 감싸고 있다는 이야기지요."

남자답게 행동하지 못해 로버츠의 연인이 되는 데 실패한 뒤, 기어는 로버츠가 오페라에서 착용할 수 있도록 자신이 대여했던 목걸이를 반납하고, 보석상은 한숨짓는다. "힘든 일이겠죠"라고 보석상은 목걸이를 돌려받으며 말한다. "그토록 아름다운 것을 포기한다는 건."

로버츠를 목걸이와 동일시하는 이 말을 듣고서야 기어는 자신이 끔찍한 실수를 저질렀음을 깨닫는다. 기어는 로버츠를 되찾기 위해 전력질주하고, 로버츠의 집 비상계단을 기어 올라가 딱 맞춰 행복한 결말을 장식한다.

브렛 이스턴 엘리스Bret Easton Ellis의 소설, 『아메리칸 사이코 American Psycho』는 〈프리티 우먼〉보다 몇 달 뒤에 출간됐다. 〈프리티 우먼〉이 곧바로 사랑을 받은 반면, 『아메리칸 사이코』는 당시나 지금이나 대단히 논란이 많다. 몇몇 출판사에서 원고 출간을 취소한 끝에, 드디어 빈티지Vintage 출판사에서 책을 내놓았다. 그런데 영화 〈아메리칸 사이코〉는 기본적으로 〈프리티 우먼〉과 동일한 이야기를 또 다른 장르, 즉 공포물로 풀어놓는다.

리처드 기어와 마찬가지로, 소설의 주인공 패트릭 베이트먼은 크게 출세했고 준수하며 훌륭한 가문 출신인 금융가로서, 성노동자의 서비스를 통하지 않고서는 아무것도 느끼지 못한다. 기어는 로버츠를 비유적으로 소비한다. 자신의 몸을 어떤 아름다운 대상으로 취급하게 함으로써 로버츠는 기어가 스스로 사랑이라는 감정을 느낄 수 있도록 돕는다. 베이트먼은 같이 잠자리한 성매매 여성을 말 그대로 살해하고 먹는다.

"젊고 예쁜 여자가 길을 걸어가는 모습을 보면" 하고 베이트먼은 한 동료에게 농담을 건넨다. "두 가지 생각이 떠올라. 하나는 그 여자를 데리고 나가 대화를 나누면서 정말 친절하고 자상하게 굴고, 소중히 대하고 싶다는 것."

"다른 하나는 뭔데?"라고 동료가 묻는다.

"그 여자의 머리를 꼬챙이에 꽂으면 어떻게 보일까 하는 것."

소설이 전개되면서 베이트먼은 여성의 성기를 이빨로 물어뜯고, 사지를 갈기갈기 찢는다. 여성 신체의 구멍에 브리 치즈를 쑤셔 넣고, 애완용 쥐를 쿡쿡 찔러 시체를 안에서부터 파먹게 한다. 여성을 요리해서 소시지와 미트로프로 만들려 한다. 하지만 실패한다. 아줌마가 할 법한 앞치마를 베이트먼이 입고 있는 것은 장난질이다. 베이트먼은 요리 솜씨가 형편없다. 분명 스스로 집안일을 해야 할 필요가 전혀 없었으니까.

브렛 이스턴 엘리스는 주인공을 신뢰할 수 없는 화자로 남겨둔다. 하지만 베이트먼이 진짜 사람을 죽이는지, 아니면 모든 게 그저 망상인지 확신할 수 없다고 해서 잠시라도 마음이 놓이는 건 아니다. 베이트먼의 이야기는 어떤 끔찍한 부류의 감정 불능, 곧 자신의 세계 안에서 감정을 완전히 평가절하하는 것의 또 다른 증상에 지나지 않는다.

〈아메리칸 사이코〉는 누구든 스스로 원하고 지불할 수 있으면 다 공정한 게임이라 말하는, 데이팅 시장의 어두운 밑바닥을 부각했다. 〈아메리칸 사이코〉가 폭로한 여피는 기능 장애가 있는 것을 넘어 악마적이었다.

한편 도심에서는 현실 세계의 악몽이 펼쳐지고 있었다.

Love

Labor

소통
규약

에이즈와 인터넷 채팅이 바꾼 것

Protocol

L

'아프리카인들이 그것을 "공포"라 부른 것도 당연하다'라고 앤드루 홀러란Andrew Holleran은 1988년, 『그라운드 제로Ground Zero』 서문에 썼다. 『그라운드 제로』는 뉴욕에서 에이즈AIDS(후천성면역결핍증) 발병 초기를 기록한 에세이와 기사 모음집인데, 당시 홀러란은 이제 막 첫 소설을 발표하고 게이 잡지《크리스토퍼스트리트Christopher Street》에 칼럼을 기고하고 있었다. 애초 홀러란의 "뉴욕 노트북New York Notebook"은 대개 갤러리 개막식, 클럽, 그리고 그곳에서 연주되는 음악에 관한 이야기를 다뤘다. 그런데 1982년에 홀러란의 친구와 연인들이 시름시름 앓기 시작했다.

한 주 한 주 건강한 젊은 남성들이 실명하고 쇠약해지는 것을 홀러란은 지켜보았다. 얼굴과 팔다리에 병변이 나타나고, 화학 요법으로 탈모가 생겼다. 홀러란은 입원한 친구들을 방문했던 경험담을 기록했다. 홀러란은 친구들에게 잡지를 가져다줬다. 친구의 몸을 어루만지려면 관이 꽂히지 않은 부위를 찾아야 할 정도였다.

"뉴욕에서 산다는 것은" 하고 홀러란은 회상했다. "손님 일부가 끌려 나가 총살당하는 동안 나머지는 계속 먹고 잡담을 나누길 바라는 어떤 만찬에 참석한" 기분이었다.

1986년 11월, 레즈비언 예술가이자 활동가인 제인 로제트Jane Rosett는 친구 데이비드 서머스David Summers의 집에서 열린 한 파티에 참석했다. 로제트는 그날의 기억을 1997년, 에이치아이브이HIV(에이즈 바이러스) 감염자를 위한 잡지인 《포즈POZ》에 게재한 한 추도문에서 묘사했다. 서머스는 에이즈가 완전히 진행된 상태였다. 서머스의 연인 샐 리카타Sal Licata가 자신들의 7주년을 기념하려고 그날의 모임을 준비했다. 리카타는 친구들을 아파트로 초대했고, "친구들은 침대에서 놀며 서머스가 토하는 동안 붙잡아 줬다." 서머스는 고통을 겪고 있었지만, 다정함과 재치를 보여 줬다.

"그것은 파티였다"라고 로제트는 썼다. "서머스는 좌중의 시선을 끌면서, 킹사이즈 침대로 레즈비언을 끌어들이다니 얼마나 영광스러운 일이냐고 힘주어 말했다." 누가 누구와 잤는지 손님들이 쑥덕쑥덕하자 서머스는 환호했다. "사랑에 빠진 사람이 병원에 있는 사람보다 더 많구나!" 하지만 며칠이 지나지 않아 서머스는 숨을 거뒀다. 로제트는 돌아와 리카타 곁을 지키며 이삿짐 옮기는 사람들이 와서 아파트를 비울 때까지 기다렸다. 기다리는 동안 리카타는 피아노를 연주하며 로제트에게 노래를 가르쳐 줬다. **너의 손길이 그립구나, 내 친구여.** 이런 가사였다. 제2차세계대전 동안 군대 내 게이 남성들은 이와 같은 노래를 암호로 사용했다. 이듬해, 리카타는 성빈센트병원St. Vincent Hospital의 어느 복도에서 사망했다.

"몇 년 안에" 하고 로제트는 회상했다. "그날 서머스의 침대에 있었던 다른 사람도 다—나를 제외하고—세상을 떠났다."

질병통제예방센터는 1981년 여름에 첫 징후를 감지했다. 그해 6월, 질병통제예방센터가 발행하는 《주간 질병률 및 사망률 보고서Morbidity and Mortality Weekly Report, MMWR》는 로스앤젤레스에서 생소하게도 주폐포자충Pneumocystis carinii 폐렴이 발병했음에 주목했다. 1980년 10월에서 1981년 5월 사이에 젊은 남성 다섯 명이 이와 같은 질병으로 진단받았다. 보고서에서는 이와 같은 병이 "동성애 생활양식의 일부 측면"과 관련 있을 수 있다고 추측했다. 다음 달, 《주간 질병률 및 사망률 보고서》는 지난 30개월간 뉴욕시와 캘리포니아주에서 젊은 게이 남성 스물여섯 명이 카포시육종Kaposi's sarcoma으로 진단받았다고 보고했다. 카포시육종은 미국에서는 극히 드물고, 고령층을 제외하고는 전례가 없는 악성 종양이었다. 1982년 6월이 되자 미국인 355명이 카포시육종과 그 외의 기회감염(건강한 사람에게는 증상을 유발하지 않으나 면역력이 약한 사람에게는 증상을 유발하는 감염)을 앓고 있는 것으로 알려졌다. 언론과 의사는 환자가 앓고 있는 것을 그리드GRID, 즉 "게이 관련 면역 결핍증gay-related immune deficiency"이라 부르기 시작했다. 1982년 7월에 질병통제예방센터는 그리드를 "에이즈"로 다시 명명하고, 특별히 위험한 인구군 네 가지를 밝혔다. 바로 동성애자homosexuals· 헤로인 사용자heroin users· 혈우병 환자hemophiliacs· 아이티인Haitians으로, 의사들은 이를 줄여 "네 가지 에이치4H's"라 불렀다.

당연하게도 에이즈는 게이 남성의 데이트 방식을 극적으로 바꿔 놓았다. "에이즈 발병 주요 중심지들에 있는 남성에게 심각한 공황이 엄습했다"라고 《디애드버켓The Advocate》이 1982년에 보도했다. "뭘 해야 하고 하지 말아야 하는지 아는 사람이 거의 없다." 하지만 이 질병이 게이 남성만 덮친 것은 아니었다.

일찍이 1983년에 잡지 《에센스Essence》는 에이치아이브이 양성 환자의 4퍼센트가 네 가지 에이치에 속하지 않으며, 아프리카계 미국인 여성이 새로이 많이 감염되고 있다는 질병통제예방센터의 조사 결과를 알렸다. 1996년이 되자 에이즈에 걸린 아프리카계 미국인의 수는 에이즈에 걸린 백인의 수를 넘어섰다. 흑인 중산층 독자를 겨냥한 많은 잡지가 당초에는 마약 사용자, 그리고 이성애자처럼 보이는 생활을 하면서도 동성애나 양성애 행위에 참여하는 흑인 남성을 쉽게 비난하는 듯 보였다. 질병통제예방센터는 "남성과 성관계하는 남성"을 줄여 "엠에스엠MSM"이라 불렀다.

1987년 4월, 잡지 《에보니Ebony》에 실린 한 기사는 경고했다. "그 질병이 단지 '그들'만이 아니라 '우리'도 많이 죽이고 있다."

그해 말《에센스》에 실린 한 기사의 필자는 흑인 여성에게 데이트 상대를 경계하라고 주의를 줬다. "나는 약간 여자 같은 남자를 만나면 거리를 둔다"라고 필자는 고백했다.

1980년대 내내 에이즈는 잔인한 속도로, 데이트인을 양성과 음성, 이성애자와 동성애자, **우리**와 **그들**로 갈랐다. 여피에게 틈새시장 데이트는 선호의 문제였을지 모른다. 에이즈가 닥친 곳에서 살고 사랑하려고 발악하는 사람들에게 틈새시장 데이트는 위태로운 속물근성이 아니라 생존 그 자체였다.

에이즈에 대처하느라 씨름하는 공동체들은 사람들이 성관계를 이야기하는 방식과 관련된 규칙을 다시 써야 했다. 몇십 년간 "네킹"과 "페팅" 같은 완곡어법으로 "갈 데까지 가는 것" 외에 모든 것을 족히 포괄할 수 있었으나 더는 아니었다. 에이즈 위기로 미국인은 성에 관해 아주 길고도 세세하게 말할 수밖에 없었다. 심지어 보수 정치인도 대중을 상대로 그렇게 해야 했다.

에이즈는 데이트의 위험을 높였다. 이전에도 위기는 있었지만, 그토록 치명적인 결과를 초래한 적은 없었다. 에이즈 위기는 데이트인이 어떻게 상호작용할 것이냐를 두고 새로운 소통 규약을 개발하도록 요구했다. 활동가들이 생각해 낸 방안은, 전과 달리 욕망을 정확히 다루기였고, 이는 신기술과 결합함으로써 모든 사람이 사랑을 찾는 방식을 바꿀 터였다.

캘리포니아주와 뉴욕에서 "게이 악성 종양"이 나타난 뒤 6년간, 레이건 정부는 거의 아무것도 하지 않았다. 레이건의 지지 기반인 우익 기독교인은 에이즈를 "마약중독자와 퀴어"의 질병으로 여겼다. 그들의 눈에는 죽어 가는 사람이 없어도 되는 것 이상이었다. 그들은 죽어 마땅했다. 1983년에 보수 성향의 티브이 진행자 패트릭 뷰캐넌Patrick Buchanan은 잠깐 연민에 겨운 듯 발언했다. "가련한 동성애자들. 그들은 자연에 전쟁을 선포했고, 이제 자연은 끔찍한 응징을 가하고 있죠."

1984년, 미국국립보건원National Institutes of Health, NIH 연구진은 에이즈 유발 바이러스를 특정했다. 하지만 절친한 친구 록 허드슨Rock Hudson이 에이즈 관련 요인으로 1985년에 사망한 뒤에도 대통령은 침묵을 지켰다. 레이건은 1987년까지 에이즈를 주제로 대중 연설을 하지 않았다. 그때쯤에는 에이즈에 걸려 미국인 2만 명 이상이 사망한 것으로 알려졌다. 에이즈로 고통받는 공동체들은 이와 같은 무관심에 당면해, 힘든 사람들이 의료 서비스를 받을 수 있도록 기존 사회관계망을 활성화하고 확장해야 했다. 가장 크게 위험에 처한 사람들에게 스스로를 지키는 방법에 관한 정보를 전달할 수 있도록 전략을 짜야 했다.

그리드의 첫 사례들이 기록되기 훨씬 전부터 많은 도시의 성소수자 활동가들은 자체적으로 공중보건 기관을 만들었다. 1971년, 보스턴에서 펜웨이지역보건센터Fenway Health Community Center가 게이와 레즈비언에게 의료 서비스를 제공한다는 사명으로 설립됐다. 펜웨이지역보건센터 남성동성애자컬렉티브Gay

Men's Health Collective at Fenway는 B형 간염 및 다른 성병에 대한 치료로 정평이 나 있었다. 시카고대학교에서는 게이 의대생 한 무리가 1974년에 하워드브라운보건센터Howard Brown Health Center를 설립했다. 유명한 드래그 연기자 스티븐 존스Stephen Jones, 일명 '성욕이 들끓는 간호사 완다Nurse Wanda Lust'를 고용해 공동체 지원 활동을 도왔다. 완다는 특유의 가발과 간호사 복장, 동그란 안경을 착용한 채, 밝게 칠한 "성병 승합차"를 타고 시카고를 돌며 성 건강에 관해 강의했다. 1979년 부활주일에는 샌프란시스코 카스트로 지구에 거주하는 드래그 연기자 한 무리가, 수녀 복장에 극적인 분장을 하고 대중에 모습을 드러내 같은 정보를 전파하기 시작했다. 그들은 자칭 '영원한 방종의 자매들Sisters of Perpetual Indulgence'이었다.

1980년에 리처드 에드워즈Richard Edwards라는 한 뉴요커가 "퍽버디"로 이뤄진 "조심스러운 남학생 친목회"인 머리디언Meridian을 창립했다. 머리디언은 예비 회원에게 성병 검사를 받을 것을 요구했다. 말끔한 건강 증명서를 발부받으면 회원 자격을 나타내는 핀을 얻었다. 게이 신문인 《뉴욕네이티브New York Native》에 기고한 일련의 서한에서, 에드워즈—혹은 스스로 서한에 서명했듯 "릭 씨Mr. Rick"—는 자신의 생각을 다음과 같이 풀이했다. "친구는 친구를 걱정합니다. 그건 남성의 천성이죠." 퍽버디들이 판단하기에 동지애는 최적의 보호 조치였다.

그리드에 관한 뉴스가 보도되자 머리디언과 같은 관계망들이 행동에 나섰다. 문제는 정확히 그 "게이 역병"이 무엇이며 어떻게 감염되는지 아무도 몰랐다는 점이었다. 일부 질병통제예방센터 연구진은, 그리드가 게이 남성이 일반인보다 훨씬 더 많이 사용하는 어떤 독성 물질에 대한 반응일 수 있다고 생각했다. 그 외에도 그리니치빌리지의 저명한 의사 조지프 소나벤드Joseph Sonnabend와 같은 사람들은, 그리드가 매독처럼 덜 치명적인 감염에 반복적으로 노출됨으로써 발병한다고 생각했다.

너무나도 많은 것이 알려지지 않은 상황에서 일부 활동가는 일대일 독점연애, 심지어 금욕을 설파했다. 작가 래리 크레이머 Larry Kramer가 이와 같은 입장을 밝혀 악명을 떨쳤다. 1983년, 크레이머는 《뉴욕네이티브》에 「1112명 그리고 지금도 계속 늘고 있다1,112 and Counting」라는 한 격노에 찬 장광설을 기고했다.

"이 기사를 읽고도 무서워 벌벌 떨지 않으면 정말 큰일이다"라고 글은 운을 뗐다. 크레이머의 의도는 독자를 격분하게 만들어 주류 언론과 정부에 조치를 요구하도록 하는 것이었다. 하지만 크레이머는 스스로를 위험에 빠뜨리는 게이 남성에게 분노를 표출하기도 했다. "이번 사태가 사그라들 때까지 부주의한 성관계를 포기하는 것이, 죽는 것보다 더 나쁘다고 투덜대는 녀석들에게 넌더리가 난다"라고 크레이머는 썼다. "음경cocks으로만 사고할 수 있는 놈들에게 신물이 난다."

많은 게이 남성에게 이와 같은 태도는, 에이즈에 걸렸다고 에이즈 감염자를 탓하는 것과 위험할 정도로 가까워 보였다. 더욱이 실용주의자들은 크레이머가 설파한 금욕이 실행 불가능함을 깨달았다. 최선의 예방법은 위험을 최소화하면서 성관계를 계속 즐기는 방법을 사람들에게 교육하는 것이었다.

1983년에 젊은 게이 작가 마이클 캘런Michael Callen과 리처드 버커위츠Richard Berkowitz는 조지프 소나벤드와 협업해,『전염병 유행 속에서 섹스하는 법How to Have Sex in an Epidemic』이라는 40쪽짜리 소책자를 발간했다. 발행한 5000부가 순식간에 사라졌다. 소책자는 첫머리에서 게이 남성에게, 서로 후리는 게 아니라 **협력하는 사이**로 대할 것을 촉구했다. 그러려면 애인의 건강에 높은 가치를 부여하고 애인과 진실하게 대화해야 했다.

"통제력 유지하기"라는 장에서 저자들은, 그 어떤 잠재적 애인과도 사전에 성 건강을 논의하고 심지어 그와 같은 대화를 전희로 여길 것을 권했다. "성관계 전에 예방 조치를 논의하면 성적 흥미가 떨어진다고 생각하겠지만, 건강한 생활을 즐겁게 유지한다면 결국 성관계 전 필요한 예방책을 얼마든지 성애적인 것으로 만들 수 있다."

캘런과 버커위츠는 개방성 외에도 정확성을 고집했다.『전염병 유행 속에서 섹스하는 법』은 게이 성관계에서 안전하거나 안전하지 않은 개별 행위를 나눠 목록화하고, 그 차이에 대해 매우 명확한 지침을 제공한다. 예컨대 "위험하지 않은 성관계" 장은 다음과 같이 제안한다.

창의적 자위는 집에서 혼자 하는 자위의 대안으로 다음에 해당한다. 상호 자위, 집단 자위, 신체 접촉, 상상하기, (말로 하는) 음란한 이야기, 관음증, 노출증, 만지기, (주먹이 아니라) 손가락 사용하기, 젖꼭지 놀이, 장난감 사용하기 등. (31쪽, "자위 모임" 장을 참조하라.)

창의적 삽입에 해당하는 것으로는 콘돔, (손 전체가 아니라) 손가락, "장난감" 사용하기가 있다. (안전한 딜도 사용에 대한 논의는 24쪽을 참조하라.)

다른 장들도 "빨기" "빨리기" "성교하기" "성교당하기" "입 맞추기" "항문 자극하기" "소변보기" "딜도" "사도마조히즘" "주먹 삽입 성교" "끝내고 씻기" "소수의 펙버디와 교제하기" "자위 모임" 등에 대해 똑같이 솔직하고 실용적인 조언을 제공했다.

그 후 몇 년 간 전국의 에이즈 대응 조직들이 유사한 형식과 용어로 된 교육 자료를 제작했다. 독자에게 "그냥 거절하라" 말하는 대신 이와 같은 소책자들은 다양한 선택지를 제공했다. 체크리스트 형식을 사용함으로써, 카탈로그에서 원하는 상품이 실린 쪽 귀퉁이를 접듯 독자가 새로이 하고 싶은 것들을 표시하도록 장려했다. 그럼으로써 올바른 소통 규약을 따르는 한, 거의 한없이 다양한 성적 경험을 계속 즐길 수 있다는 확신을 심어 줬다. 그러기 위한 조건은 독자가 스스로 무엇을 원하는지 알고 명명하는 법을 배우는 것이었다.

역병의 유행에서 살아남기 위해 게이 남성은 자신의 이력, 질병, 욕구를 편안하게 툭 터놓고 말해야 했고, 같은 태도를 지닌 상대를 찾아야 했다. 성관계의 구성 요소를 나눠 어떤 것이 안전하고, 어떤 것은 위험한지 결정해야 했다. 이와 같은 노력으로 성행위에 대한 노골적이면서도 구체적인 묘사가 등장했다.

개인과 하위문화는 분명 이전에도 "항문 자극하기rimming"나 "주먹 삽입 성교fist-fucking"와 같은 행위를 가리키는 용어들을 제안했다. 하지만 이제는 이와 같은 용어들이 의도적으로 성문화돼 전파되고 있었다. 행위별로 대상 청중에 따라 서로 다르게 설명해야 할 필요가 있었다.

"안전한 성safe sex"은 무서운 새 시대에 동성애자 해방의 여러 모습을 지켜 내겠다고 큰소리쳤다. 하지만 한 가지 문제가 있었다. 위험에 처한 많은 사람이 스스로를 그와 같은 운동의 일부로 생각하지 않았다. 남성과 성관계하는 흑인 남성, 히스패닉 남성은 많은 경우 스스로를 "게이"라 부르지 않았다. 어떤 사람은 남이 그렇게 부르면 화를 냈다.

많은 도시에서 남성과 성관계하는 남성의 공동체는 고도로 분리돼 있었다. 바와 대중목욕탕의 문지기는 흑인 남성을 노골적으로 막아서지 않아도 여러 형태의 신분증을 요구함으로써 입장하지 못하게 했다. 이는 뉴욕의 남성동성애자건강위기지원센터Gay Men's Health Crisis, GMHC 그리고 샌프란시스코의 하비밀크재단Harvey Milk Foundation과 같은 단체들이 추진한 입소문

마케팅 캠페인들이 제한된 인구에게만 가닿았다는 뜻이었다.

샌프란시스코에이즈재단San Francisco AIDS Foundation, SFAF 은 달마다 카스트로 지구에 콘돔 수만 개를 배포하는 방법을 썼 는데, 같은 방법으로 미션 지구나 텐더로인 지구에 거주하는 아 프리카계 및 라틴아메리카계 미국인의 손에 콘돔을 전달하지 는 못했다. 그리고 이와 같이 낙후한 동네에서 에이치아이브이 에 감염된 여성에게, 아슬아슬한 표현이 가득한 소책자와 포스 터는 당치 않은 느낌을 줬을 것이다. 샌프란시스코에 기반을 둔 '함께하는 흑인남성과 백인남성Black and White Men Together, BWMT'을 설립한 아프리카계 미국인 활동가 빌리 존스Billy Jones의 경고에 따르면, 그가 돕는 사람 대부분이 에이즈는 "하 얀 몸만 걸리는 병"으로 흑인은 걸릴 수 없다고 생각했다.

서로 다른 인구 집단에게는 그들의 리더가 그들만의 언어로 말해야 할 필요가 있었다. 샌프란시스코에서 제3세계에이즈자 문대책본부Third World AIDS Advisory Task Force, TWAATF라 부르 는 비백인 공동체 지도자 집단이 돕고 나섰다. 1985년에 제3세계 에이즈자문대책본부는 교육용 자료를 디자인해 보급하기 시작 했다. 그들의 첫 소책자에서는 "에이즈가 유색인을 강타하고 있 다"라고 독자에게 경고했다. 1989년에 샌프란시스코에이즈재단 그리고 '함께하는 흑인남성과 백인남성'은, 흑인과 라틴아메리 카계로 이뤄진 일련의 표적 집단을 운영해 어떤 종류의 광고 캠 페인이 효과가 있을지 알아내고자 했다.

샌프란시스코에이즈재단은 무엇보다 노골적인 성적 표현과 이미지가 백인 게이 남성에게는 호소력이 있으나, 비백인에게는 종종 불쾌감과 소외감을 일으킨다는 점을 알게 됐다. 라틴아메리카에서 온 지 얼마 되지 않은 이민자들에게 다가가는 최선의 방법은 바가 아니라 교회를 통하는 것임을 깨달았다. 그 결과 특별히 아프리카계 미국인과 라틴아메리카계 미국인을 각각 겨냥한 두 가지 광고 캠페인, "몰입하라Get Carried Away" 그리고 "준비하고 행동하라Listo para la acción"가 탄생했다.

모든 데이트인이 새롭고 안전한 성관계 수단을 수월하게 채택한 것은 아니었다. 그럼에도 성관계에 관해 이야기하는 것이 필수 불가결하다고 인식하는 미국인이 갈수록 늘어났다. **주제를 돌리거나 피하거나 없던 것으로 하려고 하지 마, 어차피 막을 수 없으니까.** 힙합 3인조 솔트앤페파Salt-N-Pepa는 그렇게 경고했다. 1980년대 말에는 심지어 레이건 정부도 그렇게 하는 것이 옳음을 깨닫고 있었다.

1986년 말에 미국 공중보건국장 C. 에버렛 쿠프C. Everett Koop는, 성에 관한 더욱 솔직한 토론과 공립학교 내 콘돔 배포를 요구하는 내용의 에이즈 관련 공개 보고서를 발표해 기독교 보수주의자 동료들의 분노를 샀다. "에이즈 관련 교육을 어릴 때부터 시작해야 아이들이 스스로를 보호하기 위해 피해야 할 행동을 인지한 채 성장할 수 있다"라고 쿠프는 권고했다.

교육부 장관의 항의에도 쿠프는 보고서를 2000만 부 인쇄했고 5만 5000부를 전미학부모교사연합회National Parent Teacher Association, National PTA에 보내게 했다. 후속 조치로『에이즈에 대한 이해Understanding AIDS』라는 상세한 소책자를 제작했다.

질병통제예방센터는『에이즈에 대한 이해』를 1988년 1월에 미국 각 가정에 우편 발송하기 시작했다. 6월이 되자 1억 부가 발송 완료됐다. 쿠프는 남성동성애자건강위기지원센터의 소책자와 포스터에 등장한 부류의 노골적 이미지나 성 관련 비속어를 쓰지 않았다. 하지만 그와 같은 자료들을 면밀하게 연구했다. 게이 활동가와 마찬가지로 쿠프는 연인들에게 그들의 욕망, 그리고 그런 욕망이 불러올 수 있는 위험에 관해 대화하라고 지시했다.

"이와 같은 소책자에 포함된 쟁점 가운데 일부는 여러분이 터놓고 논의하기에 익숙하지 않을 수 있습니다"라고 쿠프는 속표지의 짤막한 글에서 주의를 줬다. "충분히 이해가 갑니다. 하지만 이제 여러분은 논의해야 합니다." 소책자는 안전한 행위와 안전하지 않은 행위를 직설적이고도 치밀하게 묘사했다. '데이트는 어쩌지?'라는 장은 독자가 상대방과 이와 같은 주제에 관해 대화를 시작할 의무가 있다고 강조했다.

"성적으로 관계를 맺는 사람에게 주의를 기울이면서 스스로 최선의 판단을 하고, 그 판단을 근거로 삼아 직접 결정해야 할 것입니다"라고 쿠프는 썼다. "이는 어려울 수도 있습니다. 이 사람이 성병에 걸린 적이 있을까? 얼마나 많은 사람과 잠자리했을까? 마약을 한 적이 있을까? 이와 같은 것들은 모두 민감하지만 중대한 문제입니다. 하지만 여러분은 한 개인으로서 질문해야 할 책임이 있습니다."

아닌 게 아니라 에이즈 위기 상황에서는, 심지어 쿠프 같은 보수주의자도 서로 **대화할 수 있느냐**가 두 사람이 한 단계 더 친밀한 사이로 발전할 수 있느냐 여부를 판단할 가장 중요하고도 유일한 시험대라 강조했다. "이렇게 생각해 보세요"라고 쿠프는 타일렀다. "성관계할 정도로 상대를 잘 안다면, 에이즈에 관해서도 이야기할 수 있어야 합니다. 상대가 말하기를 꺼린다면 성관계를 하면 안 됩니다."

공식 약속이나 공동체의 승인이 아니라 의사소통이 다른 무엇보다 중요했다. 결혼 자체는 아무것도 보장해 주지 못했다. 결혼식 종소리가 울림으로써 성에 관한 대화가 끝나는 것은 아니었다. "결혼한 사람도 에이즈에 걸리나요?"라는 질문이 소책자에서 데이트를 다루는 장에 삽입돼 있었다. 당연히 결혼한 사람도 에이즈에 걸렸다. "여러분의 배우자가 여러분을 위험에 빠뜨리고 있다고 생각한다면 배우자와 대화하세요. 여러분의 삶이 걸린 일입니다."

레이건이 유권자에게 히죽히죽하며 버클리의 자유연애주의자들이 "이루 말할 수 없을 만큼 역겹고도 난잡하게 섹스에 탐닉한다"라고 한 이래로 미국에서는 많은 일이 있었다. 이제 공중보건 당국자들은 자유 시대라는 가장 거침없었던 시절에도 상상할 수 없었을 만큼 솔직하게 이야기했다.

1994년에 빌 클린턴은 공화당으로부터 공중보건국장 조슬린 엘더스Joycelyn Elders를 해임하라는 압박을 받았다. 엘더스가 유엔 에이즈 회의에 참석해, 학교에서 어린 학생들에게 자위하는 법을 가르쳐야 할 수도 있다고 말했기 때문이었다. 하지만 2년 후, 엘더스의 후임 오드리 F. 맨리Audrey F. Manley는 티브이에 나가 "간접 성교outercourse", 즉 체액 교환 없이 성적 쾌락을 충족시킬 수 있는 모든 활동에 관해 이야기했다. 그리고 1998년 1월에 모니카 르윈스키Monica Lewinsky 스캔들이 터져, 엽궐련으로 삽입하기라든지 국가최고위직 남자에게 구강성교하기가 "성관계"를 구성하느냐 아니냐는 문제에 전 국민이 사로잡히기 시작했을 때엔, 심지어 아직 어린이였던 우리도 나름의 의견이 있었다. 물론 가족이 저녁 식사 자리에서 깊이 토론하기에는 살짝 민망할 수도 있었지만. 하지만 우리는 이미 성교육 시간에 이야기를 나눈 경험이 있었다.

미국 공립학교에서 성교육 수업을 제공하기 시작한 때는, 정확히 데이트가 최초로 주류가 된 시기인 1910년대였다. 구애가 가정의 거실과 교회 지하층에서 공공장소로 옮겨 감에 따라, 혁신주의적인 교육자들은 더 이상 부모와 목회자에게만 의존할 수는 없음을, 젊은이들이 때가 되면 알아야 할 것을 그들이 가르

8 ———— 소통 규약

쳐 주리라고 더는 기대할 수 없을지도 모름을 인식했던 것이다.

성교육과정에서 정확히 무엇을 다뤄야 하느냐에 대해서는 늘 논란이 많았다. 예컨대 1920년대에 시 단위 시행을 위해 시범 프로그램을 개발한 시카고 교사들은, 사춘기·성관계·가족계획 관련 정보를 기존 생물학 및 가정경제학 교육과정에 단순히 덧붙여야 하느냐, 아니면 학교가 의사 및 간호사를 초청해 학생들에게 따로 강의하도록 해야 하느냐를 두고 열띤 토론을 벌였다. 교육자들은 수년간 이 두 접근 방식 사이에서 왔다 갔다 했다. 하지만 1980~1990년대에는 성교육이 정치 투쟁의 장이 됐다.

이것이 불러온 결과는 역설적이었다. 이 시기에 성교육 프로그램의 절대적 수는 극적으로 증가했다. 1980년에서 1989년 사이에 공립학교 성교육을 의무화한 주는 여섯 곳에서 열일곱 곳으로 늘어났고, 그 외에 워싱턴 D.C.도 있었다. 하지만 연방법이 주 교육위원회에 교육과정 결정을 일임했다는 사실은, 서로 다른 지역의 학생들이 대단히 상이한 내용을 배웠다는 뜻이었다. 많은 곳에서 보수주의자들은 "금욕을 강조하는 성교육 abstinence only"으로 배움을 제한하는 데에 성공했다.

1999년에서 2009년 사이 여러 주는 10억 달러에 이르는 연방 기금을 받아 금욕을 강조하는 성교육 재정을 지원했고, 2009년 기준으로 전국 학교의 86퍼센트가 성교육 수업에서 금욕을 옹호하도록 의무화했다. 내가 다닌 학교는 그렇지 않았다. 새천년 전환기에 뉴욕에서 내가 다닌 진보 성향 공립고등학교에서는,

학생들이 일찌감치 그리고 자주 성관계에 관해 토론했다.

5학년 때 체육 선생님이 우리를 한 교실에 몰아넣고 몸풀기 게임을 시킨 것이 아직도 기억난다. 선생님이 우리가 주변에서 들었을 법한 어떤 단어나 어구를 내뱉은 다음 무턱대고 어떤 사람을 지목하면, 그 사람은 그 말이 무엇을 뜻한다고 생각하는지 반 친구들 앞에서 말해야 했다. "발기?" "몽정?" 체육 선생님은 물었다. 선생님은 한쪽 눈이 약시였다. 반 전체가 그 시선을 피하려 쩔쩔매는 동시에 피하지 않는 것처럼 보이려고 애썼다. **피하는 듯 보이면** 반드시 지목당할 것이므로.

나는 굴욕적이게도 "오럴oral 섹스"가 성관계 이야기를 테이프 녹음기로 녹음하는 것이리라 추측했다. (구술사oral history 연구 과제를 위해 내 할아버지의 한국전쟁 참전 경험을 인터뷰한 지 얼마 되지 않았을 때다.) 나는 몇 주간 톡톡히 망신을 당했다. 하지만 곧 나 같은 범생이조차 유창해졌다. 우리는 해부학을 배웠다. "나팔관"과 "소대小帶" 같은 단어를 익혔다. 좀 더 나중에는 영화 〈생명의 기적The Miracle of Life〉에 나오는 분만 장면을 통해 "태아의 머리가 나오는 것"이 어떤 모습인지 알게 됐다. 고등학생이 아이를 갖는 것이 얼마나 고통스러운 일인지 '신생아 과제Baby Project'를 통해 배웠다. 뉴욕 교육국New York City Board of Education은 우리 학교에 고무로 된 신생아들이 담긴 상자를 보냈는데, 이 고무 아기들은 밤낮으로 울부짖고 오줌을 쌌다. 고무 아기는 컴퓨터 칩이 내장돼 있어 우리가 얼마나 잘 반응하는

지 지속적으로 파악했다. 우리가 데리고 있던 고무 아기 하나가 지하철에서 깡통 찌그러지는 소리로 울부짖기 시작하자, 우리 또래 10대 승객 무리가 그것을 낚아채 기둥에 두들겨 댔다. 고무 아기 "아버지"는 자초지종을 설명하면서 신생아 과제 낙제 점수를 B-로 올려 달라 주장했다.

이와 같은 교육의 요지는 대체로 겁주기였다. 교실에서 슬라이드로 생식기 부위에 꽃양배추처럼 돋아나는 에이치피브이 HPV(인유두종바이러스) 사마귀 사진, 선생님에 따르면 "매독성 굳은 궤양"이라는, 쓰라려 보이는 여성 성기 사진을 틀었다. 학교는 우리에게 오만 가지 분비물을 보여 줬다. 또 다른 선생님은 트로전매그넘Trojan Magnum 포장을 뜯고 주먹에 씌워 아래로 잡아당겨 투실투실한 팔뚝 전체를 덮어 보임으로써 **초대형 콘돔은 초대형 자아용**이라는 가르침을 줬다.

이와 같은 교육의 주된 목표는 공포심 주입인 듯했고, 그와 같은 공포심의 치료제는 **이야기 나누기**여야 했다. 쾌락은 부차적이었다. 그럼에도 두려움은 욕망을 향해 헤집고 나아갈 수 있으며, 더 많이 알고자 함은 그 자체로 도착적 행동이 된다. 다른 학교 학생들에게 금욕을 강조하는 성교육을 한다고 해서 성에 관한 정보를 찾지 못하게 막을 수 있는 것은 아니었다. 전국에서 갈수록 많은 학생이 케이블 티브이의 〈리얼 섹스Real Sex〉〈섹스 인 더 나인티즈Sex in the Nineties〉 같은 다큐멘터리나 〈섹스 앤 더 시티Sex and the City〉처럼 노골적인 드라마, 혹은 유료 포르노

그래피를 통해 원하는 것을 찾을 수 있었다. 그 외에 인터넷 무료 학습도 가능했다.

온라인에 접속하는 순간 우리는 다 독학자가 된다.

에이즈는 미국인이 성관계에 관해 이야기할 수 있도록 자세하면서도 공통된 언어를 개발하게 했다. 내가 받았던 보건 수업 같은 프로그램은 그와 같은 언어를 제도화했다. 인터넷은 누구나 대화에 참여할 수 있게 만들었다. 나아가 인터넷은 성행위 관련 정보를 검색할 수 있는 저장소로서, 성행위 묘사 방식을 표준화하는 데 도움이 됐다. 또한 새로운 하위문화가 발달할 수 있는 사회기반시설 역할을 했다.

1960년대의 선구적 컴퓨터 데이팅과 그 뒤를 이은 비디오 데이팅은, 기계의 힘을 빌려 어떤 특정 데이터베이스 근처에 거주하는 사람들을 짝지었다. 이와 같은 서비스는 지리적으로 제한돼 있었다. 프로젝트택트는 데이트를 원하는 두 사람 다 맨해튼 북동부에 사는 경우에만 만남을 주선할 수 있었다. 투데이포싱글스는 워싱턴 D.C. 지역에 살며 헤르페스에 걸린 사람들끼리만 연결해 줄 수 있었다. 이 서비스들은 모두 범위가 한정적이었다.

1970년대에 사회학자들은 앞서 자유연애에 몰두한 연인들이 자유분방한 성생활swinging에서 물러난 주된 이유 가운데 하나가, 즐길 상대를 찾는 데 너무 많은 시간과 수고가 들기 때문이라 보고했다. 자유분방한 성생활을 즐기는 사람들swingers은 개인이 낸 광고를 평가하고, 서신을 발송 및 분류하며, 사진을 촬영 및 전송한 다음, 주말을 이용해 자동차로 달려가 서로 만나 커피를 마시며 교제를 시작할지 말지를 결정했다. 10년이 흐르자, 적당한 게시판과 리스트서버Listserv를 활용할 줄 알면 책상을 떠나지 않고도 무수히 많은 다른 애인과 현실 세계에서 만남의 자리를 마련할 수 있었다.

인터넷은 사람들이 서로를 찾을 수 있는 방법을 제공하는 것 이외에도 연애의 새로운 모형을 창출했다. 성적, 낭만적 기운을 **연결성**으로, 관계를 **상호작용**으로 바꿔 놓았다고 할 수 있다.

페팅 파티 및 오래 사귀기 시대에 전국을 대상으로 한 광고 캠페인, 전국에 유통된 잡지, 도서, 영화는 데이트인이라면 다 따라야 할 원형을 만들어 냈다. 남학생 친목회에 소속된 남자 대학생인 그릭과 공학 여학생, 남자친구와 여자친구라는 모형이었다. 이와 같은 유형에 부합하지 않는 사람들은 이 유형에서 일탈했다고 똑똑히 인식됐다. 그와 같은 사람들은 데이트하고 있는 게 아니거나 "비행 청소년"이었다. 하지만 소통 규약의 시대에는 데이트 방식이 돌연 무한히 많아졌다. 호기심 많은 데이트인은 그야말로 자기 욕망을 소통하는 법을 배우고, 자신이 원하는 것을 잘 받아들이는 사람을 찾아야 한다.

이와 같은 체계하에서 데이트라는 일은 대개 나름의 한계를 설정하고, 시험하며, 재설정하는 과정이 된다. 내가 어느 학회에서 만난 한 여성은 어떤 사람과 4년째 꾸준히 데이트하고 있었다. 그들은 같이 지내려고 바다와 대륙을 가로질러 이동했고, 1년 반 동안 "열린" 관계를 유지했다. 1년 가까이 둘의 환상과 두려움에 대해 논의하고 특정 상황에 어떻게 반응할지 곰곰이 생각한 후에야, 어느 한쪽이 다른 사람과 만나는 것을 정말로 편안하게 느끼게 됐다고 그 여성은 말한다. 둘 다 개방적인—서로가 다른 사람과 잠자리할 수 있고, 심지어 둘이 함께 사는 집에 새 애인을 데려올 수 있는—관계가 응당 가능하다고 여겼다. 단지 이와 같은 상호작용이 어떻게 작동하는지 분명히 표현하는 데 시간을 투자해야 했다. 그 여성이 8개월째 열린 관계를 맺고 있을 때, 그 여성보다 좀 더 어린 한 지인이 내게 토로했다. 그 여성과 상대가 여태껏 한 건 대화가 전부라고.

오늘날 데이트 소통 규약은 너무나 빨리 바뀌는 듯해서, 짧지도 길지도 않은 연애가 끝나도 마치 립 밴 윙클Rip van Winkle*이 된 것 같은 기분이 들 수 있다. **다시 시장으로!** 나오는 것은 신나는 일이어야 한다. 그럼에도 이는 데이트의 다른 아주 많은 단계와 마찬가지로 불안감과 당혹감을 불러일으키기 일쑤다.

"요즘 애들은 어떻게 해?"라며 한 오랜 남성 친구는 농담 반

---

* 미국 작가 워싱턴 어빙Washington Irving이 1819년 발표한 동명의 단편소설에 나오는 주인공. 소설의 줄거리는, 미국이 영국 식민지였을 시절 네덜란드계 미국인 립 밴 윙클이 어느 날 신비로운 네덜란드인(혹은 네덜란드인 유령)들을 만나 그들의 술을 마시고 잠들었다가 깨어나 보니 20년이 지나 있었고 미국은 독립해 있었으며 아내는 죽고 자식들도 모두 나이 들어 있었다는 내용이다.

진담 반으로 묻는다. 그 친구와 나는 20대 중반쯤에 어느 파티 장소에 있었고, 그 친구는 우리가 다 고등학생일 때부터 만나 온 여자아이와 이제 막 헤어진 상태였다. "이제는 그냥 섹스만 하는 거야?" "누가 그냥 섹스만 해?"라며 그 친구를 제외한 나머지가 묻는다. "예를 들어 우리 나이에는 몇 번째 데이트에 섹스하는 게 정상이지? 첫 번째? 다섯 번째?"

성관계 경험이 없는 범생이였던 그 친구는 졸업 무도회 상대와 잠자리에 든 후 눈을 떠보니 저도 모르게 잘 차려입은 투자 은행가로 바뀌었고, 너무 많은 데이트 선택지에 어리둥절해한다. 우리는 그 친구의 마음을 이해한다. 이 주제에 대해서는 의견 일치가 존재하지 않는다는 데에 다들 의견이 일치한다.

오늘날 어른이 된다는 것은 데이트의 규칙을 결정할 책임을 지는 것이다. "난 너한테 거짓말한 적 없어"는 수많은 부정행위 혐의에 맞서는 정당 방어지만, 거짓말을 들은 적이 없다고 해서 기분이 훨씬 나아지는 것은 아니다. 우리는 각자 자신의 성적, 낭만적 만남의 조건을 상세히 설명해야 한다. **데이트인이 알아야 할 유의 사항.** 이를 많은 내 또래는 온라인에서 처음 배웠다.

클린턴 대통령 시절에, 사회 숙제를 하다가 포르노 사이트 'www.whitehouse.com'을 우연히 발견한 아이가 나 혼자였을 리는 없다. "이달의 인턴" 사진 모음의 섬네일들을 슬그머니 클릭하고 또 클릭하면서, 스프레이로 그을린 엉덩이와 풍선처럼 팽팽한 가슴을 한 젊은 여성들이 가짜 대통령 집무실 주변에서 천천히 자세를 취하는 것을 봤던 기억이 난다. 내 여자 형제는 좋아하는 영국 팝스타 이미지를 찾다 우연히 "스파이시걸스"를 야후에 입력했고, 검색 결과를 보고는 비명을 지르며 가족용 컴퓨터를 박차고 나갔다.

그럼에도 사이버섹스는 주변에서 가장 안전한 성관계였다.

"에이즈가 우리 삶의 길목에 도사리고 있는 시기에 이와 같은 엄청난 변화가 우리에게 닥친 것은 아마도 우연이 아닐 것이다"라며 1993년에 《더네이션The Nation》의 한 필자는 사색에 잠겼다. 몇 달 뒤, 《뉴욕타임스》가 그 점을 재차 강조했다. "에이치아이브이가 컴퓨터 바이러스보다 더 치명적인 세상에서, 컴퓨터상의 성애물은 개인이 현실에서 맺는 관계에 대한 '안전한' 대안을 많은 사람에게 제공하는 듯하다." 이는 『사이버섹스의 기쁨 The Joy of Cybersex』이라는 책의 서평에 실린 말이었다. 이 책은 이런 이유로 월드와이드웹이 신의 선물이라 주장했다.

『사이버섹스의 기쁨』을 쓴 데버라 러빈Deborah Levine은 몇 년간 컬럼비아대학교 보건교육 프로그램에서 대학생을 상담한 경력이 있었다. 러빈은 학생들에게 컴퓨터를 사용해 상대를 유혹하고, 온라인 연애를 시작하며, 현실 세계의 위험을 감수하지 않고 자신의 환상을 끝까지 밀고 나가라고 격려했다. "1990년대에 성관계의 원동력은, 당신이 파트너가 있든 싱글이든 상관없이, 인간의 상상력이다"라고 러빈은 선언했다. "사이버섹스의 세계로 들어가라. 상상력이 날뛰고, 익명성이 지배하며, 욕망이 들끓는 그곳으로."

앞서 안전한 성을 강조한 교육자들이 그랬듯, 러빈은 객관식 및 빈칸 채우기 설문지를 활용해 독자가 원하는 것을 스스로 파악할 수 있도록 했다. 러빈은 안전을 지키는 것보다는 지평을 넓히는 데 중점을 뒀다. 온라인에서는 지켜야 할 신체가 없다. 하지만 형식은 거의 동일해 보였다. 예컨대 '성적 억제 극복하기'라는 장은 불안감의 정도를 알아보는 데 도움이 되는 퀴즈로 시작한다.

"광범위한 성적 표현에 관해 배울 임무에 착수할 준비가 됐습니까?" 러빈은 물었다. "몇 가지 물음에 답하고 알아보시오."

1. 가장 친한 친구가 어느 날 커피를 마시며 예기치 않게 자신의 성생활에 관해 이야기하기 시작하면, 당신은

　　a. 목이 메기 시작하고 마신 것을 뱉지 않으려 애쓴다.

　　b. 열정적으로 고개를 끄덕이고 나서 화제를 돌린다.

　　c. 질문을 퍼붓는다.

　　d. 안심하고 당신의 경험을 공유한다.

2. 상대가 (침대에서 옷을 벗은 상태로) 예컨대 식료품점 계산원이나 유명 우주인처럼 다른 사람 행세를 해 달라고 부탁하면, 당신은

　　a. 이렇게 말한다. "물론 하고말고. 그런데 자기야, 난 사실 로켓 과학자가 되는 게 더 좋아. 괜찮지?"

b. 얼른 시작해 역할에 몰입한다.

c. 상대가 완전히 미쳤다고 여기고 심리 치료사한테 가 보
라고 제안한다.

d. 몇 분간 생각하다 술을 한잔 마시고 나서 미지의 세계에
무릎 꿇는다.

앞서 안전한 성을 강조한 활동가들과 마찬가지로, 러빈은 중
요 항목을 표시한 목록을 활용해 독자가 알아야 할 사이트를 소
개하고, 그와 같은 사이트에서 성공하는 데 필요한 언어를 가르
친다. 러빈이 인용한 페이지는 'www.getgirls.com'처럼 범생이
를 위한 지침부터, 열린마음프로젝트Open Heart Project와 'www.
lovemore.com'처럼 자유연애주의자를 위한 참고자료까지 온갖
것을 망라했다. 트라이에스Tri Ess라는 서비스는 크로스드레싱
에 관심이 많은 이성애자 연인들을 서로 이어 줬다.

러빈이 나열하는 채팅용 줄임말―가능한 한 빨리ASAP, 너무
웃겨LOL 같은 것들―은 이제 너무 뻔해서 한때 뜻을 분명하게
밝힐 필요가 있었다는 사실을 기억하기 힘들 정도다. 하지만 그
와 같은 줄임말을 숙지하는 것은 대단히 중요했다. 고화질 이미
지 전송에 필요한 양질의 웹캠 기술과 대역폭이 나오려면 아직
몇 년이 더 흘러야 했다. 그와 같은 과도기에는 적절한 표현을
적절한 때에 쓰는 것이 상대를 유혹하고 유대를 형성하는 유일
한 길이었다.

『사이버섹스의 기쁨』과 마찬가지로, 잡지《와이어드》의 창간호가 1993년에 나왔다. 여기에는 "핫채팅hot chats"*에서 왕성하게 활동함으로써 "수줍고 내성적인 여성다움의 전형"에서 진정한 "맨이터man-eater"**로 변신한 어느 여성에 대한 기사가 실렸다. 기사의 필자가 묘사하는 한 여성 친구는 1980년대에 '더 소스the Source'라는 어떤 서비스를 하루에 몇 시간씩 이용했다. 기사의 필자는 그 친구를 칭할 때 친구의 닉네임이었던 "나는 벌거벗은 숙녀"를 사용한다.

"벌거벗은 숙녀는 방대한 중의적 의미를 잔뜩 갖다 붙인 질문들을 먼저 던지면서 디지털 세상의 숭배자들을 부추겼다"라고 기사는 운을 뗐다. "내가 이에 대해 처음 물어봤을 때 친구는 애초에는 '통신으로 노닥거리는 것뿐'이라 일축했다.

"단지 취미일 뿐이야"라고 친구는 말했다. "어쩌면 데이트를 꽤 할지도 모르지."

하지만 음란한 이야기를 내뱉는 또 다른 자아의 마법에 걸려, 벌거벗은 숙녀는 대변신을 시작한다. 더는 "상당히 소심한 사람—보수적인 스타일의 잿빛 옷가지를 선호하는 유형—이 아니다. …… (번개 같은 타자 속도 덕분에) 온라인 핫채팅을 한 번

---

* (특히 온라인 채팅에서) 성적 관심을 유발할 의도가 있는 언어적 의사소통.

** 기본적 의미는 '식인종'이라는 뜻이지만, '많은 남성을 번번이 유혹하고 농락하다 차는 여성'을 뜻하는 속어이기도 하다.

에 열두 개도 넘게 계속할 수 있는 부류의 사람이 됐다". 이와 같은 일의 효과는 실생활로 이어졌다. "친구는 자신이 소장한 여성용 속옷이 점점 늘고 있다는 이야기로 나를 즐겁게 해 주기 시작했다. 갈수록 음탕하게 말하고 한층 짓궂게 농담했다. 요컨대, 친구는 자신의 온라인 인격이 돼 가고 있었다."

인터넷 서핑은 애인을 찾아 정처 없이 돌아다니는 행위의 새로운 형태로, 이를 통해 인생이 바뀔 수도 있었다. 우리가 "보건" 수업에서 했던 끝없는 토론의 요지는, 두려움을 심어 줌으로써 최소 몇 년간은 성관계를 하지 못하게 하는 것이었다. 하지만 온라인에서 찾을 수 있는, 성관계의 더 안전한 대체물은 완전히 새로운 종류의 자극을 제공했다. 성관계에 관해 이야기하는 (혹은 타자로 치는) 것은 그 자체로 친밀감을 형성했다.

1990년대 초, 온라인에 접속하는 미국인이 갈수록 많아지면서 사람들은 텍스트로만 연애를 즐기는 법을 터득했다. 선구적 "사이버 시민들"은 오직 말로 이뤄진 데이트 형식을 발전시켰다.

1990년에 미국에서 인터넷을 보유한 가구는 20만에 불과했다. 1993년에 그 수치는 500만이 됐다. (증가세가 이어져 2000년에는 4300만, 2013년에는 8500만이 됐다.) 1990년대 중반에 개인용 컴퓨터 가격이 급격히 싸지자 많은 가정은 컴퓨터를 더 많이 구입하고, 컴퓨터의 위치를 거실에서 침실과 개인 공간으로 옮겼다. 그곳에서야말로 실험이 진정으로 시작될 수 있었다.

여러 면에서 초기 온라인 남자친구, 여자친구 관계는 앞 세대 데이트인이 정한 양식을 따랐다. 사람들은 오다가다 만났다. 채팅방에서 우연히 마주친 다음, 서로 마음이 맞으면 약속을 잡아 동시에 접속해 대화를 나눌 수 있었다.

이와 같은 기회로 인생이 바뀔 수도 있었다. 어떤 채팅방에서는 현실 세계에서 외출하거나 혹업하는 것이 물리적으로 힘든 장애인 싱글들이 서로 이어져 사랑에 빠졌다. 다른 채팅방에서는 성장기에 가정에서 고립감을 느끼는 퀴어 10대가 똑같은 경험을 할 수 있었다. 이는 사소한 일이 아니었다. 1990년대 말에 고등학교를 다닌 10대 게이의 경우, 졸업 무렵이면 여섯 명 가운데 한 명꼴로 심하게 구타를 당해 최소 한 번은 의료 조치가 필요했다. 하지만 이와 같은 사이버 데이트의 모호한 설정은 많은 사람을 불안하게 만들었다.

20세기에 들어서던 시기, "왈가닥 아가씨" "자선 컨트" 그리고 그 외 초기 데이트인은 늘 사적으로 이뤄졌던 어떤 절차를 거리로 가져감으로써 부모와 경찰을 화나게 했다. 역사상 최초로 데이트는 젊은이들이 자기 자신의 이익을 위해서 공공장소에서 배우자와 삶의 동반자를 찾도록 했다. 바와 산책로 같은 공간은 채팅방과 공통된 특징이 많았다. 양쪽 다 약간 위험하면서도 매혹적이었다. 아니, 위험하니까 매혹적이었을까? 위험성은 그와 같은 장소가 가진 매력의 일부였다.

물론 사람들은 다른 사람들이 스스로에 대해 허위로 진술할까 봐 우려했다. 사이버 애인이 실제로 키가 작고 깡마른데도 키가 크고 건장하다고, 뚱뚱한데도 날씬하다고 말할지도 몰랐다. 이는 자유의 대가였다. 과거 부모님 집 응접실에서 혹은 교회나 유대교 회당이 후원하는 무도회에서 만난 젊은이라면 누구든 사전 심사를 거쳤을 것이다. 페니 아케이드나 니켈로디언은 익명의 공간이었다. 떨리는 몸으로 어두컴컴한 사랑의 터널Tunnel of Love(코니아일랜드에서 젊은이들이 즐겨 이용했던 놀이기구)을 통과할 때 손을 잡아 준 남자는 아무나일 수 있었다. 하지만 데이트인은 공공장소의 익명성이 그 자체로 친밀감을 제공한다는 점을 바로 알아챘다. 가족과 친구가 주변을 맴돌지 않는 곳에서, 여러분은 여러분 자신이 돼 감정을 솔직하게 드러낼 수 있었다. 열차에서 만난 낯선 사람들 비슷한 것이었다. 상대 여성이 관심이 없다고 한들, 알게 뭔가? 무도회장에서 만나 데리고 나온 젊은 여성은 다시는 볼 필요가 없었다.

초기에 정신 건강 전문가들은 온라인으로 낯선 사람 만나기가 종종 이와 비슷한 효과가 있음을 목격하기 시작했다. 정신과 의사 에스터 그위널Esther Gwinnell은 환자 본인 혹은 배우자가 온라인에서 어떤 낯선 사람에게 홀딱 반했다고 말하는 사례를 연달아 접한 뒤 "컴퓨터 연애"에 관해 책을 쓰기로 마음먹었다. 『온라인 유혹Online Seductions』에서 그위널은 환자들이 시작한 부류의 관계를 칭하는 어구를 창안했다. 그런 관계는 "유달리 친밀했는데" 왜냐하면 "안에서부터 밖으로 자라났기" 때문이었다.

그의 환자들은 형태만 살짝 다를 뿐 같은 내용을 되뇌었다. "그 관계는 영혼과 마음에서 일어나는 것이고, 육체는 관여하지 않는다." "우리는 영혼으로 먼저 만났다." 이는 사이버 데이트의 이점이었는데, 육체적으로 불안하다고 느끼는 싱글들에게 특히 그러했다. 단점은, 시각적 단서나 사회적 맥락이 부재해 종종 여러분의 대화 상대를 여러분이 그 상대에게서 바라는 상像과 구별하기 어렵다는 점이었다. 일생일대의 사이버 애인이 알고 보니 신기루 혹은 내밀한 정신이상에 지나지 않을 수도 있었다.

"인터넷 연인들이 컴퓨터 앞을 떠나 다른 활동을 하러 갈 때는" 하고 그위널은 보고했다. "마치 상대가 자기 '내부에' 있는 것처럼 느낄 수 있다."

온라인에서 영혼의 동반자를 찾다 보면 현실 세계에서 불만을 느낄 수도 있었다. 정신과 의사들은 사이버섹스 중독이 비현실적인 기준을 제시하고, 만족시킬 수 없는 욕구를 자극함으로써 기존 관계를 엉망진창으로 만들 것이라 경고했다. 머릿속 대부분을 온라인 남편이 차지하고 있다면, 실제 남편은 결코 온라인 남편만큼 여러분을 이해하지 못할 것이다. 아무리 유연하고 의욕이 넘치는 아내일지라도, 'alt.sex.bondage.golden.showers.sheep'에서 제공하는 포르노 시나리오가 **모조리** 현실이 되도록 도와줄 수는 없을 것이다.

더욱이 온라인 연애의 몰아치는 속도는 모든 의사소통에서 발생할 수 있는 위험성을 높인다. 그위널은 컴퓨터 연애 중인 환자들이 (온라인 애인의 소식을 기다리며) 불안으로 꼼짝달싹 못하는 상태, 그리고 (온라인 애인에게서 답장을 받아) 도무지 알 수 없이 호들갑스러운 상태 사이에서 갈피를 잡지 못하고 크게 동요하는 듯 보이는 것을 관찰했다. 이와 같은 일련의 주기가 우리는 너무나 친숙하다. 구상하고, 쓰고, 수정하고, 전송하고, 기다리고, 애태우고, 읽고, 또 읽고, 반복하는 것이.

새로운 짝사랑 상대나 애인의 온라인 하루살이를 곱씹다가 시간 가는 줄 모르는 것은 그 어느 때보다 요즘 흔히 볼 수 있는 풍경이다. 최신 상태 정보나 오래된 사진을 하나하나 뜯어보며 오페라를 방불케 하는 희망과 두려움을 부여해 보지 않은 사람이 있을까? **그 남자가 들고 있는 저 기타를 봐! 직업이 훌륭하다는 것은 알았지만, 예술적이기까지 한 것이 틀림없어. 조카와 함께 찍은 사진을 보니 아이들과 얼마나 잘 지내는지 알겠어.** 해석의 문제는 좀처럼 발생하지 않는다. 기타는 그 남자의 전 여자친구 소유이고, 조카는 그 남자가 이전 관계에서 낳은 아이임을 나중에 알게 되기 전까지는.

이와 같은 새로운 매체를 통한 사랑은, 사람들이 이메일을 보낼 때마다 황홀에 겨워 탄식하도록 사람들을 길들였다. 『온라인 유혹』의 시대에 많은 컴퓨터 사용자는 이런저런 특정 상대보다 인터넷 그 자체와 더 사랑에 빠지고 말았다.

1990년대에 주류 뉴스 소식통은 온라인 연애와 관련해 선정적인 이야기 두 부류를 보도했다. 하나는 사이버 연애의 있을 법하지 않은 승리, 혹은 수없이 많은 기사에서 말장난했듯 "첫 바이트에 반한love at first byte" 사연에 초점을 맞췄다. 1996년 4월, 밥 노리스Bob Norris라는 34세 남성이 캐서린 스마일리Catherine Smylie라는 27세 여성과 타임스스퀘어Times Square에서 "세계 최초의 디지털 결혼식"을 했다. 둘은 그 전해 8월에 채팅방에서 만났다. 뉴욕 시장인 루돌프 줄리아니Rudolph Giuliani가 주례를 봤다. 둘의 서약은 속옷 회사인 조 복서Joe Boxer가 이번 행사를 위해 설치한 6000평방피트짜리 광고판에 실시간 메시지로 전달된 다음 다시 인터넷으로 전송됐다.

그 외의 디지털 연애담은 이보다 더 어두웠다. 온라인 불륜 때문에 지금껏 행복한 결혼 생활을 하던 부부가 헤어지는 일도 있었다. 더욱 눈에 띄는 것은 온라인 포식자에 관한 끔찍한 경험담이었다. 이와 같은 이야기가 불러일으킨 두려움은 여러 면에서 데이트의 여명기 무렵, 즉 많은 사회 개량가가 젊은 여성에게 데이트를 수락하는 것은 스스로를 엄중한 위험에 빠뜨리는 것이라 경고했던 시기에 활개 쳤던 "백인 노예" 공황과 닮았다.

1990년대 말 신문과 잡지에는 온라인 포식자가 특히 교외에 사는 백인 아이들을 먹잇감으로 노린다는 말이 무성했다. 종종 이와 같은 이야기의 영웅들은 채팅방 단속을 자청한 온라인 자경단원들이었다. 2000년대 초에 뉴스쇼 〈데이트라인Dateline NBC〉에서는 특별히 이와 같은 전제에 충실한 리얼리티 시리즈

전편을 제작했다. 〈포식자 검거하기To Catch a Predator〉 제작진은 '왜곡된 정의Perverted Justice'라고 불리는 감시 단체와 협업해 온라인에서 미성년자로 사칭한다. 제작진은 13~14세라고 하면서 이용자들에게 접근했다. 몇 회에 걸쳐 낯 뜨거운 표현을 열심히 입력해서 보낸 후, 미끼 역할을 하는 아이가 실제로 만나자고 제안한다. 이를 수락한 성인은 저도 모르게 카메라에 생중계되고 경찰에 체포된다.

납치 및 학대 사건이 몇몇 발생하긴 했지만 흔한 경우는 아니었다. 채팅방에 대한 초기 연구를 보면, 일부 사용자가 보통 자신의 외모나 결혼 여부에 대해 온라인 대화 상대를 속이는 것으로 나타났다. 그리고 물론 사이버섹스터cybersexter*는 '나는 벌거벗은 숙녀' 같은 외설적인 페르소나를 썼다. 하지만 평균적으로 사람들은 낯선 사람에게 현실 세계에서보다 실상 훨씬 **더** 정직했다. 문제는 이 가속화된 친밀감이었다. 이는 중독적이었다.

온라인 데이팅 중독자는 웃음거리가 되기 일쑤였는데, 아직 고등학생이라면 특히 그러했다. 그들은 손쉬운 표적, 만만한 놀림감이었다. 하지만 돌이켜 보면 사이버섹스가 우스꽝스러운 것은 변태적이어서가 아니라 터무니없이 비생산적이어서였다. 사이버섹스를 통해 현실 세계에서 연인으로 발전하는 경우는

---

* 'cyber'와 신조어 'sext'(성적 의도가 있는 사진이나 메시지를 전송하다)의 합성어에 '……하는 사람'이라는 의미의 접미사 '-er'을 붙인 말.

드물었다. 참여자 대부분은 현실 세계에서IRL, in real life 절대 만나지 않았다. 그리고 잠재적으로 가치 있는 막대한 관심을 헛되이 다 써 버렸다.

인터넷을 제대로 상업화한 선구자들은 이와 같은 헛된 소모를 어떤 기회로 여겼다. 아메리칸 온라인American Online, AOL과 프로디지Prodigy, Inc.는 1990년대 초에 서비스를 도입하면서 싱글을 겨냥한 "생활양식" 채팅방을 대거 선보였는데, 그와 같은 대화가 크게 인기를 끌 것임을 인식했기 때문이다. 그와 같은 기업들은 사람들이 성애적, 낭만적 관심을 주고받을 수 있는 플랫폼에서 어마어마한 이윤을 뽑는 방법을 재빨리 찾아냈다. 테크기업들은 여전히 그렇게 하고 있다.

솔직해지자. 우리는 컴퓨터와 그 외의 기기로 애정이 가는 상대를 스토킹하느라 여전히 시간 가는 줄 모른다. "그 남자가 오늘 트윗을 두 번이나 올렸는데 나한테는 아직 답장도 안 했어"라고 최근 한 친구가 속을 끓였다. 친구는 스스로도 어처구니없어 말을 멈추고 고개를 절레절레했다. "나도 알아, 그리고 심지어 난 트위터에서 그 남자를 팔로우하고 있지도 않아!" 딱 한 번 만난 적 있는 사람의 계정을 들여다보는 행동이 지난주에 함께 사이버섹스팅을 한 닉네임이 나타나길 바라며 채팅방에 로그인하는 행동보다 덜 한심하지는 않다. 덜 외롭지도 않다. 그저 덜 낙인찍혔을 뿐이다. 지금의 경제는 이러한 부류의 감정을 연료 삼아 굴러가기 때문이다.

아마존닷컴 같은 소매업자들이 "롱테일long tail"* 경제에 부응할 수 있었던 것과 동일한 요인으로 데이트 하위문화도 번창할수 있었다. 1950년대에는 만약 오르가슴을 느끼는 동안 몸에 상대가 먹을 것을 마구 문질러 주기를 바라는, 통계적으로 미미한 집단에 속할 경우 그와 같은 환상을 버려야 할 공산이 컸다. 하지만 인터넷은 여러분의 페티시를 공유하는 다른 사람들을 쉽게 찾을 수 있도록, 혹은 여러분의 페티시를 적어도 위험부담이더 낮은 사람들에게 쉽게 제안할 수 있도록 해 줬다. 안전한 성운동은 데이트인이 자신의 욕망을 고찰하고 규정할 어휘를 제공했다. 월드와이드웹은 이와 같은 욕망이 데이트 정체성의 중심이 되도록 도왔다.

사람들이 데이트를 쇼핑의 한 형태로 오랫동안 생각해 왔다면, 1990년대에 데이트인은 더욱 교육받은 소비자가 됐다. 그들은 자신이 시장에서 어떤 종류의 성관계를 원하는지 알고, 욕망을 충족시키는 것이 성취감을 느끼는 데 중요한 부분이라고 믿을 가능성이 더 높았다. 연인들은 격정에 사로잡혀 우연히 어떤 성적 자세를 취하기보다, 다른 곳에서 설명이나 묘사된 것

---

* 전체 매출의 80퍼센트가 상위 20퍼센트의 품목 혹은 고객에게서 발생한다는 '파레토 법칙'을 그래프로 나타냈을 때 길게 꼬리 부분을 형성하는, 80퍼센트의 비주류 부분을 말한다. 파레토 법칙에 따르면 주류 상품 혹은 주요 고객에게만 집중하여 판매해야 하지만, IT의 발달로 비주류 상품이나 고객을 위한 판매도 전체 이익에 상당히 기여할 수 있으므로 '다양한 틈새시장을 공략'하는 것이다.

을 본 적 있는, 미리 규정된 일련의 자세를 그대로 따르는 경향
이 더 강했다. 그리고 비슷한 관심사를 가진 사람과 연애할 가능
성이 높았다. 틈새시장을 겨냥한 다양한 대중매체 채널이 케이
블 티브이와 온라인에 등장해 각양각색의 생활양식을 전시함에
따라, "성교육자"도 점점 더 많이 나타나 공개 지지와 광고 사이
의 경계를 모호하게 만들었다.

　모든 데이트 생활양식에는 나름의 전문가가 있었다. 일찍이
1987년에 페미니스트 베티 도드슨Betty Dodson은 직접 쓴『한 사
람을 위한 성Sex for One』에서 여성의 자위를 찬양했다. 그 시대
의 다른 거침없는 페미니스트 "성교육자들"과 마찬가지로, 도드
슨은 전국을 순회하며 여성이 스스로에게 쾌락을 주도록─또,
상대한테도 같은 것을 요구하도록─가르쳤다. 롱테일 경제 덕
분에 관심 있는 사람은 누구나 도드슨을 비롯한 교육자들이 시
연한 도구들을 구입할 수 있었다. 1993년에 성교육자 클레어 카
바나Claire Cavanah와 레이첼 베닝Rachel Venning은 섹스토이 부
티크인 토이즈인베이브랜드Toys in Babeland를 시애틀에서 창립
했다. 그들의 동기는 숭고했다. 여성 대상 성인용품점이 거의
없는 상황에서 진기한 정보와 격려를 제공하고 싶었던 것이다.
1995년에 토이즈인베이브랜드는 작은 카탈로그를 발행해 통신
판매 사업을 개시했다. 곧이어 웹사이트 'www.babeland.com'을
열었다. 사업을 안정적으로 운영해 창출한 수익으로 로스앤젤
레스와 뉴욕에 교두보가 되는 지점들을 열 수 있었다.

사람들의 취향을 충분히 구체적으로 이해하기만 하면, 인터넷은 국내 틈새시장을 공략할 수 있게 해 줬다. 여러분의 취향을 저격하는 것이 뭐든 간에, 더는 혼자 갈망할 필요가 없었다. 댄 새비지Dan Savage는 미시간주에 살며 어느 비디오 가게에서 점원으로 일하는 게이 남성이었다. 1991년에 그의 한 가까운 친구가 미시간주를 떠나 시애틀로 가서 주간지를 펴낼 것이라 말했다. 새비지는 그 친구에게 장난스럽게 조언 칼럼 한 편을 내던졌고, 그 친구는 함께 가자고 새비지를 설득했다. 새비지가 《더 스트레인저The Stranger》에 기고한 칼럼은 아주 불손하면서도 재치 넘쳤다. 칼럼은 전국적으로 공급됐고, 그는 일약 유명 인사가 됐다. 그는 계속해서 연애 조언 서적을 집필했고, 2006년 기준으로 구독자 수천 명을 거느린 한 팟캐스트를 진행했다.

『새비지 러브Savage Love』는 체크리스트의 특수성을 조언 칼럼 장르로 가져와, 겉보기에 무한히 늘어선 성적 취향들을 탐색하는 데 도움을 준다고 장담한다. 독자가 아직 이름 붙지 않은 성행위에 대해 문의하면, 새비지가 이름을 지어냈다. 새비지는 "페깅pegging" 같은 용어를 만들어 독자가 작성한, 이미 이해하기 힘든 분류 체계의 빈틈을 메웠다. (페깅은 여성이 딜도를 부착하고 남성에게 삽입하는 항문 성교를 가리킨다.) 새로운 단어들을 자유자재로 쓸 수 있게 되자, 독자는 자신이 바라거나 싫어하는 행위를 점점 더 시시콜콜 설명할 수 있었다.

자신의 성적 취향을 알고 표현하는 것이 데이트의 핵심이라고 새비지는 청중에게 말했다. 새 애인에게 페깅을 굉장히 좋아한다고 일찌감치 고백하는 것이, 페깅 없는 사랑을 나누며 몇십 년간 끙끙 앓는 것보다는 낫다. 서로 어울리지 않음을 알고는 가슴 아파하기 전에, 새 짝사랑 상대가 어떤 종류의 연애를 추구하는지 아는 것이 낫다. 행복하게 살고 싶다면, 욕망을 이해하고 정확하게 표현할 줄 알아야 했다. 그렇게 한다면 관습적인 연애의 조건들을 재협상할 수 있다.

심지어 결혼조차도.

동성애자든 이성애자든 상관없이 장기 커플에게 새비지는 자칭 "모노게미쉬monogamish"*모형을 오랫동안 추천해 왔다. 모노게미쉬의 뜻은 들리는 그대로다. 커플은 가장 우선시하는 관계에 위협이 되지 않는 한, 합의하에 각자 다른 사람과 때때로 잠자리할 수 있다. 장기적인 관계는 대부분 이미 모노게미쉬하다고 새비지는 주장한다. 연인들이 인정하기를 꺼릴 뿐이다. 그 외의 조언 전문가들은 한 걸음 더 나갔다. 1990년대에 들어 다수의 개방적이고 유동적인 연애를 유지하는 "다자연애polyamory"에 대한 관심이 급증했다.

* 일부일처제 혹은 일대일 독점연애를 뜻하는 'monogamy'의 형용사형, 'mono-gamous'를 댄 새비지가 약간 변형시켜 만든 말이다. 서로 커플인 두 사람이 일대일 독점연애의 사회적, 낭만적 관례들을 따르면서도, 두 사람의 동의하에 (둘이 함께 또는 각각 따로) 다른 성적 관계들을 맺을 수 있는 관계 유형을 가리킨다.

1997년에 출간된 『윤리적 잡것The Ethical Slut』은 현재까지도 가장 널리 읽히는 "생활양식" 지침서 가운데 하나다. 저자인 도시 이스턴Dossie Easton과 재닛 W. 하디Janet W. Hardy는, 세상은 성적 기운으로 충만해 모든 사람을 만족시킬 수 있다고 주장한다. "섹슈얼리티에 관한 많은 전통적 태도는 **뭔가가** 충분하지 않다는 무언의 믿음에 바탕을 둔다"라고 『윤리적 잡것』은 말한다. "우리의 바람은 모든 사람이 원하는 바를 다 충족하는 것이다." '잡것됨sluthood의 다양한 갈래'라는 장에서는 가능한 구성이 무궁무진하다고 주장했다. 하지만 책에서 설명하는 각양각색의 배열은 특정한 기본 특성을 공유하기도 한다. 맞춤형이며 유연하다는 것. 저자들에 따르면, "관계 구조란, 완벽한 관계라는 어떤 추상적 이상에 맞추어 사람들을 선택하는 것이 아니라 해당 관계를 맺고 있는 사람들에게 맞추어 설계돼야 한다." 개인들은 자유롭게 이어져 새 구조들을 만들어 낸다. "우리의 한 여성 지인은 평생에 걸쳐, 젠더가 서로 다른 주요 배우자 두 명, 그 외의 배우자들, 주요한 배우자들의 다른 배우자들과 어떤 거대한 관계망을 형성하는 생활양식을 갖고 있다."

"관계들은 시간이 흐름에 따라 구성원이 더해지기도 하고, 또 필연적으로 빠져나가기도 하며, 보통 시행착오를 거쳐 새로운 구성의 가족 역할을 만들어 냄으로써 대단히 복합적인 구조를 형성하는 경향이 있다." 이스턴과 하디는 이와 같이 구성원 스스로가 규정하는 공동체 유형을 관계망보다는 "별자리"라고 즐겨 부른다고 한다. 그런데 풍부한 성적 기운을 바탕으로 결속한 공동체들이 멈추지 않고 뻗어나가면서 스스로를 끊임없이 재편한다는 유토피아란, 인터넷과 흡사해 보인다. 월드와이드웹은 그저 곤혹스러워하는 사람들을 위한 안내자가 아니었다. 인터넷은 경계가 점점 더 유동적으로 변하는 세계 경제 속에서 데이트의 한 모형이기도 했다.

이에 대해 많은 미국인이 경악했음은 말할 필요도 없다. 새천년이 시작될 무렵, 보수주의자들은 순결 무도회와 순결 서약을 들고 '페깅'하는 이들과 다자연애주의자들에게 돌아왔다. 보수적인 부모들은 공립학교 무도회가 열리는 날 밤에 대안 무도회를 주최하기 시작했고, 여학생들은 아버지들과 함께 참석했다. 이와 같은 행사에서 아버지들은 딸들의 처녀성을 지키겠다고 공개적으로 맹세했다. 전국 대학에서 '진정한 사랑은 기다리는 것True Love Waits' 운동을 하는 학생들이 혼전 순결을 지키겠다는 표시로 "순결 반지"를 착용하기 시작했다.

대중매체는 이와 같은 팽팽한 대립을 "문화 전쟁"이라 불렀다. 하지만 문화 전쟁은 부적절한 명칭이었다. 관계망과 소통 규약의 시대에는 사수해야 할 미국 문화란 하나도 남지 않았기 때문이다. 에이즈 공황이 주류 사이에서 잠잠해지자, 안전한 성 그리고 노골성이라는 새로운 문화가 남게 됐다.

에이즈 활동가들이 불어넣은 솔직함, 그리고 인터넷이 일깨

운 무한한 가능성이라는 감각은, 새천년에도 데이트의 모습을 계속 형성해 왔다. 원한다면 얼마든지 순결 서약을 하고, 마찬가지로 순결 서약을 한 사람들하고만 데이트할 수도 있겠지만, 이는 소비자의 무수한 선택지 가운데 단 하나에 지나지 않을 것이다. 1990년대에 순결주의자와 펑크족은 전례 없이 분할되면서도 한시도 쉴 새 없이 돌아가는, 어떤 시장의 '긴 꼬리long tail'에 엉킨 두 가닥에 불과했다.

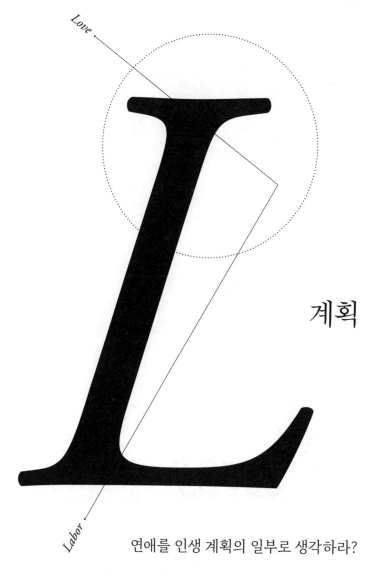

Love

Labor

계획

연애를 인생 계획의 일부로 생각하라?

Plans

L

시간은 돈이다. 학창 시절 우리는 벤저민 프랭클린이 이렇게 말했다고 배웠다. 프랭클린이 1748년에 출간한 자기계발서 『젊은 상인에게 나이 든 상인이 보내는 조언Advice to a Young Tradesman, Written by an Old One』에서 이와 같이 말하며 식민지 미국인에게 어떻게 그들도 부자가 될 수 있는지 가르치긴 했다. 하지만 건국의 아버지가 시간이 돈임을 최초로 인식한 사람은 아니었다. 사실 지면에 처음 등장했을 당시 이 문구는, 한 이름 없는 주부가 내뱉은 것이었다.

1739년에 《자유사상가The Free-Thinker》라는 펜실베이니아주의 한 정기간행물은 다음 인물의 슬픈 사연을 들려줬다. "시간의 고유한 가치를 철저하게 인식한 어느 저명한 여성이 있었다. 그 여성의 남편은 제화공이자 뛰어난 장인이었다"라고 필자는 떠올렸다. "하지만 어떻게 시간이 흘러가는지는 신경 쓰지 않았다. **시간이 돈임을** 아내가 거듭 가르쳐도 소용없었다. 아내를 이해하기에는 남편이 너무 익살스러웠다. 남편은 밤마다 교구 시계에 대고 저주를 퍼부었고, 그리하여 결국 몰락하게 됐다."

이처럼 유난히 분별력 깊은 아내는 세상에서 잊힌 채 역사의 뒤안길로 사라졌는지 모른다. 하지만 우리는 다 이 아내의 사연과 비슷한 이야기를 들어 본 적이 있다. 정신 차리고 똑바로 살아갈 때가 됐음을 익살을 부려 모른 척 넘어가는, 아무짝에도 쓸모없는 남성이 오늘날까지도 수많은 로맨틱코미디의 주인공으로 등장한다. 많은 도시의 바를 단골로 드나드는 이 남성은, 우유부단한 만큼이나 여전히 사랑스러운 존재다. 만약 이런 남성이 하고 싶은 대로 다 하도록 상대 여성이 계속 봐주면, 비극적 희생자가 될 사람은 바로 여성 자신이다. 연애에 관한 한, 우리 다수는 여전히 계획을 세우는 것이 여성의 일이라 믿는 것 같다.

사랑에는 노력이 필요하다고 치료사와 자기계발 고수들은 말한다. 또한 시간도 필요한데, 시간이 돈임을 생각하면, 많은 데이트인이 어느 한 잠재적 애인에게 너무 많은 시간을 모험하듯 걸지 않으려는 것도 당연하다.

오늘날 연인들이 비운의 사랑을 할 가능성은 과도한 일정에 시달릴 가능성보다 낮다. "데이트할 시간이 없다"라거나 "연애에 투자할 시간이 없다"라며 친구들은 얼마나 자주 투덜댔던가? 얼마나 많은 사람이 "때가 좋지 않다" "생각할 시간이 필요하다" "잠시 혼자 있고 싶다"라는 핑계로 서로 퇴짜 놓았던가?

너무 바빠 상대를 찾을 수 없다는 문제에 대한 별별 대처법을 온갖 사람이 제안했다. 어떤 사람들은 애인 찾기를 놀이로 바꾸려 했다. 1990년대 말에 야코브 데요Yaacov Deyo라는 한 정통파 유대교 율법학자는, 로스앤젤레스 신도 중 싱글인 구성원들이 다른 젊은 유대계 전문직 종사자들을 만나려 고군분투하고 있다는 점이 걱정스러웠다. 1998년에 데요는 할리우드 친구 한 무리를 집으로 초대해 함께 머리를 모아 해결책을 짜냈다. 데요 무리는 자신들이 생각해 낸 것을 "스피드 데이팅"이라 불렀다.

몇 주 뒤, 데요는 유대계 싱글을 모을 수 있는 만큼 모아 전원 베벌리힐스에 있는 피츠커피Peet's Coffee로 초대하고, 유대인이 부림절Purim 기념행사에 쓰는, 손으로 잡고 빙빙 돌려 소리를 내는 그라거gragger를 가져왔다. 데요는 여성과 남성을 짝 지어 놓고 각각 10분씩 대화를 나누도록 지시했다. 10분이 지나면 그라거를 돌렸다. 피츠커피에서 이뤄진 이 오후 모임이 너무나 인기를 끌어, 데요는 데이트인들이 서로에 대해, 또 서로의 상호작용에 대해 제공한 피드백을 엑셀 스프레드시트로 계속 파악했다. 1년이 채 되지 않아 이를 모방한 행사가 전국 각지에서 벌어지고 있었다. 하지만 일부 중책을 맡고 있는 전문직 종사자들은 그런 놀이를 할 시간이 없다고 말한다. 그들에게는 온라인 데이팅 계정을 관리할 시간조차 없다.

그와 같은 사람들은 가상 데이팅 비서Virtual Dating Assistant, VDA의 도움을 받을 수 있다. 설립자 스콧 밸디즈Scott Valdez는 크레이그리스트에서 온라인 데이팅 비서를 고용하려 한 뒤인 2012년에 회사를 차렸다. 2015년, 데이트 건당 147달러, 혹은 월

1200달러를 내면 가상 데이트 비서 자문가들이 고객을 도와 데이트 후보자를 고르고, 어떤 옷을 입어야 하느냐에 이르기까지 데이트의 세부 사항을 계획한다.

"온라인 데이팅은 시간제 일입니다"라고 가상 데이트 비서 웹사이트의 한 배너는 자랑스럽게 알린다. "우리 전문가들에게 맡기세요!"

여기서 의문이 남는다. 매달 수백수천 달러의 여유도 시간도 없는 데이트인은 어떻게 해야 할까?

실용주의자들은 사랑이 다 타이밍이라고 설파한다. **딱 맞는 사람을 찾았을 때 결혼하는 게 아니라, 딱 맞는 때에 찾은 사람과 결혼하는 거야.** 그들은 마치, 우리 마음이 어떤 비밀스러운 일정에 따라 움직인다고 상상하면 위로가 될 것처럼 말한다. 요컨대 올바른 감정이 정해진 시간에 도착해 우리를 데려갈 때, 누구든 우연히 연단에서 우리 옆에 선 사람도 대동해 갈 것이라고. 그런데 우리가 예컨대 스물여덟 살에 데이트하고 있는 사람이 "딱 맞는" 사람이 아니라면? 기차가 떠나기 훨씬 전에 사랑에 빠지거나, 혹은 기차가 떠난 후에야 사랑을 찾기 시작한다면? 우리의 삶이 아예 이 선로를 벗어난 것이라면?

반면 낭만주의자들은 언제 어떻게 사랑을 찾느냐고 초조해해봤자 소용없다고 주장한다. **사랑은 전혀 예상치 못한 순간에 일어날 테니!** 이는 특별한 사람을 발견하기만 하면 "시간도 생길 것"

이라는 세계관과 일맥상통한다. 사랑에 빠진 사람은 무슨 수를 써서라도 사랑하는 사람과 같이 있으려 할 것이다. 그 반대 역시 자명하되 쓰라리다. 요컨대 여러분의 애인이 여러분과 같이 있으려고 할 수 있는 것을 다하지 않고 있다면, 이는 진정한 사랑일 리 없다.

2004년에 베스트셀러 자기계발서『그는 당신에게 반하지 않았다He's Just Not That Into You』의 저자 그레그 베런트Greg Behrendt는, 남자가 너무 "바빠서" 헌신적인 남자친구가 될 수 없다고 공공연히 말하는 것은 허튼소리라고 했다. "'바쁘다'는 '개자식'의 다른 말이다"라고 베런트는 썼다. "'개자식'은 여러분이 데이트하고 있는 그 남자의 다른 말이다." 독자가 요지를 놓쳤을 경우를 대비해, 베런트는 뒤에 가서 이와 같이 가장 기본적인 "관계 규칙"을 몽땅 대문자로 반복 표기한다. "<u>'바쁘다'는 허튼소리이며, 개자식들이 가장 자주 쓰는 말이다. ⋯⋯ 남자들이 너무 바빠서 원하는 것을 얻지 못하는 법은 절대로 없다.</u>"

베런트는 〈섹스 앤 더 시티〉에서 유일한 이성애자 남성 각본 자문가로 활동함으로써 전문가로서의 신임을 얻었다. 〈섹스 앤 더 시티〉가 데이트에—주로 데이트에 관한 수다로 이뤄진 여성의 우정에—집착한다는 점을 생각하면, 이성애자 여성은 만나는 남성에게 집착할 시간이 늘 있다고 베런트가 상정하는 것도 이해가 된다. 하지만 결국 낭만주의자와 실용주의자는 기본적으로 동일한 조언을 하고 있다. 한쪽은 번개가 번쩍하고 칠 때까지 때를 기다리라고, 다른 쪽은 시의적절해 보이는 순간이 올 때까지 기다리라고 제안한다. 어느 쪽이든 요지는 같다. **걱정하지 마라.** 다르게 말하자면 이렇다. **다시 일이나 하러 가라!**

이는 충고로 치자면 그리 형편없지는 않은데, 사실 많은 데이트인이 그저 "개자식"이기만 한 것은 아니기 때문이다. 그들은 정말로 바쁘다. 사람들이 하루를 보내며 생활하는 방식은 항상, 그들이 시간을 경험하는 방식을 형성해 왔다. 자기계발 전문가들이 "전통적인" 데이트를 언급할 때 염두에 두는 시대 이래로 수십 년간, 우리 삶의 리듬은 극적으로 변했다.

데이트 관습은 특정 질서 아래에서 발전했다. 데이트 관습은 삶이 일과 여가로 깔끔하게 나뉘어야 했던 시대의 산물이다. "데이트"라는 말도 여러분이 애정을 나눌 상대와 만나게 될 어떤 **시점**이 있다는 생각에서 비롯한다. 마찬가지로 "밖으로 나가기going out"는, 가정 및 직장이라는 세계와 별도로 유흥이라는 어떤 세계가 존재하고, 여러분이 밖으로 나가 그 세계 속으로 들어간다고 상정한다.

아마도 이것이 오늘날 "데이트"가 살짝 천박한 완곡어법처럼 들리기 쉬운 이유일 것이다. 나는 새로 사귄 남자친구와 함께 있을 때 그가 예전에 사귀었던 사람과 마주친 적이 있다. 남자친구가 동사를 모호하게 사용하는 바람에 나는 히스테리를 일으킬 뻔했다.

"2주간 데이트했대"라고 나는 나중에 한 친구에게 징징거렸다. "그런 다음 잠시 생각하더니 실제로는 더 짧았다는 거야! 그게 도대체 무슨 뜻이야?"

"세 번 정도 섹스했다는 뜻이지." 내 친구는 쉿 하고 말했다. "어쩌면 네 번일지도. 진정해!"

여섯 시에 데리러 갈게 같은 말은 어떤 세계관을 대변한다. 데이트는 직장을 벗어나는 것이었다. 그것은 계획된 자발성 비슷한 것으로, 문자 그대로의 의미로서 레크리에이션recreation, 요컨대 노동력을 재생산하기로 돼 있는 일종의 놀이였다.

"품위 있는" 중산층의 데이트 양상은 어떤 시간의 궤적을 암시하기도 했다. 데이트가 구애의 주된 형태가 됨에 따라, 데이트인들은 함께 시간을 보내는 것이 어떤 투자임을 서로에게 암묵적으로 약속했다. 이는 미래에 끌어낼 수 있는 친밀감을 확보해 줬다. 한동안 이 사람 저 사람과 데이트를 꽤 할 수도 있지만, 으레 사귀면서 서로 점점 더 친밀해져 결혼하고 가정을 꾸릴 준비가 되거나, 아니면 헤어지고 다른 사람과 같은 과정을 다시 시작할 것이라고 생각했다.

자유연애의 출현은 이와 같은 시간 순서를 뒤엎었다. 낯선 사람들이 곧장 성관계하고, 연인들이 결혼하지 않은 채 몇 년이고 동거할 수 있게 됐다. 자식을 갖지 않은 채 "죄를 지으며 살고 있는living in sin〔동거하는〕" 미국 부부 수는 1970년에서 1979년 사이에 세 배가 됐다. 동시에, 수십 년간 노동과 여가의 속도를 좌우한 리듬을 만들어 낸 기업들은 엄청난 변화를 겪고 있었다. 오래 사귀기 시대에 대기업은 훌륭한 급여와 넉넉한 수당이 있는 평생고용을 제공했다. 하지만 1970년대에 이와 같은 모형은 무너졌다. 제2차세계대전 동안 파괴됐던 경쟁국 제조업 경제가 회복되고 고물가 경기 침체가 심화하며 기업 이익이 추락함에 따라, 갈수록 많은 기업이 임시직, 계약직, 프리랜서 고용에 의존하기 시작했다.

지금껏 전문성을 키울 수 있었던 경로들은 막다른 길에 다다랐다. 고용주들이 점점 더 많은 서비스를 외주화하기 시작함에 따라, **시간 자체가 바뀌었다.** 모든 순간이 잠재적으로 돈의 가치가 있을 수 있지만, 어느 순간도 확실히 그렇다고 할 수 없다. 갈수록 많은 미국인이 사내에서 일하며 혜택을 받는 피고용인에서 이 일 저 일 옮겨 다니는 노동자가 되어 감에 따라, 미래는 전에 없이 위태로워 보였다. 앞날이 어찌 될지 몰라 불안할 때는 사랑에 빠지기 어렵다.

오늘날 사람들은 대학 무도회 시절이나 고등학생들이 오래 사귀기를 했던 시절과 순전히 다른 방식으로 일하기만 하는 것이 아니다. 훨씬 더 많이 일하고 있기도 하다. 갤럽이 실시한 '2014년 전국 직업 및 교육 설문조사Work and Education Survey'에 따르면, 미국 정규직 근로자 50퍼센트가 주 40시간 이상 일하는 것으로 나타났다. 설문 참여자의 21퍼센트가 주 50~59시간까지,

18퍼센트가 60시간 혹은 그 이상 일한다고 보고했다. 그리고 이는 근무시간으로 산정되는 시간에 해당한다. 많은 사무직에서 여러분에게 임금을 주지 않고 요구하는 것—통근, 음성 메시지와 이메일 확인 및 응답, 혹은 소셜미디어 계정 생성 및 유지 같은 업무를 하느라 소요된 시간은 이와 같은 수치에 반영되지 않는다. 한때 "가족 임금"을 벌었던 남성들이, 전업주부인 아내가 도맡아 할 것이라 기대했던 가사노동은 말할 것도 없다.

다들 여유가 거의 없을 때는 데이트가 유쾌한 기분 전환이 아니라 적응해야 할 또 하나의 일처럼 느껴지기 시작한다. 새로운 사람과 시간을 보내는 것은 위험하다는—또 기이하게도 친밀하다는—기분이 들 수 있다.

최근 잡지 《엘르Elle》의 한 칼럼니스트는, 다른 이유 없이 저녁 시간 내내 낯선 사람과 보내야 한다는 생각에 긴장돼 데이트를 거절했다고 고백했다. "최근에 한 저녁 식사 초대를 거절했는데, 두 시간 동안 단둘이 있을 만큼 그 남자를 잘 알지 못한다는 생각이 들었기 때문이다." 그 칼럼니스트의 심정은 이해가 된다. 하지만 그와 같은 감정 때문에, 아직 잘 모르는 사람과는 아예 데이트하지 못하는 것 같기도 하다.

시간제 노동자와 프리랜서는 시간을 더 유연하게 운용하지만, 그와 같은 유연성이란 대체로 더 형편없다. 돈을 더 적게 벌고, 혜택은 거의 혹은 전혀 받지 못하는 것만이 아니다. 스스로가 항상 사용 가능한 상태여야 한다는 중압감도 받는다. 건물 관리인은 추가 교대근무를 거절할 여유가 거의 없다. 시급을 받는 마사지 치료사는 고객이 갑작스레 등을 내밀 경우를 대비해 저녁 시간을 계속 비워 두는 편이 바람직하다.

프리랜서 노동자의 귀에 매시간 째깍째깍 시계 돌아가는 소리가 울리듯, 많은 데이트인도 어느 특정 상대에게 헌신하는 일의 기회비용에 초조해한다. 특히 젊은 여성의 경우, 경계를 늦추지 말라는 경고를 받는다. 우리는 데이트의 기한이 있다는 소리를 끊임없이 듣는다. 방심하면 "세월을 갉아먹게" 될 수도 있다. **나는 [애인 누구누구]에게 허송세월했다.** 이성애자 남성이 이런 말을 한 적이 있는가? 내가 알기로는 없다. 그런데 여성이 헤어지고 난 후 이렇게 말하면, 다들 즉각 그 말의 의미를 이해한다. 여성과 남성은 똑같이 여성의 몸이 시한폭탄이라고 배운다. 어떤 여성이 잘 풀리지 않은 어떤 관계—즉, 그 여성을 헌신적으로 도와 그들의 자식을 양육할 남자와 아이를 갖는 것이 아닌 관계—에 시간을 허비할 때마다, 여성은 유효기간 만기일에 더 가까워진다. 댕, 하고 자정을 알리는 소리가 울리면, 우리 여성의 난자는 티끌로 변한다.

최초 경고가 울린 것은 1978년 3월 16일이었다. "직업여성 Career Woman에게 시간이 얼마 남지 않았다"라는 《워싱턴포스트》의 선언이 메트로 섹션 표지에 등장했다. 이 주제가 반려견을 매개로 데이트 상대를 찾는 사람들에게 얼마나 무자비하게 다가올지, 필자인 리처드 코언Richard Cohen이 깨달았을 리 없다. 코언의 기사는 27~35세 여성 전체를 대표하기로 돼 있는, 어떤 "복합적 여성"과 점심 식사 데이트를 하는 것으로 시작한다.

"저기 그 여성이 레스토랑에 들어서고 있다"라고 코언은 운을 뗐다. "여성은 예쁘다. 머리는 검고 키는 중간이며 잘 차려입었다. 이제 코트를 벗고 있다. 몸매도 좋다." 복합적 여성은 태도도 좋다. "여성은 직업도 더할 나위 없고, 지금 기분도 아주 좋다." 하지만 그때 여성은 고개를 떨어뜨린다.

"무슨 일 있어요?"라고 남성이 묻는다.

"아기를 갖고 싶어요."

코언은 자신이 아는 여성이 몽땅, 어떤 종류의 연애를 하고 있느냐와 무관하게 아기를 갖고 싶어 한다고 주장했다.

"나는 눈코 뜰 새 없이 바쁘게 이 여성 저 여성을 취재했다"라고 코언은 진술했다. "여성은 대부분 시계가 째깍째깍 돌아가는 소리를 들을 수 있다고 말했다. 자식을 다섯 명 원하는데 아직 남자친구도 없다고 한 여성처럼, 일종의 이론적 의미로 이야기하는 사람들도 있었다. …… 그 복합적 여성은 때로는 결혼했고, 때로는 결혼하지 않았다. 가끔 끔찍하게도 남성 자체가 시야에 들어오지 않는다. 하지만 시계가 째깍째깍한다는 느낌은 항상 존재한다. …… 어딜 가도 그 소리가 들린다."

몇 달이 지나지 않아 그 시계 소리는 도처의 직업여성들을 스토킹하고 있었다.

《보스턴글로브》의 전속 기자인 앤 커치하이머Anne Kirchheimer 는 보도했다. "여성운동 수혜자, 해방된 젊은 여성 1세대, 남편과 가정과 아기보다, 경력과 여행과 독립을 선택한 이 새로운 여성 종족은 이제 나이가 들었고, 돌연 생물학적 시계의 똑딱임은 점점 더 커지고 있다."

커치하이머가 인터뷰한 한 여성 정신과 의사는, 자신을 비롯해 싱글 친구들이 시달리는 병을 "시들어 가는 자궁 증후군"이라고 농담조로 진단했다.

통계에 따르면 출생률은 지난 20년간 가파르게 떨어졌다. 1957년에 평균 미국 여성은 3.5명을 낳았다. 1976년에 그 수치는 1.5명으로 내려갔다. 끝내 어머니가 될 여성들도 그렇게 되기까지 더 오래 걸렸다. 1977년이 되자 여성 36퍼센트가 첫 아이를 30세 이상의 나이에 낳았다. 많은 여성이 피임과 임신중지를 활용해 모성을 무기한 연기하는 것처럼 보이기 시작했다.

이렇게 세상이 끝나는 걸까? **폭탄이 아니라 알약으로?**

생물학적 시계에 관한 이야기들은 그렇지 않다고 했다.

1982년에 《타임》은 "새로운 베이비붐"에 관한 표지 기사를 싣고는, 베이비붐 세대가 대거 임신하고 있으며, 간절히 어머니가 되고자 한다면 얼른 그렇게 하는 게 좋을 것이라 보도했다. "많은 여성의 경우, 생식력이라는 생물학적 시계가 거의 끝을 향하고 있다"라고 필자인 J. D. 리드J. D. Reed는 경고했다. "고대 홍적세 시대 달의 부름, 혈액 속 소금기의 부름, 문화—그리고 반문화—라는 지층들 아래 염색체 깊숙이 묻힌 유전적 암호가, 성공한 사업가 여성, 전문직 종사자 여성, 심지어 다 자란 자식을 둔 어머니까지도 멈춰 세워 다시 생각하게 만들고 있다."

시간은 아무도 기다려 주지 않는다고 《타임》은 말했다. 우리 여성들은 좋아하는 바지 정장을 입을 수 있었지만, 결국은 우리 몸이 우리를 불러낼 것이다.

비록 여성이 이제는 남성과 고임금 일자리를 놓고 경쟁하고, 또 혼외 동침을 하고 있을지라도 이와 같은 이야기들은 자유연애와 페미니즘 운동이 실상 여성의 본질을 바꾸지 못했다고 말했다. 여성은 계속 모성에 따라 규정됐다. 심지어 가장 성공한 직업여성도 끝내 자식을 간절히 바라게 될 터였다.

이는 단순 서술처럼 들렸을 수도 있지만 사실은 어떤 명령이었다.

생물학적 시계에 맞춰 데이트하는 것은 당연히 스트레스가 많았다. 여성에게 이와 같은 유효기간이 있다는 사실은, 여성이 남성만큼 자유롭게 싱글 생활을 즐기거나 경력에 집중할 수 없다는 뜻이었다. 변화하는 사회 풍습과 피임약 때문에 여성이 그렇게 하는 것처럼 보일지 모르나, 실상 여성은 시간을 빌려 와 데이트하고 있었을 뿐이다.

1979년 8월, 앤 커치하이머는 《보스턴글로브》 1면에 또 다른 이야기를 실었다. "탐색하고 불안해하는 싱글"이었다. 기사 첫

머리는 어느 끔찍한 데이트 장면을 묘사했다. 친구 사이인 여성과 남성이 성공한 전문직 종사자를 위한 한 사교 모임을 공동 주최하기로 한다. 여성은 열두 명인데 남성은 두 명만 나타나고, 그중 한 명은 즉각 고주망태가 되도록 퍼마셔 부담감을 덜려고 한다.

커치하이머는 "전형적인 여성"의 상황이 유리하지 않다고 말했다. "여성은 학위도, 고소득도, 남성이 지배하는 직장 세계에서의 자기확신도 있고, 이 사람 저 사람과 데이트하는 것에 싫증이 났다. 여성은 결혼과 자식을 원할 수도 있고, 생물학적 시계의 똑딱임이 들려올 수도 있다. 요즘 말로 '헌신'이라 부르는 것을 할 준비가 된 것이다." 하지만 아아, "여성의 기준 때문에 겁먹거나 흥미가 떨어지거나 하지 않는 남성이라면, 아마도 여러 여성과 놀아나는 데 필요한 자질을 갖추고 있을 것이다."

코언과 커치하이머 같은 논객들은 여성 독자에게 임신을 너무 오래 미루면 중압감을 느껴 허둥지둥할 것이라 경고했다. 동시에 남성성에 관해 상당히 새로운 생각을 표출하기도 했다. 말하자면, 남성의 몸은 연애나 후손을 원하지 않도록 프로그램화돼 있다는 것이다. 여성의 연애를 좌우하는 시간적 압박에서 자유로운 남성은, 자연스레 조건 없는 성관계를 원했다. 그리 멀지 않은 1950년대까지만 해도 미국 남성이 대부분, 결혼과 가족이 개인의 행복을 이루는 초석이라 생각한다고 말했음은 염두에 두지 말라. 1980년대의 전문가들은 여성과 남성이 생물학적으

9 ——— 계획

로 정반대의 목표를 갖고 데이트에 접근하게 돼 있다고 믿는 것 같았다. 남성은 영원히 놀아야 했다. 하지만 직업여성이 합당한 상대를 붙잡으려면 계획을 세워야 했다.

1980년대 중반, 베이비부머 여성은 "시계만 쳐다보는 사람 Clock-Watchers" 군단이 돼 있었다. 언론인 몰리 매커건Molly McKaughan이 그런 이름을 붙였다. 매커건은 바너드의 심리학 교수 두 명과 화려한 대중잡지 《워킹우먼Working Woman》 편집진의 도움을 받아, "아이를 갖는 것에 대해 어떻게 생각하십니까?"라는 설문조사를 설계, 배포했다. 응답이 5000통 넘게 왔다. 매커건이 살펴보니, 여성이 재생산을 함께할 상대를 찾으며 느끼는 불안은, 직업은 물론 연애에 접근하는 방식을 결정했다.

매커건이 1987년에 출간한 베스트셀러 『생물학적 시계The Biological Clock』는, 다른 경우라면 크게 엇갈리는 태도를 지닌 여성들이 몽땅 자식 낳기라는 "주제에 사로잡혔다"라고 알렸다. 몇몇 여성은 너무 오래 기다린 후에 아이 아버지 될 사람 찾기에 나선 것에 후회를 표했다. 하지만 여성은 대부분 전략적으로 데이트해야 한다는 점을 일찌감치 알았다.

금융업에 종사하는 한 28세 여성이 매커건에게 말했다. "대학 입학 이후로 하루도 빠짐없이 계획적으로 살았어요. 몹시 성공하고 싶다는 것을 알고 있었으니까요. 처음은 직장생활, 그다음은 결혼 생활, 그리고 마지막으로 자식들과 함께하는 가정생활에서요."

이와 같이 시계만 쳐다보는 사람들은, 남성 동료들이 당연시하는 부류의 삶을 살 기회를 잡기 위해 지칠 줄 모르고 계획을 세워야 한다는 점을 받아들였다.

"시간은 말 그대로 여성을 지나쳐 가 버릴 수 있다"라고 맥커건은 곰곰이 생각했다. "여성이 너무 오래 기다린다면."

여성의 생식력이 나이가 들수록 정확히 얼마나 감소하느냐에 대해서는 오늘날까지도 여전히 증거가 불분명하다. 심리학자 진 트웽이Jean Twenge가 지적했듯, 여성의 생식력과 관련해 빈번하게 인용하는 많은 통계는 오해의 소지가 다분하다. 《디애틀랜틱》에 실린 한 기사에서 트웽이는, 근거가 불확실한 많은 사실이 여성에게 복음처럼 전해지고 있음을 폭로했다. 트웽이는 의학 연구 데이터베이스를 샅샅이 뒤지고 나서 다음과 같은 사실을 알게 됐다. 예컨대, 35~39세 여성 세 명 가운데 한 명이 1년간 시도한 후에도 임신이 되지 않는다는 통계를 자주 인용하는데, 이는 1670년부터 1830년까지의 프랑스 출생 기록을 근거로 삼아 2004년에 수행한 연구에서 나왔다. 아이가 없을 확률 또한 과거 인구를 모집단으로 산출한 것이다.

"말하자면" 하고 트웽이는 썼다. "수백만 여성이 전기, 항생제, 혹은 난임 치료가 없던 시대의 통계에 의거해 임신을 언제 하는 게 좋다는 소리를 듣고 있다."

생식력 관련 기초 자료의 또 다른 문제 요소는, 일반적으로 우리가 가진 정보가 난임 때문에 의사를 방문하는 환자들에게서 나온다는 점이다. 인구 전반적으로 어떤 일이 일어나고 있는지 평가하기는 대단히 어렵다. 자의로 임신하지 않는 부부는 얼마나 될까? 얼마나 많은 사람이 피임을 하고 있을까? 이를 알아내기는 거의 불가능하다.

여성이 가진 난자의 양과 질이 시간의 흐름에 따라 감소한다는 점은 강력한 과학적 증거를 통해서 입증됐다. 그런 만큼 시계만 쳐다보는 사람들의 불안은, 비록 그들에게 제안된 정확한 시간표가 석연치 않다 해도 충분히 근거가 있었다. 그런데 그 정확한 시간표에 관한 방대한 저술 대부분은 또 다른 결정적 사실, 즉 **남성의 생식력 역시 나이가 들면서 감소한다**는 사실은 언급하지 않는다.

70대에 아버지가 된 소수의 유명 남성을 증거로 인용해, 남성은 데이트 시장에 있고 싶어 하는 한 얼마든지 생식력이 있다고 말하기 일쑤다. 영화 〈해리가 샐리를 만났을 때When Harry Met Sally〉 초반에 샐리는, 여성 친구 두 명에게 남편감을 붙잡아야 할 정도로 걱정하지 않는다고 자신 있게 말한다. "36세가 될 때까지는 시계가 **진짜로** 똑딱이지는 않아." 하지만 오래 사귄 뒤 최근 헤어진 남자친구가 자기 다음번 여성과 결혼할 계획임을 알게 되자, 샐리는 히스테리를 일으킨다. 샐리는 해리에게 전화해 자신의 아파트로 와서 위로해 달라고 애원한다. 해리가 가보니 샐리는 목욕 가운 차림으로 침대 주변을 서성이고 있다.

"곧 마흔 살이 된다고!" 샐리는 눈물을 훌쩍이며 말한다.

"그게 언젠데?" 해리가 묻는다.

"언젠가는 그렇게 돼."

해리는 다정하게 웃는다. "8년 뒤에 말이지."

"하지만 마흔은 어디 가지 않고 **거기에 있어**." 샐리는 우긴다. "어떤 거대한 막다른 골목처럼 그저 떡하니 버티고 있다고. 남자하고는 달라. 찰리 채플린Charlie Chaplin은 일흔셋에 아버지가 됐잖아."

유명인의 예외적 사례가 있긴 하지만, 남성의 생식력이 노화에 끄떡없다는 만연한 믿음은 순전히 거짓이다. 난임 치료를 원하는 부부의 사례 가운데 약 40퍼센트는 "남성이 원인이고" 40퍼센트는 "여성이 원인이며" 나머지 20퍼센트는 원인 불명이다. 정자의 개수만이 아니라 질도 시간이 흐름에 따라 급격히 떨어짐을 보여 주는 연구 결과가 갈수록 많이 나오고 있다. 아버지가 젊은 경우보다 나이 든 경우에 자식이 자폐 및 그 외의 질환에 걸릴 위험이 훨씬 더 높다. 그리고 "노쇠한 정자"는 수정하려는 난자 주위에서 마구 움직이기만 하다가 소멸하는 경우가 잦다.

이러한 사실은 이따금 보도될 때마다 거의 항상 "**남성의** 생물학적 시계"라는 뉴스거리가 된다. "남성의"라는 형용사를 붙여야만 한다는 점에서 사람들이 이와 같은 기초자료를 대체로 무시하는 이유를 짐작할 수 있다. **우리 사회는 마치 여성만 몸이 있는 것처럼 말한다.** 우리는 재생산이 무엇보다도 여성의 책임이라고 당연시하는 것 같다. 재생산에 뭔가 문제가 생기면 틀림없이 여성의 잘못이다.

여성의 생식 체계는 실상 시계처럼 돌아가지 않는다. 우리 몸은 초침에 따라 정확하게 움직이는 게 아니라, 얼추 월 단위로 달라진다. 월경전증후군premenstrual syndrome, PMS을 겪어 봤다면 누구나 증명할 수 있듯, 매 4주가 흘러가는 방식은 획일적으로 느껴지지 않는다. 하지만 생물학적 시계라는 은유는 이와 같은 부정확성에도 불구하고, 미국 경제에서 일어나고 있던 어떤 현실적이고 중요한 일을 포착했다.

두 종류의 노동시간이 충돌하고 있었다. 20세기에는 대체로 9시에서 5시까지 일하는 직업이 보편적이었다. 이는 삶을 두 종류의 시간, 요컨대 근로시간과 근로시간 외 시간으로 나눴다. 1950~1960년대에는 근로시간에 하는 일이란 일차적으로 남성의 일이라 여겨졌다. 여성은 이와는 다른 리듬을 따르는 돌봄을 제공하면서 집안에서 일했다.

자식이나 연로한 부모를 돌보면서 재택근무를 해 본 적 있다면 누구나, 다른 사람이 정확히 언제 여러분을 필요로 할지 예정할 수 없음을 바로 알게 된다. 아기가 울부짖으면 분유를 먹이려고, 혹은 아기가 밥을 다 먹으면 치우려고 기다리는 동안 뭘 하고 있느냐를 정확히 정량화하기는 쉽지 않다. 시간 사용에 관한 연구는, 엄밀히 말해 여러분이 그런 순간에는 육아를 수행하고 있지 않다고 할 것이다. 하지만 자유롭게 다른 일에 눈 돌릴 수 있는 것도 아니다.

사랑하는 연로한 부모가 화장실에 갈 수 있도록 도우려고 대기하는 동안에는, 퇴근하며 집으로 가져온 일에 집중하기 어렵다. 또한, 돌보는 사람—이는 주로 여성이다—이 준비된 채로 그와 같은 일을 수행하려고 대기하는 상태가, 일을 수행하고 나면 사라지는 것도 아니다. 심장이 비용 청구 가능 시간에 맞게 뛰는 것은 아니다. **부모님의 타박상 혹은 기침 혹은 체중 감소는 심각한 정도일까? 부모님은 괜찮으실까?** 이와 같은 걱정이 넘쳐흘러, 여성이 업무를 위해 자리로 돌아온 한참 뒤에도 부모의 그림자를 드리운다.

많은 연구에 따르면 중산층 여성이 노동력에 진출하면서도 한때 전업주부와 어머니가 수행했던 가사노동 대부분을 여전히 하는 것으로 나타났다. 경제적 여유가 있는 가족은 집안일을 돕고 자식을 돌봐 줄 다른 여성을 고용했다. 이와 같은 계약 노동자는 보통 더 가난한 이민자와 유색인종 여성으로, 자신의 집과 아이들은 돌보지 못한 채 떠날 기회를 감사히 여겨야 했다.

이상적인 세상에서라면, 아내와 어머니가 내내 해 왔던 것들을 하느라 낯선 사람에게 돈을 지불해야 한다는 사실을 통해, 사회에서 그와 같은 보살핌의 가치를 인식하고 알맞게 대우했을지도 모른다. 그러기는커녕 사회는 보살핌이 고된 일이며 많은 보상을 받을 자격이 없다는 인상을 강화했다.

기업에서 여성 집단이 선별적으로 부상했으나, 가사노동이 여성의 일이라는 믿음을 바꾸는 데는 별로 도움이 되지 않았다. 생물학적 시계 히스테리는, 여성이 경력을 갖고 싶으면 개개인이 전부 최선을 다해 여성 존재라는 골칫거리를 극복하는 게 당연해 보이도록 만드는 데 도움이 됐다. 이리하여 인간 재생산의 필요성, 그리고 기업의 일 사이의 충돌이, 개인의 문제, 곧 특정 여성에게 닥친 병리 현상("시들어 가는 자궁 증후군")인 것처럼 보이게 됐다. 그 과정에서 진짜 문제는 사회적이라는 자명한 진실을 보지 못하게 주의를 딴 데로 돌렸다.

　　육아휴직을 대체로 의무화하지 않고, 보육 지원도 전혀 하지 않는 국가에서, 어머니가 되기로 선택한 여성이 평등하게 경제에 참여하기란 불가능하다. 생물학적 시계 히스테리는 시한폭탄의 이미지를 모든 여성의 난소에 쏘아 박아, 각 여성이 그와 같은 불이익을 개인적으로 책임지고 처리하도록 만들었다. 동시에 대중매체는 모성을 강조함으로써 직업여성에게 생물학적 자식을 낳지 않는 것은 치명적 실수라고 말했다. 많은 여성이 수긍했다. 적어도 모성에서 집단적으로 손을 떼거나, 힘을 조직해 더 나은 육아휴직 또는 보육 관련 정부 보조금을 요구하지는 않았다. 대신 전문가들에게 귀를 기울였는데, 그들은 여성에게 늘 하는 소리를 했다. **당신은 심각한 문제가 있어! 하지만 다행히 어떤 값비싼 것을 구입해서 그 문제를 바로잡을 수도 있지.**

보조생식기술assisted reproductive technology, ART 산업은 1970년대에 등장했다. 시작은 정자은행이었다. 그 10년간 액체 질소의 개발로 인간의 정자를 장기간 운반하고 저장할 수 있게 됐다. 기업가들은 인간 유전 물질을 축적하고 거래할 기회를 포착했다. 품평회에서 입상한 황소의 정액으로 이와 같은 일을 벌써 수십년간 해 온 농부들의 선례를 따라, 최초의 정자은행들은 판매 제품을 "혈통stock"이라 불렀다.

정자은행이 명문대 근처에 문을 열기까지는 오래 걸리지 않았다. 광고는 정자은행이 대학생에게 세상에서 가장 손쉬운 긱을 제공하고 있다고 우스갯소리를 했다. "캘리포니아주립대 남학생들이여, 여러분이 이미 하고 있는 것을 하면서 돈도 받으세요! 캘리포니아주 정자은행으로 전화하세요." 사실 정자 기증자가 지저분한 잡지가 있는 비좁은 방에서 5분간 있다가 돈을 받고 뛰쳐나가기만 하면 되는 것은 아니었다. 정자은행 대부분은 함께 일하는 "계약자"에게 최소 12~18개월간 정기적으로 기증하고, 말끔한 건강 증명서를 제출하며, 매 기증 전 며칠 혹은 몇 주 동안 음주·마약 사용·성관계를 하지 않겠다고 약속할 것을 요구했다. 그리고 물론 계약자가 발길을 끊은 뒤에도 한참 동안 계약자의 혈통을 보관할 수 있는 법적 권리를 보유했다.

원래는 임신할 수 없는 부부를 위한 해결책으로 시장에 나온 정자은행이, 이내 재생산을 함께할 상대를 찾을 수 없는 직업여성의 관심을 끌기 시작했다. 남성에게 관심이 없든, 아니면 순전히 데이트에서 운이 없든, 정자은행은 "여러분 혼자서 할 수 있는" 기회를 판매했다. 그 과정에서 고객은 망하기가 십상이라며 익살꾼들은 농담을 던졌다. 1970년대에 《뉴요커》의 한 만평은, 화려한 옷을 입은 매력적인 한 여성이 인공수정 클리닉 앞에서 서 있는 모습을 그렸다. 왜소한 부랑자가 "$"라 표시된 자그마한 주머니를 안고 슬그머니 빠져나가는 것을 지켜보며 여성은 아연실색한다.

1993년에 개봉한 로맨틱코미디 영화, 〈메이드 인 아메리카 Made in America〉에서 우피 골드버그Whoopi Goldberg가 연기한 진보 성향의 교수는, 수년 전 익명의 정자 기증을 이용해 딸을 낳았다. 이제 10대가 된 딸은 아버지를 찾아 나서고, 어머니가 "흑인" 정자를 요구했는데도 테드 댄슨Ted Danson이 연기한, 멍청한 자동차 판매원의 정자를 받고 말았음을 알게 되면서 충격에 빠진다.

"하얗다니, 무슨 뜻이야? 그러니까 **하얀** 백인이라고?" 딸이 소식을 알리자 골드버그는 따져 묻는다.

"**하얗고 하얀 백인**이라고요." 딸은 눈물을 흘리며 고개를 끄덕인다.

실상 정자은행은 자신들이 보유한 혈통을 면밀하게 관리했다. 정자은행은 고객이 전략적으로 특정 형질을 구매할 수 있도록 했다. 키가 어느 정도인지, 체형은 어떤지, "치열은 가지런한지"처럼, 바에서 누군가를 유혹함으로써 알 수 있는 부류의 것들을 사람들은 으레 알고 싶어 했다. 정자은행은 각 기증자의 신체적, 심리적 특성을 나열한 컴퓨터 데이터베이스를 갖추고 있었다. 하지만 인종적 배경이나 수능 점수처럼, 단순히 데이트만 해서는 수집하기 어려운 정보도 제공했다. 정자은행은 잠재 고객이 볼 수 있도록 기증자의 아기 시절 사진을 가지고 있었다.

사람들이 온라인 쇼핑을 하기 훨씬 전부터도 이와 같은 데이터베이스는 인터넷상에서 사람을 맘껏 쇼핑한다는 환상을 제시했다. "천재 은행Genius Bank"으로 더 잘 알려진, 배아선택을위한 저장소Repository for Germinal Choice는 1980년에 캘리포니아주 에스콘디도Escondido에서 영업을 시작하면서 노벨상 수상자의 정액만 거래한다고 주장했다. 배아선택을위한저장소는 1997년까지 영업을 계속했다.

오늘날에는 고객이 원하는 사람과 닮은 기증자를 찾을 수 있게 3D 안면 인식 소프트웨어를 이용하는 정자은행이 점점 더 늘고 있다. 애그리게이터aggregator*인 도너매치미DonorMatchMe는, 사용자가 정자은행 및 난자은행 양쪽의 데이터베이스 수십 개를 검색해 가장 적합한 것을 찾을 수 있도록 한다. (도너매치미 웹사이트에서 밝히길, "검색하기 가장 좋은 은행은 귀하와 가장 유사한 기증자를 확보한 은행이다.") 업계 최대 정자은행

---

* 여러 회사의 상품이나 서비스 정보를 한데 모아 하나의 웹사이트로 제공하는 기업과 사업자.

가운데 하나인 '페어팩스 크라이오뱅크Fairfax Cryobank'의 웹사이트는 최근, 기증자의 (아기 때) 얼굴 바로 옆에 닮은꼴 유명인사 목록을 추가했다.

《뉴스위크》의 어느 기사에서 말했듯, "고대 홍적세 시대 달의 부름"과 "혈액 속 소금기의 부름"이 여성들을 불러 모아 재생산하라고 촉구하는 데에 오로지 응답하려고 여성들이 데이트하는 것이라면, 페어팩스 크라이오뱅크는 데이트를 더는 쓸모없는 것으로 만들어 버린 듯하다. **그저 사진 한 장 올리고 케리 그랜트 Cary Grant나 조지 클루니George Clooney 복제품을 고르면 되는데, 뭐하러 힘들게 낯선 사람과 술을 마시겠는가?**

실상 업계는 생물학적 시계가 허용한 것보다 늦게 "부름"에 응답한 여성들이, 성장 가능성이 큰 시장을 형성할 수 있음을 재빨리 인식했다. 난자 혹은 난모 세포를 추출해 체외수정을 하는 기술이 곧 뒤를 이었다.

의사들이 시험관시술in vitro fertilization, IVF을 최초로 성공시킨 것은 기자들이 생물학적 시계에 관해 떠들어 대기 단 몇 달 전이었다. 직업여성에게 시간이 얼마 남지 않았다는 리처드 코언의 기사가 《워싱턴포스트》에 게재된 것이 1978년 3월 16일이었다. 7월 25일, 세계 최초 시험관 아기인 루이즈 브라운Louise Brown이 잉글랜드 맨체스터에서 태어났다. 아기 브라운은 잠시 세계적인 유명 인사가 됐다. 하지만 어떤 마케팅팀이 더 광범위한 여성에게, 더 장기적으로 시험관시술 서비스를 판매할 광고 캠페인을 짜낸다 한들, 코언이 퍼부어 댄 이야기보다 효과가 크진 않았을 것이다.

시험관시술은 특수한 의학적 문제를 해결하기 위해 고안됐다. 브라운의 어머니는 나팔관이 막혀 임신할 수 없었다. 의사들은 월경 주기에 배란된 난자를 채취해 수정시킨 다음, 자궁에 다시 주입했다. 하지만 1981년이 되자 연구진은 호르몬을 사용해 여성의 난소를 자극함으로써 한 번에 다수의 난자를 배란하도록 하는 방법을 알아냈다. 이내 나팔관 문제가 전혀 없는 여성에게 시험관시술을 판매하기 시작했다.

의사가 시험관시술을 통해 얼마나 많은 배아를 이식할 수 있느냐에 대해서는 국가적, 지역적으로 각기 다른 법률이 적용된다. 여성이 만삭까지 임신을 유지할 가능성을 최대화하기 위해 의사는 보통 배아를 가능한 한 많이 이식하고, 만약 배아가 너무 많이 자리 잡으면 하나 이상의 태아를 임신중지하는 편을 원한다. 시술받는 여성이 임신중지를 해야 할 가능성이 있다는 점, 그리고 수정된 배아를 폐기하는 일도 포함된다는 점 때문에 보수 진영 정치 지도자들은 시험관시술을 맹비난했다.

로널드 레이건 대통령과 조지 H. W. 부시George H. W. Bush 대통령 재임기에 공화당의 지지 기반인 기독교계는 정부에게 시험관시술 연구 지원을 철회할 것을 촉구했다. 강하게 밀어붙일 필요는 없었다. (그렇지 않아도) 과학 연구에 대한 정부의 재정

지원은 전반적으로 대폭 삭감되는 추세였다. 그 결과, 보조생식 기술과 관련해 거대한 시장이 형성됐다. 거의 전적으로 규제를 받지 않는 시장이었다.

1980년대 중반에 시험관시술 클리닉이 전국적으로 문을 열었다. 정자은행은 여성이 남성 없이 생물학적 자식을 갖는 것을 고려하도록 장려한 반면, 시험관시술은 형편이 되는 사람들이 약간의 추가 시간을 구입함으로써 계획을 세울 수 있도록 했다. 하지만 이는 생물학적 시계가 제기한 문제들을 해결할 특효약은 아니었다. 시험관시술은 비싸다. 요즘에는 주기당 수만 달러의 비용이 들 수 있으며, 의료보험도 거의 적용되지 않는다. 시험관시술은 외과적 시술이다. 환자가 맞아야 하는 호르몬이 신체에 장기적으로 어떤 영향을 미치는지에 관한 종단연구가 거의 없으며, 또 가장 최근의 기초자료는 경각심을 불러일으킬 만하다 (1991년부터 2010년까지 25만 명이 넘는 환자를 추적한 영국의 한 연구진이 2015년 가을에 밝힌 바에 따르면, 시험관시술을 받은 여성은 받지 않은 여성보다 난소암 발병 가능성이 3분의 1 더 높다).

마지막으로, 너무 오래 기다릴 경우 위험부담이 높아져 시험관시술은 순전히 효과가 없을 것이다. 미국생식의학회American Society for Reproductive Medicine, ASRM가 2012년에 발표한 가장 최근 보고서에 따르면, 40세 이상 여성의 시험관시술 성공률은 암울하다. 42세가 넘어가는 여성의 경우, 한 번의 주기 동안 만삭까지 임신을 유지할 가능성은 3.9퍼센트다. 연령을 낮춰 41세와 42세 여성의 경우에는 11.8퍼센트다.

　이와 같은 시술에 의지해 가족을 꾸리려는 여성이, 그렇게 할수 없다는 사실을 알게 되면 큰 충격을 받을 수 있다. 특히 그렇게까지 한 후에도 생물학적 어머니가 되지 못한 많은 여성은 극심한 우울, 자책, 후회로 고통받을 수 있다.

　연구에 따르면 새천년이 시작된 이래로 여성이 자신의 생식력에 대해 불안해하는 연령이 점점 더 내려가고 있는 것으로 나타났다. 2002년 질병통제예방센터의 전국가구성장조사National Survey of Family Growth, NSFG는, 난임 치료를 받은 22~29세 여성의 수가 지난 7년 동안에 두 배로 늘어 23퍼센트에 이르렀다고 보고했다. 임신하고 싶어 하는 여성을 대상으로 새로이 창간된 잡지《임신Conceive》은, 독자의 46퍼센트가 30세 미만, 73퍼센트가 35세 미만이라 밝혔다. 2006년에《월스트리트저널The Wall Street Journal》은, 호르몬 피임약을 끊은 지 몇 달밖에 되지 않았는데도 벌써부터 난임 치료를 받으려 하는 20대 초반 여성들에 대한 기사를 실었다.

　앞 세대 일하는 여성들은 직업과 연애, 양쪽 다 자기계발이 필요할 것이라는 점을 받아들였다. 광고는, 그리고 조언 서적은 여성에게 이를 흥미진진한 기회로 여기도록 가르쳤다. 시험관시술을 1920년대의 미용 안내서나 1960년대《코스모폴리탄》기사에서 광고했던 다이어트 열풍, 메이크업, 패션만큼 재밌는 놀이처럼 느끼게 만들기는 어려울 것이다. 시험관시술은 수단이 있을 경우 의지할 수 있는 대비책에 가깝다. 하지만 지난 10년간 보조생식기술 산업은 값비싼 치료를 시장에 내놓으면서, 그와 같은 것이 필요하지 않은 사람들에게 사치품으로서, 아니면 사전에 행동을 취할 기회로서 팔기 시작했다. **아직도 난자를 냉동하지 않으셨나요?**

정자 및 난자 기증에 관해 이야기할 때 "혈통"과 "선물"이라는 말을 쓰는 것과 대조적으로, 난자 냉동에 대한 논의를 지배하는 은유는 보험이다. 난자 냉동 클리닉은 종종 광고에서 대형 금융거래 용어를 사용한다. 그와 같은 광고들은 우스갯소리로 "냉동 자산"을 이야기하고, 진지하게 리스크 "헤지hedge"*의 지혜를 언급한다. 난자 냉동은 하나의 선택이자, 월스트리트 거래자들이 사용하는 특수한 의미에서와 같이 하나의 "옵션option"**이다. 난자를 냉동하려면 일정 금액—보통 3만~8만 달러에 연간 보관 비용이 추가된다—이 드는데, 이는 해당 가격을 지불하고 나중에 난자를 되찾기 위해서다.

시험관시술과 마찬가지로 난자 냉동은 특정 목적을 위해 개

---

* 경제 분야에서 'hedge'는 경제적 손실이나 투자 위험에 대한 대비책을 일컫는다.

** 경제 분야에서 'option'은 특정 자산을 일정 기간 중 수시로 매매할 수 있는, '매매 선택권'을 말한다.

——————— *Plans*

375

발됐다. 화학 요법이나 수술을 받아야 하는 젊은 여성 암환자들이 사전에 난자 냉동을 선택한 경우가 왕왕 있다. 하지만 최근 몇 년간, 클리닉은 실험적 치료를 건강한 여성에게도 하나의 선택지로 제공하기 시작했다. 아닌 게 아니라 가능한 한 빨리 난자를 냉동하라 권한다. **감당할 여유가 있는데 어째서 시간을 벌지 않겠는가?**

미국에서 가장 성공적인 몇몇 기업이 이와 같은 논리에 설득됐다. 2012년, 구글과 페이스북, 씨티은행Citibank이 여성 직원을 위한 의료 혜택으로, 난자 냉동 비용을 최대 2만 달러까지 보장하는 것을 고려 중이라 발표하자, 많은 사람은 이와 같은 조치를 두고 기업을 계속 골치 아프게 하는 젠더 불평등을 해소할 기적의 해결책이라 치켜세웠다.

이와 같은 주제를 다룬 《타임》 표지 기사는 "사측이 비용을 부담하는 난자 냉동이 위대한 균형추가 될 것"이라 선언했다. 기자는 테크 분야에서 일하는 한 취재원을 인용했다. "난 콘도, 자동차, 직장 등 삶의 다른 모든 영역에 보험을 들고 있어요"라고 그 여성은 말했다. "이것은 내 몸이고, 틀림없이 삶에서 소유할 수 있는 가장 중요한 것이죠. …… 그러니 어떻게 그와 같은 자산을 최소한 보호하려 하지 않겠어요?"

난자를 냉동하는 여성 가운데 압도적인 수가 그렇게 함으로써 "역량이 강화됐다empowered"는 느낌을 받는다고 보고한다. 하지만 그 가운데 많은 수가 직업적 야망보다는 낭만적 야망 때문에 그렇게 하는 것 같다. 여성들은 경력 사다리 오르기보다 사랑 찾기가 더 걱정이라 말한다.

2011년에 《보그Vogue》는 난자를 냉동한 지 얼마 안 된 "한 호리호리한, 35세 미디어 회사 임원"을 소개했다. 그 여성은 그렇게 함으로써 데이트하는 동안 얻을 수 있는 이점을 힘주어 말했다. "리아는 …… 배우자감으로 적당한 남성들이 리아 자신의 눈동자에서 절박함을, 시간이 얼마 남지 않았다는 듯한 그 볼썽사나운 낌새를 찾아낼지도 모를 나이에 자신이 위험할 정도로 가까워지고 있음을 알았다. '난자 냉동은 내 작은 비밀이에요'라고 리아는 말한다. '대비책이 있다는 느낌을 갖고 싶어요.'"

2013년에 언론인인 세라 엘리자베스 리처즈Sarah Elizabeth Richards는 『모성, 일정을 변경하다Motherhood, Rescheduled』를 출간했다. 책은 여성 다섯 명이 난자를 냉동하는 과정을 따라간다. 저자는 난자를 냉동함으로써 중압감에서 벗어났음에 스스로도 몹시 기쁘다고 말한다. "난자 냉동은 …… 함께 자식을 낳아 기르고 싶지 않은 남자와 20대를 흥청망청 보내고, 자식을 원하는지 확신조차 없는 남자에게 30대에 더 많은 시간을 탕진했다는 회한을 누그러뜨려 줬다. 난자 냉동은 새로운 짝을 찾으라는, 형벌에 가까운 중압감을 없애 주고, 42세에 다시 사랑을 찾도록 도와줬다." 여기서 난자 냉동은 직장 내 평등을 위한 도구라기보다는 백마 탄 왕자를 찾는 시간을 연장하기 위한 값비싼 수단처럼 들린다.

난자 냉동 전도사들은 여성의 궁극적 역량 강화란 과시적 소비를 할 수 있을 만큼 열심히 일하고 기다리면서 영원히 데이트하는 것이라 말한다. 계획을 세우는 자에게 복이 온다고, 과연 믿어도 될까?

이런 이야기들 속 여성은 행복한 결말을 이루기 위해 어떤 고생도 마다하지 않고 상대 남성을 편하게 해 줘야 한다. 직업적 성공을 위해서도 반드시 그렇게 해야 하듯이. 미국 노동력은 이제 절반 이상이 여성이다. 남성을 위해 만든 직장 내 관습이 여성에게 초래한 문제에 대해, 난자 냉동이 정녕 우리가 짜낼 수 있는 최선의 해결책일까? 정책 변화—가령, 다른 발전된 나라들에서와 같은 의료보험 및 육아휴직—와 어떤 실험적인 "시간 동결" 기술 사이에서, 미국 재계 지도자들은 **시간 동결**을 더 현실적인 해결 방법이라 생각하는 것 같다니, 좀 놀랍지 않은가?

연애에서 계획 세우기의 최종 단계는, 계획적으로 하는 일이 마치 저절로 일어나는 듯 보이게 하는 것이다. 여성은 어떤 행동을 하든 자신의 계획이 드러나게 해선 안 된다. 난자 냉동 전도사인 리처즈는 난자 냉동이 어떻게 정상적인 기분으로 데이트할 수 있게 해 줬는지 역설한다. 리처즈가 데이트에서 정상적으로 행동할 수 있을 만큼 정상이라 느끼게 해 준 것은 확실하다. "맥주를 쥐고 맞은편에 앉아 있는 남자에게 '언젠가는 아이를 갖고 싶을 것 같아요?'라고 묻고 싶은 충동을 느낀다면 데이트는 그르친 것"이라고 리처즈는 썼다.

난자 냉동 광고에서 인용하는 야심 찬 여성들은 1960년대에 헬렌 걸리 브라운과 버지니아슬림이 썼던 것과 같은, 선택권과 자기 역량 강화라는 언어를 사용한다. 좀 더 편안하게 데이트하기 위해 수만 달러를 감당할 수 있다니, 아닌 게 아니라 **참으로 먼 길을 왔구나.** 하지만 실상 난자 냉동이 여성에게 부여하는 유일한 선택권은, 성별 불평등을 영속하는 고정관념을 받아들일 선택권인 것 같다. 구체적으로 말해, 구애라는 일은 싹 다 하고, 그 때문에 들인 수고는 감추는 사람이 될 선택권이다.

여성 개개인이 왜 난자를 냉동하고 싶어 하는지는 쉽게 이해할 수 있다. 하지만 난자 냉동이 문제의 해결책은 결코 아니다. 오히려 난자 냉동은 문제가 더 오랫동안 존재하도록 시간을 끄는 방법이다. 어떤 명백한 문제가 있는데 그 문제가 죽 해결되지 않고 지속되도록 사회가 허용한다면, 그 문제는 어떤 식으로든 반드시 유익한 점이 있어야 할 것이다. 생물학적 시계의 목적은 세상을 재생산하는 짐을 거의 전적으로 여성에게 전가하는 것이 당연해—사실상, 필연적인 것으로— 보이도록 만들기였다.

시계만 쳐다보는 사람들의 전성기에 대중매체의 주목을 많이 받기도 했던 또 다른 여성 집단을 보면 잘 알 수 있다.

1980년대의 직업여성이 결혼과 출산을 생애 계획에 끼워 맞추느라 안달복달하는 사이, 당국은 다른 더 어린 여성들이 임신 시기를 잘 맞추지 못했다고 끊임없이 비난했다.

이제 10대 엄마Teen Mom가 등장할 때다.

생물학적 시계 이야기가 나온 때와 같은 시기에 정책 입안자들과 대중매체는 10대 임신이라는 "유행병"을 대중에게 적극적으로 알리기 시작했다. '인구 성장과 미국의 미래에 관한 대통령 위원회President's Commission on Population Growth and the American Future'가 내놓은 한 보도 자료는, 10대 임신율이 1971년에서 1976년 사이에 무려 **세 배가 됐다**고 발표했다. 매년 10대 임신부 수는 1980년대 내내 100만 명을 맴돌다가 1990년대에 들어약 20퍼센트 급등했다.

정책 집단과 언론계에서 공황이 고조됐다. 하지만 이와 같이 충격적인 통계에 대한 주류 보도는 거의 다 한 가지 중대한 세부 사항을 생략했다. 10대의 **출생률**은 떨어지고 있던 것이다. 1950년대에는 10대 여자아이의 10퍼센트 가까이가 스무 살이 되기 전에 첫아이를 낳았지만, 1980년대에는 이 수치가 5퍼센트에 가까웠다. 실제로 감소하고 있는 것은 10대 **혼인율**이었다.

충격적인 것은 10대가 성관계한다는 게 아니라, 여자가 자기 아이의 아버지인 남자친구와 함께 살지 않는다는 것이었다. 1950년에는 10대 출산의 13퍼센트가 혼외 출산이었다. 2000년에는 이 수치가 79퍼센트였다. 문화적으로 성에 대해 관대함이 커진 것 때문일 수도 있지만, 분명 경제 상황도 한몫했다. 1970년대가 되자, 1950년대에 그토록 많은 10대가 강요당한 '샷건 웨딩'이라는 선택지도 더는 고려 사항이 아니었다. 오래 사귀기 시

9 ———— 계획

대에 여자아이가 임신하면, 으레 아기 아버지가 일자리를 구해 여성과 가족을 부양할 수 있을 것이라 기대했다. 하지만 더는 아니었다. 두 자릿수 물가 오름세, 임금 정체, 실업이 십 년 동안 지속되는 때, 10대 임신에 대한 해결책은 결혼이 아니었다. 모든 반증에도 불구하고 레이건 및 부시 시대에 정치권력을 쥔 보수주의자들은, 포괄적 성교육이나 피임 및 임신중지에 대한 접근권도 해결책이 아니라고 주장했다. 공화당원들은 10대 임신을 떨어뜨리는 것으로 나타난 모든 수단에 대한 접근을 조직적으로 차단했다.

대신 위기를 타개할 가장 좋은 방법은 젊은 여성에게 자기 삶을 더 잘 관리하도록 가르치는 것이라는 공감대가 형성됐다. 그리하여 당국에서는 빈곤 가구에서 성장하는 10대 여성에게 유복한 직업여성과 공통점이 있다고 말하기 시작했다. 빈곤 가구 10대 여성 역시 **계획을 세워야 한다**고. 단, 정반대의 결과를 위해 그렇게 해야 한다고.

피임 옹호자들이 우생학에 호소했던 오래되고 골치 아픈 역사가 존재한다. 1910년대에 가족계획연맹Planned Parenthood 창시자인 마거릿 생어Margaret Sanger는 바람직하지 않은 이민자의 재생산을 막을 수 있다고 주장함으로써 피임을 합법화하도록 당국을 설득했다. 1950년대에 경구피임약을 발명한 생물학자들은 푸에르토리코에서 위험한 임상실험을 수행했다. 그들은 푸에르토리코 인구를 줄여야 한다고 하면서 이와 같은 선택을 정당화했다. 1970년대에 라틴아메리카계 여성 활동가들은 실험 대상 세대의 35퍼센트가 단종〔불임〕 수술을 받았다고 주장했다.

10대 임신 반대 캠페인의 착취적 성격이 덜 명시적이었을 수는 있지만, 목적은 비슷했다. 부유한 여성은 모성이라는 기쁨을 스스로 박탈한다면 절대 행복할 수 없으리라는 말을 들었고, 반대로 빈곤한 여성은 무슨 일이 있어도 자식을 갖지 말라는 경고를 받았다.

1980년대에 '샌타바버라 여성 청년회Girls Club of Santa Barbara'는 봉사 대상인 아프리카계 및 라틴아메리카계 10대 여성 대부분에게 "생애 설계" 교육이 절실히 필요하다고 결정했다. 이사회 구성원들은 "아프리카계 및 라틴아메리카계 10대 여성이 오늘날의 세계를 있는 그대로 바라볼 수 있도록 의식 수준을 높여야"한다고 결의했다. 그 세계 속에서 이와 같은 젊은 여성은 가족을 부양할 수 있는 남성과 결혼할 가능성이 극히 낮았다. 아프리카계 및 라틴아메리카계 10대 여성은 또래 남성이 1달러를 벌 때 59센트를 벌고, 가모장으로서 스스로 가계를 책임질 경우 빈곤에 처할 확률이 70퍼센트에 달했다. 괜찮은 삶을 살 희박한 가능성을 최대한 활용하려면 "유연하고 깨어 있는 사고방식"을 개발할 필요가 있었다. 이를 돕기 위해 '여성 청년회' 책임자들은 '선택Choices'이라는 생애 설계 교육과정을 개발했다.

『선택─자기인식 및 자기계발 계획 수립을 위한 10대 여성의 일

『Choices: A Teen Woman's Journal for Self-Awareness and Personal Planning』는 1983년 7월에 출간됐다. 파스텔 톤으로 꽃 그림이 그려진 이 책은 교과서이자 일반 서적으로 판매됐다. 학교에서 『선택』을 구입하면 교사용 연수 자료도 받았다. 개발진은 『선택』이 공립학교에서 쓰이기를 원했기 때문에, 남학생을 위한 동반 프로그램인 『도전Challenges』을 개발했다. 개발진은 두 책의 쪽 매김을 조정했다. 서로 다른 젠더 대명사와 살짝 상이한 사례를 실어, 공립학교 공학 학급 수업에서 두 책을 다 사용할 수 있게 했다. 1985년까지 두 책은 22개 주에서 생애 설계 프로그램용으로 채택됐다. 『선택』과 『도전』은 분리돼 있지만 동등하다는, 형식적 성평등의 상을 제공했다. 남학생에게는 **도전**, 여학생에게는 **선택**이 있다고.

『선택』은 현재 여성에게 열린 모든 직업적 기회에 관해 여학생에게 가르치고, 그와 같은 기회를 붙잡을 수 있는 올바른 마음가짐을 갖도록 하는 것을 목표로 했다. "변화할 수 있는 유연성을 유지해야 한다"라고 책은 권고했다. "그런데 일단 기본적인 의사결정 기술을 배우면, 여성은 얼마든지 건전한 선택을 할 역량을 갖게 된다."

연습 문제지가 여러 장 실려 있어 학생들은 다양한 주제에 관해 "마음가짐 목록 작성"을 수행할 수 있었다. "맞벌이 부부가 집을 사면 남편이 대출금을 갚아야 한다" "직장에서 여성이 육아 휴직 중에 병가를 쓸 권리가 있다" "남성은 울면 안 된다" 같은 진술에 대한 응답으로 "매우 그렇다"부터 "매우 그렇지 않다"까지 중 선택하게 했다. "정장 한 벌의 가격은 얼마입니까?" 같은 물음에 대답하려 하다 보면 얼마를 벌어야 하는지 깨닫는 식이었다. 이와 같은 과정에서 얻은 자기이해는 인생의 모든 측면에서 현명한 선택을 하는 데 도움이 될 것이다.

제7장은 가족계획에 할애됐다. 교사용 자료에는 다음과 같이 나와 있다. 학생이 이 단계에 도달했을 때쯤이면 "언제 아기를 낳을지에 대해 의사결정 모형을 만드는 법을 배웠다. 가치 명료화를 통해 보육 관련 선택지에 관해 깊이 생각했다. 역할극 연습을 통해 가족이 얼마나 많은 헌신을 요구하는지 배운다. **젊은 여성은 보통 스스로 정서적으로나 재정적으로 아기를 책임질 준비가 안 됐다는 결론을 내린다.**"

가족계획 단원을 마칠 때쯤이면, 학생이 "확고해지는 법을 배웠으며, 이는 임신을 예방하도록 대응하는 데 도움이 되는 기량이다"라고 저자들은 덧붙였다. 성관계를 강요당하는 상황을 피할 수 있도록 확고한 자세를 갖는 것은 배워 두면 좋은 기량인 듯하다. 그런데 『도전』의 해당 쪽에서는 뭐라고 했을지 궁금하지 않은가? 설마, **여자친구를 강간하지 않도록 하라?**

계획과 선택에 대한 강조는, 정확히 오래 사귀기 시대에 그랬듯 연애를 단속할 책임을 젊은 여성에게 지운다. 이제야 이와 같은 여성도 직업을 갖기 위해 스스로 준비할 책임이 생겼다.

1980~1990년대 내내 생애 설계 기술은 다양한 공립학교 및

9 ——— 계획

사립학교 교육과정에 지속적으로 통합됐다. 이와 같은 프로그램은 젊은이에게 연애를 어떤 원대한 전략의 일환으로 바라보라고 했다. 더욱 중요하게도, 그와 같은 계획에서 벗어나는 것은 전부 개인의 실패라고 생각하도록 가르쳤다.

빚과 외로움으로 얼룩진 미래는, 어머니 되기를 고려하는 10대 여성을 겨냥한 원조 활동이 계속 주요하게 이야기하는 주제다. 2013년에 뉴욕시 인적자원관리국Human Resources Administration, HRA이 지하철에 도배한 한 광고 캠페인은 그와 같은 10대 여성을 정면으로 바라보고 말했다. **좋은 직장 있어요?** 한 아기가 울부짖으며 묻는다. **나한테는 해마다 수천 달러씩 들어가요. 10대 부모가 되면 돈이 들지 않을 것 같은가?** 하단에는 털썩 내려놓은 듯 비스듬하게 적혀 있다. **자식 양육에 연간 1만 달러 이상 든다고 예상하시오.**

또 다른 광고에서는 검지로 입술을 누르고 있는 한 작은 여자아이가 등장했다. 여자아이는 마치 여러분 때문에 난처하다는 듯, 오른쪽 테두리 너머로 시선을 향하고 있다. **솔직히 말해 엄마……** 여자아이의 머리 위에 떠 있는 말풍선에는 이렇게 쓰여 있다. **그 남자는 엄마와 함께 살지 않을 것 같아요. 난 어떻게 되는 거죠?** 배너 문구는 <u>**10대 부모의 90퍼센트가 상대와 결혼하지 않는다**</u>는 사실을 확인시켜 준다.

우리 문화는 부유한 여성과 가난한 여성에게 모성에 관해 대단히 상이한 메시지를 보낸다. 중상류층 여성을 겨냥한 기사들은, 자식을 가지면 비할 데 없는 기쁨이 삶에 찾아온다며 열변을 토한다. 가난한 여성, 특히 유색인 여성에게는 자식을 낳으면 평생 빈곤에 갇히게 된다며 경고한다. 두 주장 다 사실일 수도 있다. 감당할 여유가 있으면 모성은 즐거운 경험이 될 수 있다. 감당할 여유가 없으면 모성은 파멸을 초래할 수 있다. 하지만 두 경우 다, 계획에 대한 강조는 세상을 재생산하는 일을 생활양식의 선택으로, 그러므로 순전히 사적인 관심사처럼 보이게 만드는 역할을 한다. 삶을 완벽하게 줄 세워야 한다는 명령은, 그렇게 하는 것이 실용적일 뿐 아니라 도덕적이라고 넌지시 말한다.

재생산을 전적으로 책임지는 것이 여성의 본성이라는 이와 같은 허구는, 여성에게 막대한 중압감을 안긴다. 그리고 많은 연애를 옥죈다. 성적, 낭만적 관계를 맺고 싶어 하는 여성과 남성이 **서로 반대되는 것**을 원하게 돼 있다는 허구는 아무에게도 이롭지 않다. 장담컨대 여러분은 수십 년간 말로는 정말 헌신하고 싶다고 하면서 어떤 연애에도 열중하지 못하는 싱글 남성을 적어도 한 명은 알고 있을 것이다. 내 주변에도 그런 남자가 몇 명 있다. 문화적 고정관념에 따르면 남성은 자신의 평판을 떨어뜨리지 않고도 끝없이 이 사람 저 사람과 데이트할 수 있다고 한다. 하지만 상대 여성이 경험을 통해 바뀌듯, 알고 보면 경험을 통해 남성도 당연히 변한다. 다만 문화적 고정관념이 남성은 아무 손상도 입지 않고 상대 여성을 처분할 수 있다고 말해 왔을 뿐이다.

2007년, 저드 애퍼타우Judd Apatow 감독이 만든 코미디 영화 〈사고 친 후에Knocked Up〉의 성공은, 여성은 물론이고 남성도 이와 같은 난국을 간절히 벗어나고 싶어 함을 보여 준다. 영화에서 캐서린 하이글Katherine Heigl이 연기하는 젊고 잘나가는 직업여성이 최근 있었던 승진을 축하하며 광란의 밤을 보내다가, 세스 로건Seth Rogen이 연기하는 꾀죄죄한 낙오자와 잠자리한다. 그리고 몇 주 뒤 영화 제목이 암시하는 곤경에 빠졌음을 알게 된다.* 처음 줄거리를 들었을 때는 공포영화인 줄 알았다. 하이글이 맡은 인물이 가장 가까운 임신중지 클리닉으로 질주하지 않는다고 맹목적으로 받아들이기만 하면, 서로 매력을 느끼지 않는 두 사람이 공동의 결정을 내릴 필요 없이 더듬더듬 행복을 찾아갈 수 있다는 환상을 즐기게 된다.

계획하지 않은 임신은 재앙이 아니라 신이 보낸 선물로 제시된다. 로건이 맡은 인물에게 특히 그러하다. 고정관념에 따르면 로건이 전형적으로 보여 주는—직장도 없고 방향성도 없는—사내아이 같은 부류는, 일부일처제, 결혼, 부성fatherhood이라는 책임을 두려워한다. 하지만 우연한 만남으로 구원받는 자는 분명 하이글이 아니라 로건이다. 낯선 사람을 임신시킴으로써 로건은 자기 자신에게서 사내아이를 구해 내기 때문이다.

---

* 영화 제목에 쓰인 'knock up'은 (남성 입장에서 여성을) '덜컥 임신시키다' 혹은 (여성 입장에서) '계획하지 않고 덜컥 임신하다'라는 뜻의 속어다.

하이글이 연기한 인물이 어떤 이유로든 이 시점에 낙오자의 아이를 갖기를 원했다면, 혼자서도 해냈을 것임을 영화는 분명히 보여 준다. 바로 이 때문에 하이글은 영웅적인 여주인공이 된다. 그도 그럴 것이, 하이글이 로건을 필사적으로 붙잡고 싶어 하는 영화라면 우울해서 참을 수 없을 테니까. 세상을 재생산하는 일을 싹 다 기꺼이 떠맡으려 한다는 점 때문에 하이글은 뜻밖에 만난 행복을 누려 마땅한 것이다. 하이글은 모든 것을 알아서 할 의향이 있음을 증명해서 남자와 가족을 얻는다.

그런데 그럴 만한 가치가 있을까? 시계만 쳐다보는 사람은 헛발질하거나 그릇된 "선택"을 해서 궤도를 이탈할 것이라 두려워하며 인생을 날마다 계획한다. 이와 같은 사람이 무릅쓰는 가장 큰 위험부담이란 실망하는 것이다.

자신이 계획했던 바로 그 여성이 되고 보니, 자신이 원한다고 생각했던 미래가 정작 기대와는 다름을 얼마나 많은 직업여성이 깨달았을까? 그토록 많은 일을 했는데 어떻게 실망스럽지 않겠는가? 베티 프리던이 『여성성의 신화』에서 말하는 주부와 다를 바 없이, 출산 2주 만에 직장에 복귀한 직업여성의 낭패한 모습을 나는 마음속으로 그려 본다. 새로운 여성성의 신화가 만들어 낸 이름 없는 새 문제 앞에서, 우리가 받는 느낌은 무장 해제될 정도로 친숙하다. **이게 전부라고? 고작 이러려고 그 모든 걸 다 했단 말인가?**

10

Help

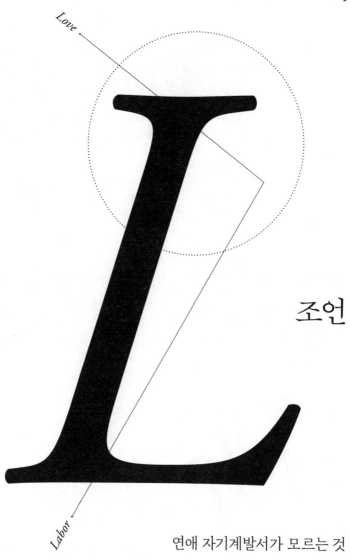

Love

Labor

조언

연애 자기계발서가 모르는 것

Help

L

시계만 쳐다보는 사람이 이제 때가 됐다는 판단하에 가까이 있는 아무나와 있는 힘껏 잘 살겠다고 씩씩하게 마음먹으며 나서는 것을 일컫는 말이 있으니, 바로 **자리를 잡아 정착하기** settling다.

『옥스퍼드 영어 사전Oxford English Dictionary』은 1600년대 이래로 "정착하다"가 "결혼하다"의 뜻으로 사용됐음을 보여 준다. 수 세기 동안, 정착은 반드시 나쁜 것처럼 들리지는 않았다. 아닌 게 아니라 젊은층의 많은 여성과 남성은 정착을 어떤 기회로 여긴 듯하다. "그 신중한 귀부인은 딸을 정착시키고 싶어 한다"라고 소설가 시어도어 에드워드 훅Theodore Edward Hook은 1825년에 언급했다. "나는 분별할 수 있는 나이가 됐고, 스스로에게 유리하게 정착할 생각을 해야 한다"라고 6년 뒤 토머스 러브 피콕 Thomas Love Peacock의 풍자소설 『괴짜들의 성Crotchet Castle』에 등장하는 한 남성 인물은 곰곰이 생각했다.

그렇다면 어째서 오늘날 우리는 두 사람이 서로에게 "정착할" 수 있다는 암시만으로도 움츠러드는 걸까?

최근 몇 년간 이런 주제가 점점 더 자주 등장하는 것 같다. 시작은 2008년 3월에 《디애틀랜틱》에 게재된, 로리 고틀리프Lori Gottlieb의 한 기사였다. "그 남자와 결혼해!"라며 머리기사는 악을 썼다. "썩 괜찮은 남자와 정착하기에 대한 옹호."

고틀리프는 자신이 아는 여성이 몽땅 배우자 찾기라는 문제에 몰두하고 있다고 선언했다. "서른 살이 됐는데 아직 결혼하지 않았음을 자각하는 순간, 내가 아는 여성은 전부 다—아무리 출세하고 야망에 차 있어도, 재정적, 정서적으로 안정됐어도—공황에 빠지고 때때로 절망감을 느낀다"라고 고틀리프는 첫 문단에서 주장했다. "걱정 없다고 한다면, 이는 부인하는 것이거나 거짓말하는 것이거나, 둘 중 하나다."

설상가상으로 고틀리프는 친구들이 남편 찾기에 완전히 잘못 접근하고 있다고 말을 이었다. 자신도 그랬기 때문에 안다는 것이다. 고틀리프는 자신이 30대 후반에 익명 정자 기증을 통해 자식을 갖기로 했던 이유가, 그때껏 데이트한 남자들보다 더 좋아한 남자를 잡기 위해서였다고 설명했다. 돌이켜 보면 성관계와 연애의 중요성을 지나치게 과대평가했다고 고틀리프는 말한다.

"결혼은 열정에 찬 축제가 아니다"라고 고틀리프는 썼다. "그보다는 동반자 관계를 형성해 매우 보잘것없고 소소하며 따분하기 짝이 없는 어떤 비영리사업을 운영하는 것에 가깝다." 이와 같이 고된 일을 견뎌 내고자 한다면, 서둘러 상대를 붙잡으라고 고틀리프는 독자에게 말한다.

'그 남자와 결혼해!'는 그 내용에 열광한 사람들과 분노한 사람들 양쪽 모두가 널리 공유하면서 인터넷상에서 급속히 퍼져나갔다. 그리고 아직도 강렬한 감정을 불러일으킨다. "로리 고틀리프가 내 20대를 엉망으로 망쳤어!" 내가 그 기사를 언급하자 한 친구가 멈칫하더니 말한다. 그 친구는 스물다섯 살에 그 기사를 읽었다고 한다. 당시 친구는 대학 시절부터 동거해 온 남자친구에게 사랑이 식고 있었다. 고틀리프는 2년을 더 버텨야 한다고 친구를 설득했다. 그 시점에, 남자친구는 바람피우고 있었음을 친구에게 실토했다. 둘은 그 관계가 아무 의미도 없어졌음을 깨닫고 원만하게 헤어졌다.

2010년에 고틀리프는 동명의 책을 출간했다. 『그 남자와 결혼해Marry Him』는 우리를 초대해 고틀리프가 정착할 남자를 찾아가는 탐색에 동행하도록 한다. 겉표지 광고 문구는 책을 "모닝콜"이라 묘사하지만, 책은 자책과 후회를 담은 한 편의 오디세이에 더 가깝게 읽힌다. **옛날 옛적 내가 여자아이였을 때는 온 세상이 내 발밑에 있었지. 하지만 난 너무 까다로웠으니, 지금의 나를 보라고!** 중간중간 고틀리프는 잠시 멈춰, 많은 것을 성취한 다른 여성들을 비난한다.

고틀리프는 두 가지 은유를 잣대 삼아 이와 같은 여성들이 데이트할 때 뭘 잘못하는지 이야기한다. 첫째는 "남편을 파는 상점"이다. 둘째는 "쇼핑 목록"으로, 여러분이 구매하는 남편이 갖추길 바라는 특성을 의미한다. 고틀리프는 몇몇 통계와 일화를 인용하면서, 이와 같은 부류의 어리석은 까탈스러움 때문에 미국 여성들의 결혼이 점점 더 줄어드는지도 모른다고 말한다. 고틀리프 자신도 한번은 남자의 양말 취향 때문에 헤어진 적이 있다고 강조한다.

고틀리프의 이야기는, 어느 정도는 반론의 여지가 없다. 여러분의 대단히 치밀한 조건 설정에 딱 들어맞는 맞춤형 배우자를 찾을 수 있다고 생각하며 데이트를 시작한다니, 안 될 일이다. 하지만 『그 남자와 결혼해』는 데이트가 쇼핑과 매한가지라는 논리에 실제로 대안을 제시하지는 않는다. 독자에게 기대치를 낮추라고 할 뿐이다. 그것도 빨리.

결말에 이르면 로리 고틀리프는 말 그대로 아무하고나 결혼할 준비가 된 듯하다. 몹쓸 농담을 하거나 구취 나는 남자라도 데려가겠다고 고틀리프는 말한다. 하지만—여기서부터 스포일러 알림인데—260쪽을 다 읽어 봐도 고틀리프는 여전히 혼자다. 좀 더 일찍 정착했어야 했다는 것이 교훈이라고 고틀리프는 말한다. 하지만 나에게는 『그 남자와 결혼해』가 자기계발 장르의 한계에 대한 어떤 우화에 더 가깝게 읽힌다. 책은 독자에게, 독자 자신을, 그리고 독자 자신의 욕망을 대단히 특수한 형태로 조형함으로써 기껏해야 상상력이 빈약한 행복 비슷한 것을 이루도록 노력하라고 말한다.

어리석고 헛되지만 완벽한 결혼 상대를 찾아 나설 것이냐, 아니면 그와 마찬가지로 찾기 힘든 아무개 씨를 향해 미친 듯 달려

갈 것이냐. 이성애자 여성은 진정 아직도, 둘 가운데 하나를 선택해야 할 숙명이란 말인가?

어떤 종교는 욕망을 축복으로 묘사하고, 다른 종교는 욕망에 저주라는 딱지를 붙인다. 하지만 모든 인간은 함께 살아갈 타인을 갈망한다는 사실을 부인하는 사람은 아무도 없다. 거의 모든 사람은 친밀하고 염려하는 관계를 맺으며 살아가고자 하는 깊은 욕구를 느끼는 것 같다. 그와 같은 일이 얼마나 중대하며 얼마나 힘들 수 있는지 생각하면, 사람들이 전문가에게 의지하는 것도 일리가 있다. 오프라 윈프리와 같은 자기계발의 대가들이 거의 종교적일 만큼 강렬한 감정을 추종자에게 불러일으키는 걸 보면, 불만을 해결하기 위해 뭔가를 해야 한다는 절실한 욕구가 그런 추종자에게 있음을 잘 알 수 있다.

미국에는 내면의 삶을 가꾸고 직업적 성공을 이루는 방법에 대한 지침을 제공하는 베스트셀러의 오랜 전통이 있다. 20세기에 걸쳐 일련의 남성 자기계발 작가는 누구나 아는 이름이 됐다. 나폴리언 힐Napoleon Hill의 『생각하라 그리고 부자가 되어라Think and Grow Rich』와 데일 카네기Dale Carnegie의 『인간관계론How to Win Friends & Influence People』은 대공황기에도 팔려 나갔다. 노먼 빈센트 필Norman Vincent Peale의 『긍정적 사고의 힘Power of Positive Thinking』은 오래 사귀기 시대에 회사원들의 경전이 됐다. 1989년에 스티븐 커비Stephen Covey는 『성공하는 사

람들의 7가지 습관The 7 Habits of Highly Effective People』으로 독자
에게 가르침을 전달했다. 내면의 목소리에 주의를 기울이는 법
을 배우면 더 나은 사람이자 더 나은 관리자가 동시에 될 수 있
다고 커비는 장담했다.

이와 같은 책 하나하나는 독자가 자신의 내면을 들여다보고
직감을 믿도록 격려한다. 사회 통념에 맞서고 권위—보통 이런
책의 대중적 지혜를 엉터리라 일컫는 정신의학이나 사회학 권
위자들을 포함해—에 도전하는 힘이 있어야 한다고 조언한다.
하지만 연애 자기계발서는 정반대로 조언하는 경향이 있다.

비즈니스 자기계발서는 여러분의 직감을 믿으라고 말한다.
반대로 연애 자기계발서는 모든 직감에 의문을 제기하라고 주
의를 준다. 관리자에겐 같이 일하는 사람들에게 귀를 기울여야
한다고 하지만, 데이트인에겐 상대가 하는 말을 절대 곧이곧대
로 믿어선 안 된다고 한다. 사랑을 찾고 싶다면, 행간을 읽을 줄
알고 그에 맞게 작전을 짜서 행동하는 법을 배워야 할 것이다.
이러한 책들은 도움을 줄 수 있다고 약속하며 큰소리친다.

구애가 늘 이처럼 불가사의하게 생각된 것은 아니었다. 인기
있는 연애 조언을 담은 인기 서적들은 연애보다도 더 오래됐다.
방문 시대에는 많은 출판업자가 젊은이들과 그들의 가족에게
어떻게 처신해야 하는지 알려 주는 일을 함으로써 사업을 유지
했다.

《레이디스홈저널》에서는 한 예법 칼럼니스트가 "필라델피아에서 온 숙녀"라는 필명으로 질문에 답하면서, 여성 독자에게 남성 신사 방문자들을 관리하는 방법에 대해 확고한 지침을 전달했다. 이 칼럼니스트가 질문에 답하는 것을 보면, 오늘날 데이트인들이 그렇듯 방문자들도 하나부터 열까지 어떻게 처신하느냐를 두고 걱정에 사로잡힐 수 있었음이 드러난다.

1905년 7월에 매지Madge라는 사람이 편지를 보내 와, 한 청년이 들르겠다고 하고도 나타나지 않을 경우 어떻게 반응해야 하는지 물었다. 필라델피아에서 온 숙녀는 매지에게 "해명이나 사과를 받을 때까지는 너그럽게 생각하라"라고, 하지만 "사과도 없고 찾아오지도 않으면, 그냥 얼굴을 아는 사람쯤으로 생각하고 지나칠 때 알아보되 진심은 담지 말라"라고 조언했다.

세이디Sadie는 정반대의 문제가 있었다. "할 수 있는 말은 다 했는데도 남자가 손을 잡고 놓아 주지 않으면 어떻게 해야 하나요?"라고 세이디는 간곡히 도움을 청했다.

필라델피아에서 온 숙녀는 근엄하게 대답했다. "당신의 집에서 환영받을 만한 남자는, 당신이 진심인 것처럼 요청하면 아무도 거부하지 않고 손을 놓아 줄 것이다."

싱글 남성들도 어떻게 처신하느냐를 두고 간절히 조언을 구했다. 남성을 대상으로 한 소책자인 『퍼트넘의 예법 안내서 Putnam's Handbook of Etiquette』(1913)는, "모자·장갑·지팡이에 관한 질문"에 한 장을 할애했다.

"한 신사가 불시에 과감히 여성을 찾아간 경우, 하인이 나와 아가씨가 집에 계신지 확인하는 동안 응접실에 들어와 있으라고 하면, 신사는 외투와 장갑을 그대로 착용한 채 모자를 손에 들고 기다린다"라고 『퍼트넘의 예법 안내서』는 지시했다. "방문 요청에 대한 응답이 호의적이면 그때 외투를 벗어 복도에 둔다. 모자·지팡이·장갑도 외투와 함께 놓아둘 수 있다."

21세기 독자에게는 방문 시대 조언에서 두 가지 점이 유난히 눈에 띈다. 첫째는 그와 같은 조언의 어조다. 조언하는 어조는 자신감에 차 있다. 이는 어떻게 사람들이 짝을 이뤄 사회를 재생산하느냐에 대해 명확한 행동 규범이 있음을 시사한다. 짝을 찾으려면 그와 같은 행동 규범을 따르기만 하면 된다. 이에 덧붙여, 방문이라는 의례는 젠더 역할과 관계에 대한 일련의 강력한 믿음을 반영하고 강화했다. 오랜 전통에 따르면 남자는 원하는 여자를 항상 쫓아가야 하고, 이미 가진 것은 당연하게도 원할 수 없었다.

방문 의례 내부에 구축된 장벽은 구애가 이뤄지는 동안 젊은 남녀가 이와 같은 각본을 따르는지 확인했다. 방문 관습은 여성을 수동적이고 움직이지 못하게 만들었다. 남성에게는 행동함으로써 관심을 표현할 것을 요구했다. 여성은 짝사랑 상대가 자신을 원하게 만들려고 문자 메시지를 못 본 체할 필요가 없었다. 남자가 여자에게 말을 하고 있다는 사실만으로도, 남자는 이미 여자가 "집으로 오라고" 한 날을 기다렸고, 여자의 하인에게 방문 카드를 내밀었으며, 그 자리에 서서 모자며 장갑이며 지팡이를 만지작댔다는 뜻이었다.

데이트의 시대는 이같이 앞 시대에서 사랑과 구애에 관한 생각들을 물려받았다. 여성은 본질적으로 수동적이고, 남성은 여성을 쫓아가고 싶어 한다는 생각을 고수했다. 하지만 여성이 공적인 일자리와 교육 기관으로 물밀듯 흘러들어 옴에 따라, 남성을 욕망의 주체로, 여성을 그 대상으로 만든 현실의 장벽이 허물어지기 시작했다.

여성과 남성은 이제 다양한 환경에서 만날 수 있었다. 직장에서나 길거리에서 서로 마주칠 수도 있었다. 과거 여성의 가족과 집은 여성이 자신에게 관심을 보이지 않는 남성에게 매혹당하는 당황스러운 일이 일어나지 않도록 여성을 지켜 줬지만, 더는 아니었다. 더욱이 노동계층이었던 데이트 선구자들 사이에서 구애가 이뤄지는 공간—바 또는 레스토랑이나 댄스홀—에 접근할 권리를 살 돈이 있는 사람은 남성이었다. 뭐든 재밌게 놀려면 여성이 남성을 쫓아가야 했다는 뜻이다.

"무대, 영화관, 상점, 사무실의 유혹은 도시를 분명 여성의 엘도라도로 만든다"라고 사회학자인 프랜시스 도너번은 1919년에 썼다. "오늘날 도시 생활환경에서 남성은 쫓김을 당하는 자, 여성은 쫓는 자다."

가처분소득이 있는 중산층 여성이 전보다 더욱 많이 데이트하기 시작했지만, 남성이 비용을 지불한다는 발상이 여전히 기준이었다. 이는 남성이 구애의 주인이 되도록 했다. 여성은 구애받기 위해 남성에게 구애해야 했는데, 그렇게 하고 있음을 절대 누설하지는 않아야 했다.

많은 관찰자가 보기에 이와 같은 전통적 젠더 역할의 전도는 연애에 위협이 되는 것 같았다. 따라서 초기 데이트 조언 서적들은, 여성이 매력적으로 보이려면 자신이 여전히 여성스러운 사람인 양 착각하게 해야 할 것이라고 강력히 충고했다. 집에 틀어박혀 있었을 때와 똑같이 수동적으로 보여야 한다는 뜻이었다.

구애를 구해 내기 위해 여성은 경제 변화가 젠더 역할과 관계를 바꾸고 있다는 사실을 은폐해야 했다. 여성의 일과 새로운 이동성이 여성에게 힘을 실어 준 만큼 여성은 그 힘을 가려야 했다. 그렇지 않을 경우, 여성이 오랫동안 두려워하도록 가르침 받아 온 운명, 요컨대 남편을 찾지 못한 채 늙어 갈 팔자를 감내해야 했다.

"잇 걸"이라는 용어를 만들어 낸 작가 엘리너 글린은, 1923년에 대중을 겨냥한 한 연애 조언 서적을 출간했다. 『사랑의 철학 The Philosophy of Love』은 여성과 남성, 양쪽을 다 겨냥한 장들로 이뤄져 있었다. 글린은 여성 독자에게, 진정으로 원하는 남자와 같이 있을 때는 갖은 노력을 다해 속마음을 내비치지 않도록 해야 한다고 경고했다. 필라델피아에서 온 숙녀가 《레이디스홈저널》독자에게 남성 앞에서 '해야 하는 것'이 무엇인지 말했던 반면, 글린이 여성 독자에게 강조한 건 죄다 '하면 안 되는 것'이 무엇인지였다.

"꾸밈없이 자연스러운 것은 전적으로 무책임하므로 그러면 안 된다."

"동요하면 절대" 안 된다.

"간절함을 드러내면 절대 안 된다."

"남성이 이별을 암시할 때 절대 한순간도 붙잡으려 하면 안 된다."

"어떻게든 남성을 붙잡고 싶은 당신의 욕망을 절대 드러내면 안 된다."

"뜨뜻미지근하면 안 된다."

"뾰로통해서는 툴툴댄다든지, 자기중심적으로 변하고 더는 마음을 사로잡지 못한다든지, 당신 자신의 외모에 무관심해지면 안 된다."

남자가 집에 올 때 "'절대 허름하게' 걸치고 있으면" 안 된다.

이 모든 금지 사항의 요지는 남성이 구애를 통제한다는 허구를 유지하는 것이라고 글린은 말했다. "여성은 언제나 남성으로 하여금, 구애할 사람은 **남성 자신**이며, 여성은 계획의 대상이라고 느끼도록 만들어야 한다"라고 글린은 결론지었다.

도리스 랭글리 무어Doris Langley Moore는 이에 동감했다. 무어는 영국 사교계 명사이자 패션계 아이콘으로서, 제1차세계대전 때문에 남편감으로 알맞은 총각 한 세대가 전멸한 뒤에도 끊임없이 남자를 홀려 친구들의 감탄을 샀다. 1928년에 무어는 익명으로 『연애의 기술The Technique of the Love Affair』이라는 데이트 조언 서적을 출간해 연애 성공 비결을 밝혔다. "여성은 남성에게 쫓기기 전에는 남성을 정복한 것이 아니다"라고 무어는 충고했다.

도러시 파커Dorothy Parker는 《뉴요커》에 무어의 책에 대한 서평을 실으면서, 데이트 법칙에 대한 자신의 무지에 낭패감을 표했다. "이 책을 통해 내가 옳았던 적이 한 번도 없었음을 알게 됐다"라고 파커는 썼다. "단 한 번도."

파커가 1930년대 즈음에 발표하고 있었던 단편소설들은 그렇지 않음을 넌지시 내비쳤다. 그 소설들은 남성들이 쫓아다니게 만듦으로써 그들의 사랑을 얻으려고 평범한 여성들이 얼마나 열심히 공들였는지 이야기하고 또 이야기했다.

「전화 통화A Telephone Call」는 2000개 단어로 된 기도로 이뤄져 있다. 상점의 한 여성 판매원은 만나고 있는 한 남자의 연락을 기다리며 신에게 힘을 달라고 빈다.

"신이시여, 그 남자가 지금 제게 전화하게 해 주세요"라고 화자는 말을 뗀다. "다른 것은 더 바라지 않을게요, 정말이에요."

여성은 그렇게 주장한다. 하지만 곧 태도를 바꿔 스스로를 통제할 수 있게 도와 달라고 애원한다.

"제발 신이시여, 제가 그 남자에게 전화하지 않게 해 주세요."

딱딱 끊어지는 짧막한 문장들이 다급히 이어지며 젊은 여성의 머릿속에서 모든 충동과 명령이 서로 싸우고 있는 모습을 그린다. "다른 생각을 해야겠어. 그냥 조용히 앉아 있어야지. 잠자코 앉아 있을 수 있다면. 그럴 수만 있다면. 어쩌면 책을 읽을 수 있을지도 몰라. 아, 죄다 서로 사랑하는 사람들 이야기잖아."

여성은 자제하는 것이 극히 중요함을 알고 있다. 욕망을 내보이면 남자가 여자에게 흥미를 잃는 데 그치지 않을 것이다. 혐오감이 들 것이다.

"계속 전화하면 안 돼"라고 여성은 말한다. "남자가 좋아하지 않아. 여자가 그렇게 하면, 여자가 남자에 대해 생각하고 남자를 원한다는 것을 남자가 알게 되고, 그러면 남자는 여자를 증오하게 돼."

남자는 여자의 감정을 **혐오한다**라고 여자는 되뇐다.

"남자는 슬픈 사람을 싫어해."

"남자는 '너 때문에 울었어'라는 말을 듣기 싫어해."

"남자는 여자가 뭐든 진심을 말할 때마다 여자를 미워해."

동일한 단편집에 수록된 또 다른 이야기에서는 그럴지도 모르는 이유를 넌지시 내비친다. 「어린 여자아이 페이턴에게 하는 충고 Advice to the Little Peyton Girl」에서 실비라는 한 여성 판매원은 남자친구인 버니 바클리가 멀어지자 절망한다.

"실비, 넌 바클리를 얼마나 아끼는지 티를 냈어"라고 실비보다 나이가 많고 더 현명한 친구가 설명한다. "너한테 바클리가 지극히 중요함을 내보인 거야. 남자는 그런 거 싫어해."

실비는 자신의 사랑을 바클리가 요구 비슷한 것, 즉 자율성 대한 어떤 위협으로 받아들였음을 어렵사리 깨닫는다.

실비가 마음 아파하자, "넌 가볍고 쉬워야 해"라고 실비의 친구는 말을 잇는다. "쉬운 것, 그게 바로 모든 남자가 바라는 거란 말이야."

남자를 위해 쉽게 넘어가는 것이 힘든 일일 수 있음을 파커는 알았다. 더욱이 애정 상대에게 "쉬워 보이고 싶다"라는 여성의 욕망은 정반대의 효과를 낳을 수도 있었다. 여성이 완전히 히스테리를 일으킬 수 있었던 것이다. 「전화 통화」의 결말에서 화자는 시계를 욕실에 집어넣어 버리고 5를 한 단위로 500까지 세면서 주의를 딴 데로 돌리려 몸부림친다.

그럼에도 오늘날 여성을 대상으로 한 가장 인기 있는 연애 조언 서적들은 사실상 전부, 1920년대에 글린과 무어가 제시하고 파커가 패러디했던 것과 동일한 충고를 형태만 약간 바꿔 내놓는다. 이와 같은 조언 서적들은 독자에게 꾸짖는 투로 말한다. 서점이나 아마존닷컴에서 베스트셀러 직장 및 커리어 조언 서적들을 둘러보면, 긍정으로 터져 나갈 듯한 제목을 발견하게 된다. 제목은 이렇게 응원한다. 『자랑하라!Brag!』『요구하라Ask for It』『달려들어라Lean In』. 이에 반해 데이트 관련 책들은, 여성이 스스로를 표출하는 행위는 아무것도 하지 못하게 사기를 꺾으려고 작정한 듯하다. 그러니 다음과 같이 말한다. **그는 당신에게 반하지 않았어.**

『문제는 그 남자가 아니라 당신이다It's Not Him, It's You』는 독자가 목차를 넘기기도 전에 질책하기 시작한다. 각 장의 제목은 여성이 저지른다고 책에서 말하는 "근본적인 실수들" 하나하나에서 따왔다.

"여러분의 태도는 형편없어"라고 어떤 장은 선언한다.

"여러분은 남자가 단서를 갖고 있다고 생각하겠지."

이쯤 되면 『그 남자를 무시하라, 그 남자를 잡아라Ignore the Guy, Get the Guy』는 낙관적으로 들리기 시작한다.

1995년에 출간된 『규칙The Rules』은 미국에서 아마도 지금껏 가장 잘 알려진 데이트 조언 서적일 것이다. 저자 엘런 파인Ellen Fein과 셰리 슈나이더Sherrie Schneider는, 엘리너 글린과 도리스 랭글리 무어가 제시한 부류의 금지 사항들을 삶의 한 철학으로 끌어올렸다.

『규칙』은 하면 안 되는 것들을 죄다 낱낱이 설명함으로써 "룰스 걸Rules Girl", 즉 힘들이지 않고 남자를 매혹해 자기 것으로 만드는 유형의 여성이 되는 방법을 알려 준다. "남자에게 먼저 말 걸지 마라." "춤추자고 청하지 마라." "남자를 빤히 쳐다보거나 말을 너무 많이 하지 마라." "전화를 하지도 말고 거의 받지도 마라." "수요일에 만났다면 토요일 밤 데이트 신청은 수락하지 마라." "일주일에 한 번이나 두 번 이상 만나지 마라." "서둘러 성관계하지 마라." "너무 빨리 마음을 터놓지 마라." "남자한 테 이래라저래라 하지 마라."

이와 같은 목록을 읽어 내려갈수록, 점점 더 자기혐오라는 광신적 종교 집단의 경전처럼 들리기 시작한다. "**규칙**에 관해 여러분의 치료사에게 이야기하지 마라"라고 저자들은 몇 번이고 주의를 준다. 그리고 누구든 마음이 흔들릴 경우를 대비해서는 32번 규칙이 있다. "**규칙**을 어기지 마라."

자신의 본능을 완전히 자제하고 억누르는 것은 힘든 일이며, 룰스 걸은 이를 가장 먼저 인정한다. "우리가 여러분의 감정을 거스르라고 한다는 것을 우리도 안다"라고 파인과 슈나이더는 머리말에서 수긍했다. "하지만 여러분은 결혼하고 싶다, 그렇지 않은가?" 슈퍼모델 케이트 모스Kate Moss는 **호리호리하다는 느 낌만큼 맛있는 건 없다**라는 유명한 재담을 했다. 『규칙』은 이것 의 정서적 등가물 비슷한 것을 젊은 싱글 여성에게 제공한다. **혼 자인 것보다 더 기분 나쁜 건 없다고.**

이런 조언 장르에서 사랑은 규율적 도구 비슷한 역할을 한다. 장기적 동반자 관계라는 전망이, 평생에 걸친 자기부정에 대한 포상으로 여성 앞에 매달려 대롱거린다. 싱글 여성이 제 위치를 벗어날 생각을 하는 경우, 저자들은 장래에 외로울 수도 있음을 경고해 여성을 제자리로 되돌려 놓는다. 여성이 남성과 결혼하 는 것 말고 다른 것에 관심이 있을 가능성은 절대 생기지 않는다.

한편, 또 다른 위험은 아예 언급조차 되지 않는다. 이 위험이란, 룰스 걸이 자신의 감정을 무시하는 데 달인이 돼 애초에 뭐 때문에 데이트했는지 잊어버리는 것이다. 신경 쓰지 않는 듯 보이는 가장 확실한 방법은, 정말로 신경 쓰지 않는 것이다. 사랑의 첫 떨림을 느끼고 있음을 은폐하는 가장 분명한 방법은, 실제로 떨림을 느끼지 않으려 노력하는 것이다. 역설적이게도 데이트 조언은 때때로, 독자가 경험하고 싶어 하는 바로 그 감정을 거스르도록 독자 스스로를 단련하는 방법을 가르치는 것 같다.

사회학자 앨리 혹실드는 1980년대에 서비스 노동자에 관한 선구적 연구를 집필하면서, 육체노동이 착취당하는 것처럼 서비스 노동자의 일에 필요한 종류의 "감정노동"도 착취당할 수 있음을 목격했다. 그보다 한 세기도 더 전에 카를 마르크스Karl Marx는 너무 적은 돈을 받으며 반복적이고 고된 업무를 수행하는 노동자가 어떻게 점차 자신의 몸에서 소외된다는 감각을 갖게 되는지 상세히 묘사했다. 마르크스가 보기에 우리를 인간이게 하는 것의 본질은 우리의 노동에, 즉 우리가 목적을 갖고 우리 주변 세계를 형성하는 방식에 있다. 따라서 어떤 노동자가 너무 적은 대가를 위해 너무 많은 일을 하도록 강요당할 때, 그와 같은 과정은 노동자를 녹초가 되게 할 뿐만 아니라 사실상 비인간화한다. 그것은 노동자의 정신을 불구로 만든다. 노동할 때 쓰는 신체 부위들은 도구가 되고 수단이 될 뿐이며, 여기서 이익을 얻는 것은 노동자 자신이 아니라 고용주다.

혹실드는 1970년대 말, 1980년대 초에 걸쳐 델타항공Delta Airlines 여성 승무원 집단을 연구했다. 여성 승무원의 일에서 가장 힘든 점은 육체적인 게 아니라 정서적인 것이었다. 승무원은 매력적인 외모를 유지하고, 체형과 복장에 관한 엄격한 규정을 준수해야 했다. 하지만 가장 중요한 것은, 승객이 일에 지장을 줄 때 진정시키거나 무서워할 때 달래는 등, 다정하게 대해야 했다는 점이다. 델타항공 직원 연수 자료는 승무원에게 미소를 "가장 큰 자산"으로 여기도록 지시했다.

여성들은 정신이 나간 채 활짝 웃을 수 있었다고 혹실드는 보고했다. 어떤 여성들의 경우 대서양 횡단 비행을 마치고 집에 돌아와 보니, 말 그대로, 자식들과 함께 웃을 수가 없었다. 이는 자연스러우며 힘들이지 않아 보이도록 의도된 감정노동 부류가 초래할 수 있는 극단적인 모습이다. 감정노동을 너무 심하게 함으로써 여성들은 너무 많은 것을 빼앗긴다. 자신의 감정 자체가 더는 자기 것이 아님을 깨닫는다.

한편, 가장 교활한 남자들은 룰스 걸의 계략을 간파했다. 멋진 겉모습에 가려진 취약함을 알아본 것이다. 오직 남성의 애정과 관심만이 삶의 가치를 정한다고 믿게끔 길들여졌다면, 아마도 남성의 주목과 마음을 얻으려 어떤 노력도 마다하지 않을 것이다. 자신의 욕망을 추구할 유일한 길이란 스스로 타인이 욕망하는 대상이 되는 것뿐이라고 생각하는 데 익숙한 사람이라면, 무시당하는 일은 그 사람에게 금방 절망감을 느끼게 만들 수 있다.

픽업아티스트The Pickup Artist, PUA는『규칙』각본 한 장을 훔쳐 여성을 조종하려 한다. 2000년대 초에《뉴욕타임스》기자 닐 스트라우스Neil Strauss는, 로스앤젤레스를 중심으로 한 픽업아티스트 하위문화에 2년간 푹 빠져 지냈다. 스트라우스를 입문시킨 고수는 토론토 토박이로, 미스터리Mystery라는 이름으로 통했다. 스트라우스도 픽업아티스트 교육 목적으로 스타일Style이라는 별명을 얻었다. 스타일은 자기 이야기를 들려주며 한때 자신이 그랬듯 외롭고 절망적인 남성을 위한 중고 유혹 안내 책자를 내민다. 픽업아티스트들은 이런 남성을 "욕구불만인 평범한 얼간이average frustrated chumps, AFCs"라 부른다.

픽업아티스트 "게임이론"의 핵심 원칙을 요약하자면 이렇다. 매력적인 여성을 유혹하려면 남자는 먼저 여성에게 무관심한 체하면서 여성의 자존감을 망가뜨려야 한다. 한 픽업아티스트가 HB(a hot bebe, PUA가 매긴 점수에 따라 7~10점에 해당하는 섹시한 여자)와 잠자리하려면, 미스터리가 FMAC라고 부르는 순서대로 하기만 하면 된다. 요컨대, 찾고find 만나고meet 유혹하고attract 잠자리한다close.

PUA는 약어를 좋아하며, 일반적으로 특수 용어를 즐겨 쓴다. 스트라우스의『게임The Game』을 읽는 가장 큰 재미는 픽업아티스트의 어휘를 익히는 데 있다. 예컨대 밤에 외출해 HB를 쫓아다니는 행위를 "사징sarging"이라 부른다. 최고의 "접근법" 중 하나는 "네그neg"다. "네그는 칭찬도 모욕도 아닌, 그 중간쯤인 어떤 것으로, 우발적 무례함 혹은 모욕적으로 들릴 수 있는 칭찬이다. 네그의 목적은 여성에게 관심이 없음을 적극적으로 표시하며 여성의 자존감을 낮추는 것이다. 예컨대 치아에 립스틱이 묻었다고 말하거나, 여성이 말을 마치면 껌을 내미는 식으로."

나는 밥 잘 먹는 여자가 좋아요.

그렇게 입으면 춥지 않아요?

무슨 속셈인지 감이 온다.

표면적으로는 『게임』은 『규칙』의 안티테제처럼 보인다. 『규칙』은 내숭을 떨고 자의식에 가득 차 있으며 복고적이다. 말하자면 기사도 그리고 샤프롱 노릇이라는 구태의연한 생각에 호소한다. 『게임』은 뻔뻔하고 무자비하게도 헌신 없는 성관계에 몰두한다. 그럼에도 이와 같은 책들은 하나의 세계관을 공유한다. 이와 같은 책들이 옹호하는, 이성애적 연애와 관련된 신념 체계는 거의 동일하다.

『규칙』과 『게임』은 둘 다 성별 싸움을 시장 경쟁 비슷한 것으로 제시한다. 여기서 여성은 사랑을 위해 성관계를, 남성은 성관계를 위해 사랑을 교환한다. 이와 같은 교환에서 데이트는 여성에게 일, 남성에게는 유흥인데, 그게 다가 아니다. 욕망은 골칫거리다. 여러분이 구매를 원한다는 것을 판매자가 알면, 그 판매자는 여러분에게서 더 많은 것을 얻어 낼 수 있다고 확신한다.

스트라우스가 제시하는 게임은, 여성을 쉽게 잠자리로 데려 간다는 남성의 환상을 충족할 어떤 방법이다. 책 첫 장에서 슈트 라우스는 픽업아티스트 교육을 받기 전 자신이 얼마나 한심하 고 구제 불능이었는지 묘사한다. 스트라우스는 자신의 신체적 매력 없음을 강조한다.

"코가 얼굴에 비해 너무 크다. …… 머리카락이 가늘어지고 있다고 한다면 절제된 표현일 것이다. …… 눈은 작고 번득거린 다. …… 내 바람보다 키가 작고 앙상해서 사람들이 대부분 영양 부족으로 생각한다." 스트라우스는 이 모든 것을 첫 몇 문단에 서 쏟아낸다.

"따라서 내가 여성을 만나려면 노력해야 한다."

이는 머리가 벗겨지고 눈이 번득이는 사람에게도 자기 방법 이 효과가 있다고 광고하는 데 그치지 않는다. 스트라우스는 자 기비하를 이용해 독자가 픽업아티스트가 되기 이전의 자신을 안쓰러워하도록 부추겨, 이후 자신의 모든 나쁜 행동을 너그러 이 봐주도록 미리 알리바이를 만들고 있는 것이다. 스트라우스 는 자신의 외모가 욕정을 불러일으키지 않기 때문에 스스로도 감정과 결핍감에 압도당하기 일쑤였다고 설명한다.

"내가 존재의 다음 상태로 진화할 수 없는 것 같은 까닭은 너 무 많은 시간을 여성에 대해 생각하며 보내기 때문이다"라고 스 타일은 한탄한다. "하룻밤 잠자리 상대와 2년간 질질 끈 까닭도 언제 다시 이런 일이 있을지 알 수 없기 때문이었다."

불확실성과 같은 감정을 다루는 것이야말로 스트라우스가 보기에 남자답지 못한 일이었다. AFC들이 취약성과 절박함이라는 상태를 벗어나도록 돕기 위해, 자신의 감정이 **진짜가 아닌** 척하라고 픽업아티스트들은 권한다.

"오늘 밤을 비디오게임이라 생각하라"라고 미스터리는 제자들에게 설교한다. 이는 효과가 있다.

"바와 클럽은 …… 내가 통과해야 하는 비디오게임의 다른 레벨이나 다름없었다"라고 스타일은 나중에 떠올린다.

"여러분의 감정은 몽땅 여러분의 신세를 망치려고 있는 것이다"라고 미스터리는 부추긴다. "감정은 전혀 신뢰할 것이 못 된다는 사실을 알아라."

〈얼간이의 복수Revenge of the Nerds〉와 같은 이런 부류의 이야기는 오래전부터 있었다. 그와 같은 이야기는 흔히, 여성이 남성에게 느끼게 하는 것에 대해 남성은 어떻게 느끼는가를 중심으로 전개된다. 더 구체적으로 말해, 어떤 것도 느끼기를 거부할 수 있다는, 그러므로 "접근하는" 동안 욕구불만인 평범한 얼간이를 마비시킬 수 있는 불안에도 끄떡없게 된다는 환상을 남성 독자에게 제공한다.

이미 1933년에 뉴욕에서 너대니얼 웨스트Nathanael West는 사방에서 들끓고 있는 남성의 분노, 그리고 정치경제학자들이 오늘날 "노동의 여성화"라고 부르는 것, 이 두 단면을 연결해 유의

미한 결론을 도출했다. 대공황기에 여성은 여태껏 남성이 일해 온 곳에 진입함으로써, 여성의 동료들에게 새로운 부담과 경쟁을 안겨 줬다. 더욱이 『미스 론리하트 Miss Lonelyhearts』의 비열한 남자 주인공은—다른 사람의 감정에 주의를 기울이고 불안을 달래 주는— 여성적인 부류의 일을 수행하도록 요구받는다.

미스 론리하트는 한때 문학계에 야망을 품었던 한 이름 없는 작가다. 대공황의 한복판에서 미스 론리하트는, 문학적 열망 대신 연애 조언 칼럼을 중년 부인의 목소리로 대필하며 근근이 생계를 꾸린다. 미스 론리하트가 현실의 여성을 향해 표출하는 분노는, 직업 때문에 거세당했다는 감각과 떼려야 뗄 수 없다.

소설 초반 하루는 미스 론리하트가 일을 마치고 친구들을 만나러 스피크이지에 가보니, 동료들이 도로시 파커와 같은 여성 경쟁자들에 관해 툴툴대고 있다.

"어떤 사람이 연재를 시작했는데, 자기들한테 필요한 건 좋은 강간이 전부라는 투로 글을 쓴다는군."

그 남성은 "문학에 입문하기" 전에는 "평범했던" 한 어린 여자에 관해 이야기한다. "동네 남자들이 화가 나서 한날 밤 그 여자를 공터로 데려갔지. 여덟 명쯤 됐나. 떼 지어 제대로 괴롭혔지……."

다른 남성은 자료조사차 스피크이지에 잠입하려 했던 한 야심 찬 여성 소설가에 관해 이야기한다. "남자들이 그 여자를 뒷방으로 데려가 어떤 새로운 단어를 가르쳐 주고 세게 걸어찼어.

사흘간 못 나오게 했지. 마지막 날에 남자들은 깜둥이들niggers 한테 입장권을 팔았다네.”

미스 론리하트는 이와 같은 대화에 너무 익숙해서 거의 신경도 쓰지 않는다. 이 못난 남자들이 성적 무력감으로부터 스스로를 방어하려고 아예 감각을 마비시키는 전략을 쓰는 것인지 우리가 반신반의할 경우를 대비해 너대니얼 웨스트는 말한다. “남자들은 너무 취해서 말을 할 수 없을 때까지 이와 같은 이야기를 하고 또 했다.”

이와 같은 혐오의 언어를 감정에 대한 면역이 있다는 증거로 삼아 과시하는 관습은 사라지지 않았다. 어느 시대에나 그 시대가 품기에는 과분한 **아메리칸 사이코**가 납신다. 대침체(2008년 금융위기로 파생된 불황)가 시작된 이래 베스트셀러 작가이자 대중 연설가이자 여성혐오 전문가인 터커 맥스Tucker Max는 남학생 친목회의 사내애들이나 할 법한 무모한 성적 행위에 관한 이야기들을 퍼뜨림으로써 수백만 독자를 얻었다. 맥스의 웹사이트에는 매일, 함께 잠자리한 여성들에 대해 SNS로 공유 가능한 비난 글이 올라온다. 웹사이트에 가보니 가장 최근 글은 이러했다. “여러분이 입으로 할 수 있는 이 정말 섹시한 동작이 있는데, 바로 ‘입 닥치기’라는 겁니다.”

이와 같은 남자들의 무례함은 그 남자들이 제안하는 보복 환상의 일부분이다. 이는 여성이 남성에게 기대하는 감정노동을,

남성이 수행하지 않겠다며 거부하는 데 중요한 역할을 한다.

미스 론리하트와 터커 맥스보다 더 예의 바른 남성들도 "쉬워 보이지" 않는 여성을 거부한다. 남자가 여자를 떠난 이유를, 여자가 어떤 점에서 남자에게 너무 많은 감정노동을 요구해서라고 설명하는 걸 몇 번이나 들었던가? "너무 많이 노력해야 해서" "노력할 가치가 없어서" "어려워서" "지나치게 예민해서" "진지해서" 혹은 "성가셔서" 참을 수 없게 된 전 여자친구들은 또 얼마나 많은가? 여성이 자신의 감정을 적절하게 관리하지 못한다고 암시하며 질책하는 일은 여전히 많다. 여성은 "히스테리를 일으키고" "비논리적이고" "앙칼지고" "비이성적이고" "어쩔 줄 모르고" "정신이 하나도 없고" "혼란스러워한다". 어느 시점에 이르면 여성은 모조리 "미친" 것 같다.

쉬운 것은 여전히 모든 남성의 바람일지 모른다.

거의 한 세기 동안 데이트 조언 서적들은, 상대가 뭔가를 기대한다는 생각이 남성에게 들지 않도록 여성이 감정을 억눌러야 한다고 경고했다. 이는 남성과 사귀고 싶어 하는 여성에게 틀림없이 부담이 된다. 물론 남성에게도 이롭지 않다. 한 가지 이유를 들자면, 남성을 대놓고 어린애 취급하기 때문이다.

1928년에 도리스 랭글리 무어는, 남성이 충동을 제어하거나 감정을 예측할 수 있으리라 믿을 수 없다고 썼다. "남자는 어린애인 양, 쉽게 얻은 것에 곧 싫증을 낸다."

『규칙』도 같은 경고를 한다. "그 남자가 매일 밤 당신을 만나고 싶다고 생각할 수도 있지만" 저자들은 말한다. "사실 그렇지 않다." 룰스 걸이 해야 할 일은 자신의 희소가치를 높여 남자의 욕망을 유지하는 것만이 아니다. 남자의 욕망을 남자 자신보다 더 잘 이해하기도 해야 한다.

이와 같은 사랑의 철학에서는, 남자아이가 사실상 속수무책이듯 남성은 감정적으로 어쩔 도리가 없다고 상정한다. 아이에게 요리하고 청소하고 돌봐 줄 어머니가 필요하듯, 성인 남자 역시 자신의 감정을 관리해 줄 여자가 필요하다. 그렇지 않으면 주변을 치우지도 않고 빨래를 쌓아 두고 밤마다 중국 음식을 배달시켜 먹는 독신남처럼 완전히 엉망이 될 것이다.

이와 같은 젠더화된 노동 분업은 여성을 정서적 과로 상태, 남성을 정서적 무능 상태로 만든다. 동시에 남성에게 성적, 낭만적 관계에 관한 결정을 내리도록 전적인 책임을 지운다. 「전화 통화」에서 파커가 포착한 부류의 여성이 미칠 것 같은 침묵 속에서 안달복달하듯, 자신에게 남겨진 결정의 중압감에 점점 압도당하는 남성을 쉽게 그려 볼 수 있다. 흔히 이와 같은 이야기에서 남자들은 힘차게 출발하고, 망설이며 주저하다가, 희미하게 사라지고 만다.

이와 같은 종류의 상호 신비화는 여성에게나 남성에게나 이롭지 않다. 이익을 누리는 곳이 있다면 여성 및 남성의 외로움과 불확실성을 이용해 먹는 수십억 달러 규모의 자기계발 산업이다. 자기계발서는 여성을 남성에게, 남성을 여성에게 신비화할 확실한 동기가 있다. 엘리너 글린이 쓴 『사랑의 철학』은 보편적인 청중을 대상으로 했다. 하지만 최근 수십 년 사이 나온 베스트셀러 조언 서적들은 하나같이, 여성과 남성이 연애에 접근하는 방식이 극단적으로 다르므로 서로에게 어떻게 접근하느냐에 대해 구체적 조언이 필요하다고 주장한다.

역대 베스트셀러 조언 서적 가운데 하나인 『화성에서 온 남자 금성에서 온 여자Men Are from Mars, Women Are from Venus』는 선언했다.

"여성과 남성은 삶의 모든 영역에서 서로 다르다"라고 저자 존 그레이John Gray는 머리글에서 설명한다. "서로 다른 행성에서 온 것 같을 정도다." 책에는 심지어 "금성어/화성어 사전"이 들어가 있다.

이후로 많은 데이트 전문가는 이와 같은 본보기를 따라, 성별 차이를 연애를 이해하는 데 가장 도움이 되는 지시문으로 제시한다. (누구든, 결혼 지향적 이성애 일대일 독점연애 말고 다른 것에 관심 있을 수 있다는 점을 베스트셀러들은 좀처럼 인정하지 않는다.) 이와 같은 공식이 책 판매에 도움이 되는 데는 분명한 이유가 있다. 이와 같은 공식은 데이트에 어떤 비결이 있다고 넌지시 말한다. 그래서 저자를 단순히 여자냐 남자냐 하는 기준에 따라 어떤 권위자로 둔갑시킨다.

『숙녀처럼 행동하고 남자처럼 생각하라Act Like a Lady, Think

Like a Man』에서 스티브 하비Steve Harvey는 독자에게 **남성이 사랑, 연애, 친밀감, 헌신에 관해 정말로 어떤 생각을 하는지** 알려 준다고 큰소리친다. 그레이와 마찬가지로 하비는 데이트의 어려움이 몽땅 성별 차이로 귀결된다고 말한다. 하지만 그레이가 중립적이고 공감적인 목소리를 내려 애쓰는 데 비해, 하비는 여자팀보다 남자팀을 펀드는 경향이 있는 것 같다.

"여자는 복잡한 생물이다"라고 하비는 쓴다. "이에 반해 남자는 대단히 단순한 생물이다. 우리 남자들을 행복하게 하는 데는 정말로 많은 것이 필요치 않다."

뇌 과학의 관점이 궁금하면 『남자의 뇌The Male Brain』와 『여자의 뇌The Female Brain』를 읽으면 된다. 심지어 『게이 남성이 이성애자 여성에게 주는 섹스 조언Sex Tips for Straight Women from a Gay Man』도 욕망이 간단명료하게 젠더 경계를 따라 작용한다는 생각을 고수한다. 제목의 설명과 일치하는 두 친구가 공동으로 집필하고 까불까불하는 선 그림으로 삽화를 그려 넣은 이 책은, 남성의 쾌락이라는 어떤 비밀 속으로 게이 남성이 여성을 간단히 들여보내 줄 수 있다고 넌지시 말한다.

"이 책을 비용이 저렴한 일대일 트레이너라고 생각하세요"라고 머리글에서 독자에게 말하는 것이다.

대부분의 자기계발서가 제시하는 훈련은 어떻게 스스로 유연해지느냐다. 자기계발서는 여러분에게 있는 그대로의 세상에 고개 숙이라 말한다. 모든 좌절의 근원이 여러분 자신에게 있다고 말하는 접근법은, 여러분에게 힘을 실어 주는 느낌이 들 것이다. 그런 접근법은 독자가 뭔가를 할 수 있다고 말한다. 하지만 명백히 사회적으로 생겨난 문제들을 해결하려 할 때, 그와 같은 접근법이 줄 수 있는 최상의 교육은 자책이다. 그와 같은 접근법은 여러분을 꾸짖으면서도 손을 내민다.

『사랑의 철학』이나 『규칙』이나 『숙녀처럼 행동하고 남자처럼 생각하라』와 같은 책의 조언이 그토록 반복적인 까닭은 단지 저자들이 미련해서가 아니다. 이와 같은 장르가—성관계나 결혼을 추구하는—대단히 협소한 스펙트럼 밖에 있는 어떤 종류의 욕망도 상상할 수 없는 것 같은 이유는, 그저 저자들이 편견을 갖고 있어서가 아니다. 더 정확히 말하면, 이와 같은 형태의 자기계발서는 둘 이상의 사람이 서로 연결됨으로써 그들이 살아가는 조건을 변화시킬 수도 있다는 가능성을 배제한다는 점 때문이다. 그와 같은 장르의 존재는 지금 우리가 살아가는 조건을 영속시키는 데 힘을 보탠다. 결과적으로 자기계발서가 모든 규칙을 따른 데 대한 포상으로 내미는 사랑은, 도달한다 해도 그럴 만한 가치가 있는 것 같지 않다. 그런 사랑은 공허할 정도로 평범해 보인다.

나오는 말

사랑

Love

 연애 관련 자기계발 산업의 전제는, 우리가 데이트에서 당면한 문제가 개인의 문제라는 것이다. 데이트의 역사를 보면 사실은 그 반대임이 드러난다. 우리가 데이트하기라는 극에서 맡은 역할들은 먼저 온 사람들에게서 물려받은 것이며, 우리가 따르는 무대 지시들은 우리 주변인들에게서 나온 것이다. 모든 사람은 친밀한 감정을 친밀하게 경험할 수 있다. 그렇다고 해서 그런 감정이 단지 개인적인 것이라는 의미는 아니다. 우리의 친밀한 감정은 우리 삶의 다른 모든 측면을 형성하는 세력들의 힘을 반영한다. 우리가 감정을 어떻게 느끼는가의 가능성들은 우리가 감정을 느끼는 사람들 사이에서 비롯된다.

사람들이 자기계발을 찾도록 만드는 좌절감이 자주 그 사람 자신의 문제만은 아니라는 사실을 자기계발 문헌은 대체로 무시한다. 그와 같은 좌절감은 사회적으로 발생한다. 그런 좌절감은 우리 내면 깊숙한 어딘가에 있는 것이 아니라, 우리 세계를 구성하는 많은 관계를 반영한다. 일부 저자는 독자가 경험하는 불만의 원인이 독자의 통제 밖에 있음을 인정한다. 하지만 일단 그렇더라도 거의 바로 이 사실을 제쳐 둔다. 그리고 말한다. **좋아요, 하지만 여러분이 할 수 있는 것에 집중합시다.** 그런 다음 있는 그대로의 상황에서 최선을 다해 헤쳐 나가도록 적응하는 방법을 알려 준다.

목표가 사랑, 즉 자신의 삶을 열어 다른 사람들의 삶과 합치는 것임을 생각하면, 이와 같은 접근법은 자기패배적으로 보인다. 사랑은 열려 있음을 필요로 한다. 요지는 서로 영향을 받아 변화하고 변화를 목격하는 것이다. 이와 같이 천천히, 앞으로 나아갔다 뒤로 물러났다 하면서, 우리가 세계라 부르는, 우리가 서로 공유하는 현실을 탈바꿈시킨다. 사랑은 명사이기보다 동사에 가깝다. 얻을 수 있는 사물이 아니라 움직이게 하는 과정이다. 하지만 사랑이 모든 삶의 최고 목표, 즉 모든 노력을 기울일 가치가 있는 행복한 결말임을 당연시하는 많은 전문가도, 무엇이든 변화시킬 가능성은 의심하는 듯하다. 역설적이게도, 그들은 사랑 자체는 별로 믿지 않는다.

내가 이해하지도 못하는 규칙에 따라 살아가려 애쓰고, 그와 같은 과정에서 나 자신의 욕망은 보지 못하게 됨을 알아차렸을 때, 이 책을 써야겠다고 생각했다. 핵심은 내 욕망을 따르는 것이어야 했다. 하지만 나는 거기 있어야 한다고 믿었던 감정들이 실제로 있는지 판단할 수 있을 정도로 오랫동안 곰곰이 생각해 본 적이 없었다. 나는 내가 누구인지도 전혀 알 수 없었다. 내가 돼야 한다고 생각한 모든 여성을 계속 흉내 내는 한, 나는 사랑을 주기는커녕 받을 수도 없었다. 사랑을 내어 주기로 결심할 자아가 나는 없었다.

그때는 내가 어떤 책을 쓰고 있는지 몰랐다. 친구들과, 또 모르는 사람들과 함께 글을 읽고 대화를 나누며 그들 역시 데이트가 밀어붙이는 역할들 때문에 불안하고 혼란스러워함을 알아차리면서부터 비로소 또렷해졌다. 이와 같은 역할이 너무나 자주, 그들과 상대를 싸우게 만드는 엄격히 젠더화된 각본을 따르는 것 같다는 데 그들은 특히 분노했다.

이와 같은 대화를 통해 나는 미국 문화가 우리의 구애 제도에 관해 대단히 모순적인 메시지들을 전달한다는 것을 알게 됐다. 데이트를 묘사하고 논하고 쉬워지게 하는 데 사용되는 제품의 수는 어마어마하다. 영겁의 시간이 흐른 뒤 우리의 유물을 발굴하는 고고학자가 있다면, 산산조각이 난 스마트폰의 데이팅 앱 개수로 따지기만 해도 우리 문명에서 데이트가 삶의 결정적 부분이라고 결론지어야 할 것이다. 그럼에도 탐구 대상으로서의 데이트는 주로 여성지나 로맨틱코미디와 같이 하찮다고 낙인찍

나오는 말 ——— 사랑

힌 대중매체에 국한돼 있다. 실제로 우리는 데이트를 유흥으로, 즉 집단적 관심사라기보다는 개인의 갈망으로 취급한다. 그 결과, 데이트하는 사람들에게 지금껏 엄청난 압박감을 주면서도 거의 아무런 지원을 하지 않았다.

데이트가 어떠한 역사를 거쳐 현재에 이르렀는지에 대한 연구를 마무리할 즈음, 우리 문화가 사랑에 대해서도 비슷하게 분열적인 태도를 보임을 알아차리기 시작했다. 한편으로 우리는 사랑에 집착한다. 미국인은 연애소설과 감상적인 영화와 신부가 주인공인 리얼리티 쇼에 탐닉한다. 커플들은 빚을 내 산업적 규모의 결혼식을 치른 다음, 그런 결혼식에서 한 약속들을 지키려고 수년간 힘들게 비싼 심리치료를 받는다. 다른 한편으로 우리는 많은 사람이 사적 관계에 전념할 시간을 거의 남겨 두지 않는 사회제도들을 수용한다. 사랑에 관해 우리가 소비하는 이미지 및 서사는 오로지 특정 부류의 사랑만 중요하다는 메시지를 끊임없이 강화한다.

자기계발서, 영화, 대중가요는 하나같이 낭만적이고, 일대일 독점연애 관계를 맺고, 대개 이성애적이며, 원칙적으로 결혼과 출산을 지향하는 사랑에 초점을 맞추는 경향이 있다. 작가이자 활동가 로리 페니Laurie Penny는 이를 가리켜 "상표 등록된 사랑 Love™"이라고 불렀다. 내 경우에는 이를, 지금껏 어색하거나 가슴 아픈 장면일랑 다 잘라내고 슬그머니 감추는 궁극의 테두리라는 의미에서 **사랑—그걸로 끝**Love: The End이라고 생각한다.

"데이트에서 빠져나온 뒤에는 데이트에 대해 아무도 아무것도 기억하지 못해"라며 한 결혼한 친구는 깔깔댄다. "다들 외상 후 충격 상태에 빠졌다고나 할까." 많은 싱글이 사랑을 마치 탈출구 혹은 데이트의 시련을 이겨 낸 대가로 받는 포상인 양 이야기한다.

어떤 페미니스트들은 사랑이 우리에게 해롭다고 주장한다. 노스웨스턴대학교 교수 로라 키프니스Laura Kipnis는 직접 쓴 『사랑은 없다Against Love』에서, 평생 지속되는 낭만적 관계라는 이상은 추종자들을 속여 자유롭지 못하고 만족하지 못한 상태로 살아가게 만든다고 주장한다. "언제부터 공장에서 쓰는 말들이 사랑의 언어가 됐는가?"라고 키프니스는 묻는다. "사랑에 관한 한, 노력이란 언제나 너무 많은 노력이다. 노력한다고 해서 잘 되는 것은 아니다." 키프니스는 환희와 성장의 원천으로서 유혹하기의 즉흥성, 그리고 성애적 놀이를 예찬한다. 강제적 일부일처제는 미국인을 탈성애화하고 온순하게 만드는 사회적 통제의 한 도구라고 본다.

특히 여성에게 '상표 등록된 사랑'을 위해 노력하라고 권하는 방식은 강압적인 느낌이 들 때가 많다. 물리적 현실 그리고 성차별적 사회화, 둘 다 사랑 없는 삶이 남성보다는 여성에게 더욱 좋지 않을 것이라 말한다. 싱글 여성은 싱글 남성보다 소득이 더적으며, 자식이 있는 경우 보통 양육 책임 및 비용 대부분을 부담한다. 우리 문화는 여성이 장기적으로 짝을 맺는 관계를 거부할 수도 있다는 생각에 점차 더 익숙해지고 있지만, 독신 여성의 모습은 계속 동정심을 자아낸다. 이에 반해 평생 독신남 이미지는 먼지투성이 매력이 여전히 뚝뚝 흐른다.

키프니스가 강조하는 문제는 사랑 그 자체에 있는 것이 아니다. 문제는 '상표 등록된 사랑'이 유일한 사랑인 세상, 그와 같은 사랑을 구매한 개인들이 구조적 불평등 때문에 상이한 양의 일을 할 수밖에 없는 세계에 있다. 우리는 사랑이 취할 수 있는 모든 형태를 표현할 더 많은 말이 필요한지도 모른다.

고대 그리스인에게는 **에로스**eros, **필로스**philos, **아가페**agape라는 세 가지 사랑이 있었다. 이는 각각 욕망, 우정, 그리고 자신이 창조한 세상에 대한 신의 사랑을 뜻했다. 로마인은 아가페를 **카리타스**caritas, 즉 "자애charity"로 번역했다. 사랑은 보답을 기대하지 않고도 줄 수 있는 것이다. 우리 스스로에게 좀 더 친절하고 너그러워지는 것이 출발선이 될 수 있다. 특히 여성은 자신의 바람과 안녕을 평가절하하도록—스스로 너무 뚱뚱하다, 너무 시끄럽다, 너무 야심만만하다, 너무 매달린다, 등등으로 생각하도록—배워 온 방식들을 잊어버려야 한다.

이 책은 데이트인 개인의 삶을 괴롭게 하는 일들 가운데 얼마나 많은 것이 개인적이기만 하지는 않은지 보여 줬다. 개선하려면 정치적 변화를 만들어 내야 하는데, 그와 같은 정치적 변화는 서로 단결하고 힘을 조직해야만 이룰 수 있다. 자기계발에 쏟아붓는 비판적 힘을 우리 내부로 돌리기보다 외부로 향하게 한다면, 데이팅―또 데이팅 외에도 많은 것―을 더 좋게 만들 구체적인 해결책들을 찾을 수 있을 것이다. 예컨대 더 나은 의료·보육·육아휴직 정책이 있다면, 생물학적 시계를 염두에 둔 데이팅이 지금처럼 거의 신경을 갉아먹는 일일까? 학교와 직장에서 요구하는 것이 사람들을 이토록 녹초가 되게 하지 않는다면, 젊은 이들이 연애에 "시간 낭비"를 하지 말아야 한다는 중압감에 이렇게나 시달릴까? 그럴 수도 있고 아닐 수도 있다. 젊은이들이 더 자유롭게 탐색할 수 있으리라는 점은 거의 확실하다.

우리의 과제는 구태의연한 모형으로 되돌아가지 않고 사랑을 올바르게 존중할 방법을 찾는 것이다. 이를 세 번째 성 혁명으로 생각할 수도 있다. 성을 다시 결혼이라는 울타리 안에 밀어 넣는 일은 분명 없어야 한다. 내가 비록 "데이팅 시장"을 비판하기는 했지만, 모두가 그 시장에서 빠져나와 "정착해야" 한다는 말은 아니다. 오히려 성 및 연애가 낳는 수만 가지 사랑을 예찬할 방법을 찾아야 한다는 말이다. 우리는 상대를 배려하고 다정하게 대하며 고맙게 여겨야 한다. 상대에게 감사해야 할 한 가지는, 상대도 우리를 감사히 여기려 노력하고 있다는 점일 테니.

데이팅의 구조에 깊이 내재한 거래 논리는, 사랑을 남들과 경쟁해서 얻는 어떤 것으로 바라보도록 부추긴다. 사랑은 쟁취할 수 있을 뿐 절대 변화시킬 수 없다는 착각은 많은 사람에게 쓸모없는 존재가 된 기분이 들게 한다. 우리 문화가 노동과 욕망을 갈라, 하나는 역사에, 그리고 다른 하나는 생물학에 할당하는 방식은 우리를 꼼짝달싹 못하게 한다. 그와 같은 방식은 사랑이 찰나적이고 충동적인 감정에 불과하다고 말한다. 사랑을 여러분 인생에서 가장 중요한 사건으로 여기면서도 여러분이 아무 영향을 미칠 수 없다고 생각하면, 연애에서 당면한 어려움은 당연히 전부 무시무시해 보일 것이다. 여러분과 상대가 뭐가 됐든 문제에 봉착했다는 것은 여러분의 감정이 이미 식었다는 뜻이 되고 말이다. 하지만 이처럼 사랑과 감정을 노동과 완전히 별개로 보는 방식은 잘못되었다.

사랑을 이루는 보살핌의 행위들은 여러분이 누구를 선택하든, 그 연애가 얼마만큼 지속되든 계속될 수 있다. 지난 세기 동안 데이트 방식이 바뀌면서, 사랑받으려면 어떠해야 한다고 사람들이 상상하는 방식도 바뀌었다. 늘 그렇듯 사랑은 잠자코 있지 않았다. 사랑도 시대에 따라 변한다.

사랑이 노동임을 인식하는 것의 요점은, 그 노동을 거부하는 것이 아니라 되찾는 것, 그리고 동등하게 분배해 우리가 실제로 원하는 목적을 향해 나아가게 하는 것이다. 데이트나 연애에서 사랑이라는 노동을 있는 그대로 바라봄으로써 간단히 헤아려 볼 수 있다. 내가 하는 것이 그만한 가치가 있을까? 나는 얼마만큼을 원하며, 과연 얼마를 내어 주는 것이 너무 많이 주는 걸까? 여러분과 상대가 생산적으로 논의할 수 있다고 확신할 때까지 신경 쓰이는 문제를 미뤄 두기, 그리고 분노를 인정하면 상대가 여러분을 원하지 않을까 봐 두려워 그 문제를 묻어 두기, 이 두

가지는 서로 다르다. 상대에게 끊임없이 요구하기, 그리고 취약하다고 느낄 때 그것을 인정하기, 이 두 가지도 차이가 있다. 스스로를 혹은 상대를 착취하고 있느냐 여부가 바로 다른 점이다. 사랑은 우리가 이를 인식하고 자제할 것을 요구한다.

사랑을 수행하는 방식을 우리가 마음먹은 대로 이끌어 갈 자유가 있을 때, 노동은 골칫거리가 아니다. 이때 노동은 힘의 원천이다. 이것이 명확해지면, 사랑 자체가 작용하는 방식을 인정함으로써 우리는 이익을 얻는다. 어떤 생산적인 힘을 얻는 것이다. 이 힘을 활용하려면 우리는 취약해야만 한다. 자신이 불완전하다고 느끼는 것, 그러므로 타인을 그리워하는 것은, 언제나 상처받을 수 있다는 의미다. 우리가 바라는 것을 인식하고, 그것을 다른 이에게 보이는 두려운 과정을 통해 우리는 비로소 성장한다.

이 책을 집필하는 동안 나는 두 종류의 사랑에 빠졌다. 첫 번째는 한 여성 친구와의 사랑이다. 우리는 **제대로** 만나기 전, 몇 번 서로 지나친 적이 있었다. 반쯤 낯선 사람들끼리 예의 바르게 약속을 잡아 만나는 점심 데이트 자리에서 그 친구였는지 나였는지 무슨 말인가를 했고, 갑자기 불꽃이 번쩍하면서 한순간 우리 사이의 가능성을 보게 됐다. 영화나 티브이에서는 종종 여성들이 우정을 대비책으로, 말하자면 연애 관련 문제를 푸는 데 이용하다가 애인이 생기면 해산하는 표적 집단처럼 대하는 듯 보인다. 하지만 열렬한 우정은 연애 관계에서의 열정만큼이나 영향력을 미칠 수 있다. 삶의 렌즈를 살짝 돌리면 완전히 새로운

나오는 말 ——— 사랑

단면이 시야에 쑥 들어온다. 한 면을 기울이니 거기 있는 줄도 몰랐던 모양들이 나타난다. 이 책을 쓰는 동안 지탱해 주고 영감을 준 것은 바로 그 우정이었다.

두 번째는 내 배우자가 된 사람과의 사랑이었다. 그를 알게 되고, 그를 통해 나 자신을 알게 된 것은 지금껏 내 삶에서 가장 큰 기쁨이다. 사랑을 하려면 내가 바라는 이상으로 나 자신을 내주어야 할 것이라고, 혹은 내 정체성을 잃어야 할 것이라고 언제나 두려워했었다. 알고 보니 진실은 정반대였다. 그와의 관계를 통해 나는 비로소 처음으로 나 자신이 누구인지, 행복이 무엇을 의미하는지 알게 됐다.

두 경험 다 나를 깜짝 놀라게 했다. 흔히 말하듯, 전혀 예상치 못한 순간에 일어나서만은 아니었다. 내가 예상치 못한 것은 사랑 자체가 아니었다. 사랑이 탐색의 끝이 아니라 시작이라는 사실이었다. 욕망이란 내 안에 있지만 밖으로 뻗어나가 세상을 향해 간절히 행동하고 싶어 하는 어떤 움직임임을, 나는 사랑을 하면서부터 느끼기 시작했다.

우리가 사랑을 존중할 만큼 용감할 수 있다면, 사람들이 데이팅에 대해 싫어하는 모든 것을 바꿔 나갈 수 있으리라. 재생산이라는 일을 마땅히 진지하게 대우함으로써, 그 일이 얼마나 생산적—또 진정으로 **창조적**—이 될 수 있는지 알 수 있으리라. 한 가지는 자명하다. 우리가 무엇을 할 수 있다고 하든, 혼자서는 할 수 없다는 것.

참고 문헌

이 책을 쓰는 데 도움이 된 작품이 정말 많다. 지금부터 페미니즘, 젠더, 섹슈얼리티, 그리고 일(달리 말해 모든 것)에 대한 내 생각을 광범위하게 형성한 저작에 대해 간략하게 설명하고 싶다. 그런 다음 내 연구에 직접적인 지침이 된 참고문헌의 목록을 정리해 싣겠다.

『사랑은 노동』을 쓰려는 발상을 처음으로 명확히 밝혔을 때, 한 박식한 사람이 베스 L. 베일리Beth L. Bailey의 『데이트의 탄생: 자본주의적 연애제도From Front Porch to Back Seat: Courtship in Twentieth-Century America』를 읽어 보라고 했다. 해당 책 그리고 역시 베일리가 쓴 『심장부의 섹스Sex in the Heartland』는 해당 분야에 대한 귀중한 입문서 역할을 했다. 존 디밀리오 John D'Emilio와 에스텔 B. 프리드먼Estelle B. Freedman의 『은밀

한 문제들: 미국 섹슈얼리티의 역사Intimate Matters: A History of Sexuality in America』도 마찬가지였다. 스테파니 쿤츠Stephanie Coontz의 『진화하는 결혼Marriage, a History: How Love Conquered Marriage』 그리고 『우리가 결코 그런 적 없었듯: 미국 가족과 향수의 덫The Way We Never Were: American Families and the Nostalgia Trap』은, 낭만적 관계에서나 가족구성원 사이의 사랑과 같이 흔히 영원불변한다고 여기는 감정이 사실 시대에 따라 얼마나 극적으로 변하는가에 대해 생각해 볼 수 있도록 해 줬다. 앨리스 케슬러해리스Alice Kessler-Harris의 고전, 『밖으로 나가 일하다: 미국에서 임금을 받는 여성의 역사Out to Work: A History of Wage-Earning Women in the United States』 그리고 루스 슈워츠 카원Ruth Schwartz Cowan의 『어머니의 일은 더 늘어나고: 벽난로 바닥에서 전자레인지까지 가정용 기술의 모순More Work For Mother: The Ironies Of Household Technology From The Open Hearth To The Microwave』은, 지불 노동력 그리고 그 외의 노동력으로서 미국 여성이 수행했던 노동의 역사를 개괄하는 데 도움이 됐다.

캐시 파이스Kathy Peiss의 『싸구려 유흥: 세기 전환기 뉴욕의 직업여성과 여가Cheap Amusements: Working Women and Leisure in Turn-of-the-Century New York』를 통해 20세기 초 뉴욕 노동계층 여성의 삶을 생생하게 들여다볼 수 있었고, "자선 소녀들"이 "트리트"를 받아 데이트하는 현상이 있었음을 알게 됐다. 루스 로즌Ruth Rosen이 집필한, 성매매에 관한 선구적 연구서『잃

어버린 자매애: 1900~1918년 미국의 성매매The Lost Sisterhood: Prostitution in America, 1900-1918』그리고 매이미 핀저Maimie Pinzer가 전직 성매매 여성으로서 1910~1920년대에 쓴 편지를 모아 엮은 『매이미 문서: 전직 성매매 여성의 편지The Maimie Papers: Letters from an Ex-Prostitute』(루스 로즌과 수 데이비드슨Sue Davidson 공동 편집)를 통해, 해당 시기 성노동을 했던 여성들의 삶을 살펴볼 수 있었다. 좀 더 최근 연구로서 엘리자베스 번스틴Elizabeth Bernstein의 『일시적으로 당신의 것: 친밀감, 진정성, 그리고 성 상업Temporarily Yours: Intimacy, Authenticity, and the Commerce of Sex』그리고 멜리사 지라 그랜트Melissa Gira Grant의 『Sex Work - 성노동의 정치경제학Playing the Whore: The Work of Sex Work』을 읽으며 "일로서의 성노동"에 대해 지금의 상황을 새로이 이해하고, "일로서의 성노동"이라는 진화가 종종 좀 더 광범위한 미국 경제 추세를 반영함을 알게 됐다.

마르크스주의 페미니즘 이론은 젠더화된 노동 형태에 대해 생각할 수 있도록 영향을 줬다. 그와 같은 저작들을 다 설명하기는 어려울 것이다. 대신 내게 가장 중요했던 몇몇 저작을 지목하고 싶다.

앨리 혹실드는 항공 승무원과 수금 대행업자가 수행하는 일을 사회학적으로 풀이한 저서, 『감정노동: 노동은 어떻게 우리의 감정을 상품으로 만드는가The Managed Heart: Commercialization of Human Feeling』에서 "감정노동"이라는 현상을 최초로 규정하고 서술했다. 이를 비롯해 혹실드의 좀 더 최근 저서인 『나를 빌려드립니다: 구글 베이비에서 원톨로지스트까지, 사생활을 사고파는 아웃소싱 자본주의The Outsourced Self: Intimate Life in Market Times』은 해당 문제에 대한 내 관점을 형성하는 데 큰 역할을 했다. 페미니스트 활동가 실비아 페데리치Silvia Federici의 저서도 마찬가지였다. 페데리치의 저술을 모은 『혁명의 영점: 가사노동, 재생산, 여성주의 투쟁Revolution at Point Zero: Housework, Reproduction, and Feminist Struggle』을 통해 자본주의가 어떻게 여성을 착취하는지에 대한 페데리치의 견해를 전체적으로 파악할 수 있었다. 페데리치의 대단히 흥미로운 역사서, 『캘리번과 마녀: 여성, 신체, 그리고 시초축적Caliban and the Witch: Women, the Body and Primitive Accumulation』은 근대 경제가 어떻게 여성 및 비백인의 신체를 예속시키고, 그들의 노동을 그들 본성의 일부분으로 보이게 만듦으로써 그 노동의 결실을 전유하는 것을 정당화하는지에 대해 더욱 장기적인 안목을 제공했다.

슐라미스 파이어스톤Shulamith Firestone의 『성의 변증법: 페미니스트 혁명을 위하여The Dialectic of Sex: The Case for Feminist Revolution』를 읽으면서는 책이 야심만만하게 펼쳐 보이는 시야에 충격을 받아 정신이 아찔했다. 여성이란 일종의 하위 계급이며, 그러한 여성이 "재생산 수단을 장악"해야 한다는 책의 주장은 생식력과 양육 방식에 관해서는 물론이고 더욱 폭넓게는 페미니즘의 역사에 관해서도 새로운 관점을 선사했다. 내가 학교에서 배웠던 것은 자유주의적 페미니즘 운동의 역사였다. 그런데 미국의 성차별주의와 인종차별주의에 관한 앤절라 데이비스의 글들은, 그와 같은 자유주의적 페미니즘 운동의 특정한 한 계점들을 이해할 수 있도록 귀중한 틀을 제시했다. 데이비스의 저술을 모은 고전, 『여성, 인종, 계급Women, Race & Class』은 이와 같은 범주들이 어떻게 상호 교차하는지와 관련해 많은 것을 구체화해 보여 줬다. 벨 훅스의 저술도 마찬가지였는데, 특히 『페미니즘: 주변에서 중심으로Feminist Theory: From Margin to Center』 그리고 『난 여자가 아닙니까?: 성×인종×계급의 미국사Ain't I a Woman: Black Women and Feminism』에 수록된 글들이 떠오른다. 벨 훅스가 집필한 아름다운 저서, 올 어바웃 러브All About Love: New Visions』를 처음 추천해 준 친구는 "자본주의 가부장제 사회에서도 사랑이 여전히 가능함을 알려 주는 현장 안내서"라고 묘사했다. 그러한 묘사에서 느껴지는 것 이상으로 벨 훅스의 산문은 우아하고 감동적이다. 『올 어바웃 러브』를 읽어 보기를 모두에게 강력히 권한다. 사랑이라는 주제에 다른 방향으로 접근하는 로라 키프니스의 『사랑은 없다: 사랑의 절대성에 대한 철학적 반론Against Love: A Polemic』은 생각할 거리를 풍성하게 안겨 줬다.

지금까지 언급한 저서와 그 외에도 연구하는 동안 도움을 준 학술 저작의 서지 정보는 다음과 같다.

Almeling, Rene. *Sex Cells: The Medical Market for Eggs and Sperm*. Berkeley: University of California Press, 2011.

Aschoff, Nicole. *The New Prophets of Capital*. New York: Jacobin/Verso, 2015. (니콜 애쇼프 지음, 황성원 옮김,『자본의 새로운 선지자들: 21세기 슈퍼엘리트 신화 비판』, 펜타그램, 2017.)

Bailey, Beth L. *Sex in the Heartland*. Cambridge, MA: Harvard University Press, 2002.

_____. *From Front Porch to Back Seat: Courtship in Twentieth-Century America*. Baltimore: Johns Hopkins University Press, 1988. (베스 L. 베일리 지음, 백준걸 옮김, 『데이트의 탄생: 자본주의적 연애 제도』, 작가정신, 2009.)

Bartell, Gilbert D. *Group Sex: A Scientist's Eyewitness Report on the American Way of Swinging*. New York: P. H. Wyden, 1971.

Bernstein, Elizabeth. *Temporarily Yours: Intimacy, Authenticity, and the Commerce of Sex*. Chicago: University of Chicago Press, 2007.

Bogle, Kathleen A. *Hooking Up: Sex, Dating, and Relationships on Campus*. New York: New York University Press, 2008.

Boyd, Nan Alamilla. *Wide Open Town: A History of Queer San Francisco to 1965*. Berkeley: University of California Press,

2005.

Chauncey, George. *Gay New York: Gender, Urban Culture, and the Making of the Gay Male World, 1890-1940*. New York: Basic Books, 1994.

Cherlin, Andrew J. *Labor's Love Lost: The Rise and Fall of the Working-Class Family in America*. New York: Russell Sage Foundation, 2014.

_____. *The Marriage Go-Round: The State of Marriage and the Family in America Today*. New York: Alfred A. Knopf, 2009.

Cohen, Lizabeth. *A Consumers' Republic: The Politics of Mass Consumption in Postwar America*. New York: Vintage Books, 2003.

Coontz, Stephanie. *Marriage, a History: How Love Conquered Marriage*. New York: Penguin, 2006. (스테파니 쿤츠 지음, 김승욱 옮김, 『진화하는 결혼』, 작가정신, 2009.)

_____. *The Way We Never Were: American Families and the Nostalgia Trap*. New York: Basic Books, 1992.

Cooper, Melinda, and Catherine Waldby. *Clinical Labor: Tissue Donors and Research Subjects in the Global Bioeconomy*. Durham, NC: Duke University Press, 2014. (멜린다 쿠퍼·캐서린 월드비 지음, 한광희·박진희 옮김, 『임상노동: 지구적 생명경제 속의 조직 기증자와 피실험대상』, 갈무리, 2022.)

Cowan, Ruth Schwartz. *More Work for Mother: The Ironies of Household Technology from the Open Hearth to the Microwave*. New York: Basic Books, 1983.

Davis, Angela Y. *Women, Race, & Class. New York*: Random House, 1981. (앤절라 Y. 데이비스 지음, 황성원 옮김, 『여성, 인종, 계급』, 아르테, 2022.)

_____. *Angela Davis: An Autobiography*. New York: Random House, 1974.

D'Emilio, John, and Estelle B. Freedman. *Intimate Matters: A History of Sexuality in America*. New York: Harper and Row, 1988.

Faderman, Lillian, and Stuart Timmons. *Gay L.A.: A History of Sexual Outlaws, Power Politics, and Lipstick Lesbians*. Berkeley: University of California Press, 2009.

Fass, Paula S. *The Damned and the Beautiful: American Youth in the 1920's*. New York: Oxford University Press, 1977.

Federici, Silvia. *Revolution at Point Zero: Housework, Reproduction, and Feminist Struggle*. Oakland, CA: PM Press, 2012. (실비아 페데리치 지음, 황성원 옮김, 『혁명의 영점: 가사노동, 재생산, 여성주의 투쟁』, 갈무리, 2013.)

_____. *Caliban and the Witch: Women, the Body and Primitive Accumulation. Brooklyn*: Autonomedia, 2004. (실비아

페데리치 지음, 황성원·김민철 옮김,『캘리번과 마녀: 여성, 신체, 그리고 시초축적』, 갈무리, 2011.)

Freitas, Donna. *The End of Sex: How Hookup Culture Is Leaving a Generation Unhappy, Sexually Unfulfilled, and Confused About Intimacy*. New York: Basic Books, 2013.

Fronc, Jennifer. *New York Undercover: Private Surveillance in the Progressive Era*. Chicago: University of Chicago Press, 2009.

Gould, Deborah B. *Moving Politics: Emotion and ACT UP's Fight Against AIDS*. Chicago: University of Chicago Press, 2009.

Grant, Melissa Gira. *Playing the Whore: The Work of Sex Work*. New York: Jacobin/Verso, 2014. (멜리사 지라 그랜트 지음, 박이은실 옮김,『Sex Work – 성노동의 정치경제학』, 여문책, 2017.)

Halberstam, David. *The Fifties*. New York: Ballantine Books, 1994.

Haraway, Donna J. *Simians, Cyborgs, and Women: The Reinvention of Nature*. New York: Routledge, 1991. (도나 J. 해러웨이 지음, 황희선·임옥희 옮김,『영장류, 사이보그 그리고 여자』, 아르테, 2023.)

Hochschild, Arlie Russell. *The Outsourced Self: What Happens When We Pay Others to Live Our Lives for Us*. New York: Picador, 2013. (앨리 러셀 혹실드 지음, 류현 옮김,『나를

빌려드립니다: 구글 베이비에서 원톨로지스트까지, 사생활을 사고파는 아웃소싱 자본주의』, 이매진, 2013.)

———. *The Managed Heart: The Commercialization of Human Feeling*. Berkeley: University of California Press, 2012〔초판: 1983〕. (앨리 러셀 혹실드 지음, 이가람 옮김, 『감정노동: 노동은 어떻게 우리의 감정을 상품으로 만드는가』, 이매진, 2009.)

hooks, bell (Gloria Watkins). *Feminist Theory: From Margin to Center*. New York: Routledge, 2015. (벨 훅스 지음, 윤은진 옮김, 『페미니즘: 주변에서 중심으로』, 모티브북, 2010.)

———. *Ain't I a Woman: Black Women and Feminism*. New York: Routledge, 2014. (벨 훅스 지음, 노지양 옮김, 『난 여자가 아닙니까?: 성×인종×계급의 미국사』, 동녘, 2023.).

———. *All About Love: New Visions*. New York: William Morrow, 2000. (벨 훅스 지음, 이영기 옮김, 『올 어바웃 러브』, 책읽는수요일, 2012.)

Johnson, David K. *The Lavender Scare: The Cold War Persecution of Gays and Lesbians in the Federal Government*. Chicago: University of Chicago Press, 2004.

Kessler-Harris, Alice. *Out to Work: A History of Wage-Earning Women in the United States*. New York: Oxford University Press, 1982.

Kipnis, Laura. *Against Love: A Polemic*. New York: Pantheon, 2003. (로라 키프니스 지음, 김성 옮김, 『사랑은 없다』, 한국방송통신대학교출판부, 2009.)

Lawrence, Tim. L*ove Saves the Day: A History of American Dance Music Culture, 1970-1979*. Durham, NC: Duke University Press, 2003.

May, Elaine Tyler. *Homeward Bound: American Families in the Cold War,* rev. ed. New York: Basic Books, 2008.

Meyerowitz, Joanne J. *Women Adrift: Independent Wage Earners in Chicago, 1880-1930*. Chicago: University of Chicago Press, 1988.

Peiss, Kathy. *Hope in a Jar: The Making of America's Beauty Culture*. Philadelphia: University of Pennsylvania Press, 2011.

_____. *Zoot Suit: The Enigmatic Career of an Extreme Style*. Philadelphia: University of Pennsylvania Press, 2011.

_____. *Cheap Amusements: Working Women and Leisure in Turn-of-the-Century New York*. Philadelphia: Temple University Press, 1986.

Penny, Laurie. *Unspeakable Things: Sex, Lies and Revolution*. New York: Bloomsbury, 2014.

_____. *Meat Market: Female Flesh Under Capitalism*. Alresford, U.K.: Zero Books, 2011.

Power, Nina. *One-Dimensional Woman*. Ropley, U.K.: Zero Books, 2009.

Ramirez-Valles, Jesus. *Compañeros: Latino Activists in the Face of AIDS*. Champaign: University of Illinois Press, 2011.

Rosen, Ruth. *The Lost Sisterhood: Prostitution in America, 1900-1918*. Baltimore: Johns Hopkins University Press, 1982.

Sears, Clare. *Arresting Dress: Cross-Dressing, Law, and Fascination in Nineteenth-Century San Francisco.* Durham, NC: Duke University Press, 2014.

Serano, Julia. *Whipping Girl: A Transsexual Woman on Sexism and the Scapegoating of Femininity.* Emeryville, CA: Seal Press, 2007.

Shilts, Randy. *And the Band Played On: Politics, People, and the AIDS Epidemic.* New York: St. Martin's Press, 1987.

Talbot, David. *Season of the Witch: Enchantment, Terror, and Deliverance in the City of Love.* New York: Free Press, 2012.

Thurber, James, and E. B. White. *Is Sex Necessary? Or, Why You Feel the Way You Do. Garden City*, NY: Blue Ribbon Books, 1929.

Turner, Fred. *From Counterculture to Cyberculture: Stewart Brand, the Whole Earth Network, and the Rise of Digital Utopianism*. Chicago: University of Chicago Press, 2006.

Wallace, Michele. *Black Macho and the Myth of the Superwoman,* rev. ed. New York: Verso, 1990.

Weekley, Ayana K. *Now That's a Good Girl: Discourses of African American Women, HIV/AIDS, and Respectability.* PhD diss., University of Minnesota, 2010.

참고 문헌

감사의 말

내 데이트 상대였거나 혹은 자신만 알고 있는 데이트 경험담들을 내게 누설해 준 모든 사람에게 감사드려야 하겠지만, 내가 누굴 말하는지 본인들은 알 터이다.

이 책을 쓰는 데 진정으로 영감이 되어 준 것은 맬 어헌Mal Ahern과의 우정이었다. 이 책은 우리가 읽고, 쓰고, 생각하고, 이야기하고, 종종 함께 지내며 집중적으로 협업했던 한 시기에 생겨났다. 맬은 주요 발상, 핵심 사실, 빈틈없는 수정, 그리고 정확한 농담을 제공했다. 『사랑은 노동』은 처음부터 맬의 노동이기도 했다. 맬을 만나지 않았다면 내 인생이 어땠을지 상상이 되지 않는다. 고마워, 맬.

이 책이 나올 수 있도록 내 에세이들을 출간해 준《새로운 탐구The New Inquiry》와 관계자 여러분께도 감사를 전하고 싶다.

야망과 관대함, 지성을 갖춘 사람들을 만나게 돼 정말 행운이라고 생각한다. 특히 최고의 편집자이자 대담자, 그리고 함께 뛰는 상대가 돼 준 아토사 아락시아 아브라헤미언Atossa Araxia Abrahamian, 우정과 지지를 보내 준 사라 레너드Sarah Leonard와 레이철 로젠펠트Rachel Rosenfelt에게 고마움을 전한다.

내가 이 기획으로 무엇을 하고 싶은지 단번에 이해하고, 내가 작업을 좀 더 명확하게 바라볼 수 있도록 도우며, 일을 밀고 나가 준 내 에이전트, 크리스 패리스램Chris Parris-Lamb에게 감사드린다. 내 용감하고 뛰어난 편집자 에밀리 벨Emily Bell이 작업을 맡아 줘 정말 흐뭇했다. 에밀리는 산더미 같은 연구를 수정하고 다듬는 까다로운 과정을 능숙하게 이끌었으며, 책에 대한 그의 시각은 내게 자신감을 심어 줬다. 에밀리가 내 곁에 있어 행운이라고 생각한다.

나는 뉴욕 공립 도서관의 프레더릭 루이스 앨런 기념실 Frederick Lewis Allen Memorial Room에서 이 책을 썼다. 그곳에서 시간을 보낼 수 있게 해 준 제이 박스데일Jay Barksdale과 멜라니 로케이Melanie Locay에게 고마움을 전한다. 박사과정 중에 이 작업을 하는 것을 참아 준 예일대학교 지도교수님들, 특히 엄청난 초안을 며칠 만에 읽고 자세하면서도 유용한 조언을 제공해 내 넋을 쏙 빼놓으신 더들리 앤드루Dudley Andrew, 해럴드 블룸 Harold Bloom, 그리고 케이티 트럼페너Katie Trumpener 교수님께 감사드린다.

내 시어머니 마디아 팔코Mathea Falco는 가장 먼저 글을 읽어 주며 한결같이 열성과 통찰력을 아끼지 않으셨다. 시어머니의 격려가 있었기에 계속 쓸 수 있었다. 내 유쾌한 시아버지 피터 타노프Peter Tarnoff가 글을 읽다 웃음을 터뜨리시면, 꼭 넣어야 할 부분이구나, 하고 알 수 있었다.

내 소중한 친구 헤스퍼 데슬로베레Hesper Desloovere는 내가 데이팅의 역사에 대해 끝도 없이 이야기를 늘어놓는 것을 참아 줬고, 너그러이 책의 각 장을 읽고 논평해 주며, 귀중한 정신적 지지를 베풀어 줬다. 레베카 오브라이언Rebecca O'Brien과 로런 슈커 블룸Lauren Schuker Blum도 마찬가지였다. 마이크 톰프슨 Mike Thompson은 내가 확신을 구할 때 딱 필요한 치어리더가 돼 줬다.

언제나 내 글쓰기를 응원해 준, 그리고 아마 기억 못 하겠지만 오래전, 사랑과 논쟁에 대한 글쓰기를 시도해야 한다고 말해 준 마르코 로스Marco Roth에게 감사를 전한다. 내가 제정신을 유지 할 수 있게 해 준 시린 알리Shirin Ali에게, 원고를 읽어 주고 사 실을 바로잡을 수 있도록 도와준 에이바 코프먼Ava Kofman에게, 전문가의 통찰력과 조언을 제공해 준 조애너 라딘Joanna Radin 과 케이트 레드번Kate Redburn에게 모두 감사드린다. 제나 힐리 Jenna Healey는 생물학적 시계 개념의 역사에 대해 조사할 수 있 도록 가르침을 아끼지 않았다. 그 외에도 아나 세실리아 알바레 즈Ana Cecilia Alvarez, 케이트 시겔Kate Siegel, 테스 타카하시Tess

Takahashi, 그리고 테스 우드Tess Wood와 같은 여성들이 자신의 지성과 경험을 여러 가지 방식으로 제공해 줬다.

서로 사랑에 빠져 나를 세상에 나오게 한 다음, 사람이 다른 사람에게 읽어 줘야 할 만큼보다도 더 많이 책을 읽어 주신 부모님, 빌 와이글Bill Weigel과 캐시 와이글Kathy Weigel에게 크나큰 빚을 졌다. 스스로 읽는 법을 가르쳐 주신 아일린 폴런Eileen Folan에게, 분명 내 부모님도 그러셨겠지만 깊이 감사드린다. 내가 예닐곱 살에 역사소설 작가가 되겠다는 포부를 밝힌 이래로 이분들은 나를 지지하고 믿어 주셨다. 나 자신은 그러지 못했는데도 말이다. 나보다 더 어리고 (더 멋지기도 한) 여자 형제, 줄리아 와이글Julia Weigel은 터무니없는 일 저지르기 분야에서 변함없는 단짝이며, 심리학, 생물학, 그리고 요즘 아이들 분야의 소중한 자문 위원이다.

내가 알아낸 가장 불가사의한 것들과 말도 안 되는 이론들을 불굴의 정신으로 미주알고주알 토론해 주며, 내부 편집자는 말할 것도 없고 즐겨 찾아갈 수 있는 미국사가이자 정책 전문가가 돼 주는 벤 타노프Ben Tarnoff에게 내가 얼마나 큰 빚을 졌는지는 오직 그만이 알리라. 벤을 알기 전에는 한 사람이 이처럼 총명하고 자상하며 재밌을 수 있다고 상상하지 못했다. 벤이 있기에 매일매일의 수고로움도 어떤 기쁨이 된다.

감사의 말

찾아보기

ㅇ

Philos Feminism 011

사랑은 노동

1판 1쇄 인쇄 2024년 9월 24일
1판 1쇄 발행 2024년 10월 14일

지은이 모이라 와이글
옮긴이 김현지
펴낸이 김영곤
펴낸곳 (주)북이십일 아르테

책임편집 최윤지 이한솔
기획편집 장미희 김지영
디자인 박대성
마케팅 한충희 남정한 최명렬 나은경 정유진 한경화 백다희
영업 변유경 김영남 강경남 황성진 김도연 권채영 전연우 최유성
제작 이영민 권경민
해외기획 최연순 소은선 홍희정

출판등록 2000년 5월 6일 제406-2003-061호
주소 (10881) 경기도 파주시 회동길 201(문발동)
대표전화 031-955-2100 팩스 031-955-2151
이메일 book21@book21.co.kr

(주)북이십일 경계를 허무는 콘텐츠 리더

북이십일 채널에서 도서 정보와 다양한 영상자료, 이벤트를 만나세요!
인스타그램 instagram.com/21_arte   페이스북 facebook.com/21arte
          instagram.com/jiinpill21   facebook.com/jiinpill21
포스트 post.naver.com/staubin   홈페이지 arte.book21.com
          post.naver.com/21c_editors   book21.com

ISBN 979-11-7117-829-2 03300

"사랑은 노동"은 평소 나의 좌우명이다. 사랑을 하지 말자는 얘기가 아니다. 사랑에 관해 공부하자는 것이다. 사랑이야말로 "개인적인 것이 정치적인 것이다"를 보여 주는 대표적인 영역이라서다. 그래서 『사랑은 노동』은 사랑에 대한 최고의 교과서다. 사랑의 역사, 인프라, 사례, 그 모든 것이 담긴 사랑의 정치경제학이다. 지적인 분석, 흥미진진한 읽을거리와 빼어난 번역이 어우러져 무릎을 치게 한다.

사랑은 노동이다. 잊지 말기를!

— **정희진** 문학·여성학 연구자, 〈정희진의 공부〉 편집장

이 책의 특별함은 데이트를 구성하는 10개 키워드에 있다. 속임수, 애호, 밖, 학교, 오래 사귀기, 자유, 틈새시장, 소통 규약, 계획, 조언. 대체 'OUT(밖)'이 데이트와 무슨 관련이 있다는 것인지 궁금하지 않은가? 커밍아웃, 행아웃, 넌 아웃이야!

  사랑에 대한 기발한, 퀴어하고 계급적인 페미니스트 이정표를 만나려 하는 이들에게 『사랑은 노동』을 추천한다.

— **김주희** 페미니스트 정치경제학 연구자, 덕성여자대학교 교수

여러 면에서 주목할 만하다. 형식적으로는 이론, 개인적인 일화, 사회적 역사가 얽혀 있는 방식이 돋보인다. 정치적으로는 사랑에 대한 담론에서 종종 누락되는 권력과 돈에 관한 중요한 주제들을 능수능란하게 다룬다. 무엇보다도 우아하게 쓰였고, 재밌고, 읽기 쉽다.

— **알랭 드 보통** 철학자, 『왜 나는 너를 사랑하는가』 저자

노동자와 중산층, 할렘과 월스트리트, 퀴어와 이성애자까지, 현대의 모든 에로틱한 욕망, 협상, 조작의 모습을 생생하게 그려 낸다. (…) 낭만적 문제와 경제적 문제 사이의 미끄러짐slippage이 전혀 새로운 것이 아님을 설득력 있게 밝힌다.

— **소피 루이스** 여성학·지리학 연구자, 『가족을 해체하라』 저자

사적이거나 주변적이라고 오해받는 감정들(로맨틱한 욕망, 로맨틱한 좌절, 그리고 그 둘에 지나치게 몰두하는 데서 오는 부끄러움까지)의 사회적 이해관계를 눈부시게 탐구한다.

— **레슬리 제이미슨** 작가, 『공감 연습』 저자

구애, 로맨스, 그리고 우리가 '데이트'라고 부르는 그 어색하고 뒤틀린 의식을
다룬 가장 뛰어난 책.
— **크리스천 러더** 데이터 과학자, 데이팅 앱 '오케이큐피드' 창립자

200년 동안의 미국 구애 문화를 깊이 있게 다룬 독창적이고 방대한 연구.
복잡하고 모순적인 코드들을 다루지만 단순한 논쟁에 그치지 않고 지적 탐구와
친밀한 연결의 필요성을 진심으로 전한다.
— **크리스 크라우스** 예술가, 『아이 러브 딕』 저자

오늘 밤 외출하는going out 대신 이 책을 읽어 보라. 장르를 넘나들며 펼쳐지는
데이트의 역사가 빛나는 데이트 상대가 되어 줄 것이다.
— **애스트라 테일** 다큐멘터리 감독

중독성 있고 쉽게 읽힌다. —《뉴욕타임스》

데이트에 관한 진지한 논의가 부족했던 상황에서 와이글은 풍부한 탐구의 장을
발견했고, 이를 훌륭히 활용했다. 『사랑은 노동』은 주로 사기꾼과
잔소리꾼들에게 맡겨져 온 주제에 관한 통찰력 있는 분석을 제시한다.
—《워싱턴포스트》

불변하거나 당연한 데이트 방식은 없고, 앞으로도 없으리라는 진리를 설득력
있게 제시한다. —《가디언》

때때로 유쾌하고 종종 자극적인 구애의 역사. 변화하는 낭만적 관습을 생동감
넘치게 탐구한다. —《이코노미스트》

미국의 데이트 역사에 대한 통찰력 있고 광범위한 조사. —《뉴요커》

데이트의 역사에 대한 재치 있고 신선한 해석. —《퍼블리셔스위클리》

진지하면서도 가볍고, 쉬우면서도 놀라우며, 당장의 즐거움과 앞날에 대한
미묘한 암시를 동시에 준다. 좋은 데이트에 필요한 모든 것을 이 책은 갖추고
있다. —《디애틀랜틱》

데이트를 기술이자 역사적 구성물로 바라보는 유용한 시각. —《시카고트리뷴》

분홍색 자기계발서로 위장한 급진적 마르크스주의 페미니즘 책.
—《뉴스테이츠먼》